高职高专"十二五"规划教材

化妆品管理与法规

高瑞英　主编
郑彦云　主审

化学工业出版社
·北京·

全书从保证化妆品质量安全有效的根本目的着手，着重阐述化妆品生产、质量控制、技术标准、安全有效性评价、市场流通、销售和监管的主要环节，解析化妆品管理及相关法律法规的主要内容，总结化妆品监督管理的规律，介绍化妆品管理的标准化、科学化、国际化发展趋势。编者在编写过程中紧跟国家化妆品管理法律法规和技术标准的最新动态，对各监管部门、各项法规制度进行归类总结，条理清晰、一目了然。每一章节均附有学习目标、课后思考。书中还有案例、链接、资料卡等内容，形式活泼，便于翻阅和浏览，帮助读者了解现行的化妆品行业管理体制及法规。对培养化妆品从业人员专业素质，提高法律意识，有重要指导意义。本书内容广泛，应用性强，法规和标准新，对企业有较强参考价值。

本书可供美容和化妆品类专业高职高专学生使用，也可供相关专业其他层次的学生使用，对企业培训也有一定的参考作用。

图书在版编目（CIP）数据

化妆品管理与法规/高瑞英主编．—北京：化学工业出版社，2008.6（2022.1重印）
高职高专"十二五"规划教材
ISBN 978-7-122-03367-3

Ⅰ．化⋯　Ⅱ．高⋯　Ⅲ．化妆品-卫生管理-法规-中国-高等学校：技术学院-教材　Ⅳ．D922.16

中国版本图书馆CIP数据核字（2008）第102166号

责任编辑：于　卉　　　　　　　文字编辑：赵爱萍
责任校对：洪雅姝　　　　　　　装帧设计：关　飞

出版发行：化学工业出版社（北京市东城区青年湖南街13号　邮政编码100011）
印　　刷：北京京华铭诚工贸有限公司
装　　订：三河市振勇印装有限公司

787mm×1092mm　1/16　印张20¼　字数595千字　2022年1月北京第1版第8次印刷

购书咨询：010-64518888　　　　　售后服务：010-64518899
网　　址：http://www.cip.com.cn

凡购买本书，如有缺损质量问题，本社销售中心负责调换。

定　　价：48.00元　　　　　　　　　　　　　　　　版权所有　违者必究

编写说明

化妆品，通俗地说是指以涂擦、喷洒或者其他类似的方法，施用于人体表面，以达到清洁、清除不良气味、护肤、美容和修饰目的的日用化学工业产品。"爱美之心人皆有之"，自古以来人类对于"美丽"就有着不懈的追求。化妆品的使用历史源远流长，有文字记载的可以追溯到公元前几个世纪的中国、古埃及和古希腊。我国是文明古国，有着悠久的历史与灿烂的文化，也是最早懂得和使用化妆品的民族之一。中国长期的封建社会统治，使化妆品生产一直处于家庭小作坊状态。解放后，化妆品工业发展十分缓慢。改革开放迎来了化妆品的春天。20世纪80年代，广东的化妆品企业如雨后春笋般涌现，化妆品行业得到蓬勃发展，使广东省成为全国化妆品"第一大省"。随着国民经济迅速发展，人民生活水平不断提高，我国化妆品工业发展盛况空前，化妆品已成为与人们日常生活息息相关的必需品。

由于化妆品是由不同化学物质配制而成的日用化学工业产品，化学品作用的双重性，使化妆品成为现代生活中影响人们身体健康的"双刃剑"。党和政府历来高度重视化妆品的监督管理，对提高化妆品产品质量、保障消费者使用安全、促进行业的健康发展都具有重要意义。但是，由于我国化妆品监管法律法规比较滞后，化妆品行业仍然存在一些问题。

化妆品事业是美丽的事业。为帮助化妆品专业学生了解化妆品管理法律法规、行业标准和监管体制，本书收集和整理了化妆品法规和技术标准，从保证化妆品产品安全入手，着重阐述化妆品生产、安全和市场监管的主要环节，总结化妆品监督管理的规律，介绍化妆品管理的标准化、科学化、国际化发展趋势，对培养从业人员专业素质，提高法律意识有重要指导意义。本书的编写注重理论联系实际，着重针对化妆品生产、质量控制、销售和监管的主要环节，分章解析国家各部门的法规制度，并提供处理和解决问题的办法与程序，可操作性强，对企业有较强的参考价值。本书可供美容和化妆品类专业高职高专学生使用，也可供相关专业其他层次的学生使用，对企业培训也有一定参考作用。

本书由广东食品药品职业学院化妆品科学系组织编写，人员参与编写情况如下：高瑞英，第一章、第三章、第四章、第六章至第九章、第十二章，任主编并统稿；段文海，第十六章至第十九章；刘纲勇，第十章、第十四章；魏波，第二章、第五章、第十五章；杨梅，第十一章；邹颖楠，第十三章，郑彦云任主审。广东食品药品监督管理局化妆品监管处给了大力支持，深表感谢！

由于编者水平有限，时间仓促，本书难免存在疏漏之处，敬请读者予以谅解和指导！

编者
2008年5月

目 录

第一篇　国内外化妆品行业发展及管理模式概况 … 1

第一章　化妆品概述 … 1
第一节　化妆品的概念 … 1
第二节　化妆品的分类 … 5
第三节　化妆品质量监管的重要性 … 8
思考题 … 13

第二章　国内外化妆品行业总体状况 … 14
第一节　中国化妆品工业发展史 … 14
第二节　国际化妆品及相关工业发展现状 … 15
第三节　国内化妆品工业发展现状 … 17
思考题 … 30

第三章　世界化妆品管理模式 … 31
第一节　欧盟的化妆品管理模式 … 31
第二节　美国化妆品管理模式 … 34
第三节　日本的化妆品管理模式 … 37
第四节　化妆品规定的国际协调 … 38
思考题 … 40

第二篇　我国化妆品管理与立法概况 … 41

第四章　中国的化妆品管理与立法 … 41
第一节　化妆品相关法规的渊源 … 41
第二节　中国的化妆品立法背景 … 44
第三节　我国目前化妆品管理体系 … 47
第四节　化妆品行政监督管理组织 … 53
第五节　化妆品行业组织及相关协会 … 61
思考题 … 64

第五章　化妆品违法行为的法律责任 … 65
第一节　行政责任 … 65
第二节　民事责任 … 68
第三节　刑事责任 … 70
思考题 … 72

第三篇　化妆品卫生监督管理 … 73

第六章　化妆品卫生监督管理 … 73
第一节　化妆品卫生监督概况 … 73
第二节　化妆品卫生许可制度的法律依据 … 74
第三节　化妆品卫生监督条例及其实施细则 … 76

  第四节 化妆品生产企业卫生规范 ······ 82
  思考题 ······ 83

 第七章 化妆品卫生许可证的申报与管理 ······ 84
  第一节 化妆品的卫生行政许可的法律依据 ······ 84
  第二节 化妆品卫生行政许可程序 ······ 86
  第三节 化妆品卫生行政许可报批当中的常见问题和注意事项 ······ 95
  思考题 ······ 97

第四篇 化妆品生产监督管理 ······ 98

 第八章 化妆品生产监督管理 ······ 98
  第一节 化妆品生产许可证制度及法律依据 ······ 98
  第二节 生产许可证的办理程序 ······ 103
  第三节 生产企业的生产条件要求 ······ 106
  第四节 产品质量检验 ······ 113
  第五节 生产许可证的监督管理 ······ 116
  思考题 ······ 120

 第九章 化妆品技术法规 ······ 121
  第一节 技术法规与技术标准 ······ 121
  第二节 化妆品技术标准 ······ 123
  第三节 化妆品技术标准的查询 ······ 141
  第四节 化妆品企业标准 ······ 146
  思考题 ······ 150

 第十章 化妆品原料管理 ······ 151
  第一节 化妆品原料管理 ······ 151
  第二节 《化妆品卫生规范》（2007年版）对原料的管理 ······ 155
  第三节 化妆品的成分标注 ······ 157
  第四节 化妆品原料的分类 ······ 159
  第五节 化妆品原料的命名与索引 ······ 161
  思考题 ······ 164

第五篇 化妆品安全与功效性评价 ······ 165

 第十一章 化妆品安全性评价 ······ 165
  第一节 化妆品安全性评价的程序及检测机构 ······ 165
  第二节 化妆品安全性评价的毒理学检测 ······ 170
  第三节 人体安全性和功效性评价检验方法 ······ 173
  思考题 ······ 174

 第十二章 化妆品人体不良反应监测管理 ······ 175
  第一节 化妆品皮肤病诊断与不良反应监测 ······ 175
  第二节 我国化妆品皮肤不良反应监测情况 ······ 177
  思考题 ······ 179

第六篇 化妆品市场监督管理 ······ 180

 第十三章 化妆品包装、标签标识和说明书 ······ 180
  第一节 化妆品包装外观要求 ······ 180

第二节　化妆品标签标识 ·· 184
　　第三节　进出口化妆品标签审核 ··· 191
　　第四节　化妆品使用说明的编写原则 ·· 196
　思考题 ·· 199

第十四章　化妆品计量法规 ·· 200
　　第一节　中华人民共和国计量法 ··· 200
　　第二节　计量相关法律法规 ··· 201
　　第三节　定量包装商品计量监督管理 ·· 202
　思考题 ·· 205

第十五章　化妆品流通领域的监督管理 ··· 206
　　第一节　化妆品流通领域情况介绍 ··· 206
　　第二节　企业的市场渠道建设方向 ··· 211
　　第三节　直销管理 ·· 213
　　第四节　禁止传销条例 ·· 220
　　第五节　零售商促销行为管理办法 ··· 222
　思考题 ·· 222

第十六章　化妆品广告管理 ·· 223
　　第一节　广告管理的含义和特性 ··· 223
　　第二节　广告管理的内容和方法 ··· 226
　　第三节　化妆品广告管理 ··· 230
　思考题 ·· 234

第十七章　化妆品进出口 ·· 235
　　第一节　进口化妆品市场监管的重要性 ··· 235
　　第二节　《进出口化妆品监督检验管理办法》 ·· 236
　思考题 ·· 241

第七篇　美容管理法规 ·· 242

第十八章　美容管理 ·· 242
　　第一节　中国美容行业总体状况 ··· 242
　　第二节　医疗美容服务管理办法 ··· 245
　思考题 ·· 249

第八篇　其他相关法规 ·· 250

第十九章　其他相关法规 ·· 250
　　第一节　合同法 ··· 250
　　第二节　商标法 ··· 255
　　第三节　专利法 ··· 266
　　第四节　公司法 ··· 277
　　第五节　公司登记注册程序及相关法规 ··· 282
　　第六节　税法 ·· 286
　　第七节　消费者权益保护法 ··· 288
　思考题 ·· 291

附录 ·· 292

　附录一　化妆品生产企业卫生规范（2007年版） ··· 292

附录二	中华人民共和国工业产品生产许可证管理条例（2005）	297
附录三	进出口化妆品监督检验管理办法（2000）	303
附录四	定量包装商品计量监督管理办法（2006）	306
附录五	化妆品标识管理规定（2007）	308
附录六	美容美发管理暂行办法（2005）	311
附录七	化妆品监管部门、协会及相关资源网站	312
附录八	常见标准代号一览表	314

参考文献 **315**

第一篇 国内外化妆品行业发展及管理模式概况

第一章 化妆品概述

学习目标：通过本章节的学习，掌握国内外对化妆品定义及化妆品的分类，熟悉化妆品总体评估的目标、内容和手段。

第一节 化妆品的概念

一、化妆品的概念

广义的化妆品是指以化妆为目的的产品总称。化妆（Cosmetic）一词，最早来源于古希腊，含义是"化妆师的技巧"或"装饰的技巧"，狭义的化妆品因各国的习惯与定义方法不同而略有差别。但从使用目的看，均为保护皮肤、毛发，维持仪容整洁，遮盖某些缺陷，美化面容，促进身心愉快的日用品。

二、我国对化妆品的三种定义

1. 化妆品的管理定义

我国对化妆品的三种定义见表1-1。

2. 定义的特点

从表1-1可以看出，每个定义在表述上都有一定的差异。这三个定义，从根本上讲是一致的。不同点仅表现在对化妆品范围的确定上。这真实反映了我国化妆品工业近二十余年的飞速成长与政府的管理随之不断完善和跟进的过程，也对我国专业性法规的修订提出了发展要求。

（1）关于牙膏和香皂　根据我国工业管理的体制，相当一段时间里，香皂、牙膏等产品，由于其自身"日常消费品"的特点而没有归属于化妆品卫生监督管理的范畴。2007年8月27日，国家质检总局出台的《化妆品标识管理规定》，将牙膏正式列入化妆品的管理范畴，并将从2008年9月1日起施行。

《化妆品卫生规范》（2007年版）对化妆品提出新概念：化妆品是指以涂擦、喷洒或者其他类似的方法，散布于人体表面任何部位（皮肤、毛发、指甲和口唇等），以达到清洁、消除不良

表 1-1　我国对化妆品的三种定义

法规名称	《化妆品卫生监督条例》（1987）	《消费品使用说明　化妆品通用标签》（1995）	《化妆品卫生规范》（2007）
颁布单位	国务院批准、卫生部颁布	原国家技术监督局	国家卫生部
颁布日期	1989 年 9 月 26 日	1995 年 7 月 7 日	2007 年 1 月 4 日
执行日期	1990 年 1 月 1 日	1995 年 12 月 1 日	2007 年 7 月 1 日
对化妆品的定义	"以涂擦、喷洒或者其他类似的方法，散布人体表面任何部位（皮肤、毛发、指甲、口唇等），以达到清洁、消除不良气味、护肤、美容和修饰目的的日用化学工业产品"	"化妆品是以涂抹、喷洒或其他类似方式，施于人体表面（如皮肤、毛发、指甲和口唇等），起到清洁、保养、美化或消除不良气味作用的产品，该产品对使用部位可以有缓和作用"	"化妆品是指以涂擦、喷洒或者其他类似的方法，散布于人体表面任何部位（皮肤、毛发、指甲、口唇等），以达到清洁、消除不良气味、护肤、美容和修饰目的的日用化学工业产品"
具体规定	浴液属于化妆品范畴；牙膏、肥皂、香皂等产品，暂不属于化妆品卫生监督管理的范畴	浴液（沐浴液）不属于化妆品范畴；牙膏、肥皂、香皂不属于化妆品卫生监督管理的范畴	牙膏、香波、浴液、香皂、洗手液等均属于化妆品范畴；香熏类产品、空气清新剂等不属于化妆品卫生监督管理的范畴

气味、护肤、美容和修饰目的的日用化学工业产品。此次定义突出了"任何部位"（皮肤、毛发、指甲和口唇等）定位语。对比以前，此次化妆品定义纳入了口腔黏膜、外生殖器、牙膏（或牙齿）和香皂等内容，修正了含糊不清的"缓和作用"等词语，促使中国化妆品定义的完善和统一，扩大化妆品内容范畴，使生产、销售、消费者和监督更加合理化。

资　料　卡

■ **国家颁布 2007 年版《化妆品卫生规范》**

《化妆品卫生规范》（2007 年版）由国家卫生部于 2007 年 1 月 4 日正式颁布，自 2007 年 7 月 1 日起实施。

此新版规范是在充分参考和借鉴了欧盟、美国、日本等国家化妆品安全性评价的最新进展，应用了我国化妆品安全评价专家的研究成果，在《化妆品卫生规范》（2002 年版）的基础上，主要针对化妆品禁限用原料、防腐剂、紫外线吸收剂和着色剂名单进行的修订，同时增加了数种新禁限用原料的检测方法、防晒化妆品长波紫外线（UVA）防晒效果评价方法、防晒化妆品防水功能的评价方法等内容。

■ **《化妆品卫生监督条例》**（1987）

1989 年 9 月 26 日，国务院发布国函（1989）62 号文件，批准《化妆品卫生监督条例》，并由卫生部发布实施。1989 年 11 月 13 日，卫生部部长陈敏章发布卫生部第 3 号令，发布《化妆品卫生监督条例》，自 1990 年 1 月 1 日起施行。

《化妆品卫生监督条例》分为六章三十五条，主要内容包括：总则，对化妆品生产企业的卫生监督，对化妆品经营单位的卫生监督，对化妆品的卫生监督，化妆品卫生监督机构与人员的责任，对违反《化妆品卫生监督条例》行为的处罚。

■ **我国发布《消费品使用说明——化妆品通用标签》国家标准**（预计 2008 发布）

2007 年 11 月 14 日，中国国家标准化管理委员会（SAC）公布了国家标准《消费品使用说明——化妆品通用标签》报批稿。本标准规定了化妆品销售包装通用标签的形式、基本原则、标注内容和标注要求。本标准适用于在中华人民共和国境内销售的化妆品。此稿目前已通过审批，预计将于 2008 年起生效。

（2）关于浴液　浴液是否属于化妆品范畴，在我国也有不同的规定，产生冲突。1996年10月15日，原国家技术监督局在下发的"关于实施《消费品使用说明　化妆品通用标签》国家标准有关问题的通知"中补充指出，"浴液（沐浴液）不属于化妆品范畴"。当时作此规定主要是考虑在轻工行业管理中，洗涤用品与化妆品是由不同的机构负责管理。如浴液是归口中国洗涤用品协会管理，而其他化妆品是归口香料香精化妆品工业协会管理。

这些规定的冲突，造成了管理工作中的矛盾，曾一度使一些生产沐浴液的企业不知所措，陷入两难的境地：若在产品标签上标注生产许可证号和卫生许可证号，则违反原国家技术监督局及原中国轻工总会的规定；若均不标注，则违反《化妆品卫生监督条例》的规定。

为保证浴液产品标签符合国家的规定，以前的普遍做法是，在浴液产品标签上只标注生产企业卫生许可证号，不标注生产企业生产许可证号。

2007年11月14日，新的《消费品使用说明——化妆品通用标签》国家标准由国家标准化管理委员会发布，将于2008年起生效。一些新的规定，将由相关部门具体解析。

3. 对化妆品定义的理解和归纳

通过对我国三种化妆品定义的阐述，可以发现化妆品定义实际上有以下三点共性。

（1）核心部分是直接接触人体皮肤表面　由于化妆品是直接接触人体皮肤表面的产品，它涉及人体的健康和安全。因此，各个国家都对这个行业的产品，提出了安全性要求。

确认化妆品产品范围上的意义是，明确了不直接接触人体皮肤表面的产品，虽然它的名称与化妆品产品相近，也不属于化妆品管理范畴。如近几年从美容院兴起的"香熏类产品"、化妆品生产企业加工的"空气清新剂"产品，以及日用品行业生产的"洗洁精"、"洗衣粉"、"洗衣液"、"衣物柔顺剂"、"玻璃清洁剂"等。

（2）明确表述了我国化妆品产品有清洁作用　通常意义上，人们对化妆品的功能，如保养、美化、消除不良气味容易理解，也容易联想起相对应的具体产品，如保养作用的护肤霜类产品；美化作用的唇膏类等彩妆类产品；消除不良气味作用的香水类产品。但是，对化妆品的清洁作用，人们往往容易混淆，如"香波"、"浴液"、"洗手液"等直接接触人体皮肤，起清洁人体皮肤表面或毛皮作用的产品，被认为是"洗涤用品"，不属于化妆品产品的管理范畴。很显然，这种认识是错误的，由此造成管理上的混乱是不应该的。国际上，对这个问题的认识十分清楚，"洗涤用品"是清洁物品的，与"清洁人体"的产品不同，通常不一定设置强制性人体安全性评价要求，采取的是与化妆品不相同的管理模式。

（3）表明了化妆品适用于人体的途径　规定了通过"涂擦、喷洒或类似的方法"散布于人体表面任何部位（皮肤、毛发、指甲、口唇等），起保养、美化、消除不良气味、清洁等规定作用的产品，属于化妆品的管理范畴；那些通过注射等其他方式，进入或作用于人体皮肤的产品，不是化妆品法规适用的范围，如美容医疗机构使用的一些产品"肉毒杆菌"、"填充式丰乳水凝胶"等。

三、国际上对化妆品的定义

目前，国际上对化妆品尚无统一的定义，各国依据本国的情况，定义均有所不同。

1. 日本对化妆品的定义

日本医药法典中对化妆品下了这样的定义——化妆品是为了清洁和美化人体、增加魅力、改变容貌、保持皮肤及头发健美而涂擦，散布于身体或用类似方法使用的物品，是对人体作用缓和的物质。

在日本，以清洁身体为目的而使用的肥皂、牙膏也属于化妆品，而一般人当作化妆品使用的染发剂，烫发液，粉刺霜，防干裂、治冻伤的膏霜及对皮肤或口腔有杀菌消毒药效的产品，包括药物牙膏，在医药法中都称为医药部外品。

2. 美国对化妆品的定义

美国食品药品管理局（FDA）对化妆品的定义为，用涂擦、洒布、喷雾或其他方法使用于人体的物品，能起到清洁、美化，促使有魅力或改变外观的作用。其中不包括肥皂，并对特种化妆品作了具体要求。

3. 欧盟对化妆品的定义

欧盟"化妆品规程"对化妆品作出了法规性的定义。化妆品是指接触于人体各外部器官〔表皮、毛发、指（趾）甲、口唇和外生殖器〕，或口腔内的牙齿和口腔黏膜，以清洁、发出香味、改善外观、改善身体气味或保护身体使之保持良好状态为主要目的的物质和制剂。根据欧盟对化妆品的定义，口腔卫生用品，包括含氟牙膏均属于化妆品。但是经口、吸入或注射途径摄入体内的产品不属于化妆品。从法规上，欧盟没有普通化妆品和功能性化妆品之分。药品的法规中也没有处方药和非处方药的分类。因此，不存在化妆品与非处方药的混淆和区分问题。虽然欧盟的法规对化妆品的定义明确，范围也较宽，但针对某些具体产品在归类上仍存在争议，这需要综合考虑其标识和成分等，并由欧盟成员国的政府主管部门来最终确定其是否按化妆品来管理。

四、化妆品、疗效化妆品和药品的比较

化妆品、疗效化妆品和药物三者的法定含义、使用目的、对象、使用期间、效能和效果、管理法规等方面都有不同，现将它们之间区别列于表1-2中。

表1-2 化妆品、疗效化妆品和药品的比较

项 目	化妆品	疗效化妆品	药 品
使用目的	清洁、保护和美化人体	清洁、保护和美化人体，消除不良气味	诊断、治愈、缓解、治疗或预防疾病
对人体作用功能	保持人体内部各种成分的恒常性、缓和外界环境对皮肤和头发的影响，辅助维持其原来的防御机能，作用缓和而安全	防止或预防身体内部失调、不愉快的感觉以及尚未达到病态与诊治的轻度异常，种类制品有其特定使用对象和范围、作用缓和、安全、有一定疗效	对人体结构和机能有影响，对症下药，具有治疗功效，具有不良反应
疗效验证	不具有医疗作用	经国家指定机构进行安全与有效性评价	需要至少上千例的临床试验，并且由国家评定的三甲医院按照"药品临床试验管理规范"进行操作
安全检验	需要通过细菌含量限定测试，部分违禁成分测试以及皮肤刺激测试	经国家指定机构进行安全与有效性评价	国家指定专业基地（一般为药学院或医院）按照"非临床安全性实验研究规范"进行动物实验，包括急性毒性试验、长期毒性试验、皮肤刺激性试验等
效能和效果	依赖于构成制剂的物质和作为构成配方主体的基质的效果	效果依赖于所配合的有效成分的种类和配合量及其基质两者的效能和作用	效果依赖于药物成分的效能和作用及其使用剂量
使用方法	外用（包括涂抹、倾倒、散布和喷雾等）	外用（包括涂抹、倾倒、散布和喷雾等）	外用、内服和注射，有严格剂量限制使用
使用期	常用	常用或间断使用	在一定时间内使用，有一定的疗程要求
生产和质量管理法规	受《化妆品卫生监督条例》、《化妆品卫生监督条例实施细则》、《化妆品卫生规范》、《化妆品生产企业卫生规范》和有关各种产品国家标准及行业标准制约	除受化妆品有关法规制约外，还受《中华人民共和国药典》和《中华人民共和国药品管理法》的制约。目前该类产品仍属于OTC药品的范畴	受《中华人民共和国药典》和《中华人民共和国药品管理法》制约
申报部门	卫生部、药监局、国家质检总局等	卫生部、药监局、国家质检总局等	药品唯一认定机构——国家食品药品监督管理局
包装说明	《消费者使用说明 化妆品通用标签》、《化妆品标识管理规定》及其他相关规定	《消费者使用说明 化妆品通用标签》、《化妆品标识管理规定》及其他相关规定	需要药监局批准，不能自行添加一个字
广告用语	不能暗示疗效	不能暗示疗效	不能暗示疗效

五、化妆品的质量特性

目前，我国化妆品的发展日新月异，市场上的产品琳琅满目，基本满足了不同层次的消费需求。化妆品的概念也从"奢侈品"转变为生活必需品。相关调查资料表明，我国洗发用品的使用率高达90％。近十年来，相关领域科研成果在化妆品工业的应用，在促进化妆品市场繁荣的同时，也对化妆品的基本特性提出了要求。

从化妆品的定义，可知化妆品必须对人体有"安全性"和"功能性"。同时，作为一个工业化生产的商品，它必须具有商业运营所要求的"稳定性"和"使用性"。因此，一个合格的化妆品，必须具有安全性、稳定性、使用性和有效性四点特性（表1-3）。

表1-3 化妆品的质量特性

特性	要求	特性	要求
安全性	无皮肤刺激、无过敏、无毒性、无异物混入		使用感（与皮肤的相容性、润滑性）
稳定性	不变质、不变色、不变臭	使用性	易使用性（形状、大小、质量、结构、携带性）
功能性	保温效果、清洁效果、色彩效果、防紫外线效果等		嗜好性（香味、颜色、外观设计等）

资料阅读：

目前市场上化妆品出现的主要问题是重金属超标、细菌超标。如很多美白化妆品中含汞，含汞化妆品美白效果很明显，使用后皮肤又白又嫩；还有的化妆品中含硒，有防止皮肤衰老的作用。但是这些化妆品化学成分具有吸光的作用。如超标使用，很容易引起皮肤的黑色斑，有些化妆品细菌超标，则会引起面部的皮肤感染，如长疖子或毛囊发炎。在祛斑美白产品中，有的发现禁用原料氢醌检出量严重超标。氢醌具有一定毒性，人体接触过多易引起白血病和心脏病。

据东南大学附属中大医院皮肤科调查，该门诊每天都要接诊5～10名化妆品皮肤病患者。由化妆品引起的皮肤病主要有两类。一是因为使用劣质化妆品引起的刺激性反应。患者皮肤出现红斑、水肿、脱皮、脱屑。另一类则是因为化妆品使用不当引起的过敏性反应。患者皮肤出现小红斑、感觉瘙痒，停用化妆品后可自行减轻、好转，少数人遗留下黄褐色的色素沉着。专家提醒，为防止化妆品皮肤病的发生，首次使用新品种前应做一次皮肤斑贴试验或在耳后、前臂内侧皮肤涂少量化妆品原物，观察48～72小时，无瘙痒和红斑方可使用。在选用化妆品时一定要注意"通用"原则，不要一味求贵求好。

（资料来源：扬子晚报，2005年9月）

思考：1. 质量不合格的化妆品对人体可以造成哪些危害？
2. 合格的化妆品有哪些属性？
3. 对化妆品如何进行质量评估？

第二节 化妆品的分类

化妆品行业有着时尚性和附加值高的特点。它不同于其他的传统工业，是一个非常活跃，具有较强创新能力的行业。它不仅在产品设计上、功能宣传上引导着消费，而且从工艺上突破原有的框架，赢得市场。因此，从国际上对化妆品的分类来看，一种是狭义的分类，化妆品专指彩妆用品；另一种是广义上的分类，它包括了个人护理用品和彩妆用品。而个人护理用品则包括了皮肤护理用品、头发护理用品。

一、国际上对化妆品的分类

化妆品的分类方法，世界各国不同，综合起来大致有以下几种情形。

按化妆品的使用目的分为：清洁类化妆品（用于清洁皮肤、毛发的产品）、基础化妆品（化妆前用于面部、头发的基础处理的产品）、美容化妆品（用于美化面部和头发的产品）、疗效化妆品（即特殊用途化妆品）。

按使用部位分为：肤用化妆品、美容化妆品、发用化妆品、特殊用途化妆品。

按剂型分为：液体化妆品、乳液膏霜类、粉类、块状、棒状。

按年龄分为：婴儿用化妆品、少年用化妆品、成人用化妆品。

按生产过程结合产品特点分为：乳剂类、粉类、美容类、香水类、香波类、美发类、疗效类。

化妆品不论如何分类，但综合考虑有以下几方面重要作用，即清洁作用、护肤作用、营养作用、美容作用（美化人的面部、皮肤、毛发或散发香气）、特殊作用（介于药品、化妆品之间，具有特殊功能）。

二、我国国家标准对化妆品的分类

为了规范长期以来零售环节上对化妆品和洗涤用品的模糊概念，也为了说明化妆品中存在以"清洁"为主要目的的"清洁类产品"，为适应化妆品管理按功能和使用部位区别规范的趋势，进一步指导消费。2002年3月5日，国家质量监督检验检疫总局批准了GB/T 18670—2002《化妆品分类》标准，于2002年9月1日实施。

该标准以主要功能和主要使用部位进行分类，是化妆品工业的基础标准，是推荐性国家标准，它为有关部门及生产经销企业对化妆品分类管理提供参考依据。该标准以"主要功能和使用部位"相结合、互相兼顾作为化妆品的分类原则，以适合普通人群和以消费为主要目的作为通用规范。阐述了清洁类化妆品、护理类化妆品和美容/修饰类化妆品的定义及分类原则，便于企业在生产管理中进行产品归类。

它与以前化妆品行业常用的"护肤类化妆品、发用类化妆品和美容类化妆品"的三大类分类有所不同。以前使用的"护肤类"产品和"发用类"产品是从使用部位来区分的，而"美容类"产品又是从功能上划分的。因此，GB/T 18670—2002《化妆品分类》标准对化妆品的分类更为切合实际、更为规范，对消费和生产更具有现实的指导意义（表1-4）。

表1-4 GB/T 18670—2002《化妆品分类》标准

种 类	定 义
清洁类化妆品	是以涂抹、喷洒或其他类似的方法，施于人体表面（如表皮、毛发、指甲、口唇等），起到清洁卫生作用或消除不良气味的化妆品
护理类化妆品	是以涂抹、喷洒或其他类似的方法，施于人体表面（如表皮、毛发、指甲、口唇等），起到保养作用的化妆品
美容/修饰类化妆品	是以涂抹、喷洒或其他类似的方法，施于人体表面（如表皮、毛发、指甲、口唇等），起到美容、修饰、增加人体魅力作用的化妆品

分类原则：化妆品分类主要是按产品功能、使用部位来分类（表1-5）。对于多功能、多使用部位的化妆品是以产品主要功能和主要使用部位来划分类别的。

三、我国《化妆品卫生监督条例》对化妆品的分类

《化妆品卫生监督条例》将化妆品分为普通化妆品和特殊用途化妆品（表1-6）两大类，对特殊用途的化妆品实施不同于其他类化妆品的产品审批及管理。

《化妆品卫生监督条例》第十条规定："生产特殊用途的化妆品，必须经国务院卫生行政部门批准，取得批准文号后方可生产。"

四、我国化妆品生产许可证规定的分类

2001年11月，我国《化妆品产品生产许可证换（发）证实施细则》将化妆品产品按照生产工艺，分为五个单元，十个小类，实施生产许可证制度的管理。同时，将可能出现的且不能归属

于前五个单元的化妆品产品，列入第六单元其他单元。具体分类如下。

一般液态单元：不需经乳化的液体类化妆品产品。分为4个小类，即：护发清洁类、护肤水类、染烫发类、啫喱类。

表1-5 常用化妆品归类举例

部位	功能			部位	功能		
	清洁类化妆品	护理类化妆品	美容/修饰类化妆品		清洁类化妆品	护理类化妆品	美容/修饰类化妆品
皮肤	洗面奶 卸妆水(乳) 清洁霜(蜜) 面膜 花露水 痱子水 爽身粉 浴液	护肤膏霜、乳液 化妆水	粉饼 胭脂 眼影 眼线笔(液) 眉笔 香水 古龙水	毛发	剃须膏	发油/发蜡 焗油膏	烫发剂 睫毛液(膏) 生发剂 脱毛剂
				指甲	洗甲液	护甲水(霜) 指甲硬化剂	指甲油
毛发	洗发液 洗发膏	护发素 发乳	定型摩丝/发胶 染发剂	口唇	唇部卸妆液	润唇膏	唇膏 唇彩 唇线笔

表1-6 我国特殊用途化妆品的分类和定义

类别	含义
育发化妆品	有助于毛发生长、减少脱发和断发的化妆品
染发化妆品	具有改变头发颜色作用的化妆品
烫发化妆品	具有改变头发弯曲度、并维持相对稳定的化妆品
脱毛化妆品	具有减少、消除体毛作用的化妆品
美乳化妆品	有助于使乳房健美的化妆品
健美化妆品	有助于使体形健美的化妆品
除臭化妆品	用于消除腋臭的化妆品
祛斑化妆品	用于减轻皮肤表皮色素沉着的化妆品
防晒化妆品	具有吸收紫外线作用、减轻因日晒引起皮肤损伤功能的化妆品

注：据《化妆品卫生监督条例实施细则》第五十六条规定。

膏霜乳液单元：需经乳化的膏、霜、脂、乳液类化妆品产品。分为2个小类，即：护肤清洁类、发用类。

粉单元：散粉、块状粉类化妆品。分为2小类，即：散粉类、块状粉类。

气雾剂及有机溶剂单元：含有推进剂的气雾剂类化妆品产品和含有易燃易爆有机溶剂类的化妆品产品。分为2小类，即：气雾剂类、有机溶剂类。

蜡基单元：以蜡为主基料的化妆品产品。

其他单元：属于化妆品范畴，但不能归属于以上五类的产品。

思考：下列产品哪些属于化妆品管理范畴？

清洁剂：洗面奶、肥皂、香波、牙膏、洗衣粉、洗洁精、浴液等。
调色剂：眼影、口红、指甲油、染发剂、胭脂等。
定型剂：摩丝、定型啫喱。
芳香剂：香水、止汗走珠露、除臭剂。
防晒剂：防晒霜、防晒油。
营养保护剂：润肤霜、营养霜。
疗效化妆品：祛斑霜等

第三节 化妆品质量监管的重要性

化妆品是与人体皮肤直接接触的日用工业品，直接影响人们的生活与健康。合格的化妆品能清洁、保护皮肤和头发，修饰、改善人的精神面貌，往往能在人的心理性、生理性和物理性等方面的影响下起一定满足作用，给人以美的享受。但化妆品使用不当，或添加了禁用化学物质，或超量使用限用物质，都有可能发生皮肤不良反应，严重的甚至造成头皮、皮肤不可逆转的损伤，对消费者的身心健康构成威胁。因此，化妆品必须通过总体评估才能达到合格的质量标准。

一、我国化妆品的安全现状

安全的化妆品，应该在长时间使用后不会对人体产生不良反应和危害。化妆品和药品不同，药品是以治疗特定的疾病为目的，有一定的疗程限制，所以药品允许一定程度上的副作用；而化妆品是在日常生活中每天或者长期连续使用的，其安全性显得尤为重要。

随着国民经济的飞速发展，我国化妆品市场蓬勃发展。据有关部门统计，我国化妆品市场销售额增长速度远远高于国民经济的平均增长速度，具有相当大的发展潜力。作为近 10 年才慢慢崛起的中药美容化妆品行业，进入 21 世纪后，同样以每年 20% 的速度递增。目前我国化妆品生产企业已达 5000 家，产值处于亚洲第二、世界第八。经过十几年的发展，目前我国化妆品产品琳琅满目，品类多达 2.5 万余种。近年来又不断引入了很多新技术，如多相乳化技术、微乳化技术、脂质体包覆技术、纳米技术和液晶技术等，大大提高了化妆品的品质及功效。

我国在提高化妆品供给总量、增加产品多样性以及改进产品功效方面取得了令世人瞩目的成就，产品安全水平也在逐渐提高。与过去相比，虽然我国化妆品卫生状况有了显著改善，但是我国化妆品安全总体形势不容乐观。2005 年卫生部对北京、天津、山西、吉林、上海、江苏、浙江、福建和广东 9 省份生产企业、美容美发店、药店及化妆品批发市场等生产经营的宣称具有"祛痘、除螨及除皱"等功能的化妆品违法添加糖皮质激素、雌激素等禁用物质情况进行了专项监督抽检，结果显示，宣传祛痘、除螨类化妆品中，抗生素的检出率为 25.4%，宣传具有除皱功能化妆品中激素检出率为 3.2%。

与之对应的是卫生部通报的化妆品不良反应监测情况，使用化妆品引起的不良反应有增多趋势：2005 年各监测点共监测发现化妆品不良反应 1053 例，共涉及 2295 种化妆品。令人遗憾的是，化妆品原料的使用安全问题并不仅仅存在于伪劣假冒化妆品和一些非品牌化妆品当中，即使是昂贵的品牌化妆品也一直不能完全摆脱大众对其安全性质疑的阴影。

通过对化妆品不良反应的监测和研究结果可以看出，相对于数量较大的化妆品消费量，其不良反应报告数量较少。其可能的原因很多：许多不良反应比较温和，消费者通常只是停用该产品或自行诊断和用药，而很少求医；医生可能漏报；有些医生不了解化妆品不良反应的鉴别诊断等。

化妆品不良反应的产生和分布具有一定的共性和普遍性，均以女性为主，平均年龄在 20~30 岁，发病部位以面部最常见，其中变应性接触性皮炎最为常见，全身性反应较少。眼部化妆品、染发剂和面部化妆品最常引起不良反应，芳香剂和防腐剂是最常引起变态（过敏）反应的化妆品成分。芳香剂是化妆品中最常见的过敏原，存在于清洁剂、口腔卫生护理品、洗涤用品等多种化妆品中，由 10~300 种成分组成，在由化妆品引起的变应性接触性皮炎中占 30% 以上。

结果显示，化妆品不良反应与化妆品的使用目的、部位、组成成分等有关，如女性更为重视容貌，面部最常用化妆品、染发剂中化学成分较多，某些成分可引起过敏从而引发变应性接触性皮炎等。

当然，我国到目前为止尚未给化妆品的不良反应予以准确的科学定义。有专家认为，参照药品不良反应的定义，化妆品不良反应的定义应为合格的化妆品在正常和合理的用法用量下所产生的意外或与效果相反的损害。也就是说，合格的化妆品也会引起对人体的损害，如皮肤过敏等。

因此，化妆品中的某些化学成分同样对个别人体会产生异常的损害。以此有别于不合格的、非法的或劣质的化妆品对人体所产生的必然损害。两者不能混为一谈。

二、化妆品中的有害物质

1. 化妆品中的重金属

化妆品中含有许多微量元素，如铜、铁、硅、硒、碘、铬和锗等。微量元素进入化妆品是通过与蛋白质、氨基酸、核糖核酸连接而实现的。这些微量元素的配合物具有生物利用性，使产品更具有调理性和润湿性，更易被皮肤、头发和指甲吸收和利用。这些微量元素对人体是有益的，实现了化妆品护肤、美容的真实含义。可有些化妆品中却含有汞、砷、铅等重金属污染物，这些是对人体有害的元素。

化妆品中的铅、砷、汞含量超标，可引起皮肤瘙痒等症状。增白剂中的氯化汞会干扰皮肤中黑色素的正常酶转化。汞的慢性毒害很大，特别是抑制生殖细胞的形成，影响年轻人的生育。日本厚生省的化妆品质量中规定，化妆品中不得配用汞及其化合物。化妆品中颜料，很多是含有重金属成分的，如铅、铬、铝、汞、砷等，它们之中有不少是对人体有害的，美国、澳大利亚报道，曾有婴儿舔食了母亲面部的脂粉引起急慢性中毒，死于脑病的事实。

2. 化妆品中的有机物

许多漂白霜、祛斑霜中加入了氢醌，能抑制上皮黑素细胞产生黑色素。氢醌是从石油或煤焦油中提炼制得的一种强还原剂，对皮肤有较强的刺激作用，常会引起皮肤过敏。氢醌会渗入真皮引起胶原纤维增粗，长期使用和暴露于阳光的联合作用会引发片状色素再沉和皮肤肿块，称获得性赫黄病，目前尚无好的治疗方法。

化妆品中使用的色素、防腐剂、香料等大多为有机合成物，如煤焦油类合成香料、醛类系列合成香料等。这些物质对皮肤有刺激作用，引起皮肤色素沉着，并引起变应性接触性皮炎，有些还有致癌作用。煤焦油系列色素中的偶氮染料、亚硝基染料和硝基色素等对人体都非常有害，一旦进入体内，危害更大。化妆品防腐剂最常用的是对羟基苯甲酸甲酯，有抑制微生物生长作用，可延长保质期。但添加过多，会伤害皮肤。防腐剂的主要成分甲醛，常释放出来造成空气污染。据测，百货商店化妆品柜台空气中甲醛含量远高于其他柜台。均值为 0.246 毫克/立方米，超过瑞典等国家室内标准（0.1 毫克/立方米）2.46 倍。双香豆素、环香豆素因其具有草香味，曾被广泛作为香料。但近年来有研究称，这两种物质易与紫外线发生作用而变质，对肝脏有所损害，对遗传物质脱氧核糖核酸有伤害作用，属于化妆品的禁用物质。

染发剂大都为养护染料，如对苯二胺等有关化合物与双氧水混合而成。此染料可进入毛干并沉积于毛干的皮质，形成大分子聚合物，使头发变黑。对苯二胺可与头发中的蛋白质形成完全抗原，易发生过敏性皮炎，虽然未有确切证据证明染发剂有致癌作用，但其安全性应引起足够重视。

口红的主要成分为羊毛脂、蜡脂和染料。其中染料为非食用色素，可通过皮肤进入人体内，引起过敏。国外调查表明因用口红而引起口唇过敏已是一个严重的问题，有 9% 的妇女用唇膏后出现口唇干裂等症状。人们还发现口红具有"光毒性"。日本的研究人员将混有大肠杆菌的口红试样用两支 20 瓦荧光灯照射后，约有 20% 样品发生突变。由于染料分子吸收 400～700 纳米可见光的能量后便可使生物细胞中的脱氧核糖核酸（DNA）受损伤，而 DNA 损伤后若不能修复，就有产生癌变的可能。如口红中的碱性蕊香红、胭脂中的曙红、焰红都有较强的致癌性。

四环素类抗生素具有杀菌、抑菌效果，有些消炎杀菌的化妆品中会添加。但由于毒性较大，我国将其列入化妆品禁用物质，但并没有作为常规检测对象。

三氯甲烷可以迅速溶解脂肪、油脂，但其具有毒性和致癌性。研究发现，水中加氯后普遍存在三氯甲烷的问题，故牙膏中可能有三氯甲烷的残留。三氯甲烷属于牙膏中的禁用物质。

曲酸主要用作食品添加剂，可起到保鲜、防腐、防氧化等作用。添加到化妆品中可有效消除雀斑、老年斑、色素沉着、粉刺等，因此为世界各国所使用。近年来的科学研究表明曲酸具有致癌性，日本官方已禁止将曲酸作为食品添加剂使用，禁止进口和生产含有曲酸的化妆品。

有些抗炎祛痘类化妆品中违规加入糖皮质激素、雌激素、雄激素、孕激素等禁用激素，这些药用成分在没有作为药物监管长期使用时，皮肤会对激素产生依赖，而且很难摆脱。长期使用后则会发生皮肤变薄、毛细血管扩张、毛囊萎缩，一旦停用，皮肤就会发红、发痒，出现红斑、丘疹、脱屑等。我国《化妆品卫生规范》规定此类物质为禁用成分。

3. 化妆品中的有害微生物

由于微生物种类繁多、生命力强、繁殖快、易分布，而化妆品中含有脂肪、蛋白质、无机盐等营养成分，是微生物生存的良好场所。化妆品中可能存在的有害微生物有病原菌和致病真菌，会不同程度地引发对人体的损害、致病或造成中毒。另外，化妆品易受到真菌的污染，常见的真菌有青霉、曲霉、根霉、毛霉等。国家标准是每克细菌总数小于等于500个。不少雪花膏、奶液中检测出大肠杆菌、肠道寄生虫卵、致病菌等。粉类、护肤类、发用类、浴液类化妆品细菌污染时有发生。

三、不合格化妆品对人体造成的损害

不合格化妆品会给人体造成的常见损害主要是皮肤病。化妆品皮肤病，是指人们在日常生活中使用化妆品引起的皮肤及其附属器官的病变，是一组有不同临床表现、不同诊断和处理原则的临床症候群，发病前要有明确的化妆品接触史，并且皮肤损害的原发部位是使用该化妆品的部位，还必须排除非化妆品因素引起的皮肤病。

1998年，我国卫生部和原国家技术监督局联合发布并在全国范围内实施《化妆品皮肤病诊断标准及处理原则》，定义了6种常见的化妆品皮肤病。这6种化妆品皮肤病如下。

（1）化妆品接触性皮炎　它是指接触化妆品而引起刺激性接触性皮炎和变应性接触性皮炎。这是化妆品皮肤病最多见的类型，多发生在面、颈部。一般来说，使用频率较高的普通护肤品常常引起变应性接触性皮炎，而特殊用途化妆品，如除臭、祛斑、脱毛类等，则常在接触部位引起刺激性接触性皮炎。

（2）化妆品光感性皮炎　它是指用化妆品后，又经过光照而引起的皮肤炎症性改变，是化妆品中的光感物质引起皮肤黏膜的光毒性反应或光变态反应。化妆品中的光感物质可见于防腐剂、染料、香料以及唇膏中的荧光物质等成分中，防晒化妆品中的遮光剂，如氨苯甲酸及其脂类化合物，也有可能引起光感性皮炎。

（3）化妆品皮肤色素异常　它是指接触化妆品的局部或其邻近部位发生的慢性色素异常改变（色素沉着和色素脱失）。以色素沉着较为多见，多发生于面颈部，可以单独发生，也可以和皮肤炎症同时存在，或者发生在接触性皮炎、光感性皮炎之后。

（4）化妆品痤疮　它是指由化妆品引起的面部痤疮样皮疹。多由于化妆品对毛囊口的机械性堵塞引起，如不恰当地使用粉底霜、遮瑕霜、磨砂膏等产品，引起黑头、粉刺或加重已存在的痤疮，也可能造成毛囊炎症。

（5）化妆品毛发损害　它是指应用化妆品后引起的毛发损害。化妆品损害毛发机理多为物理及化学性损伤，可以是化妆品的直接损害，也可能是化妆品中某些成分对毛发本身和毛囊的正常结构和功能的破坏。临床上可表现为发质的改变和断裂、分叉和脱色、质地变脆、失去光泽等，也可以发生程度不等的脱发。

（6）化妆品指甲损害　它是指应用指甲化妆品所致的指甲本身及指甲周围组织的病变。指甲化妆品大致分为三类：修护用品，如表皮去除剂、磨光剂等；涂彩用品，如各种颜色的指甲油；还有卸除用品，如洗甲水。这些化妆品成分中多含有有机溶剂、合成树脂、有机染料、色素及某些限用化合物，如丙酮、氢氧化钾、硝化纤维等，它们多数有一定的毒性，对指甲和皮肤有刺激性，并有致敏性，如原发性刺激性皮炎可由甲板清洁剂、表皮去除剂当中的某些成分引起，变应性接触性皮炎可由指甲油中的树脂类、指甲硬化剂中的甲醛等成分诱发，光感性皮炎可由指甲油中的多种荧光物质引起等。

四、化妆品的内在质量评估

化妆品的内在质量评估主要是指化妆品的安全性、稳定性、使用性和有效性四大要素，它们是产品质量优劣的最本质的属性。

1. 化妆品的安全性评估

化妆品安全性评估试验是安全性对策的基础，安全性对策是为了防止化妆品的不良效果而制定的。从化妆品引起皮肤损害的临床统计来看，化妆品皮肤病是一组较常见的皮肤病，由化妆品引起的不安全事故大多数是因为对皮肤不适应而引起的，它与使用频率和消费量有很大的关系，为了防止化妆品引起皮肤及其附属器官的病变，化妆品安全性就显得格外地重要了。

化妆品本来是保护皮肤、毛发的，如果使用不合格原料或受到污染，不仅不起保护作用，相反还会使皮肤、毛发受到损害，尤其是特殊化妆品在我国划归化妆品法规管理，由于此类产品必须加入一些特殊成分，而这些特殊成分大多具有一定的毒性，如对其安全性注意不够，也就必然会带来一定的副作用。通常，特殊化妆品引起人体不良反应的概率势必比一般化妆品高，为确保化妆品使用安全，必须按《化妆品卫生规范》（2007年版）中化妆品原料及其产品安全性评价的毒理学检测项目和要求，慎重选用原料和控制浓度。保证其使用的安全性，这就是生产化妆品在安全性方面必须遵循的首要原则。

化妆品安全性涉及面甚广，有安全性试验，原料的安全性，产品的安全性，必要的安全性评价，还与使用方法和包装容器相关，具体内容将在后面的章节介绍。

2. 化妆品的稳定性评估

稳定性是指在规定的条件下保持其有效性和安全性的能力。规定条件一般是指规定的有效期内，以及生产、储存、运输和使用的要求。假如某物质虽然具有清洁、消除不良气味、护肤、美容和修饰等的有效性和安全性，但极易变质，不稳定，则至少不能作为商品。稳定性是化妆品的重要特征，也是化妆品在市场生存的关键所在。

影响稳定性的因素，主要是微生物污染。化妆品的组成成分，给微生物的繁殖创造了良好的条件。从组成看，有水分、碳源和氮源，特别是营养皮肤的添加剂，都是微生物的理想培养基，如果受到污染，在温度、湿度适宜的情况下，细菌繁殖的速度很快，到一定程度后，可使膏霜分层出水，变粗发臭，使香波变色、变气味。这样的商品属不合格品，不能使用。化妆品从生产到消费，有两种途径可能受到微生物污染：生产过程受到污染，称第一次污染（图1-1）；消费者使用过程中受到污染，称第二次污染。

3. 化妆品使用性的评估

化妆品的使用性评估：化妆品直接涂敷于皮肤、头发时会产生不同使用性能，这种感官的使用效果只能靠人的感觉器官进行测试。例如：不同品种的香波，在头发上涂布时的展开性就有容易展开和展开时手感有结块物；膏霜在涂布时有易展开、用量少和展开时有黏感、起白头等不同感受。

4. 化妆品有效性评估

化妆品的使用性和有效性评价，是对产品质量的最终体现。使用化妆品的最终目的，是为了达到一定的效果，譬如：皮肤的防皱、保湿、增白，头发的光滑、易梳理、去屑止痒等，这些就是化妆品的有效性。对于消费者来说，通过使用化妆品，能使自己的身体（包括皮肤和头发）充满活力、恢复青春、保持能力，在生活中心情舒畅、精神愉快，只有这样的产品，才能立足于市场。因此，生产厂家必须在产品的研制过程中，对产品的实际使用效果（即产品的有效性）进行试验，并在试验中不断改进产品的质量，提高产品的效果。化妆品的有效性是增加其附加值、提升产品市场竞争力的有效途径之一。

对于化妆品的有效性评估，国外早在20世纪60年代，就开始进行测试方法的研究，欧美和日本的许多大公司相继成立了一些研究机构，开发出一些测试仪器，并逐步加以推广。现在，随

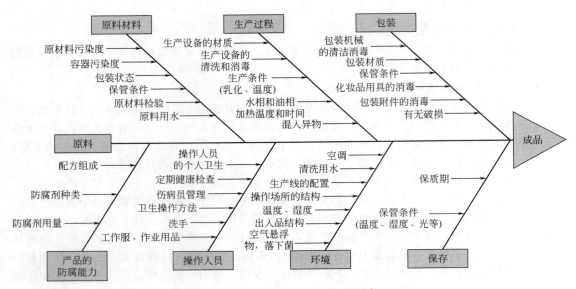

图 1-1 可能造成一次污染的因素

着市场竞争的日益激烈，广大消费者和生产厂家越来越重视化妆品的有效性问题。

随着科学技术的发展，有效性评价的方法研究向着更广泛、更先进的方向发展，其工作量是很广泛、很多的，如：对出汗量、皮肤湿度、皮肤 pH、皮肤的血流量等的测试；又如头发的生长速度、含水量、柔软性等；以及粉底产品的颗粒度、遮盖力等；膏霜产品的膏体光亮度、膏体透气性、膏体流变性等的评价方法的研究都正在开展。

资　料　卡

■ **药用化妆品应不应该用**

现在市面上有些化妆品除了必要的正常成分外，还添加了各种药物成分，如维生素、氨基酸、抗组织胺药、紫外线吸收剂、收敛剂、发汗防止剂、刺激剂等。有的还在化妆品中添加了中药成分，如当归，当归中的蛋白质、氨基酸等各种营养成分。

专家认为，添加药物后的药用化妆品，确实能够起到预防、治疗某些皮肤病的作用。然而，药物是把"双刃剑"，既能够治疗疾病，也不可避免地存在副作用，药用化妆品由于含有某些药用成分，同样不能忽视其可能存在的副作用。

（1）含维甲酸和维生素的化妆品，用量过大会使皮肤出现灼热、脱屑等症状。

（2）含有 4-异丙基儿茶酚的化妆品，会对皮肤产生强烈刺激并有杀伤作用，加速皮肤老化。

假如长期使用这类化妆品，会使皮肤真的处于无菌状态。有害细菌和真菌将会在皮肤上滋生、泛滥。在杀灭致病菌的同时，还会杀灭上述皮肤上的常在菌，出现新的感染。

五、化妆品的外在质量评估

通常人们对于内在用数据来表示的理化检验较为重视，认为以看、摸、闻的感官检验的依据性不强，然而理化指标毕竟不能完全替代感官指标。

1. 产品外观的评估

产品的颜色、形态和香味，通常与人的习惯和嗜好有关。色泽的深浅、料体的厚薄、气味的浓淡、香型的各一、无色或加色、油度的轻重等往往受人的敏锐程度、审美观、经验、个人意向等影响，其结果的重演性和可靠性较差。采用与企业规定标准对照，可以比较有说服力。

2. 包装质量的评估

任何产品给人的第一印象是外观，它包括了外包装及内在质量的外观、色泽和香气等。通常消费者对产品的内在质量缺乏必要的检验手段和相关知识，但对于感官质量却最有发言权。例如化妆品的包装新颖美观、香气迷人则必然会带给消费者"喜欢"的第一印象，随之乐于购买。

我国许多日化产品内在质量上是无可挑剔的，有的甚至优于进口产品，但它却难以挤进国际市场，问题的关键是包装质量缺乏对消费者的吸引力。可以说，包装水平代表了整个工业水平。我国化妆品工业，在包装上还是低水平的，其原因包括思想上重视不够，包装相关的各部门配合不力等。面对我国化妆品的处境，化妆品界已充分认识到包装装潢对产品的重要性。

包装对化妆品工业是至关重要的。化妆品的档次，很大程度上取决于包装的档次。艺术性高的装潢设计能有效地把商品衬托出来，包装设计是艺术和技巧的综合美，形形色色的技巧能使产品既体现一定的经济价值（包括商品档次升高、流行美、个性美及包装费用的降低）又能符合消费者感官检验增添商品的魅力，故而世界上各大化妆品公司，在包装研究上，都花相当大的力量。在竞争的形势下必须重视日化产品的包装质量，包括设计、制造、检验各个环节。现在我国化妆品界已充分认识到包装装潢对化妆品的重要性，而且包装水平正在逐步提高，也已出现专营包装器材的企业和一批专业的包装设计人才，预计不久的将来会赶上世界水平。

资料卡

■ **化妆品包装设计呈现新趋势**

在化妆品包装领域，随着技术水平的提高，包装发展逐渐凸现出个性化的彰显与创新、新技术新工艺的引入与应用、新型环保材料的开发和替代等特色，安全方便的包装将更加受到市场的欢迎。在包装产业发展中闪现的几抹亮色如下。

亮色一：在包装上突出个性化。

亮色二：及时应用先进的技术。

亮色三：真空包装悄然兴起。

亮色四：包装款式多样化。

亮色五：新型材料的应用。

亮色六：绿色环保包装。

思考题

1. 化妆品的概念是什么？
2. 国内外化妆品如何分类？
3. 添加违禁成分的化妆品对人体的危害性是什么？国家加强对化妆品监管的原因是什么？
4. 如何评估化妆品安全性、稳定性、有效性、使用性？
5. 什么是化妆品一次污染和二次污染？造成一次污染和二次污染的主要原因是什么？

第二章 国内外化妆品行业总体状况

学习目标：通过本章节的学习，了解化妆品发展史、国内外化妆品行业的总体状况。知己知彼，有利于国内产品进入国际市场，参与国际市场竞争。

第一节 中国化妆品工业发展史

化妆品的使用历史源远流长，有文字记载的可以追溯到公元前几个世纪的古埃及、古希腊和中国。早在公元前埃及女王克娄巴特拉时期，化妆品艺术达到高峰。约在公元300年，意大利罗马理发店已开始用香水，并有了液体香油、固体香膏和香粉。

中国化妆品工业的发展有着漫长的历史。大致分为四个阶段：早期阶段、缓慢发展阶段、快速发展阶段及法制管理阶段。

一、化妆品工业的早期阶段

中华民族是世界上最早使用化妆品的民族之一。我国古籍《汉书》中就有画眉、点唇的记载。而《木兰诗》"当窗理云鬓，对镜贴花黄"、《长恨歌》"六宫粉黛无颜色"均为传世佳句。《齐民要术》中介绍了有丁香芬芳的香粉。西晋《博物志》记载公元前"纣烧铅作粉"涂面而美容。后唐《中华古今注》有胭脂的记载："起自纣，以红兰花汁凝成脂"，产自燕国，故曰胭脂。南宋时期，杭州成为我国化妆品重要生产基地，生产的脂粉久负盛名，被称为"杭粉"。当今看来，此类产品均可归类为美容修饰类化妆品。可以说，化妆品承载着人类自古以来对美丽和美好生活的无限追求。

二、化妆品工业的缓慢发展阶段

近代，由于中国长期处于封建社会，工业落后，经济发展缓慢，化妆品生产一直处于家庭小作坊状态。19世纪初期，辽宁、上海、云南和四川开始出现一些专门生产雪花膏的小化妆品厂。鸦片战争后，外国化妆品开始流入中国市场。清朝年间，我国化妆品工业具有较高水平，在国际中占有一定地位。道光9年（1830年），扬州创建"谢馥春"香号生产香佩、香囊、香珠和熏香等，成为我国化妆品工业的先行者，其产品于1915年荣获巴拿马万国博览会银质奖章；同治元年（1862年）杭州"孔凤春"香粉号，生产制造鹅蛋粉、水粉、扑粉和雪花粉，称为"孔凤春贡粉"，专供慈禧太后使用。1898年，广生行在香港建立了我国第一家采用机械化生产的化妆品工厂，生产"双妹唛"牌花露水和雪花膏，后又在上海、广州和营口等地设厂。

20世纪后，我国化妆品工业有了长足发展。1916年，广生行"双妹唛"牌化妆品在美国赛会上荣获金奖。1911年，中国化学工业社（即现在的上海牙膏厂）在上海建立，后相继建立了上海明星花露水厂、上海家庭工业社、富贝康化妆品厂和宁波凤苞化妆品厂等，我国化妆品生产逐步走向工业化。近代化妆品的发展见证了我国风雨飘摇的"美丽"事业的工业化历程。

解放后，各地建立了一些化妆品厂，但是由于人民生活水平不高，而且受"化妆品等于奢侈品"的观念禁锢，化妆品工业发展十分缓慢，产品以雪花膏、蛤蜊油和花露水为主，被称作化妆品的"老三样"。

三、化妆品工业的快速发展阶段

改革开放迎来了化妆品的春天。20世纪80年代，随着国民经济迅速发展，人民生活水平不断提高，化妆品工业如雨后春笋般蓬勃发展，化妆品行业的体制也从轻工系统向其他系统延伸。

"旧时王谢堂前燕，飞入寻常百姓家"，化妆品在人们观念中经历了奢侈品到必需品的历程。就连以前从不问津化妆品的男士，化妆品的消费量也呈快速增长的趋势。改革开放为"美丽"事业带来了前所未有的辉煌。如1976年，上海仅有化妆品厂11家，1986年就发展为176家，增加了15倍。广东化妆品生产企业更是从无到有，至2008年已经发展为1560家。

四、化妆品工业迈入法制管理阶段

改革开放后，不仅我国化妆品工业增长迅猛，进口化妆品也大量涌入，化妆品市场比较混乱，产品质量参差不齐，品质得不到保证。为规范化妆品企业和产品，整顿化妆品市场，确保消费者使用安全，卫生部会同轻工部组织制定了相关法规和标准。于1989年9月，国务院正式批准《化妆品卫生监督条例》，这是我国第一部关于化妆品卫生监督管理的国家法规。它的实施，标志着我国化妆品管理进入了一个新的时期，走上了法制化管理的轨道。

《化妆品卫生监督条例》的实施，加速了我国化妆品工业现代化的进程，迅速提高了化妆品的产品质量，逐步规范了化妆品市场，有力地促进了我国化妆品工业的发展。

第二节 国际化妆品及相关工业发展现状

一、国际化妆品工业发展概况

1993～2005年，世界化妆品和美容品的总销售额的年增长率约为24%。国际上化妆品发展最有代表性的国家是法国、美国、日本、德国、意大利和西班牙等国。2005年，法国化妆品销售额2000亿法郎（约330亿美元）。美国化妆品销售280亿美元（不包括洗涤类），日本化妆品销售额280亿美元。德国化妆品销售额为70.6亿马克（约85亿美元）。

美国Happi杂志报道了1997～2005年世界化妆品市场主要产品销售情况及对未来几年销售情况的统计表。从表2-1中可以看出国际化妆品市场上各类产品的销售额增长是均衡的，趋于稳步发展，增长速度不快。

表2-1 1997～2005年世界化妆品市场主要产品销售额　　　　　亿美元

产品	1997	1999	2001	2003	2005(约)	平均涨幅/%
女用香水	72.39	73.8	75.22	77.14	87.36	2.3
彩妆	138.07	139.64	142.88	146.1	163.02	2.1
护肤品	197.02	201.80	211.53	221.53	276.81	4.4
防晒品	18.28	18.43	18.67	19.43	22.79	2.8
护发素	247.26	252.40	258.67	267.04	311.57	2.9
浴洗品	70.17	71.76	73.26	75.28	84.09	2.3
除臭剂	43.01	43.5	44.32	45.58	48.52	1.5
男用系列	48.75	49.64	50.26	51.64	58.44	2.3
口腔卫生用品	100.04	102.07	104.71	108.51	127.99	3.1
其他	18.01	18.35	19.00	19.53	22.51	2.8
总计	953.00	971.39	998.52	1031.78	1203.10	3.0

国外有关专家认为全球个人护理品，尤其是皮肤护理品仍会保持强劲的势头。彩妆品的销售额会下降；香水市场将由传统的核心消费者转向发展中国家和边缘市场的消费者。

二、法国、美国、日本的化妆品工业发展状况

据统计，2002年，全球化妆品销售总额为2000亿美元，其中美国占25%，西欧占30%，日

本占15%，而包括中国在内的其他所有国家总共占30%的份额。

1. 法国化妆品工业的现状与发展趋势

（1）市场概况　法国有2000余家的化妆品企业，年销售额为2300亿法郎，年增长额高达12%。法国为香水大国，三大支柱工业中香水已与航天、汽车工业齐名。香水出口178个国家和地区。家庭消费每年在2300法郎，20～30岁的年轻女性，年收入为15万法郎，其中用于香水的为900法郎，用于其他化妆品的为700法郎，两项合计只占年经济收入的1%。

（2）市场特点　法国的香水历史悠久、创意超前、品质高贵、文化内涵丰富；儿童香水规模增大，已成为法国香水的目标市场，适宜儿童用的香水品种已达60多种。在欧洲、亚洲更有广阔的潜力市场。法国香水与服装联姻成为一种独特的趋势。如香奈儿5号、迪奥、伊夫·圣洛朗、娇兰、兰蔻、纪梵希、卡迪亚等。欧洲人因体味较重，所以香水市场广阔，这也是一个先提条件。

2. 美国化妆品工业的现状与发展趋势

（1）市场概况　美国现有生产化妆品的企业为500多家，年销售额200亿美元，市场上有25000多种产品，其产品结构为：发用品占18.3%，护肤类占21.2%，美容品类占16.8%，男士用品占7%。年销售额10亿美元以上的企业有10家，美国有近400多家原料生产企业，日用化妆品工业原料9000多种。2003年美国CIR评审委员会（Cosmetic Ingredients Review，化妆品成分评价）已评审的化妆品原料总数达1175种，其中确认可安全使用的有678种，有条件安全使用的有382种。

（2）市场特点　美国的化妆产品范围很广，包括清洁、保健和美容等诸多方面。比如从清洁、护理皮肤来说，有针对面部的，有护手的，还有专门滋润保护双足的。染发化妆品已逐步发展形成规模。2000年美国染发剂零售额达14亿美元，比1999年增长6.7%，2002年染发剂零售额达15.3亿美元，比2000年增长9.1%。防晒化妆品品种日趋增多，有成人的、儿童的，有晒黑的，还有自然晒黑等多个品种。与多数人的收入相比，很多商店销售的化妆品价格便宜，能够被普通人所接受，化妆品已经不是可望而不可及的奢侈品。

3. 日本化妆品工业的现状与发展趋势

（1）市场概况　日本化妆品生产企业有2000多家，大的上规模的有100多家，像日本资生堂株式会社、花王株式会社等，在日本化妆品市场占有率达83.4%，剩下17%为其他小规模生产企业。日本有"亚洲的巴黎"之称。日本人重视外表，视"装扮"为一种礼仪、一种价值观。据统计数字显示，日本的化妆品市场仍在增长，每年销售额高达1万5000亿日元（约199亿新元），名列世界第二，仅次于美国。日本男性化妆品销量达30亿美元，约占全球的20%，为世界最大男性化妆品市场之一。

（2）市场特点　含中草药的化妆品快速、广泛应用。目前广泛使用的有117种中草药，各化妆品公司一般都有200余种的配方，其中50%以上的是含天然中草药的，在中草药应用于化妆品工业领域，日本已超过我国。生物化妆品不断开发、应用，日本化妆品工厂利用生物工程技术、生物制剂，如保湿、美白等化妆品的生物制剂、配方已在国际上引起重视，并产生轰动。

三、世界香精、香料工业发展情况

香精、香料在专用化学品中占有重要地位，据统计，2002年全球香精、香料的销售额达到了166亿美元，其中香精约占41%，香料约占35%，芳香油（包括天然萃取物，如玫瑰油等）和芳香化学品各占12%（图2-1）。按地区分，北美洲占31%，西欧占29%，亚洲占26%（其中日本占12%），其他地区占14%（图2-2）。

在香精、香料行业中，大型公司的生产规模不断扩大，而中小型企业的数量却在不断减少。2001年，全球7大公司销售额约占总销售额的50%，具体为美国国际香料公司（IFF）18.4亿美元，奇华顿14.2亿美元，芬美意11.2亿美元，奎斯特10.5亿美元，高砂8.2亿美元，哈

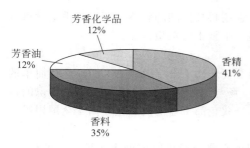

图 2-1　2002 年全球香精、香料销售额种类分布情况

2002 年全球香精、香料销售总额达 166 亿美元

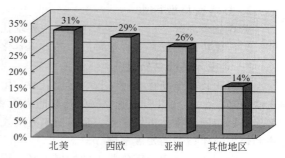

图 2-2　2002 年全球香精、香料销售额区域分布情况

2002 年全球香精、香料销售总额达 166 亿美元

曼·雷默 7.8 亿美元，美国 Sensient 技术公司 5.3 亿美元。

根据美国斯坦福国际研究所 2001 年的研究报告，销售额在 7500 万～1 亿美元的中型香精、香料公司基本上已经被收购。大型公司在不断扩大的过程中也存在风险，主要来自反托拉斯法和用户。因为公司数量变少，用户的选择也随之减少。

预计全球香精、香料需求将以年均 5.4% 的速度增长，到 2004 年销售额将达到 184 亿美元。需求增长主要来自拉丁美洲和亚洲发展中国家和地区，特别是中国、巴西、印度、墨西哥、越南和智利。由于国际投资大量涌入，这些国家和地区的食品加工和消费品行业迅猛增长。发达国家市场已经成熟，加上用户希望减少消费品中香精和香料的用量，使市场不断萎缩。

芳香油和天然提取物将取代合成芳香化学品。因为快餐、饮料和食品需求增加，混合香精在发展中国家市场的发展尤其迅速。

香料需求主要来自发达国家，这些国家的用户对化妆品和洗盥用品的要求不断提高。另外，发展中国家人均收入的增加，使得对消费品质量要求也有所提高。这会促使各种芳香油、芳香提取物和合成香精、香料需求的增加。根据 SRI（著名美国化工咨询公司 SRI Consulting）调查，香精、香料配方中主要使用的芳香化学品有 2800 种，如苯类、萜烯类和杂环化合物等，但消费量超过 50 吨的仅有数百种。

中国是世界上最大的天然香精、香料生产国，具有原料成本低的优势。随着国外资本的大量涌入，以及国外先进的工艺、技术、管理模式的引进、采用，加上各企业在这些方面的重视、改进，还有有关政策的扶持，我国的天然香料工业定会再有跃进。

第三节　国内化妆品工业发展现状

改革开放以来，经过 20 多年的迅猛发展，中国化妆品企业取得了前所未有的巨大成就。

一、化妆品行业特征

1. 产品市场的周期性

通常，每个行业都要经历一个由成长到衰退的发展演变过程。这个过程便称为行业的生命周期。一般来说，行业的生命周期可分为四个阶段，即初创阶段（也叫幼稚期）、成长阶段、成熟阶段和衰退阶段。我国化妆品行业经过这么多年的发展已经进入成熟期发展阶段。

这一时期里，在竞争中生存下来的少数大厂商，垄断了整个行业的市场。每个厂商都占有一定比例的市场份额。由于彼此势均力敌，市场份额比例发生变化的程度较小。厂商与产品之间的竞争手段逐渐从价格手段转向各种非价格手段，如提高质量、改善性能和加强售后维修服务等。行业的利润由于一定程度的垄断达到了很高的水平，而风险却因市场比例而比较稳定，新企业难以打入成熟期市场，原因是市场已被原有大企业比例分割，产品的价格比较低。

2. 技术密集型行业

美容化妆品既是一个科技产业也是一种现代文化,在高科技浪潮的影响之下,几乎是瞬息万变。美容化妆品科技是多种学科的结晶,美容化妆品是一个技术密集型行业。

3. 低投入高收益行业

中国化妆品市场在20世纪90年代以前,化妆品消费观念几乎没有形成,人们只进行简单的皮肤护理。90年代以后,随着改革开放的进行和我国市场与国际市场的接轨,消费者意识的显著提高,中国化妆品市场进入一个前所未有的发展时期,化妆品工业的发展速度高于全国国民经济和轻工业年增长的发展速度。

从大型化妆品企业零售收入的发展水平来看,人们可以看到销售收入处于一种上升的趋势,而且快速平稳,这说明行业是处于一种稳步上升的趋势。

4. 市场集中度高

经过十几年的培育和发展,我国已成为亚洲第二大、全世界第八大化妆品市场,行业内品牌化竞争格局已经形成,日益成为集产业化、市场化、国际化为一体的综合性产业。化妆品行业市场规模不断扩大,呈现稳步上升的发展趋势。

我国城市化妆品市场有3000多个品牌,外资合资企业占主导地位,其市场份额近80%,产值3千万至5千万元的中小型企业,占化妆品企业总数的90%左右。

二、化妆品企业销售总额及发展态势

据有关部门统计,我国化妆品市场销售额年均增长率为15%~20%,最高年份达到55.6%,增长速度远远高于国民经济的平均增长速度,具有相当大的发展潜力。我国化妆品市场目前排在美国、日本、德国、法国、英国、意大利和巴西之后,位居世界第八位,亚洲第二位。

1978年我国化妆品工业销售额仅为1.87亿元。1998年化妆品工业销售额达257亿元,20年增长了137倍。从同比增长率中,可以发现1997年亚洲金融危机对我国消费品制造业带来负面影响。1998年相对1997年的同比增长率仅为1.6%,滞后效应一直持续到2000年。这是1982年以来罕见的。事实上,从1982年起,我国化妆品工业的年增长率均高于10%(表2-2,图2-3)。1990~2006年17年的平均增长率为22.8%,受到全球化妆品制造业的关注。

表2-2 1990~2006年期间化妆品企业销售额及增长比率

年份	化妆品企业销售额/亿元	增长比率/%	年份	化妆品企业销售额/亿元	增长比率/%
1990	40		1999	290	12.8
1991	50	25.0	2000	300	3.4
1992	70	40.0	2001	400	33.3
1993	90	28.6	2002	450	12.5
1994	140	55.6	2003	750	66.7
1995	190	35.7	2004	850	13.3
1996	220	15.8	2005	960	12.9
1997	253	15.0	2006	1100	14.6
1998	257	1.6			

事实说明,改革开放使我国化妆品市场在逐年急速扩大,获得空前的发展。调查显示,化妆品工业发展速度高于全国国民经济和轻工业的年增长。目前,国内的化妆品工业已超过国家投资相对强大的洗涤品工业,成为我国日用化工领域的第一大行业。

参照化妆品国际发展的总趋势,可以看出:中国化妆品发展速度在国内高于国民经济发展速度,相对在国际上也是高速的。但中国当前化妆品的发展与国际发展总趋势是基本一致的,比较适应中国广大消费者需要,也比较适应国情,发展是健康的。

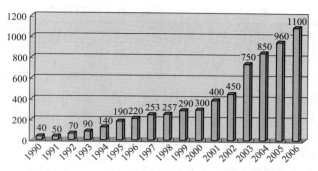

图 2-3　1990~2006 年化妆品企业销售额（亿元）

三、化妆品企业状况

1. 企业数量及规模

改革开放以来，我国的化妆品企业数量飞速增加。根据中国香精香料化妆品工业协会统计，1979 年我国化妆品企业数仅为 200 家，2007 年全国化妆品企业已有 3734 家，生产护肤类化妆品的企业有 1390 家，生产发用化妆品的企业有 1950 多家（其中生产香波的就有 1600 多家）。清洁类、护肤类、发用类、美容类和特殊类化妆品达 2.5 万多个品种。

在众多的化妆品企业中，中小型企业占了绝大部分。从 2005 年化妆品销售看，在化妆品行业中处于领先地位并且销售收入完成 10 亿元以上的企业有：隆力奇、上海家化、资生堂丽源、雅芳、安利、湖北丝宝、宝洁、玫琳凯、强生、联合利华、花王和松泽（深圳）化妆品 12 家公司，其总销售收入约为 200 亿元，占全国总销售额的 21%。

从总体上看，我国化妆品企业还相当脆弱。在资本实力、产品结构、技术含量、品牌影响、市场份额等方面同国外发达国家相比还相差甚远。巨大的市场吸引了当今世界上几乎所有的著名化妆品企业都已进入或正在进入我国市场。现在我国近 80% 的化妆品市场已经被进口化妆品与合资企业产品所占领。

2. 化妆品企业所有制结构分布

我国的化妆品企业在 1985 年以前，主要是国有和集体两种所有制，1985 年以后，三资及私营企业得到了很快发展。由图 2-4、图 2-5、表 2-3、表 2-4 可知，经过从 1987 到 2002 十多年的发展，化妆品企业数量翻了一番，国有企业向民营业转化，现在已呈现外资和民营企业占据主体的格局。

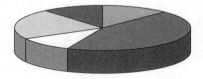

图 2-4　1987 年化妆品企业所有制结构分布
■—国有企业；■—集体企业；□—私有企业；
■—三资企业；■—其他

图 2-5　2002 年化妆品企业所有制结构分布
■—国有企业；■—民营企业；□—外资（合资）
企业；■—其他

表 2-3　1987 年化妆品企业所有制结构分布

企业性质	国有企业	集体企业	私有企业	三资企业	其他	总计
企业数量	317	1110	258	539	295	2519
所占比例	12.6%	44.1%	10.2%	21.4%	11.7%	100.0%

国际著名的化妆品生产企业基本都在中国国土上投资建厂，生产国内外知名品牌化妆品，包括美国 P&G、雅芳和安利等；法国的迪奥、欧莱雅等；德国的汉高；日本的资生堂、高丝；韩

表 2-4 2002 年化妆品企业所有制结构分布

企业性质	国有企业	民营企业	外资(合资)企业	其他	总计
企业数量	103	3214	703	80	4100
所占比例	2.51%	78.39%	17.15%	1.95%	100.0%

国的 LG、爱茉莉；英荷的联合利华公司等。加上一些进口化妆品品牌，中国化妆品市场在一定程度上是国际品牌与国内品牌共分天下，各占半边的局面。基本上适应了当前不同层次消费群体的需求。

3. 企业的地域分布

中国化妆品生产企业和销售市场主要集中于沿海地区，大型的化妆品企业以及主要的中型企业都相对集中于广东、上海、江苏、京津等沿海省份，以珠江三角洲、长江三角洲和环渤海经济带最为集中。这些地区交通便利、消费水平相对中西部地区高，符合化妆品作为快速消费品的消费特点。

2007 年全国化妆品企业已有 3734 家（图 2-6），其中广东 1508 家，浙江 347 家，江苏 319 家，上海 238 家，辽宁 143 家，北京 111 家，天津 106 家，福建 100 家。

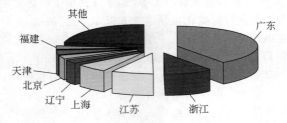

图 2-6 全国各省市自治区化妆品企业分布情况

在沿海地区中，广东已成为全国化妆品产销大省。2006 年，广东省化妆品生产总值约 730 亿元，交易额约 1200 亿元，占全国 70%，居全国第一位。目前广东省持有化妆品生产许可证的企业达 1560 家，约占全国化妆品生产企业总数的 40% 左右。

中国化妆品工业出现了明显的地域趋势。广东省之所以发展成为化妆品产品大省，是由于广东省良好的投资环境吸引了众多外商进入，世界上较大的化妆品企业，如宝洁、雅芳、安利等都在广东投资建厂。外资的进入不仅带来了资金，带来了先进的生产设备和管理经验，而且还聚集了来自各地的化妆品专业人才，促使广东省成为全国化妆品研究、生产、销售最集中的地区之一。近年来，飘影、蒂花之秀、拉芳、好迪、霸王、雅倩、雅嘉、白大夫等一部分以广州为根据地的国有品牌脱颖而出。目前，广东省化妆品产品质量逐渐与国际接轨，产品质量位居全国前列。

四、我国化妆品工业技术状况

（一）研究开发的投入

化妆品工业已经从单纯的"精细化工"专业发展为多学科、多领域综合开发的行业。它需要在研究皮肤学的基础上，应用生物技术的最新成果；需要在研究产品功能性的前提下，应用物理学、生物学等方法开发产品的功能。制造安全的产品是化妆品从业人员的责任，追求化妆品的功效与安全，使得化妆品行业必须重视对产品研究开发的投入。

一般来讲，化妆品行业著名跨国公司在研发上的投入为销售收入总额的 1%～4%。以世界知名的法国化妆品品牌欧莱雅为例，作为一家由科研人员创立的化妆品公司，欧莱雅在研发上的投入一直保持领先纪录，每年更新 20% 的产品，研发投入占销售额的 3.3%，仅 2005 年的研发投入就达到了 4.96 亿欧元。

美国宝洁公司年销售收入约 400 亿美元，投入在研发上约 12 亿美元，全球共有十个研发中心,其中,护肤品的研发中心设在日本。它在中国北京也设立了一个研发中心,用于对洗衣粉、牙膏和部分护肤品的研发。联合利华公司是由荷兰 Margarine 和英国 Lever Brothers 合并成立的一家食品、化妆品制造企业。年销售收入约 450 亿美元,投入在研发上约 10 亿美元。它在全球设立了六个研究开发中心,其中之一设立在中国上海,主要研发化妆品与中草药。日本资生堂公司 2002 年销售收入超过了 5899 亿日元,投入销售收入的 2.9% 用于研发,共有十个研发中心,其中,"中草药"研发中心设在中国北京。

我国实力较强的化妆品公司也十分注重对研发的投入,如上海家化、广东飘影、广州好迪、北京大宝等。上海家化在国内众多化妆品生产企业中率先投资 8000 万元,建立了科研中心,其投入在研发中的费用达到销售收入的 3.7%,这个比例已高于国际跨国公司的平均水平。湖北丝宝股份有限公司,对研发投入的比率也达到了销售收入的 3%,在武汉建立了一流的丝宝研发中心。

相对而言,实力较弱的大多数中、小化妆品生产企业,虽然其中也不乏对研发投入较大的企业,但是,总体比较弱。国内一般企业科研投入占总销售额的 2.3%,但国内 3700 余家化妆品制造企业中,大部分为民营的小生产企业,科研投入情况很不乐观。尽管年销售总额达 950 亿元,国内 3700 余家化妆品生产企业科研年投入不足 5 亿元,占销售总额比重不足 1%。

全国工商联美容化妆品业商会近期的抽查显示,年销售额在 1 亿元以上的大型企业中,一年中所投入的科研经费平均只占销售额的 1.2%,一年中有新科研专利项目立项或报批的企业只占一成。而 1 亿元以下的化妆品企业,科研经费投入平均只占销售额的 0.58%。国内化妆品行业发展空间非常大,但是目前诚信缺失和科研投入低成为发展瓶颈,目前国内尚没有一个化妆品生产企业拿到国家任何一个创新基金项目。

> **链 接**
>
> ■ **我国化妆品忽视研发致其档次低**
>
> 科研投入不够,就像多米诺骨牌,给国内化妆品企业带来一系列不良影响。企业忽视产品研发,产品质量得不到保证。全国工商联美容化妆品业专家委员会副主任阎世翔在接受媒体采访时曾透露,国内不少化妆品企业甚至没有自己的技术人员。由于投入少,像美白、祛斑等这些功效根本无法进行研究。研发力量薄弱还直接导致企业专利配方少,很多国内化妆品企业或者买一个配方,或者依靠原料商提供的参考配方,这样怎么能生产出脱颖而出的好产品呢?为了加强产品功效促进销售,一些不法厂家甚至在化妆品中添加速效但有危害性的违禁成分。在许多重销售、轻科研、轻服务的企业中,这种短视行为尤其严重。没有研发新产品,导致产品差异化程度不高,这就意味着失去了竞争力。于是,把老产品改头换面一番,再炒作一个新概念,一个"新产品"又诞生了。
>
> 目前,国内中高端化妆品市场几乎被国外企业垄断。除了实力雄厚、体系完善、营销策略成熟之外,潜心进行产品研发也是国外企业能够占领市场的重要因素。
>
> 科研投入低是我国化妆品行业由来已久的问题,主要有 3 个方面的原因:一是因为我国化妆品业起步晚,起点低;二是我国化妆品企业多为民营中小企业,资本投入本来就少,没有实力进行大量的科研投入;三是政策原因,我国目前鼓励高新技术科研投入,对于化妆品行业科研支持力度显然不够。
>
> (资料来源:中国质量报,2007)

(二) 技术装备与管理

1. 技术装备

我国化妆品工业的基本技术装备应该说满足了生产合格化妆品的需要。20 世纪 80 年代末期,我国开始对化妆品行业实施生产许可证制度管理。对化妆品护肤类、发用类生产的基本工业设备，包括对化妆品重要原料——水的处理，都做了专门的规定，对化妆品生产企业的基本设备做出了严格的要求。针对当时我国化妆品工业技术装备落后的局面，中国香料香精化妆品工业协会起到了增进交流、沟通信息等作用，使生产企业对国外先进技术装备的水平有了一定了解。

随着我国化妆品工业的快速发展，国内其他领域研究制造机械设备的企业，也开始了对化妆品专用设备的技术研究，民间资本也加快了对这个领域的投入。目前，我国境内生产的化妆品制造、包装设备的技术含量已接近国际上同期水平。

跨国公司在中国的投资，引进了先进技术装备和先进的生产管理。目前，全球著名化妆品公司——欧莱雅、P&G、联合利华、安利和雅芳等，也都相继在中国建立了生产基地。这些跨国公司在中国工厂的建立，提升了我国化妆品制造业的能力和水平。

链 接

■ 最大化妆品企业欧莱雅建华首家研发中心

2005年9月23日，全球最大的化妆品公司欧莱雅集团宣布正式启动其在中国的首家研发中心，该中心主要从事基础科学研究，以提高对中国及亚洲人群的皮肤和毛发状况的认识。

据悉，这也是首家由化妆品集团设立并汇集世界一流化学、物理学家，致力于增进对中国及亚洲人群皮肤与毛发认识的高科技研发中心。

坐落在上海浦东的该研发中心，占地三千平方米，包括数个特别针对亚洲市场的产品实验室和若干个产品评估中心。据介绍，欧莱雅中国研发中心将负责研发高效安全的化妆产品，以契合欧莱雅的品牌国际化战略——使源自世界各地的品牌适应中国及亚洲消费者的需求，同时支持诸如羽西这样的中国本土品牌的国际化进程。欧莱雅集团全球总裁欧文中爵士表示，该研发中心的创立，对欧莱雅集团和世界各地的亚裔人群都将是一个重要的转折点。

据悉，欧莱雅中国研发中心在创立之初设立彩妆、护肤以及护发产品实验室。2006年，该中心将扩建以组织工程学为核心的生物实验室和重点用于对源于或使用于中医药的植物原材料研究的化学实验室。

成立于1907年的欧莱雅是全球五百强企业之一，经营着五百多个美容美发品牌、近两千多种产品。自1997年正式进入中国市场以来，欧莱雅中国业务发展迅速，业务遍及全国五百多个城市。目前中国市场已成为欧莱雅全球业务链上最耀眼点。

（资料来源：中国新闻网，2005-09-25）

2. 技术管理

（1）ISO9000管理认证　近些年来，工业界盛行的管理认证，也将规范企业管理的要求带到了化妆品制造业。2001年执行的我国《化妆品生产许可证换（发）证实施细则》中，规定获得ISO9000管理认证的企业可以申请减免部分质量保证体系项目的审查。该规定激发了一部分企业对ISO9000管理认证的热情，促进了我国化妆品工业对规范管理的认识和实践。生产许可证制度的实施，提高了我国化妆品行业的整体技术、装备水平和管理能力。

（2）GMP认证　GMP是对产品生产过程的严格要求，涵盖生产设备、作业程序、品质检验、员工培训、原料及成品的储存等环节。此前在国内，只有药品行业强制推行这一认证标准，化妆品行业的这一认证标准国内并未成型。目前卫生部主导的《化妆品良好生产规范》（GMP）国家标准正在起草中。

化妆品GMP首先需要一个完善的生产管理体系，在这个基础上，还需要不断提高全体员工的质量意识。以国内某知名化妆品公司的经验为例。公司要在原有的生产基地厂房内划出一块800平方米左右的区域，安装全独立式空调、通风等系统，选用生产线。这一耗资300万元的生产线的改造，前后共花了近半年多时间进行可行性研讨、论证、改造和安装调试，然后才开始试运行。

GMP和ISO认证体系都是以有关法规和标准为依据，具体体现在每项工作、每个环节和每道程序中。无论企业的大小、产品的种类和生产环节的多少，都必须遵守相应的要求。它对从工厂的选址（环境要求）、车间的设计、建筑原材料的选用开始，到生产线的设计安装、废物和污水的处理等都有详尽的规定。生产过程的要求始于原料的购进，从原料核对、检验，到原料合成后的检验、生产线在线检验、成品核对和检查、实验室抽检和留样备查等均有详细的规定。相关工作人员也需经过必要的培训方可上岗。

（三）原材料供应情况

在目前国际化程度大幅度提高的条件下，我国化妆品工业原材料市场的总体供应状况是与国际接轨的，绝大部分原料都不存在购买困难的问题，能够满足我国化妆品工业生产的需要和发展的要求。但是，国内原料的供应状况还是有一定的差距。

一般来说，以表面活性剂、白油、蜡为主体的大众性化工原料，这些在化妆品原料中技术性相对不高的原料品种，国内生产、供应上能够满足。而那些多品种、少用量、相对具有较高的技术含量和特性的原料品种，如添加剂和功能性原料，国内在生产、供应上都比较薄弱，通常存在着质量不稳定、缺乏有效的规格指标及安全性评价不够充分等问题。因此，大部分化妆品生产企业，特别是拥有较高品牌信誉度的企业，在化妆品生产中，倾向于选择境外生产的特性原料。

五、目前我国的化妆品市场状况

（一）化妆品市场产品结构

表 2-5 列出了 2006 年中国化妆品市场产品消费结构分布情况。这种消费结构接近于日本化妆品消费结构。

表 2-5　2006 年化妆品消费结构比例

产品类别	销售额/亿元	比例/%	产品类别	销售额/亿元	比例/%
护肤品	440	40	洗发护发和香水	440	40
美容类	165	15	其他	55	5

另据统计，2002 年我国美容产品及服务项目中，高端产品几乎全部冠以"生物技术"进行市场宣传，高端产品销售额占市场总额的 80%，祛斑、美白、修复类美容产品约占了 41%，美发产品占 32%，其他占 27%。护肤品仍然是未来化妆品市场的主流产品（表 2-6）。但是随着人们审美意识的增强和美容知识的增加，美容化妆品份额也随之提高，美容产品将成为女性化妆品的主流。美发产品继续向高端推进，儿童和男士化妆品也是未来的发展趋势。

表 2-6　1997 年、2002 年不同类别护肤品的销售及增长情况

化妆品类别	1997/百万元	2002/百万元	增长/%
面部护理	8624	14742	70.94
手和身体护理	4327	8235	90.32
唇护理	704	1185	68.32
医用皮肤清洁剂	721	1235	71.29
凡士林	25	32	28.00
防晒产品	880	1453	65.11
总计	15281	26882	75.92

（二）品牌分布情况

我国城市化妆品市场已由成长期逐步进入成熟期，品牌众多，全国共有 3000 多个品牌，其中有 20 多个品牌占据了市场的主导地位，比例约占 0.7%。国家统计局公布的数据显示，洗涤化妆品类的品牌效应非常突出。护肤品、唇膏、染发用品、清洁洗涤剂、牙膏等销量前 10 位的

品牌,其市场占有率均超过60%,20多个品牌占据了市场的主导地位,比例约占90%;各类品牌占据各自的细分市场层面,65%以上的消费者已形成指名购买、定牌使用的习惯,并且有规律地在4～5种品牌之间调换使用。所以,少数几个领导品牌的垄断格局已基本形成。

店面促销技巧和柜台品牌形象的推广,已成为消费者选择产品的最主要依据;大多数消费者认为:美容彩妆应体现个人特色。所以,市场表现为多品牌格局,明显领先的品牌尚未出现,但个别细分品类的领先态势已经开始出现(表2-7)。

表2-7 上海化妆品按品牌零售额排序表

	洁肤品			护肤品			彩 妆			香 品	
序号	品牌名称	占总类值的百分比/%	序号	品牌名称	占总类值的百分比/%	序号	品牌名称	占总类值的百分比/%	序号	品牌名称	占总类值的百分比/%
1	欧珀莱	12.63	1	兰蔻	9.83	1	美宝莲	13.25	1	香奈儿	24.39
2	无添加	10.97	2	雅诗兰黛	9.27	2	欧莱雅	9.25	2	迪奥	18.40
3	欧莱雅	9.12	3	欧珀莱	9.00	3	香奈儿	7.29	3	波士(Hugo Boss)	9.09
4	兰蔻	6.20	4	欧莱雅	8.70	4	毛戈平彩妆	7.09	4	兰蔻	6.03
5	资生堂	6.15	5	玉兰油	7.16	5	迪奥	6.40	5	大卫杜夫	5.28
6	碧欧泉	4.27	6	资生堂	5.55	6	红地球	5.21	6	巴宝莉	3.05
7	倩碧	4.26	7	希思黎	3.83	7	欧珀莱	5.21	7	安娜苏	2.33
8	玉兰油	3.55	8	倩碧	3.49	8	兰蔻	4.27	8	阿迪达斯	1.76
9	雅诗兰黛	3.08	9	迪奥	3.38	9	露华浓	3.61	9	雅诗兰黛	1.71
10	植村秀	2.78	10	无添加	3.38	10	色彩地带	2.92	10	卡文·克莱	1.44
11	香奈儿	2.13	11	碧欧泉	3.02	11	芭比波朗	2.60	11	娇兰	1.43
12	高丝	1.98	12	香奈儿	2.41	12	希思黎	2.54	12	浪凡	1.37
13	希思黎	1.83	13	兰芝	2.02	13	资生堂	2.41	13	爱玛仕	1.33
14	雅呵雅	1.76	14	蝶妆	1.92	14	雅诗兰黛	2.36	14	莱格仕	1.25
15	积姬仙奴	1.72	15	雅呵雅	1.88	15	羽西	2.10	15	伊丽莎白·雅顿	1.18
16	姬芮	1.71	16	SK-Ⅱ	1.66	16	植村秀	2.09	16	唐娜凯伦	1.04
17	迪奥	1.64	17	羽西	1.59	17	美卡芬艾	1.86	17	都彭	1.02
18	兰芝	1.55	18	水芝澳	1.58	18	姬芮	1.64	18	宝嘉丽	0.91
19	水芝澳	1.36	19	郑明明	1.32	19	蝶妆	1.43	19	欧珀莱	0.90
20	羽西	1.19	20	自然美	1.30	20	娇兰	1.28	20	贝丽丝	0.84
21	依琳娜	1.19	21	娇兰	1.12	21	郑明明	1.28	21	三宅一生	0.80

注:此表格数据收录于2007年2月。
数据来源:中国化妆品(专业版)。

外资合资企业占主导地位,其市场份额已近80%,外资、合资企业仍然占据绝大部分高端市场。国有品牌则有向高端市场进军的趋势。

(三)化妆品消费分析

1. 消费水平

(1)中国化妆品市场潜力很大。中国人口众多,化妆品消费同国际相比尚处于低水平,国际年人均消费化妆品为 36~70 美元，中国年人均消费不足 4 美元。

（2）消费化妆品的层次与群体差异也很大。经济较发达的北京、上海、广州三地的人均消费可以达到 10~12 美元。

（3）化妆品消费水平不断提高。20 世纪 80 年代初，我国人均化妆品消费是 0.1 美元，90 年代初上升到 0.7 美元，到 1998 年上长到 2 美元（表 2-8，图 2-7），2002 年人均消费不超过 20 美元。

表 2-8　1995~2001 年我国化妆品人均消费水平

年份	1995/(元/年)	1996/(元/年)	1997/(元/年)	1998/(元/年)	1999/(元/年)	2000/(元/年)	2001/(元/年)
人均消费	11.56	17.96	20.77	22.00	23.08	26.92	30.77

资源来源：肖子英，萧明. 中国化妆品工业. 中国化妆品，2001。

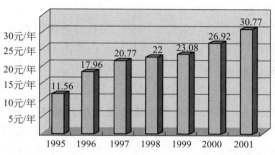

图 2-7　1995~2001 年我国化妆品人均消费水平

2. 消费群体

内地化妆品市场的消费层次和消费品牌大致可分为三个群体。

（1）主流消费群体　大中城市的高薪和高收入者是高档进口品牌的主要消费群体。他们主要选择来自欧洲、美国、日本等国家的著名品牌。这部分人约占城市总人口的 1%，消费者大部分是中青年女性。

（2）第二消费群体　这一群体中等收入的中老年人居多，约占城市总人口的 2.5%，是内地著名民族品牌所针对的主要消费者。

（3）第三消费群体　这一群体的消费市场主要以农村市场为主，其消费品牌通常以国产低档产品居多，在消费人口中占有相当大的比例，约占农村人口的 50%，只消费一般护肤膏和花露水等。

3. 消费结构

（1）护肤品　护肤品是化妆品市场中发展最快的一个分类市场。在护肤类产品销售中，膏霜、乳液等占主体地位，其次则是洗面用品和沐浴露。

（2）洗发、护发用品　洗发、护发用品市场容量渐趋饱和，增长速度开始放慢。其中，香波占据绝对主体，摩丝和定型啫喱次之。

（3）彩妆修饰类用品　彩妆修饰类用品的市场远未饱和。在彩妆修饰类用品中，唇膏占据较高份额，其次则是香水。

（4）儿童专用品　儿童用品市场持续升温。生活水平提高和独生子女普及，儿童专用产品已形成新的消费热潮。且与此同时，年轻母亲也开始使用儿童化妆品。调查资料显示：市场上 30% 的儿童化妆品，为年轻的女士所使用。

（5）防晒用品　防晒用品使传统的淡季不淡。随着紫外线对人体皮肤危害程度增加和人们户外活动的增多，近几年防晒化妆品市场的年增长率多在 20% 左右。并且，防晒市场呈现出系列、细分化的发展趋势。同时兼美容和防晒的产品层出不穷，其中防水型防晒产品已成为一个新的消费热点，开始靠近国际上将防晒功能，作为护肤、彩妆、洗护发等类化妆品基本功能的趋势。

(6) 防衰抗衰用品　21世纪中国将步入老龄化社会，抗衰老化妆品将更受欢迎。

(7) 运动型化妆品　为了显示整体美，众多喜好体育运动和形体健美的消费者希望防止水分流失、防臭、防汗、便于携带、保湿、杀菌等运动型产品的出现。

(8) 男性专用品　男性化妆品尚未出现"旺销态势"。但其市场前景及潜力，已经引起了国际大公司和大型化妆品生产企业的注意和重视，有利于男性购买产品的市场环境及配套服务正在明显改善，更多更适合中国男性的化妆新品逐步开始上市。

(9) 生化工程产物的添加剂　生化工程产物的添加剂已经起动。以生物制剂、生物活性提取物、天然植物添加剂为代表的化妆品新原料，已成为产品开发的主导方向和高科技象征的主流。随着回归自然在全球范围的兴起，国内对加有中草药成分的化妆品的研究日趋活跃。目前国内化妆品市场已有数百种中草药化妆品上市，消费者对祛斑、消痣、去皮肤色素等方面的产品需求，基本倾向于选择用中草药添加剂或天然原料制成的产品。

4. 消费市场的主要特征

整体消费市场由生存型向发展型、享受型转变；化妆品的使用和收入密不可分；洁肤、护肤品品牌已深入人心；品牌地域特色明显；消费者购买产品最关心的问题是抗衰老。

六、我国化妆品国际贸易状况

（一）进出口概况

"九五"期间，在我国国内经济和对外贸易快速增长的环境下，化妆品类产品的对外贸易非常活跃。作为一般生活消费品，化妆品虽然在进出口贸易总额中它仅占万分之3.6至万分之5.5，但是对于促进我国化妆品生产企业的技术发展、努力出口创汇以及丰富国内市场、满足人民生活的物质需要都具有积极的作用。

1996年化妆品进出口总量为3.39万吨，到2006年总量已达到17.34万吨，比1996年增长了4倍多。

近几年，我国化妆品进出口量值比较清晰地反映了我国化妆品进出口情况。2006年，我国化妆品出口量是进口量的8.4倍。出口额是进口额的2.6倍。这说明我国出口化妆品的附加值低于进口化妆品，并且近两年国内化妆品贸易顺差有下降的趋势。2001年进入世贸以来，我国化妆品进出口总额均呈上升趋势，体现出贸易量加大（表2-9，图2-8，图2-9）。

表2-9　2000～2006年我国化妆品工业进出口量值比较

项　　目	2000年	2001年	2002年	2003年	2004年	2005年	2006年
进口量/万吨	0.90	0.72	0.68	1.20	1.64	2.13	1.84
出口量/万吨	4.93	6.15	7.21	16.41	20.7	29.7	15.5
出口量/进口量	5.5	8.5	10.6	13.7	12.6	13.9	8.4
进口额/亿美元	0.64	0.87	0.59	1.05	1.35	2.62	3.08
出口额/亿美元	1.61	1.77	2.57	5.19	5.37	8.8	8.12
出口额/进口额	2.5	2.0	4.4	4.9	4.0	3.4	2.6

化妆品进出口贸易在总量和总额两方面均保持很高的出口比重，说明化妆品进出口贸易具有外向型的经济属性。化妆品对外贸易外向型的特征使我国保持了常年的产品出超和贸易顺差。

进出口贸易中大量的产品出超和贸易顺差虽然反映出较强的贸易优势，但是，这种量的优势背后隐藏着我国出口产品在质的方面始终存在极大的劣势，这种劣势通过进出口产品的单位价值含量比表现出来。事实证明，我国的出口产品同进口产品相比含金量低、差距大，等量产品不能等换汇，贸易顺差是建立在大量出口基础上的，是以价值为代价换取的。这种状况为我国的化妆品生产企业提出了非常严峻的课题，尽快与国际同行业的产品生产技术标准接轨，使自己的产品

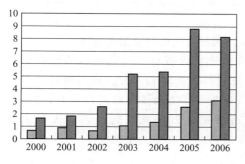

图 2-8　2000～2006 年我国化妆品工业
进出口额比较
■—进口额（亿美元）；
■—出口额（亿美元）

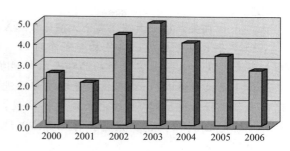

图 2-9　2000～2006 年我国化妆品工业
进口额与出口额比值

质量水平达到国际通行的质量规范，才能规避发达国家的贸易壁垒，提高产品竞争力，提高产品附加值。

（二）进出口贸易种类分析

2005 年，我国进口化妆品中，美容及护肤品占总额的 60%，发用品占 5%，香水及花露水占 5%。由此可以看出美容、护肤品、发用品及香水类化妆品是我国进口贸易的主要类别（图 2-10）。

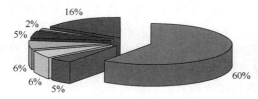

图 2-10　2005 年进口化妆品种类及金额份额
■—美容及护肤化妆品；■—香水及花露水；
□—眼用化妆品；■—口唇用化妆品；
■—发用品；■—香浴盐及其他沐浴用品；
■—其他

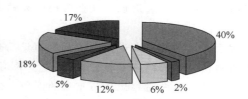

图 2-11　2005 年出口化妆品种类及金额份额
■—美容及护肤化妆品；■—香水及花露水；
□—眼用化妆品；■—口唇用化妆品；
■—发用品；■—香浴盐及其他沐浴用品；
■—其他

在出口贸易当中，美容及护肤品出口金额占 40%，与进口贸易一样，是我国化妆品贸易的主要类别（图 2-11）。

【案例一】

关税下调化妆品进口激增

2006 化妆品关税进一步下调，对化妆品进口数量有明显的刺激作用。2006 年头两个月，广东进口化妆品主要来自美国和日本，分别进口 127.2 万美元和 105 万美元，增长 5.1% 和 40.8%。

此外，来自法国、韩国等地的化妆品成倍增长。进口的产品九成以上是美容品、化妆品和护肤品，合计 243.6 万美元，增长 16.2%，占进口总量的 91.8%。

海关分析人士指出，我国化妆品进口关税税率逐渐下降，同时 2005 年 8 月 1 日起，我国简化对进口非特殊用途化妆品的卫生许可程序，对进口非特殊用途的化妆品实行备案管理，这些利好无疑对国外化妆品进口带来便利。

资料来源：广州日报，2006 年 03 月 18 日。

【案例二】

海关新税则大幅调高个人携化妆品入境税率，利好高档化妆品国内销售

2007年8月1日起，海关总署新修订的《入境旅客行李物品和个人邮递物品进口税税则归类表》及《入境旅客行李物品和个人邮递物品完税价格表》正式实行。对比新旧《归类表》和《完税价格表》，旅客携带进境或邮递进境物品的税收，变动最大的是化妆品，"自用范围内"化妆品进境超5000元必须申报纳税；税率由原先的20%提高到50%，大幅上扬30%。这是继2002年海关总署执行化妆品入境规定方面的又一次重大变化。

案例分析：

由于关税原因进口化妆品长期存在着境内外差价，催生了各式境外代购。国际代购网站大量涌现，不少出境旅游的年轻白领在购物论坛上发起"代购服务"信息以赚取佣金，甚至还出现专门在境外代购的"国际倒爷"。这种个人代购行为，一旦出现水货、假货购买者维权难度很大。

同一产品国内国外价格悬殊使得那些热衷于进口高档化妆品的消费者不得不出境疯狂购物，这在一定程度上制约了外资化妆品在中国国内的销售。

海关新税则大幅调高个人携带化妆品入境税率，国内国外购买同类商品的价格得到某种程度的平衡。在国内国外购买高档化妆品的价格差距缩小了，在一定程度上制约了那些专门帮人在境外代购的"国际倒爷"和出境疯狂购物的消费者。另外对于目前比较流行的化妆品小店以及网络卖家来说也是一个影响较大的利空消息，因为他们的产品渠道主要是通过个人携带化妆品入境。

对于个人代购者来说，由于税率的提高代购成本增加了，利润会随之降低，从国外大批购买高档化妆品已经"不再划算"。更多的消费者会选择在国内购买外资化妆品，这在很大程度上刺激了国内高档化妆品市场的消费，对高档化妆品来说无疑是一大利好。

根据中华全国商业信息中心统计数据显示，海关税则调整后的第一个月，部分高档品牌就提高了化妆品销售价格但涨幅不大。以娇韵诗为例，其男士系列植物防皱霜七月份的单品销售价格为420元，到8月份就提高到450元；清透美白焕肤精华液七月份单价为650元，八月份提高到680元。从八月份的销售数量上看，除娇韵诗品牌下的男士系列植物防皱箱和新特效眼霜比七月份有小幅增长外，其他产品的销量数量与七月份相比都是下降的（2007年）。说明消费者对此持观望态度。但后续统计资料显示，此次小幅调整对高档化妆品的忠实消费者来说影响不大，消费者流失率很低，市场情况看好。

（资料来源：http://www.oemtimes.com. 2008年2月）

七、我国化妆品行业存在的问题及与发达国家的差距

中国化妆品与国际发达国家相比还是处于发展中，存在一定的差距。主要体现在以下几个方面。

1. 企业规模较小

我国化妆品企业数量多，但大多为中小型企业，有一部分甚至还停留在手工作坊式的初级加工阶段，规模小，布点多。这与当今国际化妆品市场差距还很大，许多国际知名企业像法国的欧珀莱，日本的花王、资生堂，美国的宝洁、安利、雅芳，联合利华等都已形成了国际化妆品市场规模；而在我国，除三资企业外大多未形成国际化的企业和市场规模。

2. 管理体制落后

很多化妆品企业生产管理不能满足大规模生产的要求。大多数私营化妆品企业还需克服家族

式管理模式以适应大生产的需要。行业技术人员流动性较大。

3. 市场营销手段落后

国内大多数化妆品企业缺乏市场营销的科学性和管理性。特别是市场调查、市场细分和产品定位。国外知名企业一般都有周密的宣传计划、完整的有计划的运作方案，加上实力雄厚的资金、高质量的产品、周到的售后服务，所以打开市场后就能稳步发展，市场规模也易扩大。而我国从计划经济向市场经济转型。缺乏一定的市场规范化。

在国际上，中国化妆品品牌尚未形成，国外有品牌的化妆品却很多。我国知名民族品牌效应正面作用也未形成。国内高档次的民族品牌较少，且产品品牌处于中档，提高产品质量和产品档次、确立品牌形象在相当长的一段时间仍是国内化妆品行业努力发展的方向。

4. 原料、生产工艺、设备落后

国内化妆品工业的原料少、品种少、质量低，国外发达国家化妆品工业有9000多种化妆品工业原料，而国内只有几百余家，且我国高级化妆品原料不稳定。一方面需要进口，另一方面我国要大力发展高质量的化妆品原料。另外，很多化妆品企业不重视原料的筛选、分析和监控。

国内化妆品配方互相仿效的较多，对新产品的开发不慎重。而国外一般都有庞大的科研机构，设备一流的实验室，有的新产品要研发7～8年后才投放，投入市场后效果非常好，专业技术比国内要强许多。国内手工操作的作坊式加工仍占较大的比例，以间歇式生产为主。

国内大多数小企业生产装备水平低，国际大部分化妆品企业都由自动化机械完成，配料均采用电脑控制，化妆品灌装为自动化，电脑灌装一般只需1人完成。而我国目前尚未能达到。虽然国内已能生产一般的真空乳化设备，但设备加工精度、材质、计量和自控等方面仍与国外差距较大。

5. 科研水平低

我国化妆品工业科研水平低，中小企业技术落后，产品科技含量低，科学配方研制和开发目前仍处于仿效阶段，对化妆品工业知识的更新更为迫切。而国外的大型化妆品企业一般都有庞大的科研机构，资金、人员、设备都很到位。

6. 法规和标准不完善

化妆品管理尚未完全与国际接轨，存在着多头监管的现象。现行的化妆品法规标准不够完善。

资料阅读：2007年美容化妆品行业趋势及热点探究

过去的2006年是对美容化妆品行业震撼的一年，几乎所有的企业和经销商都有感触，生意难做，问题频繁。问题出在什么地方？行业发展了20年，开始淘汰简陋的作坊式生产，产生出鼓励大企业、大生产的内环境，这是大势所趋。所以2007年将继续延续2006年的行业发展态势，并表现出新的特点。

一、行业方面

（1）行业企业相对数量缩水，规模扩大。小企业的生存空间越来越狭小，许多作坊式、小加工厂式的产品不能被市场信赖而退出市场。一些意识超前，营销手段优良的企业必然乘机挤占市场空间，使得小企业的生存如履薄冰。通过2006年对市场的整顿，一些未反映出来的市场效果也将在企业淘汰和产品选择上突现出来。但是对于具有抗风险能力的大企业来说，也是机遇，洗牌洗的好，就能有大浪淘沙的效果。所以说2007年机遇与挑战并存。

（2）专业线企业对日化领域虎视眈眈。2005～2006年，日化企业的表现是大家都看得到的。单是广东，能数的出的销售过亿的就有好几家。如此大的销售额，一方面对专业线生产是个刺激，另一方面也说明日化的需求量所表现出的供求关系，具有强大的诱惑力。转型日化本身不仅仅是企业生产类型的差异，还在某种程度上是摆脱专业线偏见的一大利器。在利润和社会效益双重指导下，且转行的技术难度不大，门槛不高，都刺激更多的专业线企业试水日化。

（3）美妆展会从交易性质向高层次提升，突出展示和交流特质。无论从国际经验还是国内展会的显示状况来看，展会经济都从来不应该是集贸市场型的。他更多的是指导行业的发展方向，展示企业势力和行业的最新成就。这个意义上，展会经济是长期的推动力，而不是一时的促销手段。从美博会近年的表现，很容易看清楚这个问题，所以美妆展会必将顺应发展，提升档次，改变思路。

（4）经销法则由销售产品转变为销售品牌，品牌观念打破专业线顽疾。多年来对渠道的重视，的确促进了利润的快速增长，但是通常再好的渠道也需要有好的支持，包括品牌支持。这正是广大化妆品企业的瓶颈，难以突破。对品牌的认识往往是停留在理论高度，落实品牌战略又往往乏力。推动品牌的能力有限最终成为制约市场成长的最大因素。因此，企业必将在品牌推广上大做文章，开启品牌竞争的战场。

（5）外资大力拓展空间，直销崛起态势仍然不减。由于对外资的限制逐渐削弱，外资对中国如此大的市场绝对不会漠视。许多外国企业看到欧莱雅、安利在中国市场一边赛跑，一边把小对手落在身后。将大把大把的利润装入口袋，怎么能不眼红。"逐鹿中原"的雄心是所有有实力的外资化妆品企业都具有的。2007，烽烟才只是个开始。

二、产品方面

（1）功效产品仍旧领跑利润市场。一直以来美容院对功效产品的依赖性都很强。甚至有些美容院大部分的利润都来源于此。在消费市场中，对功效产品的需求庞大，这是刺激生产企业研发和生产功效产品的最直接因素。

（2）药妆依然需要突破。药妆市场一直是不温不火，但是许多公司都已经对这快肥肉觊觎很久。投入的大笔资金也差不多到了回报的时候。加之一些品牌的药妆产品的确产生了很大的利润贡献，势必导致企业不肯放弃药妆产品的推出。

（3）天然品质将成一大卖点。在化妆品行业，继续提倡以天然绿色植物、花卉提取物作为产品原料，并将延升为有机植物原料的使用。面对长盛不衰的鲜花护肤风潮，由于其安全，又具有容易被消费者接受的概念因素，从精华素、面膜、面霜、润肤乳到护发素、沐浴乳，甚至是彩妆，植物性成分被越来越广泛地使用。

（4）产品种类增加，由对脸的偏好到对身体的关注。面部产品的种类已经是琳琅满目，但是美体的概念还显得不那么深入人心。美体的概念在 2007 将会被人慢慢接受，从贵族化逐渐过渡到平民化，更多的人会通过方便的技术手段在美容院，甚至在家来完成对身体的简单保养。

（5）仪器美容成为产品营销左右手。小美容院的众多致使美容仪器的普及受到限制。尽管仪器投入多，占用空间大，其优点还是很明显的。美容仪器的消费受使用的舒适心理感影响强烈，且与依靠手法的美容方式相比附加值高。对于大中型美容院来说，是提升利润率的不二法门。

（6）内调外养渐被接受，中药调理加入美容技术团队。人们的追求随着认识和生活水平的提高逐步提升。消费心理更加成熟理智，对于化妆品和美容的效果更加苛求。这就要求在技术上，多种手段配合，提高综合效果，以满足消费者的需要。

实际上，美容化妆品行业在发展了 20 多年后，一步步的走向成熟和规范，在发展道路的预测上，我们不妨借鉴其他行业的发展历史，也许能窥其一隅，观其一角。企业也应当根据未来的发展方向及时调整策略，以适应市场，应对变数。

（资料来源：周辉．欧中联合商会美妆产业委员会）

思考题

1. 化妆品在消费者日常生活中起到什么作用？请简述化妆品使用的历史。
2. 国际化妆品工业发展状况如何？化妆品生产与使用的发达国家有哪些？
3. 国内化妆品行业的发展状况如何？对我们有哪些启示？
4. 我国化妆品行业参与国际竞争的优势与不足之处在哪里？

第三章 世界化妆品管理模式

学习目标：通过本章节的学习，熟悉国外主要国家和地区的化妆品管理模式，了解国外化妆品管理机构，掌握化妆品规定的国际协调的基本情况。

化妆品作为与人体健康密切相关的产品，其安全性和功效性受到消费者、生产企业和政府监管部门的重视。为了加强化妆品的监督管理，规范化妆品市场，保证化妆品质量、进出口和安全使用，保障人民健康，各国政府有关部门均对化妆品纷纷立法，各有一套自己的管理制度。

尽管监管模式不尽相同，但主要目的都是保证产品安全，保护消费者健康，规范化妆品生产和经营行为，促进经济贸易发展。

当前，在全球经济一体化的大趋势下，以欧盟、美国、日本为代表的发达国家共同呼吁"管理法规一体化"，要求世界管理标准的统一性。

要做到"百战不殆"，必先做到"知己知彼"，中国加入世界贸易组织的大家庭，参与国际市场的竞争，了解国外同行特别是发达国家的化妆品管理模式是很有必要的。为了对化妆品的监督管理有一个较为系统的概念，本章对美国、欧盟、日本等国际化妆品强国的监管模式做一简要概述，便于化妆品行业工作者建立一个较为完整的概念。

第一节 欧盟的化妆品管理模式

欧盟的管理模式最成熟而且时间也最长，除其自身 15 个国家外，拉丁美洲的一些国家和东南亚的一些国家，以及英联邦国家等也采用。

一、欧盟化妆品管理模式的主要特点

欧盟相对于日本和美国，对化妆品的管理更为分散。欧盟现行的化妆品法规——化妆品规程（Cosmetic Directive）颁布于 1976 年，目前正在进行第七次修订，该规程是在欧盟各成员国协调的基础上产生的，它不代替各国的法规。成员国政府依据各自的具体情况建立自己的实施体系，负责规程的具体实施。

欧盟成员国基本都建立了完善的备案制度，要求化妆品生产企业和进口代理商必须向政府主管部门备案。备案内容中有关生产企业的基本情况主要包括生产企业地址、生产设备和条件、人员情况等。政府部门并不对备案资料进行审核和评价，只是存档，以备产品上市后发生安全性问题时之用。也有一些成员国并不要求企业事先向政府部门备案，但是，企业自己必须具备上述诸方面的资料，一旦政府部门检查时，企业必须出具相关资料。

在安全性方面，欧盟主要是借助两个机构：科学委员会和毒物控制中心。

欧盟的化妆品管理主要有以下特色。

① 化妆品定义范围广。
② 市场监督不需要许可证，管理模式上以企业自律为主。
③ 产品备案制度完善。
④ 遵守欧盟一体化的法规；成员国之间用同一标准进行监督。
⑤ 生产体系要求达到 GMP，是法定的。
⑥ 使用国际专业命名化妆品原料（INCI）名称命名。
⑦ 强调产品标签标识的信息完整，使消费者易于了解产品信息。
⑧ 着重于产品生产条件和生产过程的规范化管理，而不是终产品的抽样检验。

> **链　接**
>
> 欧盟现行的化妆品法规——化妆品规程颁布于1976年，目前正在进行第七次修订，该规程是在欧盟各成员国协调的基础上产生的，它不代替各国的法规。成员国政府依据各自的具体情况建立自己的实施体系，负责规程的具体实施。近年来，由欧洲会同美国首先提出的化妆品法规国际一体化问题，在全球范围内日益受到化妆品相关各界的关注。

二、欧盟化妆品管理模式的主要内容

1. 化妆品的定义和分类

化妆品的定义和分类相关内容请参见第一章第一节"3. 欧盟对化妆品的定义"相关内容，在此不再赘叙。

2. 生产企业及其产品的监督管理

欧盟实施以企业自律为主的化妆品管理模式，因此，欧盟及其各成员国，均不实行化妆品的上市前审批许可制度。欧盟有关部门认为，根据欧盟的实际情况，采取市场监管体制比上市前的许可审批制，更有利于保护消费者的利益。

根据欧盟的化妆品法规，政府管理部门有权了解化妆品生产企业及其产品的信息，一些欧盟成员国建立了备案制度，要求化妆品生产企业和进口代理商必须向政府主管部门备案。备案内容中有关生产企业的基本情况主要包括生产企业地址、生产设备和条件、人员情况等。化妆品终产品的备案一般是非强制性的，备案着重于与产品安全相关的内容，如产品的定性或定量组分、原料成分和产品的理化以及微生物特性、产品的安全性和功效评价资料，以及对人体产生不良反应的资料等。进口代理商也应将公司基本情况备案。

政府部门并不对备案资料进行审核和评价，只是存档，以备产品上市后发生安全性问题时之用。也有一些成员国并不要求企业事先向政府部门备案，但是，企业自己必须具备上述诸方面的资料，一旦政府部门检查时，企业必须出具相关资料。

日常监管主要包括对产品本身安全性、功效性、企业GMP实施情况，以及企业管理方面的资料检查，必要时也可能进行产品抽检。最经常进行的是对产品包装和标签的检查，特别是产品标签所标识成分的审核。除特殊情况外，企业应在检查现场向政府主管部门提供所要求的各种资料信息，尤其是产品安全性和功效评价资料。

3. 原料管理

欧盟对化妆品原料成分的安全性管理规定明确。欧盟使用的主要是禁限用物质成分名录制。禁用物质是指不得用于化妆品的成分，仅在特定的限制条件下允许使用的成分为限用物质。限用物质名单规定了适用的范围、终产品中的最大浓度限制、使用条件等其他限制和要求，以及需要标明的警示等内容。对准许使用的物质，除色素、防腐剂和紫外线吸收剂外未制定原料成分名单，上述三类物质的名单规定了成分的适用范围、浓度限制和警示要求等。这些技术性的规定，包括各种成分名单，均根据使用情况随时调整，保持动态变化。这样随时根据所掌握的科学资料，确定某个原料成分是否需要禁限用。同时，欧盟已建立规程附录所列物质的标准分析方法。但是，分析方法的问题比较复杂，特别是一些新的成分，分析方法有待发展与完善。

4. 化妆品的安全性保障

由于欧盟没有普通化妆品和功能性化妆品之分，因此，对所有化妆品均采用统一的安全要求。规程规定上市的化妆品在正常、合理和可预见的使用条件下，均不得对人体健康产生危害。规程明确产品安全的责任在制造商或进口代理商。

为保障化妆品的安全，欧盟制定了化妆品安全性评价原则。规程未规定安全性试验的具体清单和安全终点的清单，要求按照经济合作与开发组织（OECD）《化学药品试验指南》进行毒理学试验，应用风险评估原则进行安全性评价。

值得注意的是，由于动物保护组织的努力，欧盟在化妆品安全性检测和评价方法上，尽可能少地采用动物试验的方法，而代之以人体试验和细胞方法等。但目前替代方法尚不健全。

欧盟设立的科学委员会，独立于官方机构，主要为管理部门提供技术支持。科学委员会委员任期三年，连任不超过两届。其中的化妆品和非食品科学委员会现有专家十余名。委员会只负责审查化妆品原料成分的安全性，不对终产品进行安全性评估。进入各种化妆品原料成分名单的物质均需经委员会讨论批准。委员会还负责制定产品的安全性评价指南，主要是评估有关的检验方法，并负责有关技术标准的制定。

欧盟建有毒物控制中心。中心不属于政府机构，其主要工作是提供与人体健康相关产品和物质方面的信息，特别是人体健康受损时的救助信息，如产品或毒物相关的鉴定、诊断、紧急处理的专业技术信息，并受一些企业委托，接受消费者对有关产品的投诉。这些机构在产品（包括化妆品）使用中发生人体健康损害时的处理方面，起到了重要作用。

5. 化妆品的标识和产品信息

欧盟的化妆品法规特别强调产品包装标识的重要性。消费者有权通过产品的标识获知包括产品成分在内的各种必要的产品信息。各成员国政府有责任采取监管措施，保证上市的化妆品使用本国消费者易懂的文字标示出欧盟区域内的产品责任者及其地址，进口产品必须标注其原产国，必要时应标示产品的功用、保质期、使用条件和警示语。产品信息中要求详细说明已确知的不良反应。除非鉴于原料的商业秘密而提前获得批准，否则必须按含量从大到小的顺序标注产品成分。成分的标注统一使用 INCI 名称。

6. 上市后流通领域的监管

各国政府主管部门的主要工作有三个方面：在销售、生产和分销地进行稽查；审查标签；审查所提供的文件。当发现企业有违规行为时，主管部门可以采取法律行动。为了进行有效监管，政府当局必须依靠专家和专业机构，包括执法的权威人员，如毒理学家、地方官员、化学家、律师等，此外还有化妆品评价实验室。通过掌握企业提交的产品信息，各国政府主管部门可以调查和监管企业是否遵纪守法。监督主要有三种方式：健康危害或跟踪调查；按照产品类别进行专项调查；现场检查。

需要说明的是，欧盟对于所有的产品都采用同样的有效性和安全性标准，对于中小企业和跨国公司一视同仁，采用同样严格的安全标准。

7. 化妆品生产企业的自律和行业协会的作用

产品出自于生产企业，因此，生产企业的自律是保证产品质量和消费者健康的关键。企业自律体现在高度的法规依从性上。欧盟的绝大多数企业均能够做到以法律为依据，严格遵照各种法规和技术规范从事一切生产和经营活动。

GMP 和 ISO 认证体系是企业自律、实现生产过程规范化和产品质量控制的重要指导原则，是企业生产管理的主要依据。为此，欧盟制定了化妆品 GMP 指南，指南并非强制性法规，但鼓励化妆品生产企业采纳这一指南。欧盟成员国中许多企业采取 ISO 认证的方式实施生产企业的规范化管理。

产品原料的安全性和质量作为终产品质量控制的最初环节，受到欧盟生产企业的高度重视，而不只着眼于终产品的质量。为确保原材料的卫生安全，许多企业通过严格检验和筛选，认定相对固定的原料生产企业。除特殊情况，都不使用非认定企业生产的原料，否则每批原料均要经过严格检测后方可投入使用，原料加工后的半成品也要经过成分、卫生等技术分析和检验，方可进入下一道工序。一些生产企业通过规范的生产车间设计和现代化的生产线，实现了从原料装填、产品加工到包装的过程均不需人工操作，减少了人为的污染机会，从而使产品符合卫生要求。

无论欧洲化妆品、盥洗用品和香料协会（Colipa）还是各成员国的行业协会，均属于非官方机构，本身不具有法定的管理职能，但在沟通和协调政府管理部门和生产企业之间的关系以及本行业自我约束方面起着十分重要的作用。同时，在一定程度上，它作为企业的代言人，影响着法规的制定。各协会均认同政府立法应体现保证产品安全的基本原则，但同时强调应增加法规制定和与消费者相关信息的透明度，呼吁法规给企业更大的自由度。行业协会另一个重要作用是帮助政府部门制定技术性标准和指导原则。这些技术性资料一旦被政府管理机构采用，便成为官方文件。

综上可以看出，欧盟已形成以企业自律为主的化妆品法规管理模式，并建立了与之相配套的技术性规范。

资料阅读：欧盟修订化妆品法规　确保安全性和可靠性

欧盟委员会2008年2月5日通过了化妆品法规草案。新法规的目的是把以往多次修订的内容加以整合来简化法规，进一步加强产品安全，确保在欧盟市场销售的产品的安全性和可靠性。

草案提出了多项修订。为确定新法规的适用范围，草案文本第二条引入多条定义。之前列出化妆产品清单的附件已被删除，交由生产商评估其产品是否属于化妆品。

草案第二十八条引入化妆品成分名称词汇表。这些名称全球通用，免除了翻译该成分表，有助业界减少成本及行政负担。

新法规附件列出多项化妆产品安全规定，说明产品安全评估书需提供的资料。根据草案第四条，进口化妆品的负责人为各进口商。至于非经进口商从欧盟以外引进的产品（如通过互联网引进的产品），把产品推出市场的业者必须委任一名欧盟区内业者为负责人。

草案第十条引入通报规定。负责人把产品推出市场前，必须先向欧盟委员会提交若干产品及联络资料。第十九条规定，负责人一旦发现产品有任何不良影响，必须立即通知当局。第二十条列明，当局若怀疑某种化妆品所含的物质不安全，有权展开调查。草案第二十一条、第二十三条、第二十四条及第二十五条适用于违规产品。当局若发现产品违规，有权命令负责人采取纠正措施或回收产品。

思考：1. 欧盟此次新规调整有何意义？
2. 欧盟的化妆品管理模式是怎样的？
3. 国际上化妆品管理大约有几种模式？

第二节　美国化妆品管理模式

一、美国化妆品管理模式的主要特点

美国化妆品管理机构和管理模式可以概括为单一机构、集中管理模式。

FDA集审批、监督、执法权于一体，也是化妆品行业的单一管理机构。FDA对化妆品的管理权限包括：颁布化妆品相关法规，对化妆品产品进行检查和调查，对化妆品生产厂进行检查，阻止任何劣质或标签不符合要求的化妆品产品进口，取缔劣质或标签不符合要求的化妆品产品。由于FDA高度集权，因此，在化妆品管理方面，FDA可以根据行业实际情况迅速下达各种管理规定，以确保较高的管理效率和良好的管理效果。

美国对生产企业的管理强调"企业自律、自我约束"，对化妆品行业的管理采取自愿注册制代替强制审批制。产品投放市场前，不需进行任何审批手续，也不需强制进行任何安全性测试，但政府鼓励企业向主管机关进行自愿注册。自愿注册厂家的信息将被记录在FDA的化妆品自愿注册计划（VCRP）数据库，一旦某种成分被认为是有害或被禁用的，FDA将通过VCRP数据库中的通讯录及时通知生产企业，从而帮助自愿注册且有安全意识的化妆品生产经营企业的产品更容易被销售商和顾客接受。

美国化妆品管理总的来说有以下几个特色。

① 企业自律原则，化妆品产品无需注册。

② 生产厂商无需注册。
③ 产品在使用时必须是安全的，是制造商的责任。
④ 化妆品必须遵照 GMP 要求生产和管理，是法定的。
⑤ 有限的一些成分被禁用于化妆品。
⑥ 产品标签必须遵守美国的法律。

> **链接**
>
> 在 1938 年之前，即采用《联邦食品、药品和化妆品法案》（《FD&C 法案》）之前，美国对化妆品销售的监管非常有限。当时，市售化妆品引发的多起重大人身安全事件证明了加强 1906 年《食品和药品法案》执行力度的必要性。1937 年，一种含有溶剂二甘醇的药品磺胺酏剂，因没有经过毒性试验，结果引起了服药者肾衰竭反应，造成了 100 多人死亡。磺胺酏剂的悲剧促成了 1938 年《FD&C 法案》被采纳。

二、美国化妆品管理模式的主要内容

1. 化妆品定义

凡在美国销售的化妆品，无论是本地制造还是外国进口，都必须遵守《联邦食品、药品和化妆品法案》（FDAC），《公平包装和标签法》（FPLA），以及这些法律的管理委员会所颁布的条例。适用于化妆品的法规在 CFR 21TITLE, Parts 700～740。适用于化妆品的色素添加剂在 21CFR Parts 73, Parts 74, Parts 81 和 Parts 82。

《联邦食品、药品和化妆品法案》的第 201 项（i）(l) 把化妆品定义为专门用于人体以达到清洁、美化、增强吸引力或者改变人体外表之目的而不影响人体结构或功能的物品。属于此定义的产品有护肤霜，洗液，香水，唇膏，指甲油，眼霜和面霜，香波，永久卷发剂，染发剂，牙膏，除臭剂和用作化妆品产品一部分的任何成分。肥皂主要由脂肪酸的碱盐组成，而且标签上只需对人体的清洗力做声明，所以法案认为肥皂不是化妆品。

2. 功效化妆品管理

如果产品既是化妆品又用于治疗或预防疾病，或对人体功能或结构有影响，则把此类产品看作既是化妆品又是药品，而且必须同时遵守法令中有关药品和化妆品的条款。这类产品包括含氟化物的牙膏，专门用来防晒的防晒品，同样是除臭剂的除汗剂，去头屑的洗发香波。大多数的功效化妆品都是非处方药，一些是需要在销售前向代理机构出示安全和效力证明的新药。对药物的要求远比对化妆品的要求广。例如，《联邦食品、药品和化妆品法案》规定药物厂商必须每年在 FDA 注册，并且每年两次向 FDA 提交生产的所有药品清单。此外，药品的制造过程必须遵守 21CFR 210 和 211 中的《现行良好制造规范》（cGMP）。

3. 化妆品安全管理

在美国，没有针对化妆品的事前注册程序，食品和药品管理局（FDA）也不对化妆品的有效性、安全性及产品标签进行审批。所有的化妆品，即使是从美国以外进口的，都会同样以这种方式加以管理。只要化妆品符合所有适用的美国法规，应可以合法地在美国境内销售。

《联邦规章法典》（CFR）禁止在化妆品中使用为数不多的几种成分。除了化妆品中禁用的成分之外，还要求彩妆产品的制造商必须从 FDA 可接受的色素添加剂的清单中选择色素添加剂（某些染发剂中使用的色素除外）。

保证成品和每种成分的安全是化妆品生产商和分销商的责任。不需要安全性的证明，但 21CFR 740 要求产品标签上必须带有下列警示语：

"Warning: The safety of this product has not been determined."

4. 条例禁止或限制使用的成分

条例专门规定禁止或限制在化妆品中使用下列成分。详细内容请参见 21CFR 250.250 和

21CFR 700.11~700.23。

（1）六氯酚（HCP） 因其有毒害神经和穿透人体皮肤的效用，所以仅当其他可替代的防腐剂无效时才可使用 HCP。HCP 在化妆品中的浓度不超过 0.1%，并且不能用于通常接触黏液膜（例如嘴唇）的化妆品中。

（2）汞化合物 敷用于皮肤上的汞化合物容易被皮肤吸收并堆积在体内。它们会引起变态反应、皮肤发炎或对神经系统有毒害作用。如果没有别的安全有效的防腐剂可用，汞化合物只能用于眼部化妆品中并且浓度不超过 0.0065%（以汞计）（约 0.01% 醋酸苯汞或硝酸苯汞）。含汞的所有其他化妆品都是劣质的，除非其含量不超过 0.0001%（以汞计），并且汞的存在是在 GMP 的生产条件下不可避免的。

（3）含氯氟烃推进剂 禁止在国内消费的化妆品气雾剂产品中使用含氯氟烃推进剂。

（4）硫氯酚 它的使用会引起光敏反应。

（5）卤代 N-水杨酰苯胺 它的使用会引起感光接触敏化。

（6）氯仿 因其对动物有致癌性，可能危及人体健康。

（7）乙烯基氯 用于气雾剂产品中，有致癌性。

（8）含锆联合体 用于气雾剂产品中，对肺有毒性作用，引发肉芽瘤。

（9）亚甲基氯 对动物有致癌作用，可能危及人体健康。

其他化妆品成分是由美国化妆品、盥洗用品和香料协会（Cosmetic Toiletry and Fragrance Association）下设的及由科学家、FDA、企业和消费者代表组成的专门的、独立工作组织化妆品成分评估委员会（Cosmetic Ingredient Review，简称 CIR）完成评估的。

评估从 4 个方面进行（可安全使用的、在限定条件下是安全的、不安全的和没有充足的资料来证明其安全性的），到 2001 年已评估通过 1044 种原料，其中有 9 种认为是不安全的，114 种成分数据不足以支持安全，330 种成分被发现在限制条件下使用于化妆品中是安全的，591 种成分使用是安全的。中国香料香精化妆品工业协会得到 CTFA 同意，已翻译出版 CIR 的《1999 化妆品成分评审概要》和《2001 化妆品成分评审概要》。

5. 生产许可注册

相关内容参见本节"一、美国化妆品管理模式的主要特点"，在此不再赘叙。

6. 标签管理

美国对化妆品标签管理十分严格，化妆品标签应当标明的内容有：（1）产品名称，包括对名称、产品性质、用途以及内容物准确净重的描述；（2）生产商或经销商名称和地址，地址必须包括街道、城市、州和邮政编码，如果经销商不是生产厂或批发商，则必须在标签中按规定的语句进行说明；（3）产品成分方面，对于标有"For Professional Use Only"的专业产品，不要求标出产品成分，但必须标明经销商、内容物数量和必要的警告标识，而对于供个人使用的零售化妆品标签上则要求注明产品成分，并有相关的标识要求；（4）警示用语方面，FDA 规定在某些产品的标签上需标注规定的警示用语和注意事项，特别是那些可能因误用对消费者带来危害的产品，FDA 要求除标注警示用语外，还需说明安全使用方法，指导消费者正确和安全使用。

7. 上市后流通领域的监管

FDA 是美国唯一在化妆品投放市场之后有权进行市场管理的政府机构。对流通领域化妆品的市场监控是通过销售商对产品的承诺、生产商/进口商的明确标示以及市场内部监督机制来实施的。在流通领域对化妆品进行监管的主要方式，是检查化妆品生产企业的条件、采集样品检验等。

美国对具有潜在危害的或缺陷的产品采取召回程序，这是由化妆品企业自动采用的一种召回行动。FDA 可以要求相关公司实施，并监督整个召回程序，还可以采取审阅公司报告、对零售和批发进行审计等措施，核实召回程序的有效性。如果生产或销售商不愿意发布通知，FDA 有权在每周一次的政府刊物上发布该公共通知和健康损害分类。

第三节 日本的化妆品管理模式

一、日本化妆品管理模式的主要特点

日本的化妆品管理部门是厚生省。在日本，化妆品行业要受《药事法》和厚生省执行法规的管制。日本曾是对化妆品管制最为严格的国家之一。从 2001 年 4 月起，日本的化妆品限制有了明显的缓和，将普通化妆品从审批制转为备案制，医药部外品则仍为审批制。

厚生省实施副作用报告制度。国家及地方政府任命药事监督员对化妆品和医药部外品销售市场进行监督，药事监督员可依法抽取（不付费）市售产品进行检验分析和包装标识检查。

具体来说，近年的变化主要集中在以下几个方面。

（1）废除普通化妆品的上市前许可制度，实行备案制。

（2）成分方面的管理方式采用同欧美相同的消极审查方式。同时制定和完善了化妆品禁、限用物质名单。

（3）允许企业宣传产品的功效范围有所扩大。

（4）产品标识方面实行全成分标识。这种表示方式将进一步促进信息公开，帮助消费者选择产品；而且也有利于安全责任由生产商承担。

（5）由指定的成分标签变为执行 INCI 成分表。

（6）日本化妆品 GMP2004 年新修订版已在 2005 年 4 月 1 日起推荐执行。

（7）"日本化妆品成分法典（JCIC）规定"，日本市场上的化妆品配料由化妆品"综合许可标准"（Comprehensive Licensing Standards）进行了分类，共分 11 类，并被卫生福利部认定为化妆品配料的质量规格。

当然，日本仍然坚持某些方面不作更改，如生产企业和进口商的许可制度，医药部外品的管理方式没有改变等。

二、化妆品管理模式的主要内容

1. 化妆品的定义

清洁人的身体，美化其使增加魅力，改变容貌。或者为了保持皮肤或毛发健康，涂擦、涂抹以及使用其他类似方法，使用在身体上的物质，并且对人体作用比较缓和者。但是，不包括除此使用目的以外，使用于人体的疾病诊断、治疗或预防目的的物质，以及影响人体的身体构造或机能为目的的物质。

《药事法》规范了化妆品、医药部外品和医药品，目的是为了确保医药品、医药部外品、化妆品以及医疗用品的质量和有效性以及安全性。其"医药部外品"相当于美国的 OTC 产品和我国的特殊用途化妆品，包括染发剂、烫发剂、抗皱化妆品、美白化妆品、育发剂、防紫外线剂等。政府管制的方式因产品类别而不同。

2. 普通化妆品实行备案制

企业按照政府的有关规定自行规范自己的生产行为，企业对产品的质量和安全性负全部责任。但企业在生产任何新产品之前，必须向当地卫生部门备案（仅备案产品名称），进口新化妆品则要求进口商向当地卫生部门备案。企业对产品安全性负全部责任。

3. 医药部外品实行审批制

日本对医药部外品实行严格的审批制度，企业向当地卫生机关提出申请，申报资料包括配方、制造方法、用法用量、规格（包括产品和原料）、实验方法、检验报告等，经当地卫生机关初审后报"审查中心"履行审批程序，在此期间审查中心会就技术问题咨询"医药品调查指导部"（属于评审的技术支持机构），审查中心将最终审批意见上报到厚生劳动省，厚生劳动省将审查结果告知地方卫生机关，再由地方卫生机关反馈给企业。一个产品整个过程下来至少需要 90 天。此外，对于染发剂、烫发剂、药用牙膏和药用沐浴液另外制定了使用标准，包括有效成分、添加剂的种类和含量、规格等，如突破了使用标准，在审批时要提交功效、安全性和成分配伍等方面的资料。

4. 原料管理

对于化妆品生产所使用的原料，厚生省将其分为两类来管理。第一类原料是"化妆品使用防腐剂、紫外线吸收剂和焦油色素"，另一类是"除防腐剂、紫外线吸收剂和焦油色素之外的其他化妆品原料"。对于第一类原料，厚生劳动省发布"许可原料名单"，企业生产化妆品要使用此类原料时只能使用名单之内的原料，使用名单之外的原料必须经过审批。对于第二类原料，厚生劳动省发布"化妆品禁止使用成分和限制使用成分名单"，企业生产化妆品不得使用禁用物质，选用限用物质必须符合限用标准（包括浓度、用途、规格等），此名单之外的原料企业可任意使用，但对其安全性负责。

日本厚生劳动省对新原料实行严格的审批制度。企业申报新原料时要提供使用背景、理化性质、安全性和稳定性方面的资料。需要指出的是，被批准不仅只是原料物质本身，还包括它的使用范围、用量和使用规格等，在被用于生产化妆品或医药部外品时必须符合这些内容，如有突破必须重新申报。

5. 成分标注

日本对化妆品实行全成分标识，日本化妆品工业联合会发布国际化妆品原料INCI名称的日语译名名单，对于名单之外的新原料，企业需要向化妆品工业联合会申请译名，然后按照指定的译名标识。

日本对医药部外品不要求全成分标识，由厚生省指定必须标识的成分（主要是有引起过敏报道的成分），其余成分的标识由企业自愿选择。所标成分的日语译名同样由日本化妆品工业联合会确定。

6. 上市后流通领域的监管

厚生省实施副作用报告制度，通过企业、医院等收集化妆品和医药部外品不良反应，有关单位在得知化妆品或医药部外品有可能发生有害作用的研究结果之日起，30天内必须向厚生劳动省报告。厚生劳动省根据不良反应报告，向出现不良反应报道的产品的责任单位发布警示通知，必要时要求责任单位在产品包装上标识警示用语。

国家及地方政府任命药事监督员对化妆品和医药部外品销售市场进行监督，药事监督员可依法抽取（不付费）市售产品进行检验分析和包装标识检查。

世界一些国家和地区的化妆品法规见表3-1。

表3-1 世界一些国家和地区的化妆品法规

序号	国家或地区	法规名称	序号	国家或地区	法规名称
1	欧盟	76/768/EEC(欧盟化妆品规程)	7	西班牙	西班牙卫生法
2	美国	FDCA(美国食品、药品和化妆品法)	8	巴西	巴西卫生法
3	英国	TPF(英国化妆品安全法规)	9	阿根廷	阿根廷化妆品配方、制造和销售技术总法规
4	日本	日本药事法	10	智利	智利卫生法
5	韩国	化妆品法	11	印度	印度药品和化妆品法规
6	中国	中国化妆品卫生监督条例	12	马来西亚	马来西亚药品和化妆品法规

第四节 化妆品规定的国际协调

一、化妆品规定国际协调的必要性

纵观国际上化妆品的管理法规，可以得出如下结论：欧盟、中欧、东欧、美国、日本、韩国、巴西、安第斯公约 5 国和东南亚联盟国等，绝大部分国家均在产品上市前不需要许可制度，而是使用备案制，执行 INCI 成分表和欧盟 SCCNFP 所规定的化妆品法规，国际上除极少数国家采用产品上市前的许可外，大都采用备案制。日本、韩国和中国台湾等国家和地区都是近几年改革管理法规的。

化妆品是国际化的商品，为不妨碍其流通，要求各国在化妆品规定方面进行整合。以化妆品的 3 大生产地美国、欧盟（EU）、日本为中心，是化妆品规定的国际化协调和整合的重点。作为化妆品相关规定的政府间协议，化妆品协调和国际协作（Cosmetic Harmonization and International Cooperation，CHIC）及有关化妆品规定的国际会议定期召开，工作有所进展，但三者之间仍存在着一些差异。

二、美国、欧盟与日本对化妆品管理的差异

表 3-2 是对美国、欧盟与日本的化妆品管制机制的一个概括。

表 3-2　美国、欧盟与日本对化妆品管理的差异

项目	美国	欧盟	日本
主要管理部门	FDA	1. 欧洲委员会 2. 成员国主管当局	厚生省
主要法律法规	1. 联邦食品、药品、化妆品法 2. 商品包装和标签法	1. 欧盟化妆品导则 2. 商品包装和标签法	1. 药事法和化妆品法 2. 厚生省执行法规
产品分类	1. 化妆品 2. OTC 药品 宣扬对痤疮及皮肤粗糙有药用效果的所谓药用化妆品，归化妆品管理 防晒制品被当作医药品 狐臭防止剂也可能被分在医药品(抑汗剂)类当中 固体香皂不属于化妆品	化妆品 宣扬对痤疮及皮肤粗糙有药用效果的所谓药用化妆品，归化妆品管理 防晒制品被分在化妆品"防晒霜"类 狐臭防止剂，被分在化妆品类(除臭剂) 化妆香皂被分在化妆品(化妆皂、除臭香皂)类	1. 化妆品 2. 医药部外品 宣扬对痤疮及皮肤粗糙有药用效果的所谓药用化妆品，归准医药品管理 防晒制品被分在化妆品"防晒霜"类 狐臭防止剂属于准医药品 化妆香皂被分在化妆品(化妆香皂)或准医药(药用香皂)类
产品的上市前审查	无 产品自愿备案	无 产品自愿备案	医药部外品 需要注册许可
生产和进口许可制度	无 生产/进口商自愿备案	无 生产/进口商必须备案	生产和进口企业必须获得许可
原料控制	基本不控制	不需要注册，提供禁、限用清单	同欧盟
产品标签	全成分标示	全成分标示	全成分标示
安全性责任者	企业	企业	政府和企业
上市后监督	管制的重点	管制的重点	较少监督和检测
禁限成分	联邦规章法典（CFR）禁止在化妆品中使用为数不多的几种成分	化妆品法规 76/728 包括禁用成分清单、限用成分清单和三份准用成分清单(化妆品着色剂清单、抗菌防腐剂清单、紫外线吸收剂清单)	从 2001 年起，也根据否定目录、许可目录、限制目录进行了规定，除此之外的成分，可由企业负责配方

三、化妆品规定的国际化协调发展趋势

根据目前的现状，由于各国之间化妆品定义（范围）及制造、配方成分的规定等尚存在着差异（表 3-3），在任何地区要制造可全球销售的化妆品还是很困难的。目前，美国、欧盟和日本三大化妆品生产地及其他国家的政府以及化妆品工业协会正在努力，以化妆品规定的国际协调为目标，定期召开有关化妆品规定的国际会议，以促进化妆品生产及贸易的国际化。

表 3-3 国外化妆品相关机构及英文缩写简称

中文名	缩写	全称
美国调剂师学会	ASP	American Society of Perfumers
化学文摘社	CAS	Chemical Abstract Service
联邦法规代码(美国)	CFR	Code of Federal Regulations
化妆品成分评估(美国)	CIR	Cosmetic Ingredient Review
欧洲化妆品,盥洗用品和香料协会	Colipa	European Cosmetic. Toiletry and Perfumery Association
欧洲经济共同体	EEC	European Economic Community
欧洲现有商业化学品目录	EINECS	European Inventory of Existing Commercial Chemical Substances
欧共体	EU	European Union
食品药品管理局(美国)	FDA	Food and Drug Administration
美国日用品香料协会	FMA	Fragrance Materials Association of the U.S
国际日用香料香精协会	IFRA	International Fragrance Association
化妆品成分国际名称	INCI	International Nomencaltrue Cosmetic Ingredient
国际命名委员会(属 CIFA)	INC	International Nomenclature Committee
国际标准化组织	ISO	International Organization for Stantardization
日本化妆品成分法典	JCIC	Japanese Cosmetic Ingredients Codex
日本化妆品成分标准	JSCI	Japanese Standards of Cosmetic In gredients
国际日用香料研究所	RIFM	Research Institute for Fragrance Materials
美国食品香料化学师学会	SFC	Society of Flavor Chemists
化妆品分类综合发证标准(日本)	JCIS	The Comprehensive Licensing Stan dards of Cosmetics by Category
化妆品、盥洗用品和香精协会(美国)	CTFA	Cosmetic, Toiletry and Frarance Association
美国食品香料与萃取物制造者协会	FEMA	Flavor and Extract Manufactures Association of the United States
欧洲理事会及食品香料物质专家委员会	CoE-EFS	Council of Europe and Experts on Flavoring Substances
国际精油和香料贸易联合会	IFEAT	International Federation of Essential oil and Aroma Trades
国际食品香料香精工业组织	IOFI	International Organization of the Flavor Industry
联合国粮农组织/世界卫生组织联合食品法典委员会	FAO/WHO-CAC	Joint FAO/WHO Codex Alimentarius Commission
肥皂和洗涤剂协会	SDA	Soap and Detergent Association

思考题

1. 国外工业发达国家在化妆品管理方面有何特色？哪些地方值得我们学习？
2. 欧盟、美国和日本的化妆品监督管理有何异同？
3. 简述化妆品法规国际一体化的现状与必要性。

第二篇 我国化妆品管理与立法概况

第四章 中国的化妆品管理与立法

学习目标： 通过本章节的学习，了解我国化妆品立法的背景，熟悉我国目前化妆品管理及立法现状、我国化妆品管理的特点，化妆品监督管理机构的设置，为其将来从事化妆品行业的工作打下基础。

第一节 化妆品相关法规的渊源

一、法律的概念和特征

法律有广义和狭义之分。广义而言，法律是由国家权力机关制定或认可，体现国家政权意志形式，以权利和义务为调整机制，作为司法机关办案依据，并最终决定于社会物质生活条件的各种社会规范的总称，表现为宪法、法律（狭义）、法令、行政法规、条例、规章、判例、习惯法等各种成文法和不成文法。狭义的法律是指拥有立法权的国家机关依照法律程序制定和颁布的规范性文件，是法的主要表现形式。在我国，只有全国人民代表大会及其常设机关才有权制定法律；地方人民代表大会（特别是自治区人民代表大会）及其常设机关有权制定地方法。

法律具有以下特征。

（1）法律是调整人们的行为或社会关系的规范，具有规范性。
（2）法律是国家制定或认可的，体现了国家对人们行为的评价，具有国家意志性。
（3）法律是由国家强制力为最后保证手段的规范体系，具有国家强制性。
（4）法律在国家权力管辖范围内普遍有效，因而具有普遍性。
（5）法律是有严格的程序规定的规范，具有程序性。

二、化妆品相关法规的渊源

法律法规的渊源一般是指通过立法所产生的法律文件，具体形式有：宪法；法律；行政法规；地方性法规；规章；民族自治法规；特别行政区的法律；中国政府承认或加入的国际条约。化妆品相关法规的渊源，是指化妆品管理法律规范的具体表现形式。主要有以下几种。

1. 宪法

宪法是国家的根本法,由全国人大经最严格的制定程序制定,也是我国具有最高法律效力的规范性法律文件。宪法是规定国家基本制度、原则、方针、政策、公民基本权利和义务、各主要国家机关的组成和职权、职责等的规范性法律文件,也是我国所有法律的重要渊源。宪法所规定的基本原则是我国立法工作的依据。例如:根据宪法的规定,制定了《中华人民共和国产品质量法》。

2. 法律

由全国人大及其常委会制定的规范性文件。它所规定的通常是社会主义关系中某些基本的和主要的方面,它的法律效力仅次于宪法,是制定法规和规章的依据。例如,《中华人民共和国产品质量法》是1993年2月22日第七届全国人民代表大会常务委员会第三十次会议通过,根据2000年7月8日第九届全国人民代表大会常务委员会第十六次会议《关于修订〈中华人民共和国产品质量法〉的决定》修正(表4-1)。该法的制定为加强对产品质量的监督管理,提高产品质量水平,明确产品质量责任,保护消费者合法权益,维护社会经济秩序作出了重要贡献。

表4-1 关于中华人民共和国产品质量法的制定及修正沿革

1993年2月22日	中华人民共和国产品质量法[1993-02-22]
2000年7月8日	全国人民代表大会常务委员会关于修改《中华人民共和国产品质量法》的决定[2000-07-08]
2000年7月8日	中华人民共和国产品质量法(2000修正)[2000-07-08]

目前,我国还制定了单独的化妆品管理法律。与化妆品管理有关的法律有《刑法》、《民法》、《行政处罚法》、《行政诉讼法》、《行政复议法》、《标准化法》、《计量法》、《广告法》、《价格法》、《消费者权益保护法》、《反不正当竞争法》、《专利法》等。

3. 行政法规

由国务院制定、发布的规范性文件,它的法律效力仅次于法律。行政法规的名称为条例、规定、办法等。对某一方面的行政工作做出比较全面、系统的规定,称"条例";对某一方面的行政工作做出部分规定,称"规定";对某一项行政工作做出比较具体的规定,称"办法"。

目前唯一的化妆品行政法规是国务院于1989年批准的《化妆品卫生监督条例》。除此以外,相关的行政法规还有《中华人民共和国进出口商品检验法实施条例》、《国务院对确需保留的行政审批项目设定行政许可的决定》、《中华人民共和国商标法实施条例》等。

4. 行政规章

行政规章是由国务院各部、局、委员会根据法律和国务院的行政法规、决定、命令,在本部门的权限内发布的规范性文件。

如由国务院直属机构,卫生部、质检总局、工商总局等部门依法定职权和程序,制定、修订、发布的规范性文件——《化妆品卫生监督条例实施细则》、《进出口化妆品监督检验管理办法》、《化妆品广告管理办法》等。

5. 地方性法规

由各省、自治区、直辖市人大及其常委会制定的规范性文件。其效力低于宪法、法律及行政法规。这种法规只在本辖区内有效,且不得与宪法、法律和行政法规等相抵触,并报全国人大常委会备案。比如《广东省化妆品管理条例》、《北京市化妆品监督管理办法》等。

三、法律体系

法律体系是指把一个国家的现行法律分成若干部门,并由这些法律部门组成具有内在联系的,互相协调的统一整体。我国的法律体系,一般认为主要由以下几个法律部门构成(表4-2)。

四、法律效力

关于法律效力的具体解释见表4-3。

表 4-2　我国的法律体系

序号	法律体系	具　体　解　释
1	宪法	宪法作为一个法律部门又称国家法,在法律体系中居于核心地位。宪法是国家的根本大法,具有最高法律效力,是制定其他法律的基础和根据
2	行政法	行政法是有关国家行政管理活动的规律规范的总称。它主要规定国家行政管理体制,国家行政机关人员的选拔和使用,国家行政管理活动的基本原则,国家行政管理的职权范围,活动方式以及对国家公职人员和公民的行政违法行为的制裁等
3	刑法	刑法是关于犯罪和刑罚的法律规范的总和
4	民法	民法是调整平等主体的公民之间、法人之间、公民和法人之间的财产关系和人身关系的法律规范的总和
5	经济法	经济法是主要调整国家经济机关、经济组织、事业单位在国民经济管理中发生的经济关系的法律规范
6	劳动法	劳动法是调整劳动关系以及由此产生的其他关系的法律的总称
7	婚姻法	婚姻法是调整婚姻关系和家庭关系的法律规范的总称
8	诉讼法	诉讼法是关于诉讼程序的法律规范的总称

表 4-3　法律效力的具体解释

序号	法律效力	具　体　解　释
1	空间效力	是指法律在什么地方发生效力,由国家制定的法律和经中央机关制定的规范性文件,在全国范围内生效。地方性法规只在本地区内有效
2	时间效力	是指法律从何时生效和何时终止效力,以及新法律颁布生效之前所发生的事件和行为是否适用该法律的问题。时间效力一般有三个原则:不溯及既往原则;后法废止前法的原则;法律条文到达时间的原则
3	对人的效力	是指法律适用于什么样的人 属地主义:即不论人的国籍如何,在哪国领域内就适用哪国法律 属人主义:即不论在国内或国外,是哪国公民就适用哪国法律 保护主义:任何人只要损害了本国的利益,不论损害者的国籍与所在地如何,都要受到该国法律的制裁 我国的法律效力以属地主义为主,以属人主义和保护主义为辅。法律效力规定在中国境内外的中国公民,在中国领域内的外国人和无国籍人,一律适用我国的法律

五、违法

1. 概念

违法是指违反法律和其他法规的规定,给社会造成某种危害的有过错行为。广义的违法包括违法和犯罪。

2. 构成违法的要素

(1) 必须是人的某种行为,而不是思想问题。

(2) 必须是侵犯了法律所保护的社会关系的行为,对社会造成了危害。

(3) 行为人必须是具有责任能力或行为能力的自然人或法人。

(4) 必须是行为人出于故意或过失。

3. 违法的种类

违法依其性质和危害程度可分为以下几类。

(1) 刑事违法,即违反刑事法规,构成犯罪。

(2) 民事违法,即违反民事法规,给国家机关、社会组织或公民个人造成某种利益损失的行为。

(3) 行政违法,即违反行政管理法规的行为,包括公民、企事业单位违犯国家行政管理法规的行为以及国家机关公职人员运用行政法规时的渎职行为。

六、法律责任

法律责任是指由于违法行为、违约行为或由于法的规定而应承受的某种不利的法的后果。分为民事责任、行政责任和刑事责任三类。具体内容见第五章。

> **链接**
>
> 2007年，可谓化妆品行业的"新规年"。《化妆品卫生规范（2007年版）》于7月1日实施；《化妆品生产企业卫生规范（2007年版）》于8月1日实施；备受行业关注、经过卫生部两次征求意见稿的《化妆品标签标识管理规范》还未正式出台，国家质检总局的《化妆品标识管理规定》便提前出炉，并将从今年9月1日起施行……这一系列新规将带给美容化妆品行业种种影响。新规的变化集中在以下几个焦点。
>
> 焦点一：禁用物质由421种增至1208种，是原来的3倍。
> 焦点二：防晒效果测定与标识不能夸大。
> 焦点三：工厂周围30米内不得有污染物。
> 焦点四：明确界定化妆品标签禁用词汇，涉及近百个词汇，三大类。
> 焦点五：化妆品标识要标注全成分表。
> （资料来源：杜达安.2008年1月）

第二节 中国的化妆品立法背景

一、化妆品立法的迫切性和必要性

改革开放以后，随着国民经济的增长及人们消费水平的提高，化妆品工业得到了迅猛的发展。一时间大量的化妆品企业应运而生，这些企业规模不同，条件各异。其中不乏世界著名的化妆品企业在中国建立的现代化工厂，也有许多作坊式生产的简陋企业。与此同时，化妆品种类与日俱增，琳琅满目，有质优的精品，也充斥着大量的假冒伪劣产品。化妆品的产品质量差异巨大，良莠不齐，严重地威胁到人民的健康和安全。

随着工业化的发展，化妆品安全性、化妆品生产和经营过程等方面存在的问题也逐渐显现出来。在一片繁荣的背后，由于缺乏国家性的管理法规，无法可依，化妆品管理立法非常迫切。化妆品安全事件给消费者带来了严重的损失，加强化妆品监督管理迫在眉睫。主要表现在以下几点。

1. 关于化妆品的生产资格问题

当时有许多小厂，既无单独的生产车间，又无必要的生产设备，也没有合格的技术人员，却照常进行化妆品生产。有的甚至可以将卧室充当车间，用洗衣机做搅拌机。更严重的是，有些化妆品厂家连固定的厂名和厂址都没有，一旦出现问题无案可查。有的化妆品厂家为了得到免税的优惠，3年更换一次厂名。由于种种原因政府对这些化妆品厂家无法监管，只好放任自流，产品质量极难保证。

2. 关于化妆品的安全性问题

当时，许多研究存在着严重的短视行为，急功近利，不择手段，为降低成本或提高效益，甚至使用有毒有害物质为原料生产化妆品，造成人体损害。让消费者不但不能美容，还会毁容，或造成其他伤害。如有些祛斑霜为了增加祛斑效果，大量使用含有汞、砷等重金属的原料，严重超标。还有的化妆品由于原料差或微生物污染，常引起接触性皮炎，严重者造成永久性色素沉着，形成化妆品伤害事故。

3. 关于夸大宣传的问题

许多企业乱贴标签，夸大宣传，蒙骗群众，造成混乱。有些国内企业为了迎合某些消费者崇洋媚外的心理，佯称进口产品或合资产品，使用全英文标签。有的夸大产品作用，号称能够治病，有治疗作用等。也有的不注明厂家和地址，规避责任。

4. 无法可依，严重影响化妆品行业的正常发展

20 世纪 80 年代，发生了许多消费者使用化妆品导致健康受损的事件。其中影响比较大的是 1985 年 6 月的"苏州月中桂乌发宝风波"。该风波争论焦点是染发剂中铅含量超过 1% 是否危害使用者的健康？另外，还涉及是否需要停产的问题？当时不少的记者、学者、消费者卷入了这场争论。在争论过程中不仅使苏州月中桂生产厂受到极大的经济损失，也使同类产品厂受到影响，而最终也无法定论。原因很简单，我国化妆品尚未立法。

当时我国化妆品行业，既没有行政管理法规，又没有技术管理法规。这种形势再继续下去，必定会严重影响我国化妆品行业的发展。

据卫生部门 1985 年调查，在沈阳市长期使用祛斑化妆品的妇女中，有的人体内汞含量是正常人的 8 倍；1988 年，贵州省 200 多人遭受含高浓度剧毒物苯酚的祛斑霜毁容；1989 年，株洲某厂工人使用含汞未经检测新原料的美容霜，有 33% 的使用者皮肤损伤。

根据统计资料进行分析，化妆品出现的安全性问题表现在以下 4 个方面。
（1）使用禁止使用的原料和超量使用限量原料使化妆品具有一定的毒性。
（2）使用被微生物污染的化妆品感染致病菌。
（3）化妆品成分中某些化学物质作用于皮肤、器官的黏膜后引起刺激性接触性皮炎。
（4）化妆品内存在的致敏性物质引起过敏性皮炎。

导致这些问题出现的原因有以下几方面。
（1）化妆品卫生安全无人监督管理。
（2）存在一些不具备生产条件的企业，行政部门对此缺乏控制手段。
（3）长期封闭使消费者缺乏化妆品安全使用知识。
（4）化妆品标识不规范。
（5）虚假夸大的广告宣传泛滥，造成不良后果。

基于以上情况，不仅政府部门，而且化妆品生产企业以及广大消费者充分认识到，随着化妆品工业的快速发展，迫切需要化妆品立法，以便加强化妆品企业的管理，规范化妆品生产和营销市场，提高化妆品产品质量，确保消费者的健康。

二、化妆品立法的历程

1. 地方性化妆品管理法规的产生

化妆品安全事件给消费者带来了严重的损失，加强化妆品监督管理迫在眉睫。

20 世纪 80 年代后期全国各地陆续开始制定地方的法规、规章和管理办法。如 1986 年 10 月上海市的《上海市化妆品卫生监督办法》；同年无锡、南通、江阴、常熟、张家港等市经地方政府批准开始发放卫生许可证；1987 年北京市人民政府发布了《关于化妆品卫生监督管理的暂行规定》；以后辽宁、黑龙江、山东、吉林、宁夏、河南等省区相继发布了化妆品管理办法。截止到 1989 年全国已有 8 个省区市颁布了政府文件，有 17 个省区市颁布了各部门联合发布的管理办法，有 9 个省区市卫生部门发布了化妆品管理规定，这些地方法规、规章的实行对促进本地区化妆品卫生质量的提高，保证广大消费者的健康起到了积极作用。

但是地方法规有一定的局限性。由于各地管理的方法、形式不一致，甚至存在着地方保护主义，难免带来管理上的弊病，因此健全化妆品的卫生质量标准，使化妆品生产、销售有章可循，有法可依，必须加快制定全国性化妆品的管理监督法规。

2. 国家化妆品管理法规基本内容与框架的建立

1986 年 12 月国家轻工业部颁布了《化妆品生产管理条例》（试行）。《试行条例》是我国第一个化妆品生产管理法规。它标志着我国化妆品生产管理工作已进入了法制管理和科学管理的一个新时代。是我国化妆品工业的一件大事。

而后，从 1986 年至今，国家轻工业部（现改为中国轻工业联合会）、国家卫生部、国家工商行政管理局、国家技术监督局等国家政府部门曾分别组织化妆品业内专家相继制定并颁发了 20 多种化妆品的基本法规。对促进我国化妆品工业的发展、推动两个文明建设、保障人民身体健康起到了极其重要的作用。

1985 年，卫生部组织各方面专家成立了《化妆品管理条例》（后改名为《化妆品卫生监督条例》）（以下简称《条例》）起草小组，并同时成立了《化妆品卫生标准系列》（以下简称《标准》）制定组。其工作程序大致可分为三个阶段。

(1) 第一阶段　调查研究和收集资料。

本阶段，《条例》起草组和《标准》制定组先对我国当时的化妆品生产状况和产品质量进行了调查。具体内容包括：生产厂状况、产品中有害物质含量、微生物学质量、化妆品所致不良反应案例、长期使用含汞化妆品者发汞、尿汞含量检验及健康影响调查等。另外，还收集、查阅了大量国外化妆品法规和技术标准，为我国化妆品相关法规的制定提供了重要的参考依据。

(2) 第二阶段　综合调查结果和起草法规。

根据第一阶段调研工作所提供的必要的背景材料和重要参考文献，《条例》起草组和《标准》制定组开始进行各自的起草工作。《标准》共包括四项，即《化妆品卫生标准》、《化妆品卫生化学标准检验方法》、《化妆品微生物标准检验方法》、《化妆品安全性评价程序和方法》。以上标准属于强制标准，必须严格执行。《标准》是我国有史以来第一部国家级关于化妆品卫生质量标准。

(3) 第三阶段　征求意见、修改和上报审批。

《条例》从起草、征求意见、修改、上报国家法制局，直到国务院批准，共历时 4 年 2 个月。《标准》从起草、征求意见、修改、上报卫生部直到批准，共历时 1 年 10 个月。在《条例》和《标准》的整个起草和制定过程中，共召开了 4 次大型专家联席会议，讨论和确定了工作原则、分工，并进行修改，直到定稿和上报。具体情况见表 4-4。

表 4-4 《条例》与《标准》制定进程

会议	召开日期	主要内容
第一次会议	1985 年 7 月 19～21 日	确定原则和起草组工作分工 确定背景调查内容和安排
第二次会议	1985 年 12 月 6～18 日	讨论和修改起草的初稿
第三次会议	1986 年 4 月 21～24 日	进一步讨论和修改
第四次会议	1986 年 12 月 15～18 日	《条例》(上报卫生部稿)定稿 《标准》(上报卫生部稿)定稿

资料来源：秦钰慧．化妆品管理及安全性和功效性评价．

经国家标准化行政主管部门批准，卫生部于 1987 年 5 月正式颁布一系列《标准》，并于 1987 年 10 月 1 日开始实施。

国务院于 1989 年 9 月 26 日发布国函 (1989) 62 号文件，批准《条例》，并由卫生部发布实施。1989 年 11 月 13 日，卫生部发布卫生部第三号令，正式发布《条例》，自 1990 年 1 月 1 日起实施。

为了更好地执行《条例》，根据《条例》第三十四条规定，卫生部于 1991 年 3 月 27 日发布了《化妆品卫生监督条例实施细则》（以下简称《细则》）。《细则》将《条例》规定的化妆品卫生监督工作程序化、制度化和具体化，使《条例》在卫生监督实际工作中便于执行，具有可操作性，满足化妆品卫生监督工作实际的需要。

自此，《条例》及其实施细则和化妆品卫生标准的颁布和实施，使我国化妆品的安全性检验、监督和管理走上了法制化管理的轨道。形成了化妆品管理法规基本内容与框架，为化妆品卫生监督工作的发展，化妆品管理法规的完善，奠定了基础。

3. 化妆品管理法规的完善和发展

20世纪90年代至今，随着我国经济的发展和人民生活质量的提高，公众对化妆品的质量和品种需求逐渐增大，直接带动化妆品产业的规模扩大。化妆品行业的发展和化妆品卫生监督工作的深入，客观上要求化妆品管理法规的发展和完善。

《标准》于1987年发布到现在，一直是化妆品生产和监管的依据。十几年的标准，现在仍未修订，很大程度上影响了研究、开发和生产。随着世界化妆品行业迅猛发展，新原料层出不穷，一些化妆品中使用的防腐剂、色素、紫外线吸收剂近十年已有了一些变化，为了更好地适应化妆品生产、管理、监督的实际，1999年11月卫生部颁布了《化妆品卫生规范》。规范是对《化妆品卫生标准》的完善与补充，使我国的化妆品管理更加融入到世界的潮流中。同年还成立了化妆品标准委员会。根据行业发展和监管需要，卫生部又在2002年和2007年对《化妆品卫生规范》进行了修订，现行的是《化妆品卫生规范（2007年版）》。

卫生规范实际上是化妆品卫生标准的内容。比较详细地规定了化妆品使用的原料和各项卫生指标等。这个标准是最新的，它是根据美国和欧盟最新标准，结合我国的一些具体情况新修订的。目前，我国化妆品的监督、执法，进行化妆品管理，按这套标准进行。

第三节　我国目前化妆品管理体系

一、我国对化妆品管理的特点

强制性管理是我国政府对化妆品行业进行管理的基本原则，着重体现在产品上市前的审批申报制度上。持有工商营业执照的化妆品企业需要经过化妆品生产企业生产许可证的审批和卫生许可证的审批，产品必须符合相应的质量标准的检测，方能获得生产化妆品的许可。这个基本原则体现在化妆品质量安全性的管理上，包括对化妆品原料的要求，化妆品生产过程的要求，化妆品中重金属和微生物含量的要求，还表现在对化妆品标签功效性宣传的限制上。

国家实行化妆品卫生和质量监督制度，目的是保证化妆品的卫生质量和使用安全，保障消费者健康。化妆品卫生和质量监督应以事实为依据，法律法规为准绳，按照法定程序，依法监督。以化妆品技术法规和行政法规为主要框架和主要内容，部门规章和规范性文件为补充，构成了我国化妆品管理法规的主要内容。

由上可以看出中国化妆品的管理是审批制；而国际上许多国家，尤其是发达国家实行的是备案制，国家公布法规，产品安全和功效由企业负全责，政府主管部门负责市场监督和处罚。审批制在化妆品工业发展一定历史阶段下是必然的，但是，审批制向备案制的过渡也是必然的，这只是一个时间问题。

二、我国对化妆品的行政监督管理

中国化妆品管理机构主要包括卫生部及各省、市、区、县卫生监督所、国家质量监督检验总局、国家食品药品监督管理局、工商总局、商务部等。详见第四节。各级政府部门统一协调，共同管理化妆品工业。具体是通过办理营业执照，申请发放化妆品生产许可证、卫生许可证以及特殊用途化妆品批准文号等进行实际管理、宏观调控的。

在我国开办化妆品生产企业，必须办理"一照七证"手续。即到化妆品生产企业所辖的省、市、自治区相应的政府有关管理部门申请办理《营业执照》、《化妆品生产许可证》、《化妆品生产企业卫生许可证》、《计量合格证》、《注册商标证》、《广告认可证》、《消防证》以及《环评合格证》。若企业生产特殊用途化妆品，除具有"一照七证"外，还必须经卫生部批准，必须持有特殊用途化妆品批准文号和相关证书方可生产。

2003年成立的国家食品药品监督管理局负责化妆品安全管理的综合监督、组织协调和依法组织开展对重大事故查处。2008年，国家食品药品监督管理局划归卫生部管理。卫生部负责化妆品卫生许可证监督管理、特殊用途化妆品的审批及卫生标准的制定。国家质量监督检验检疫总局负责化妆品生产许可证监督管理、化妆品质量标准和进出口化妆品标签审批及口岸检验检疫管理。

由于历史的原因，目前中国的化妆品法规带有明显的多头管理的特点，批准手续也比较烦琐复杂，在化妆品工业进一步发展后可能会逐步暴露其负面影响。但是，随着世界经济一体化的发展，随着中国市场经济的快速成长，随着化妆品工业向更高层次的发展，中国化妆品法规和管理必将得到完善，反过来将更促使行业的发展。

除了生产许可证和卫生许可证之外，目前在化妆品领域主要的法规有两个：一是卫生部的《化妆品卫生规范》；二是根据产品质量法由质检总局制定的化妆品产品质量标准。为了制定和不断修改这两个法规，卫生部有"化妆品卫生标准委员会"，质检总局国家标准化管理委员会下有"全国香料香精化妆品标准化技术委员会"，这两个委员会根据各自的章程不定期地召开会议，研究国内外法规现状和企业技术进步状况，制定和修改相应的规范或标准，然后交有关国家机关审批公布。

三、卫生许可管理及日常卫生监督

根据《化妆品卫生监督条例》和《化妆品卫生监督条例实施细则》的规定，化妆品生产企业必须取得化妆品卫生许可证，卫生许可证有效期为4年，每两年复审一次。

卫生部门对化妆品分三种类型实施卫生许可管理。第一类是普通化妆品，如护肤、洗发用品，是允许自由销售的，也就是企业取得卫生许可证后就可以生产，但必须在上市两个月内到所在地省级卫生部门备案，不需要审批。第二类是特殊用途化妆品，这些产品必须到省级部门去初审，初审以后送到卫生部审批，审批之前必须先通过一系列的检查。获得特殊用途化妆品批号后，方可生产和销售。第三类是进口化妆品。进口化妆品是直接报卫生部审批，审批前必须送到卫生部认定的检验机构，目前有三家，北京市的预防医学科学院、上海市的卫生检测中心、广东省疾病预防与控制中心，检查结束到卫生部门审批。取得卫生部颁发的进口化妆品卫生许可批件后方可办理进口手续。个人自用进口的少量化妆品，不需向卫生部申请审批。

卫生许可证制度的实施加强了化妆品生产企业的卫生管理，保证了化妆品卫生质量要求，满足了消费者对产品安全性的需要，打击了劣质产品，优化了化妆品生产企业。卫生许可证由省级卫生行政部门进行审核颁发（北京、上海和广东3个省份的化妆品卫生许可证由省级食品药品监督管理部门颁发），其审核依据为《化妆品生产企业卫生规范》。

卫生部分别于1996年、2000年和2007年制修订了《化妆品生产企业卫生规范》。目的是通过加强化妆品生产企业的卫生管理，保证化妆品卫生质量和消费者使用安全；它为化妆品生产企业考核、验收、颁发"化妆品生产企业卫生许可证"等工作提供了依据，是对《条例》确定的化妆品生产卫生监督制度的完善，在帮助企业建立必要的生产条件、合理的生产工艺和保证产品质量方面起到了积极的作用。

根据《化妆品卫生监督条例》及《化妆品卫生监督条例实施细则》的规定，我国对化妆品产品质量的日常性卫生监督抽查主要有两种途径，一是每年两次到生产企业抽取一定比例的化妆品进行监督检测；二是每年一次（批发企业）和每年两次（零售企业）到经营单位进行监督检测。这是督促化妆品生产企业和经营单位自觉守法的有效手段。

四、生产许可证管理

我国对化妆品实行生产许可证管理制度，根据《中华人民共和国工业产品生产许可证管理条例》和《中华人民共和国工业产品生产许可证管理条例实施办法》，国家质量监督检验检疫总局下属的全国工业产品生产许可证办公室组织省、市质量技术监督部门负责全国工业产品生产许可证统一管理工作，获证企业必须在化妆品的包装或说明书上标明生产许可证标记和编号。

化妆品生产许可证的审批依据的是由全国工业产品生产许可证办公室批准的《化妆品产品生产许可证换（发）证实施细则》及其补充修改部分，审查工作分为企业实地核查和产品抽样检验两个部分。国家先后于 1984 年、1989 年、1994 年和 2001 年修订了《化妆品生产许可证实施细则》。这是国家为了加强质量管理，确保人体安全实施的政府行政审批制度，是我国对重要工业产品进行强制性质量管理的重要形式。

生产许可证制度是化妆品产品质量的重要保证，是政府依法对化妆品实行强制管理的措施，在确保化妆品产品质量、提高企业素质、增加有效供给、制止劣质化妆品冲击市场等方面具有重要作用。

一方面，政府对企业的生产必备条件进行审查，看是否具备连续生产合格产品的能力。对符合条件的企业，由政府颁发合格证书，准予生产。另一方面，通过执法监督，对无证生产、销售无证产品以及有证但生产质量不合格产品等违法的制售行为，依法予以查处。

五、《化妆品卫生规范》

《化妆品卫生规范》是吸收国际经验和结合国情的产物，规范包括总则、毒理学试验方法、卫生化学检验方法、微生物检验方法、人体安全性和功效评价检验方法五个部分。《化妆品卫生规范》现行的是 2007 年版。

《化妆品卫生规范》2007 年版与 2002 年版相比，对化妆品原料的规定在原有的基础上进行了大幅调整，调整了禁用原料、限用原料、限用防腐剂、限用防晒剂、限用着色剂的清单和具体内容；同时新增加"暂时允许使用的染发剂"清单并对最大允许使用范围和其他限制要求做出规定，以便更好地适应化妆品行业的发展趋势。

六、化妆品产品标准

化妆品标准工作是我国化妆品管理体系中重要的一环，由于标准的制定需要详实的试验数据作为理论依据，使之成为化妆品行业管理体系中较为薄弱的一个环节。

化妆品产品标准（国家标准或行业标准）也是中国化妆品工业发展过程中产生的。据我们所知，国际上并无统一的化妆品国家标准或行业标准，有的只是某个产品的企业标准和化妆品的原料标准。中国所以要制定近二十大类化妆品（如发油、发乳、润肤乳液、洗发膏、洗发液、洗面奶、护发素、唇膏、指甲油、化妆粉块等）的国标或行标完全是出自历史上的需要。由于中国化妆品工业发展较晚，企业水平参差不齐，为了保证产品的基本质量和保护消费者的利益，历史上有制定大类产品标准的必要。但是，随着科技的进步，产品品种的大量涌现，靠 20 多个标准管理几万个品种的化妆品产品是"挂一漏万"的管理，是难以概全的。随着市场的发育与健全，化妆品产品的国标和行标最终会淡出，而化妆品原料标准的地位将大大上升。

我国化妆品标准经过近 20 年的制定、修订已经形成体系，主要包括基础标准、方法标准、卫生标准、产品标准和原料标准。

七、基本法规

中国化妆品的基本法规见表 4-5。

八、相关法规

与化妆品行业有关的法规见表 4-6。

相关法规对化妆品生产企业至关重要。例如，采用公司制的化妆品生产企业，首先应根据第 6 项、第 7 项公司法和公司登记条例进行公司登记，申办化妆品生产企业《营业执照》。再根据第 4 项、第 5 项、第 9 项、第 10 项、第 21 项、第 22 项、第 23 项法规分别申办《计量合格证》、《注册商标证》、《消防证》和《环评合格证》等。生产经营中，产品质量、计量、标准等受第 2～5 项法规的约束。企业经营得好，有了经济效益后尚可根据第 12～15 项法规规定的有关税率分别缴纳企业所得税和增值税。若企业生产特殊用途化妆品，要遵照第 19 项《中国药品管理法》

表 4-5 中国化妆品的基本法规

序号	制定的政府部门	法规名称	发布日期	实施日期
1	原轻工业部	化妆品生产管理条例(试行)	1986-12-01	1987-01-01
2	卫生部	化妆品卫生监督条例	1989-11-13	1990-01-01
3	卫生部	化妆品卫生监督条例实施细则	1991-03-27	1991-03-27
4	全国工业产品生产许可证办公室	化妆品生产许可证实施细则	1994-08-24	1994-08-24
5	全国工业产品生产许可证办公室	化妆品产品生产许可证换(发)证实施细则	2001-08-16	2001-08-16
6	国务院 全国工业产品生产许可证办公室	中华人民共和国工业产品生产许可证管理条例	2005-07-09	2005-09-01
7	国家质检总局	中华人民共和国工业产品生产许可证管理条例实施办法	2005-09-15	2005-11-01
8	卫生部	化妆品卫生规范	2007-01-04	2007-07-01
9	卫生部	化妆品生产企业卫生规范	2007-06-21	2007-08-01
10	卫生部	国际化妆品原料标准中文名称目录	2007-09-28	2007-09-28
11	国家出入境检验检疫局	进出口化妆品监督检验管理办法	2000-02-17	2000-04-01
12	国家质检总局	化妆品标识管理规定	2007-8-27	2008-09-01
13	原国家技术监督局	进出口化妆品标签审核细则	2000-07-01	2000-07-01
14	国家工商行政管理局	化妆品广告管理办法	1993-07-13	1993-10-01
15	商务部	直销管理条例	2005-08-23	2005-12-01
16	商务部	禁止传销条例	2005-08-23	2005-11-01
17	商务部	零售商促销行为管理办法	2006-09-12	2006-10-15
18	国家质检总局	定量包装商品计量监督管理办法	2005-05-30	2006-01-01

表 4-6 与化妆品行业有关的法规

序号	发布单位	法规名称	发布日期	实施日期
1	主席令	中华人民共和国刑法	1997-03-14	1997-10-01
2	主席令	中华人民共和国产品质量法	2000-07-08	1993-09-01
3	主席令	中华人民共和国标准化法(修订稿报批中)	1988-12-29	1989-04-01
4	主席令	中华人民共和国计量法(修订稿报批中)	1985-09-06	1986-07-01
5	全国人大	中华人民共和国计量法实施细则	1987-02-01	1987-02-01
6	主席令	中华人民共和国公司法	2005-10-27	2006-01-01
7	国务院	中华人民共和国公司登记管理条例	2005-12-18	2006-01-01
8	全国人大	中华人民共和国合同法	1999-03-15	1999-10-01
9	主席令	中华人民共和国商标法(第三次修订进行中)	2001-10-27	2001-12-01
10	国家工商行政管理局	中华人民共和国商标法实施条例	2002-08-03	2002-09-15
11	全国人大	中华人民共和国专利法	2000-08-25	2001-07-01
12	主席令	中华人民共和国企业所得税法	2007-03-16	2008-01-01
13	国务院	中华人民共和国企业所得税法实施条例	2007-12-06	2008-01-01
14	国务院	中华人民共和国增值税暂行条例	1993-12-13	1994-01-01
15	财政部	中华人民共和国增值税暂行条例实施细则	1993-12-25	1993-12-25

续表

序号	发布单位	法规名称	发布日期	实施日期
16	国务院	中华人民共和国消费税暂行条例	1993-12-13	1994-01-1
17	财政部	中华人民共和国消费税暂行条例实施细则	1993-12-25	1993-12-25
18	国务院	中华人民共和国进出口关税条例	2003-11-23	2004-01-01
19	主席令	中华人民共和国药品管理法	2001-02-28	2001-12-01
20	全国人大	中华人民共和国广告法	1994-10-27	1995-02-01
21	全国人大	中华人民共和国消防法	1998-04-29	1998-09-01
22	国家质量技术监督局、公安部令	安全技术防范产品管理办法	2000-06-16	2000-09-01
23	全国人大	中华人民共和国环境保护法	1989-12-26	1989-12-26
24	全国人大	中华人民共和国反不正当竞争法	1993-09-02	1993-12-01
25	全国人大	中华人民共和国消费者权益保护法	1993-10-31	1994-01-01
26	国家质检总局	产品质量仲裁检验和产品质量鉴定管理办法	1999-04-01	1999-04-01
27	国家质检总局	产品质量申诉处理办法	1998-03-12	1998-03-12
28	国务院令	中华人民共和国认证认可条例	2003-09-03	2003-11-01

的有关规定，必须经临床试用并有省级医院临床证明等。总之，这些相关法规涉及化妆品企业和产品的方方面面，都非常重要。

九、近年法规变化情况

近几年的法规变化和化妆品行业大事记见表4-7。

表4-7 近几年的法规变化和化妆品行业大事记

2001年	1	全许办发布《化妆品产品生产许可证换(发)证实施细则》
	2	2001年开始对化妆品企业生产许可证第2次换发
	3	《健康相关产品命名规定》(2001)
2002年	1	2002年全国化妆品企业换发生产许可证工作全面展开，由于贯彻《化妆品生产许可证实施细则》，对企业各方面的要求比较高，通过换发生产许可证的过程，使一大批企业在产品质量、企业管理、员工素质和装备水平得到了很大的提高，使化妆品行业普遍上了个新水平，随之也淘汰了一些不具备生产化妆品能力的企业，使行业得到了净化
	2	《化妆品卫生行政许可检验规定》(2002)
	3	《化妆品卫生规范》(2002)
	4	化妆品生产许可证的管理(条例、实施办法、实施细则)修订(2002)
2003年	1	《中国已使用化妆品成分名单(2003年版)》
	2	《国际化妆品原料(INCI)英汉对照名称(2003年版)》
	3	根据国务院"三定"方案，2003年成立的国家食品药品监督管理局(SFDA)承担食品、保健品、化妆品安全管理的综合监督、组织协调和依法组织开展对重大事故查处职能
2004年	1	2004年全国化妆品生产企业，大批换(发)生产许可证工作已结束。获证企业近3000家。由于贯彻《化妆品生产许可证实施细则》，对企业各方面的要求比较高，通过换发生产许可证的过程，使一大批企业在产品质量、企业管理、员工素质、装备水平得到了很大的提高，使化妆品行业普遍上了个新水平。也随之淘汰了一批不具备生产化妆品的企业使行业得到净化
	2	卫生部发布《简化进口非特殊用途化妆品卫生许可程序》的通知，2004年8月1日起执行

续表

年份		
2005 年	1	国务院颁布《直销管理条例》,于 2005 年 12 月 1 日施行。颁布《禁止传销条例》,于 2005 年 11 月 1 日施行
	2	卫生部对化妆品宣传"抗菌、抑菌、除菌"等作用做出规定,2005 年 7 月 1 日施行
	3	商务部《美容美发业管理暂行办法》,2005 年 1 月 1 日实行
	4	卫生部增加认定化妆品皮肤病诊断机构的通知
	5	卫生部发布《关于开展化妆品专项整治工作》的通知
	6	国家发展和改革委员会批准 20 项化妆品产品新行业标准,2005 年 6 月 1 日实施
	7	卫生部 2005 年 8 月 24 日发布《染发剂原料名单(试行)》通知,2006 年 1 月 1 日起施行
	8	国务院发布《中华人民共和国工业产品生产许可证管理条例》,2005 年 7 月 9 日公布,2005 年 9 月 1 日施行
	9	国家质检总局发布《中华人民共和国工业产品生产许可证管理条例实施办法》,2005 年 9 月 15 日发布
	10	全国工业产品生产许可证办公室《关于做好标注生产许可证标志(QS)和编号过渡工作的通知》(全许办[2005]58 号文件),2005 年 11 月 2 日发布
	11	广东省食品药品监督管理局对化妆品 GMP 进行调研论证;卫生部公告《化妆品生产企业卫生许可程序》征求意见稿
	12	卫生部召开《化妆品生产企业卫生规范》修订研讨会
	13	国家发改委等部门发布 2005 年进口化妆品海关关税率
	14	香精香料化妆品工业协会《香精香料产品生产许可证实施细则》修订中
2006 年	1	调低进口化妆品的海关税率
	2	简化进口化妆品审批手续
	3	护肤、护发品取消消费税
	4	在中国化妆品生产企业开始执行在产品包装上标 QS 质量安全标志
	5	2006 年评审化妆品中国名牌产品
	6	国家继续认定化妆品驰名商标
	7	化妆品仍作为国家 24 种免检产品之一的认定
	8	卫生部发布《健康相关产品卫生行政许可程序》,2006 年 6 月 1 日起施行
	9	卫生部发布健康相关产品卫生行政许可程序配套文件,《健康相关产品主要企业卫生条件审核规范》、《卫生部化妆品卫生行政许可申报受理规定》、《卫生部消毒剂、消毒器械卫生行政许可申报受理规定》、《卫生部涉及饮用水卫生安全产品卫生行政许可申报受理规定》及相关许可申报表。2006 年 6 月 1 日起施行
2007 年	1	卫生部发布《化妆品卫生规范》(2007 年版)
	2	《化妆品生产企业卫生规范(2007 年版)》
	3	《国际化妆品原料标准中文名称目录(2007 年版)》
	4	《化妆品卫生行政许可检验规定》(2007 年版)
	5	国家质检总局《化妆品标识管理规定》(2007)
	6	《消费品使用说明 化妆品通用标签》(2007)报批中
	7	《中华人民共和国产品质量法》修订中,即将实施
	8	国家质检总局《化妆品生产许可实施通则》征求意见中,预计 2008 年出台
	9	国家质检总局《化妆品生产许可审查细则》征求意见中,预计 2008 年出台
	10	卫生部《化妆品标签标识管理规范》征求意见中,预计 2008 年下半年出台
	11	卫生部发文规范了氢醌、吡啶硫铜锌、果酸、酮康唑、红高粱、子瓜提取液、二甲基-共-二乙基苄基亚丙二酸酯等成分在化妆品中的使用
2008 年		2008 年 3 月,适应国家大部制改革,国家食品药品监督管理局改由国家卫生部管理

【案例】

广东南海查获假劣日用品 5623 瓶

2007 年 2 月,广东佛山市南海区工商部门联合公安部门在全区范围内开展了节前执法行动。查获伪造名牌的化妆品及洗发水 5623 瓶,并查处了多家违法的地下制假加工厂。

南海区工商局根据公安部门提供的线索,在黄岐新荔湾花苑荔福楼查获了一间涉嫌生产假冒玉兰油等化妆品的地下加工厂。

根据企业打假人员举报,南海区工商局又联合公安部门在海北小区浔峰洲路口的一辆小型货车上查获涉嫌假冒"舒蕾"的洗发水一大批。

(资料来源:广州日报,2007-02-05)

思考:该案件中都有哪些化妆品行政监督管理部门履行哪些职责?

第四节 化妆品行政监督管理组织

化妆品的特殊性,决定了对化妆品管理必须依法管理。我国现行的化妆品行政监督管理组织,包括化妆品行政监督管理机构和化妆品检验机构。化妆品行政监督管理机构具体如图 4-1 所示。

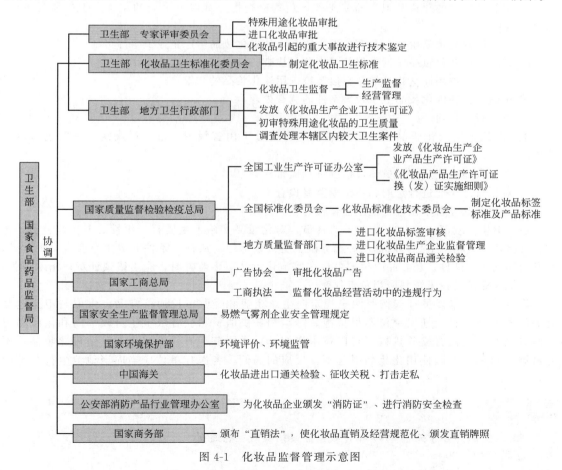

图 4-1 化妆品监督管理示意图

一、卫生部

1990 年,由国务院批准,卫生部颁布的《化妆品卫生监督条例》(以下简称《条例》)中明确规定，国家实行化妆品卫生监督制度。国务院卫生行政部门主管全国化妆品的卫生监督工作，县以上地方各级人民政府的卫生行政部门主管本辖区内化妆品的卫生监督工作。同时，各级卫生行政部门指定化妆品卫生监督检验机构，负责本辖区内化妆品的监督检验工作。

卫生部对化妆品监管主要职责如下。

① 制定全国化妆品卫生监督工作的方针、政策，检查、指导全国化妆品卫生监督工作，组织经验交流。

② 组织研究、制定化妆品卫生标准。

③ 审查化妆品新原料、特殊用途化妆品、进口化妆品的卫生质量和使用安全，批准化妆品新原料的使用、特殊用途化妆品的生产、化妆品的首次进口。

④ 组织对国务院卫生行政部门认为的化妆品卫生重大案件的调查处理。

⑤ 依照《条例》和《化妆品卫生监督条例实施细则》决定行政处罚。

卫生部下设办公厅、人事司、规划财务司、卫生政策法规司、卫生应急办公室（突发公共卫生事件应急指挥中心）、农村卫生管理司、卫生监督局、妇幼保健与社区卫生司、医政司、疾病预防控制司（全国爱国卫生运动委员会办公室）、科技教育司、国际合作司、保健局13个职能司（局、厅、办）和机关党委。其中卫生监督局具体负责化妆品的监督管理工作，下设综合处、医政监督处、公共卫生监督处、食品化妆品卫生监督管理处等部门。

各省、自治区、直辖市卫生行政部门在各自辖区内主要职责如下。

① 主管辖区内的化妆品卫生监督工作，负责检查指导基层卫生局的化妆品卫生监督工作，组织经验交流。

② 对辖区内化妆品生产企业实施卫生监督，核发化妆品生产企业卫生许可证。

③ 组织开展对化妆品经营单位的卫生监督检查。

④ 负责非特殊用途化妆品的备案以及特殊用途化妆品的初审。

⑤ 组织对辖区内化妆品卫生较大案件的调查处理。

⑥ 决定行政处罚。

地、县级卫生局化妆品卫生监督主要职责与分工由省级卫生厅、局决定，一般包括以下几点。

① 对化妆品企业从业人员体检情况进行监督检查。

② 对化妆品企业进行定期和不定期监督检查。

③ 对化妆品经营单位进行卫生监督检查。

各级卫生行政部门设化妆品卫生监督员，对化妆品实施卫生监督。化妆品卫生监督员，由省、自治区、直辖市卫生行政部门和国务院卫生行政部门，从符合条件的卫生专业人员中聘任，并发给其证章和证件。化妆品卫生监督员在实施化妆品卫生监督时，应当佩戴证章，出示证件，对生产企业提供的技术资料应当负责保密。

化妆品卫生监督员有权按照国家规定向生产企业和经营单位抽检样品，索取与卫生监督有关的安全性资料，任何单位不得拒绝、隐瞒和提供假材料。各级卫生行政部门和化妆品卫生监督员及卫生监督检验机构不得以技术咨询、技术服务等方式参与生产、销售化妆品，不得监制化妆品。对因使用化妆品引起不良反应的病例，各医疗单位应当向当地卫生行政部门报告。

链接

■ **卫生部办公厅关于2007年化妆品监督抽检情况的通报**

卫监督发〔2007〕178号

各省、自治区、直辖市卫生厅局，新疆生产建设兵团卫生局：

根据《卫生部关于印发2007年国家公共卫生重点监督检查计划的通知》（卫监督发

[2007] 55号）安排，部分省（区、市）的卫生行政部门及北京市药品监督管理局对辖区内的超市、美容美发店、药店、化妆品专卖店经营销售的眼部用、宣称有祛斑或美白功能的化妆品进行了监督抽检。现将监督抽检情况通报如下。

一、眼部用化妆品抽检情况

吉林、黑龙江、江苏、浙江、江西、广西、重庆、海南、陕西等省（区、市）的卫生行政部门及北京市药品监督管理局对辖区内商场和超市经销的眼部用化妆品进行了监督抽检。抽检指标为微生物指标、汞、砷、铅和产品标签说明书，发现1种卫生质量不合格产品。

二、宣称有祛斑或美白功能化妆品抽检情况

天津、河北、辽宁、安徽、福建、山东、湖南、四川、云南9个省（市）的卫生行政部门对辖区内商场、超市、美容美发店、药店、化妆品专卖店经营销售的宣称有祛斑或美白功能化妆品进行了监督抽检。抽检指标为汞、氢醌、苯酚和产品标签标识说明书，发现5种卫生质量和31种产品标签标识说明书不合格的产品。

地方各级卫生行政部门要责令化妆品经营单位立即停止销售上述不合格产品，对发现继续经营上述不合格产品的经营单位依法予以查处。

上述不合格产品生产企业所在地的卫生行政部门要依据《化妆品卫生监督条例》对生产不合格产品的生产企业进行全面监督检查，核查其生产情况和产品流向，并于11月30日前将监督检查情况函报我部监督局。

卫生部办公厅
二〇〇七年十月十二日

■ 化妆品安全性评审组

根据《化妆品卫生监督条例》规定："国务院卫生行政部门聘请科研、医疗、生产、卫生管理等有关专家组成化妆品安全性评审组，对进口化妆品、特殊用途的化妆品和化妆品新原料进行安全性评审，对化妆品引起的重大事故进行技术鉴定。"

《化妆品卫生监督条例实施细则》中也明确规定："国务院卫生行政部门在收到化妆品安全性评价申报资料后，应组织化妆品安全性评审组对申报产品进行审查。审查通过的产品，经国务院卫生行政部门批准后，发给'化妆品卫生许可批件'和批准文号。"

化妆品安全性评审组是由卫生部聘请来自科研、医疗、工业、卫生监督管理等部门，包括化妆品学、毒理学、药理学、皮肤病学、化学、微生物学、卫生管理学、中药化学和药用植物等专业的有关专家组成，是卫生部对化妆品进行卫生管理的技术咨询组织。它的主要任务是对进口化妆品、特殊用途的化妆品和化妆品新原料进行安全性评审，对化妆品引起的重大事故进行技术鉴定，为卫生部提供化妆品安全性方面的技术咨询，以及承担卫生部交付的其他有关化妆品卫生安全方面的任务。

二、国家食品药品监督管理局

目前国家食品药品监督管理局在化妆品政府管理中起协调作用，广东省、上海市、北京市的药品监督管理局负责本地区化妆品卫生监督管理。

2008年3月11日，十一届全国人大第四次全体会议听取国务院机构改革方案，国家食品药品监督管理局改由卫生部管理，理顺食品药品监管体制（表4-8）。这次改革，明确由卫生部承担食品安全综合协调、组织查处食品安全重大事故的责任，同时将国家食品药品监督管理局改由卫生部管理，并相应对食品安全监管队伍进行整合。改革方案中，没有对化妆品的监管职能变化作出详细解释。相关情况，还有待相关部门具体解析。

表 4-8　国务院机构改革情况一览表（2008 年 3 月）

调整后部委	合并、调整或包含的原部委	新增下属机构	隶属关系调整	撤销部门	备注
国家发展和改革委员会	发改委（部制不变）	国家能源局 国家能源委员会		不再保留国家能源领导小组及其办事机构	国家发展和改革委员会、财政部、中国人民银行等部门要进一步转变职能，集中精力抓好宏观调控
财政部	财政部				
中国人民银行	中国人民银行				
工业和信息化部	国家发展和改革委员会的工业行业管理有关职责，国防科学技术工业委员会核电管理以外的职责，信息产业部和国务院信息化工作办公室的职责，整合划入该部	国家国防科技工业局	烟草专卖局改由工业和信息化部管理	不再保留国防科学技术工业委员会、信息产业部、国务院信息化工作办公室	
交通运输部	将交通部、中国民用航空总局的职责，建设部指导城市客运的职责，整合划入该部	国家民用航空局	国家邮政局改由交通运输部管理	不再保留交通部、中国民用航空总局	考虑到我国铁路建设和管理的特殊性，保留铁道部。同时，要继续推进改革
人力资源和社会保障部	将人事部、劳动和社会保障部的职责整合划入该部	国家公务员局	国家外国专家局由人力资源和社会保障部管理	不再保留人事部、劳动和社会保障部	
环境保护部	国家环境保护总局			不再保留国家环境保护总局	
住房和城乡建设部	建设部			不再保留建设部	
卫生部	卫生部、药监局		国家食品药品监督管理局改由卫生部管理		

> ■ **沿革**
> 国家食品药品监督管理局是根据 1998 年 3 月国务院机构改革方案设置的，1998 年 4 月 16 日正式挂牌，成立了国家药品监督局。2003 年，国家药品监督管理局又合并了卫生部的食品监管职能，成立国家食品药品监督管理局。2003 年 3 月《国务院机构改革方案》明确，国家食品化妆品监督管理局为国务院化妆品监督管理行政部门，主管全国化妆品综合监督管理工作。2008 年 3 月，适应国家大部制改革，改由卫生部管理。

大部制改革前，国家食品药品监督管理局是国务院综合监督食品、保健品、化妆品安全管理和主管药品监管的直属机构，负责对药品的研究、生产、流通、使用进行行政监督与技术监督；负责食品、保健品、化妆品安全管理的综合监督、组织协调和依法组织开展对重大事故查处，负责保健品的审批。其化妆品监管主要职责如下。

(1) 组织有关部门起草食品、保健品、化妆品安全管理方面的法律、行政法规；组织有关部门制定食品、保健品、化妆品安全管理的综合监督政策、工作规划并监督实施。

(2) 依法行使食品、保健品、化妆品安全管理的综合监督职责，组织协调有关部门承担的食品、保健品、化妆品安全监督工作。

(3) 依法组织开展对食品、保健品、化妆品重大安全事故的查处；根据国务院授权，组织协调开展全国食品、保健品、化妆品安全的专项执法监督活动；组织协调和配合有关部门开展食品、保健品、化妆品安全重大事故应急救援工作。

(4) 综合协调食品、保健品、化妆品安全的检测和评价工作；会同有关部门制定食品、保健品、化妆品安全监管信息发布办法并监督实施，综合有关部门的食品、保健品、化妆品安全信息并定期向社会发布。

(5) 指导全国药品监督管理和食品、保健品、化妆品安全管理的综合监督工作。

(6) 开展药品监督管理和食品、保健品、化妆品安全管理有关的政府间、国际组织间的交流与合作。

(7) 承办国务院交办的其他事项。

省、自治区、直辖市食品药品监督管理局（以下简称省食品药品监督管理局），为同级人民政府的工作部门，在其主管辖区内履行法定的化妆品监督管理职能。

三、中华人民共和国国家质量监督检验检疫总局

中华人民共和国国家质量监督检验检疫总局（简称国家质检总局）是中华人民共和国国务院主管全国质量、计量、出入境商品检验、出入境卫生检疫、出入境动植物检疫、进出口食品安全和认证认可、标准化等工作，并行使行政执法职能的直属机构。

国家质检总局主要负责化妆品生产许可证监督管理工作。化妆品产品质量标准和进出口化妆品标签审批及口岸检验检疫管理工作。

资料卡

■沿革： 关于国家质检总局的成立

2001年4月，经国务院决定，国家质量技术监督局与国家出入境检验检疫局合并，组建中华人民共和国国家质量监督检验检疫总局（正部级，简称国家质检总局）。

国家质量监督检验检疫总局是国务院主管全国质量、计量、出入境商品检验、出入境卫生检疫、出入境动植物检疫和认证认可、标准化等工作，并行使行政执法职能的直属机构。

按照国务院授权，将认证认可和标准化行政管理职能，分别交给国家质检总局管理的中国国家认证认可监督管理委员会（中华人民共和国国家认证认可监督管理局）和中国国家标准化管理委员会（中华人民共和国国家标准化管理局）承担。

国家质检总局下设的进出口食品安全局负责食品、化妆品的进出口监督管理，其主要职能是：研究拟定进出口食品和化妆品安全、质量监督和检验检疫的规章、制度及进出口食品、化妆品检验检疫目录，组织实施进出口食品、化妆品的检验检疫和监督管理；收集国外有关食品安全、卫生质量信息，组织实施进出口食品卫生风险分析评估和紧急预防措施；管理重大进出口食品卫生质量事故查处和食源性污染源处理工作。

进出口食品安全局综合处承担进出口化妆品的检验检疫监督管理工作及日常综合行政事务工作。

进出口检验检疫机构对化妆品监督管理的具体内容如下。

(1) 检验检疫机构对进出口化妆品、化妆品原料的报检资料进行审核并实施现场查验、实验室检验，合格的出具《出入境货物检验检疫证明》，不合格的，按照法律法规的规定采取相应处理措施，对严重不合格的进出口化妆品还要发布风险预警通报；对出口化妆品生产企业的生产过

程实施监控;对逃漏检和违法进口行为,按照有关法律法规的规定依法进行查处。

(2) 对进口化妆品实施后续监督管理。发现未经检验检疫机构检验的、未加贴或者盗用检验检疫标志及无中文标签的进口化妆品,可依法采取封存、补检等措施。

四、国家工商行政管理总局

国家工商行政管理总局是国务院主管市场监督管理和有关行政执法工作的直属机构。下设办公厅、法规司、公平交易局、直销监管局、消费者权益保护局、市场规范管理司、企业注册局、外商投资企业注册局、广告监管司、个体私营经济监管司、商标局等17个司(局)。其与化妆品有关的监管职责如下。

(1) 依法组织管理各类化妆品企业(包括外商投资企业)和从事经营活动的单位、个人以及外国(地区)企业常驻代表机构的注册,核定注册单位名称,审定、批准、颁发有关证照并实行监督管理。

(2) 依法组织监督化妆品市场竞争行为,查处垄断、不正当竞争、走私贩私、传销和变相传销等经济违法行为。

(3) 依法组织监督市场交易行为,组织监督流通领域化妆品质量,组织查处假冒伪劣等违法行为,保护经营者、消费者合法权益。

(4) 依法对化妆品市场经营秩序实施规范管理和监督。

(5) 依法组织实施合同行政监管,组织管理动产抵押物登记,组织监管拍卖行为,查处合同欺诈等违法行为。

(6) 依法对化妆品广告进行监督管理,查处违法行为。

(7) 负责化妆品商标注册和商标管理工作,保护商标专用权,组织查处商标侵权行为,加强驰名商标的认证和保护。

(8) 依法组织监管个体工商户、个人合伙和私营企业的经营行为。

五、国家安全生产监督管理总局

国家安全生产监督管理局为国家安全生产监督管理总局(正部级)。国家安全生产监督管理总局是国务院主管安全生产综合监督管理的直属机构,也是国务院安全生产委员会的办事机构。综合监督管理全国安全生产工作。负责职责范围内危险化学品(对化妆品行业而言主要指易燃气雾剂)生产企业安全生产许可证的颁发和管理工作。

气雾剂类化妆品是化妆品的一大类。产品包括摩丝、发胶和彩喷等化妆品。气雾剂采用液化石油气(LPG)和二甲乙醚(DME)为推进剂,均为易燃易爆物质,给气雾剂化妆品企业带来了很大的安全隐患。为确保气雾剂化妆品生产企业的安全,国家安全生产监督管理部门发布了《易燃气雾剂企业安全管理规定》和《易燃气雾剂企业安全管理规定实施细则》。

六、商务部

中华人民共和国商务部是主管我国国内外贸易和国际经济合作的国务院组成部门,承担制定和实施我国国内外经济贸易政策、推进扩大对外开放的重要职责。

商务部承担的职能主要包括:拟定国内外贸易和国际经济合作的发展战略、方针、政策;拟定规范市场运作和流通秩序的法律法规和政策,深化流通体制改革,建立健全统一、开放、竞争、有序的市场体系;宏观指导全国利用外商投资工作;组织开展国际经济合作和对外援助;负责组织和协调反倾销、反补贴、保障措施及其他与进出口公平贸易相关的工作,组织产业损害调查;负责处理多双边经贸事务,承担中国与世界贸易组织相关的事务等。

商务部还负责管理境内和境外各种交易会、洽谈会等各种贸易和投资促进活动;负责我驻外经商参处(室)和有关国际组织代表机构的队伍建设、人员选派和管理;指导进出口商会和有关协会、学会的工作。

商务部制定的与化妆品相关法规见表4-9。

表 4-9 商务部制定的与化妆品相关法规

序号	发布单位	法规名称	发布日期	实施日期
1	国务院	《直销管理条例》	2005-08-23	2005-12-01
2	国务院	《禁止传销条例》	2005-08-23	2005-11-01
3	商务部、国家工商行政管理总局	关于废止外商投资转型企业有关规定的公告	2005-12-31	2006-12-01
4	商务部、国家工商行政管理总局	《直销管理条例》直销产品范围公告	2005-11-02	2005-11-02
5	商务部	关于发布《直销员证》式样的公告	2005-11-01	2005-11-01
6	商务部	关于发布《直销培训员证》式样的公告	2005-11-01	2005-11-01
7	商务部、公安部、工商总局	直销员业务培训管理办法	2005-11-01	2005-12-01
8	商务部、工商总局	直销企业保证金存缴、使用管理办法	2005-11-01	2005-12-01
9	商务部、工商总局	直销企业信息报备、披露管理办法	2005-11-01	2005-12-01
10	商务部	商务部关于加强管理直销企业从事直销活动有关问题的通知	2006-08-08	2006-08-08
11	商务部	直销行业服务网点设立办法	2006-09-21	2006-10-20
12	商务部	商务部办公厅关于直销企业服务网点确认、核查及直销企业分支机构变更等有关问题的答复	2007-04-18	2007-04-18
13	商务部	商务部办公厅关于获得直销经营许可的企业从事直销经营活动有关问题的意见	2007-05-16	2007-05-16
14	商务部	商务部关于直销培训员备案程序有关问题的通知	2007-03-27	2007-03-27
15	商务部	商务部关于明确直销企业服务网点核查工作有关问题的通知	2007-03-21	2007-03-21
16	商务部	《零售商促销行为管理办法》	2006-09-12	2006-10-15
17	商务部	《美容美发业管理暂行办法》	2004-11-08	2005-01-01

七、中国海关

中华人民共和国海关是国家的进出境监督管理机关,实行垂直管理体制,在组织机构上分为3个层次:第一层次是海关总署;第二层次是广东分署,天津、上海2个特派员办事处,41个直属海关和2所海关学校;第三层次是各直属海关下辖的562个隶属海关机构。此外,在布鲁塞尔、莫斯科、华盛顿以及中国香港等地设有派驻机构。中国海关现有关员(含海关缉私警察)48000余人。目前,共有国家批准的海、陆、空一类口岸253个,此外还有省级人民政府原来批准的二类口岸近200个。

海关总署是中国海关的领导机关,是中华人民共和国国务院下属的正部级直属机构,统一管理全国海关。

依照《中华人民共和国海关法》等有关法律、法规,中国海关主要承担4项基本任务:监管进出境运输工具、货物、物品;征收关税和其他税、费;查缉走私;编制海关统计和办理其他海关业务。根据这些任务主要履行通关监管、税收征管、加工贸易和保税监管、海关统计、海关稽查、打击走私、口岸管理7项职责。

化妆品行政监督管理相关机构LOGO图见图4-2。

中华人民共和国卫生部

国家质量监督检验检疫总局

出入境检验检疫局英文缩写

国家安全生产监督管理总局

中华人民共和国环保部

中国海关

工商行政管理总局

工商标志

财政部国家税务局

广东食品药品监督管理局

国家食品药品监督管理局

公安部消防局

图4-2 化妆品行政监督管理相关机构LOGO图

第五节 化妆品行业组织及相关协会

一、中国轻工业联合会

1. 沿革

中国轻工业联合会是轻工业全国性、综合性的、具有服务和管理职能的工业性中介组织,凭借其广泛的行业代表性,以服务为宗旨,充分发挥政府与企业间的桥梁纽带作用,为促进中国轻工业的发展,为加强国际间的交流与合作而努力。

化妆品属轻工行业。1998年根据第九届全国人民代表大会第一次会议批准的国务院机构改革方案和《国务院关于部委管理国家局设置的通知》,撤销中国轻工总会,设置国家轻工业局。国家轻工业局为国家经济贸易委员会管理的主管轻工行业的行政机构,履行对轻工行业管理的职能。

后来为了适应市场经济的发展,实现我国从计划经济向社会主义市场经济转型,轻工行业要求完成由部门管理转变为行业管理,由微观管理转变为宏观管理,由直接管理转变为间接管理,由单纯管理转变为服务管理的体制改革。2001年国家轻工业局转换为中国轻工业联合会,中国轻工业进入按照市场经济体制运作的状态。

2. 职能

改革开放二十多年来,我国轻工业得到了持续、快速、健康的发展,取得了举世瞩目的成就。目前,轻工业产值、实现利税和出口创汇额都分别接近全国工业总产值、全国工业利税总额和全国出口总额的三分之一。这其中,轻工业联合会作为行业管理机构发挥着重要的作用。其主要任务如下。

(1) 开展行业调查研究,向政府提出有关经济政策和立法方面的意见或建议。

(2) 组织开展行业统计,收集、分析、研究和发布行业信息,依法开展统计调查,建立电子商务信息网络。

(3) 参与制定行业规划,对行业投资开发、重大技术改造、技术引进等项目进行前期论证与初审。

(4) 加强行业自律、规范行业行为、培育专业市场、维护公平竞争。

(5) 为知识产权保护、反倾销、反补贴、反不正当竞争、打击走私等提供咨询服务。

(6) 组织重大科研项目的推荐、科技成果的鉴定和推广应用等。

(7) 参与制定、修订国家标准和行业标准,组织贯彻实施并进行监督。

(8) 反映行业情况和企业要求,维护行业和企业的合法权益。

(9) 组织开展人才、技术和职业技能培训。

二、中国香料香精化妆品工业协会

中国香料香精化妆品工业协会(China Association of Fragrance Flavour and Cosmetic Industry)(以下简称中国香化协会,CAFFCI)于1984年8月21日成立,是经国家民政部批准的国家一级工业协会。协会的宗旨是为企业服务,促进行业发展,在政府主管部门指导和企业的支持下,在政府和企业之间发挥桥梁和纽带作用。

中国香化协会现有团体会员575个,由香料香精企业、化妆品企业及科研、设计、教育等有关单位组成。协会下设五个专业委员会(天然香料专业委员会、合成香料专业委员会、香精专业委员会、化妆品专业委员会和科技委员会)以及香料香精化妆品工业信息统计中心、中国香化协会职业培训中心。

中国香化协会的职责如下。

① 制定行业的行规行约和管理规范,并组织实施。
② 受政府委托起草行业发展规划,对行业发展进行指导。
③ 对行业发展中的问题进行调查研究,向政府有关部门提出有关解决问题的建议。
④ 参与本行业标准的制定、修订工作,组织标准的贯彻实施。
⑤ 参与行业生产、经营许可证发放的有关工作。
⑥ 与有关部门配合对本行业的产品质量实行监督,开展行检和产品认证、体系认证工作,发布行业产品认证信息。
⑦ 开展行业统计工作,搞好信息的收集、分析、管理和发布,为政府部门制定产业政策提供依据,为会员单位提供服务。
⑧ 组织开展行业新技术、新工艺、新原料、新产品、新设备的推广应用与交流。
⑨ 反映会员要求,协调会员关系,维护其合法权益。
⑩ 组织行业的国内外展览会、订货会。
⑪ 组织行业技术培训。
⑫ 编辑出版协会刊物;协会主办的刊物有《香料香精化妆品》以及反映协会和行业动态的"简讯"、"国内外香料香精信息摘译"以及"香料香精化妆品行业统计信息"等,主要对会员单位赠阅。
⑬ 开发咨询服务。
⑭ 发展与国外相关组织的广泛联系,开展国际经济合作与交流活动。
⑮ 承担政府部门委托的其他任务等。

三、中国口腔清洁护理用品工业协会(原牙膏工业协会)

中国口腔清洁护理用品工业协会(China Oral Care Products Industry Association,COCIA)

于1984年11月1日成立,是经国家民政部批准的国家一级工业协会。其宗旨是:为政府、为企业服务,促进行业发展;维护企业的合法权益,反映企业的合法要求;接受政府部门的委托,负责行业部分管理;在政府主管部门指导和企业的支持下,在政府和企业之间,企业与企业之间起桥梁和纽带作用。

中国口腔清洁护理用品工业协会主要职能如下。

① 制定本行业的行规行约和管理规定,并组织实施。
② 受政府委托起草行业发展规划,对行业发展进行指导。
③ 对行业发展中的问题进行调查研究,向政府部门提出有关行业政策和法规建议。
④ 参与本行业技术标准、经济标准、管理标准的制修订工作,并组织贯彻实施。
⑤ 参与行业生产、经营许可证发放的有关工作。
⑥ 开展行业统计工作,搞好信息收集、分析、管理和发布,为政府部门制定产业政策提供依据。
⑦ 与有关部门配合对本行业的产品质量实行监督,开展行检、行评和产品认证工作,发布行业产品质量信息。
⑧ 组织开展行业新技术、新工艺、新原料的推广应用和科技成果的鉴定。
⑨ 反映会员要求,协调会员关系,维护其合法权益。
⑩ 组织协调企业参与国内外展览会和定货会。
⑪ 组织行业技术培训。
⑫ 编辑出版协会刊物。
⑬ 开展咨询服务。

⑭ 发展与国外相关组织的关系，开展国内外经济技术合作与交流。

⑮ 承担政府部门委托的其他任务等。

四、中国美发美容协会

中国美发美容协会（China Hairdrssing & Beauty Association，CHBA）于1990年4月16日经中华人民共和国民政部正式批准注册为全国性的社团法人机构。

协会的宗旨是弘扬中华民族渊源的美发美容文化，致力于发展中国美发美容事业，在肩负全国行业管理与服务的同时，大力推动与国际间同行业间的交流与合作。

中国美发美容协会现有团体会员2000余家；个人会员20000余人，会员遍布全国31个省，团体会员包括地方协会、美发美容企业、专业培训学校及各类大中型化妆品生产及流通企业；个人会员包括行业管理人员、理论界专家学者等。

协会下设行业发展部、展览部、国际部、宣传策划部、新闻中心、咨询服务部等机构，主要工作为发展和建立会员队伍；协调政府研究制定行业法规与标准；配合政府指导并协调国内美发美容市场的管理与发展；组织评议及推广最新技术和产品；开展国内外多种形式的比赛、交流、培训与合作；举办美发美容用品博览会、编辑出版专业书刊和信息；发布行业动态信息；成立经济实体等。

中国化妆品相关机构及英文缩写简称见表4-10。

表4-10 中国化妆品相关机构及英文缩写简称

中 文 名	缩写	全 称
卫生部	MOH	Ministry of Health
国家环境保护总局	SEPA	State Environment Protection Administration
国家食品药品监督管理局	SFDA	State Food and Drug Administration
国家质量监督检验检疫总局	AQSIQ	General Administration of Quality Supervision, Inspection and Quarantine of the People's Republic of China
国家工商行政管理总局	SAIC	The State Administration for Industry & Commerce
中国香精香料化妆品工业协会（简称中国香化协会）	CAFFCI	China Association of Fragrance Flavour and Cosmetic Industry
中国疾病预防控制中心（简称中国疾控中心）	CDC	Chinese Center for Disease Control and Prevention
广东省疾病预防控制中心	GDCDC	Center for Diseases Control and Prevention of Guangdong Province
中国美发美容协会	CHBA	China Hairdressing & Beauty Association
广东省美容美发化妆品行业协会（原广东省美容美发行业协会）	GDHBA	Guangdong Beauty and Cosmetic Association, formerly Called Guangdong Hairdressers and Beauticians Industries Association

另：化妆品监管部门、协会及相关资源网站目录，见附录七。

思考题

1. 宪法、法律、行政法规、行政规章、地方性法规的概念与区别是什么?
2. 我国化妆品立法的必要性与立法背景是什么?
3. 我国当前的化妆品监督管理体系是什么?我国的化妆品管理体系的发展趋势是什么?
4. 与我国化妆品行业相关的管理法规有哪些?
5. 近年我国化妆品管理法规有哪些变化?

第五章 化妆品违法行为的法律责任

学习目标： 通过本章节的学习，要求学生掌握法律责任的概念、种类和具体规定，明确化妆品违法行为应受到的处罚，建立起依法从业的意识与信念。

法律责任是指因违反了法定义务或契约义务，或不当行使法律权利、权力所产生的，由行为人承担的不利后果。就其性质而言，法律关系可以分为法律上的功利关系和法律上的道义关系，与此相适应，法律责任方式也可以分为补偿性方式和制裁性方式。根据违法行为所违反的法律的性质，可以把法律责任分为行政责任、民事责任、刑事责任。

第一节 行政责任

行政责任是指实施违反行政法规定的义务的行为所必须承担的法律后果，包括具有行政惩罚性的法律责任。

一、追究行政责任的原则

追究行政责任从立法的指导思想、原则以及执法实践看，主要应遵循以下几项原则。

（1）过责法定原则　就是指国家行政机关及其公务员的过错和对过错应承担的责任，要用法定形式固定下来。哪些行为属于违法行为，应当承担何种行政责任，应受哪些行政处分，都应有一定形式的规范文件或条文加以明确规定。

（2）过惩相适应原则　也称过惩相当原则。就是根据过错大小决定惩处的轻重，以解决执法实践中罚不当过的现象。

（3）责无旁贷原则　或称责任自负原则。对违法失职行为，不管涉及到谁，都应毫无例外地追究其行政责任。对于集体违法失职的共同行为，也不能搞法不责众，也要分清当事人的责任大小，分别作出相应的处罚。在国家行政机关中，不允许存在担任职务、行使职权而不承担责任的现象，更不允许出了问题推卸责任或强加责任、包揽责任或代负责任。

（4）教育为主、惩处为辅的原则　通过惩处违法失职行为，使本人受到教育，也使其他行政机关及其公务员引以为戒，达到警戒、防范的效果。

二、追究行政责任的形式

追究行政责任的形式有两种：一种叫行政处分，一种叫行政处罚。由于我国目前对化妆品实行的是多部门共同管理，所以有权对化妆品违法行为进行行政处罚的机构也很多，例如卫生部门、质检部门、工商管理部门以及价格主管部门等。

1. 行政处分

行政处分是国家行政法律规范规定的责任形式，行政处分的主体是公务员所在地行政机关、上级主管部门或监察机关。行政处分是一种内部责任形式，是国家行政机关对其行政系统内部的公务员实施的一种惩戒，不涉及一般相对人的权益。行政处分共分六种：警告、记过、记大过、降级、撤职和开除。

2. 行政处罚

行政处罚是指行政机关或其他行政主体依照法定权限和程序对违反行政法规范尚未构成犯罪的向对方给予行政制裁的具体行政行为。

行政处罚的原则如下。

（1）法定原则 一是法无明文规定不处罚，即实施行政处罚必须有法定依据，没有法定依据不能行政处罚；二是行政机关必须在法定职权范围内实施行政处罚；三是行政机关必须遵循法定程序实施行政处罚，违反法定程序的，行政处罚即无效。

（2）公正、公开原则 公正原则要求行政机关正确行使行政处罚中的自由裁决权，保证行政处罚的合理性；公开原则要求设定和实施行政处罚的过程和结果必须向行政相对人和社会公开、开放，以接受社会的民主监督，对违法行为给予行政处罚的规定必须公布，未经公布的，不得作为行政处罚的依据。

（3）处罚与教育相结合原则。

（4）无救济即无处罚原则 行政机关给予行为人行政处罚，必须为其提供救济途径，否则，就不应对其实施处罚。例如受到行政处罚的人有权要求举行听证、申请复议、向法院起诉、请求行政赔偿等，就属于救济途径。

行政处罚的种类有：警告；罚款；没收违法所得，没收非法财产；责令停产停业；处罚；暂扣或者吊销许可证，暂扣或者吊销执照；行政拘留；法律、行政法规规定的其他行政处罚。

【案例】

苏丹红首次现身唇膏产品 质检部门急查原料来源

口红和唇膏是人们很常用的化妆品，国家质检部门日前在对唇膏、口红产品质量进行专项监督抽查时，在广东产的两个品牌中，首次检出了苏丹红。

在广东汕头恒芳化妆品公司生产的5种保湿防水唇膏产品中检出了苏丹红1、2号和4号。在汕头市施露兰化妆品有限公司生产的"（草莓香）唤彩润唇啫喱"产品中检出了苏丹红4号。

国家加工食品质量监督检验中心专家介绍，在唇膏中检出苏丹红，在国内还是第一次，虽然含量很小，但它对人体有致敏性和潜在的致癌性。

苏丹红是人工合成的一种红色工业染料，主要用于油、蜡的增色以及鞋、地板的增光等。由于其对人体具有潜在的致癌性，国家禁止将其作为化妆品原料。

目前，广东质检部门已对汕头市的两家"涉红"企业暂扣了生产许可证，进行停产整顿，并将库存产品现场封存。施露兰化妆品有限公司已将从义乌、广州、沈阳等地召回的4千多支问题唇彩进行了集中销毁，恒芳化妆品公司销往广州兴发广场的6千支涉嫌口红也已经被工商部门查扣。

（资料来源：www.cctv.com. 2007-02-07）

思考：行政执法部门运用了哪些行政处罚？

三、化妆品相关法律法规中的行政责任举例

1. 违反有关化妆品许可证、化妆品批准证明文件的规定的违法行为应当承担的法律责任

未取得《化妆品生产企业卫生许可证》的企业擅自生产化妆品的，责令该企业停产，没收产品及违法所得，并且可以处违法所得3到5倍的罚款。罚款及没收违法所得全部上交国库。没收的产品，由卫生行政部门监督处理。

生产未取得批准文号的特殊用途的化妆品，或者使用化妆品禁用原料和未经批准的化妆品新原料的，没收产品及违法所得，处违法所得3到5倍的罚款，并且可以责令该企业停产或者吊销《化妆品生产企业卫生许可证》。吊销《化妆品生产企业卫生许可证》的处罚由省、自治区、直辖市卫生行政部门决定。

生产企业转让、伪造、倒卖特殊用途化妆品批准文号者或进口化妆品卫生审查批件或批准文号的，处以没收违法所得及违法所得2到3倍的罚款的处罚，并可以撤销特殊用途化妆品批准文号或进口化妆品批准文号。

经营企业经营未取得《化妆品生产企业卫生许可证》企业所生产的化妆品、未取得批准文号的特殊用途化妆品、超过有效期的化妆品，或者转让、伪造、倒卖特殊用途化妆品批准文号者，处以停产或停止经营化妆品 30 天以内的处罚，对经营者并可以处没收违法所得及违法所得 2 到 3 倍的罚款的处罚。

进口或者销售未经批准或者检验的进口化妆品的，没收产品及违法所得，并且可以处违法所得 3 到 5 倍的罚款。

对已取得批准文号的生产特殊用途化妆品的企业，违反本条例规定，情节严重的，可以撤销产品的批准文号。撤销特殊用途化妆品批准文号的处罚由国务院卫生行政部门决定。

2. 生产、销售伪劣化妆品应承担的法律责任

生产或者销售不符合国家《化妆品卫生标准》的化妆品的，没收产品及违法所得，并且可以处违法所得 3 到 5 倍的罚款。

3. 生产、经营企业违反《条例》其他相关规定应承担的法律责任

有下列行为之一者，处以警告的处罚，并可同时责令其限期改进；情节严重的，对生产企业，可以责令该企业停产或者吊销《化妆品生产企业卫生许可证》，对经营单位，可以责令其停止经营，没收违法所得，并且可以处违法所得 2 到 3 倍的罚款。

（1）具有违反化妆品生产企业必须符合的卫生要求规定之一的行为者。

（2）直接从事化妆品生产的人员患有《化妆品卫生监督条例》（以下简称《条例》）第七条所列疾病之一，未调离者。

（3）经营无质量合格标记的化妆品，标签、小包装或者说明书不符合规定的化妆品的行为者。

（4）涂改《化妆品生产企业卫生许可证》者。

（5）涂改特殊用途化妆品批准文号者。

（6）涂改进口化妆品卫生审查批件或批准文号者。

（7）拒绝卫生监督者。

具有下列行为之一者，处以吊销《化妆品生产企业卫生许可证》的处罚。

（1）经停产处罚后，仍无改进，确不具备化妆品生产卫生条件者。

（2）转让、伪造、倒卖《化妆品生产企业卫生许可证》者。

4. 卫生监督人员违反《条例》应承担的法律责任

化妆品卫生监督员有以权谋私、滥用职权、弄虚作假、出具伪证、索贿受贿、泄露企业提供的技术资料等违纪行为的，经查证属实，没收受贿所得财物，由卫生行政部门视情节轻重给予行政处分，并可以撤销其化妆品卫生监督员资格。造成严重后果，构成犯罪的，由司法机关依法追究刑事责任。

5. 没收产品的处理

没收产品的处理按下列规定分别处理。

（1）没收的产品具有下列情况之一，并经检验合格的，待按《条例》有关规定办理批准手续后，准予销售。

① 未取得《化妆品生产企业卫生许可证》企业生产的产品。

② 未取得批准文号的特殊用途化妆品。

③ 使用未经批准的化妆品新原料生产的产品。

④ 未经批准或检验的进口化妆品。

（2）没收的使用禁用原料生产的产品，由卫生行政部门监督销毁。

（3）没收的不符合国家《化妆品卫生标准》的产品，由生产企业进行技术处理后，经检验合格的，企业报所在地或销售地地、市卫生行政部门审查备案后，可投放市场；仍不合格的，由卫生行政部门监督销毁。

第二节 民事责任

民事责任是指民事主体由于违反民事法律、违约或者由于民法规定所应承担的一种法律责任。

一、民事责任的法律特征

1. 民事责任以民事义务的存在为前提

民事义务包括法律直接规定的义务和民事主体之间依法约定的义务，无论哪种民事义务都具有法律约束力。

2. 民事责任主要是财产责任

由于民事法律关系主要是财产法律关系，违反民事义务往往给对方造成经济上的损失，因此，民事责任主要是财产责任。但是由于民事关系也包括人身法律关系，因此民事责任不限于财产责任。

3. 民事责任以恢复被侵害的民事权益为目的

民事责任是保护民事主体合法权益的法律手段，它的范围一般应与不法行为所造成的损害相一致，这样才能切实保护民事主体的权利，使受损害的权利得到恢复。

4. 民事责任是一种独立的法律责任

现代民法已成为独立的法律部门，民事责任也就成了一种独立的法律责任。它既不能为其他法律责任所替代，也不能代替其他法律责任。

二、民事责任的分类

根据承担民事责任的原因，可将民事责任分为违约责任和侵权责任。

1. 违约责任和侵权责任的定义

违反合同的民事责任，又称为违约责任、合同责任，是指民事主体因违反合同而应依法承担的法律后果。侵权责任，即侵权行为民事责任，是指民事主体因侵害他人的财产、人身权利而应依法承担的法律后果。

2. 违约责任和侵权责任的区别

违约责任与侵权责任的区别如下。

（1）所违反的义务及所依据的法律不同　违约责任是行为人违反了约定的合同义务，而侵权责任是行为人违反了法律规定的不得侵犯他人权利的义务。

（2）受侵害的权利和利益的性质不同　违约行为侵害的是合同相对人的债权，属于相对权，侵犯的是特定个人的利益；侵权行为侵犯的是受害人的健康权、人格权、生命权以及财产权，属于绝对权，某些侵权行为所侵犯的是社会利益。

（3）受害人与责任人的范围不同　违约责任的受害人是特定的，只能是合同关系的相对方；侵权责任的受害人不一定是特定的，他可以是某一缺陷产品的购买者，也可以是不特定的第三人。

（4）责任的构成不同　违约责任以违约行为的存在为核心；一般侵权责任则要求不仅存在侵权行为，而且存在损害事实、侵权行为与损害事实之间的因果关系，以及行为人的主观过错。

> **小知识**
>
> 我国的民法通则中，集中规定了以下几类民事权利。（1）财产所有权和与所有权有关的财产权。包括所有权、承包权、经营权、采矿权、相邻权、继承权等。（2）债权。包括合同债权、不当得利债权、无因管理债权等。（3）知识产权。包括著作权、专利权、注册商标专用权、发现权、发明权等。（4）人身权。包括生命健康权、姓名权、肖像权、名誉权、荣誉权、婚姻自主权等。

三、民事责任的形式与内容

民事责任的形式是指违法行为人承担民事责任的方式。违法行为人不履行自己的义务或侵害他人的权利，权利人得请求违法行为人承担相应的责任，以保护自己的权利。民事责任的形式主要有如下十种：停止侵害；排除妨碍；消除危险；返还财产；恢复原状；修理、重作、更换；赔偿损失；支付违约金；消除影响、恢复名誉；赔礼道歉。

民事责任的内容大致包含三方面：一是债务清查；二是损害赔偿（含人身和财产损害）；三是国家行政赔偿。

损害赔偿应具备以下四个条件：一是要有侵害的事实，即化妆品致人受伤的事实；二是有法律规定；三是受害人、赔偿人之间要有因果关系；四是要有过错、过失或者故意。

资料卡

规定承担民事责任的法律条文举例

《化妆品卫生监督条例》第三十一条规定："对违反本条例造成人体损伤或者发生中毒事故的，有直接责任的生产企业和经营单位或者个人应负损害赔偿责任。"赔偿范围应包括受害人的医疗费、因误工减少的收入、残废者生活补助费等费用；造成受害人死亡的，并应该支付丧葬费、抚恤费、死者生前抚养的人必要的生活费等费用。

四、民事责任的归责原则

归责原则，是指认定和归结法律责任必须依照的标准和规则。确定民事责任的原则有三种：绝对责任、过错责任、严格责任。

（1）绝对责任　是指行为人只要其行为造成危害结果，行为和结果之间存在着外部联系，就应承担责任。

（2）过错责任　是指行为人对其危害行为的发生在主观上存在的某种应受责备的心理状态。故意和过失是过错的两种形式。

（3）严格责任　是指一种比过错责任标准更加严格的责任标准，如果发生了应该避免的伤害事件，就要承担责任，不论责任人是否有过错。但它存在某些有限的对责任的抗辩，因此它不同于绝对责任。

【案例】

使用劣质化妆品获赔

山东省宁阳县消费者协会堽城分会成功调解了一起因使用劣质化妆品，造成皮肤感染所引发的消费纠纷，消费者任女士获得了治疗费等赔偿400元。

2007年3月20日，消费者任女士到商店去买化妆品，后经商店老板推荐，她花60元钱买了2袋某牌日、晚霜。没想到在使用了几次后，脸上不断出现脱皮，她多次与商店老板交涉，对方又向她推荐了一种7天速效祛斑霜，无奈的她只好又花了38元钱买了一瓶，令她没想到的是，在使用后不但脱皮现象未见好转，还出现了红斑。这时她才赶紧到医院进行治疗，后经医生诊断是因使用劣质化妆品而引起的接触性皮炎，经过7天的治疗现已基本康复，共花医药费315.2元。事后，任女士找到商店老板要求解决医药费及来回路费等费用，遭到拒绝并因此引发纠纷。无奈之下，任女士将其投诉到宁阳消协堽城分会。消协人员接诉后立即展开调查，经查该商店所销售的化妆品大都不是从正规渠道进的货，都不同程度地存有质量问题。随后消协人员对商店老板讲解有关法规。最终商店老板认识到自己的错误，向任女士赔礼道歉，并赔偿治疗费等共计400元钱。事后工商人员也对这家商店依法进行了查处。

（资料来源：中华防伪网．www.chinafangwei.com）

思考：在化妆品的消费过程中应如何维护自己的民事权益？

第三节 刑事责任

刑事责任是指行为人因其犯罪行为必须承担的一种刑事惩罚性的责任。

一、犯罪构成及其构成要件

1. 犯罪构成

犯罪构成，是指依照我国刑法的规定，决定某一具体行为的社会危害性及其程度而为该行为构成犯罪所必须的一切客观和主观要件的有机统一。

犯罪构成具有以下特征。

（1）犯罪构成是一系列主客观要件的有机统一，这是主客观相统一的原则在犯罪构成中的体现。任何一个犯罪构成都包括许多要件，这些要件有表明犯罪客体、犯罪客观方面的，有表明犯罪主体、犯罪主观方面的，它们的有机统一形成了某种犯罪的犯罪构成。

（2）任何一种犯罪都可以由许多事实特征来说明，但并非每一个事实特征都是犯罪构成的要件，只有对行为的社会危害性及其程度具有决定意义而为该行为成立犯罪所必需的事实特征，才是犯罪构成的要件。在我国刑法中，犯罪构成是犯罪成立的充分条件，行为符合犯罪构成，不需要增加其他的条件，即可认定构成犯罪。

（3）行为成立犯罪所必须具备的诸要件是由刑法加以规定的，事实特征只有经过法律的选择才能成为犯罪构成要件。根据我国刑法，任何一种犯罪的成立都必须具备四个方面的构成要件，即犯罪客体，犯罪客观方面，犯罪主体，犯罪主观方面。

2. 犯罪构成的要件

（1）犯罪的客体要件　犯罪客体所描述的是侵害行为是否存在，是犯罪构成要件在犯罪本质中的集中体现。它是以某种社会关系表现出来的。例如故意杀人罪，他所侵犯的社会关系就是以人的生命为客体的社会关系，而人的生命又是社会关系构成的最基本要素，所以法律对这种犯罪行为的惩罚是很重的。

（2）犯罪的客观要件　犯罪的客观要件是行为人行为的外在表现，它是以行为人如何侵犯犯罪客体和侵犯客体的严重程度来表现出来的。例如：某人以秘密窃取的行为来偷东西和被发现后抗拒抓捕两种行为，前者是以秘密窃取为犯罪客观要件而后者则是以暴力手段夺取别人的财物为客观要件，因此前者构成盗窃罪，后者构成抢劫罪。

（3）犯罪的主体要件　根据我国刑法和有关的理论，我国刑法中的犯罪主体，是指实施危害社会的行为并且依法应当承担刑事责任的自然人和单位。

从主体的法律性质上分，犯罪主体包括自然人犯罪主体和单位犯罪主体。自然人犯罪主体是我国刑法中最基本的、具有普遍意义的犯罪主体。单位主体在我国刑法中不具有普遍意义。根据《刑法》第30条的规定，单位成为犯罪主体应以刑法分则有明文规定者为限。自然人主体是指达到刑事责任年龄，具备刑事责任能力，实施危害社会的行为并且依法应当承担刑事责任的自然人。自然人主体可以再分为一般主体与特殊主体。对于具体的犯罪而言，只要求达到刑事责任年龄和具备刑事责任能力的自然人即可构成的犯罪主体是一般主体。除了具备上述两个条件外，还要求具有特定的身份的人才能构成的犯罪主体是特殊主体。

资料卡

我国刑法关于刑事责任年龄的规定

完全不负刑事年龄阶段——不满14周岁

相对负刑事责任年龄阶段——14～16周岁

完全负刑事责任年龄阶段——已满16周岁

从轻或减轻刑事责任年龄阶段——14～18周岁

(4) 犯罪的主观要件　犯罪主观方面，是指犯罪主体对其行为及其危害社会的结果所持的心理态度。它包括罪过、犯罪目的和犯罪动机。其中，罪过即犯罪的故意或过失是犯罪主观方面最主要的内容，是构成任何犯罪不可缺少的主观要件；犯罪的目的只是某些犯罪构成所必备的主观要件，所以又被称之为选择要件；犯罪动机不是犯罪构成必备的主观要件，一般不影响定罪，但可以影响量刑。

二、刑罚

刑罚是由国家最高立法机关在《刑法》中确定的，由人民法院对犯罪分子适用并由专门机构执行的最为严厉的国家强制措施。根据我国《刑法》规定，刑罚分为主刑和附加刑。

1. 主刑

主刑是对犯罪分子适用的主要刑罚方法，只能独立适用，不能附加适用，对犯罪分子只能判一种主刑。主刑分为管制、拘役、有期徒刑、无期徒刑和死刑。

2. 附加刑

附加刑是既可以独立适用又可以附加适用的刑罚方法。即对同一犯罪行为既可以在主刑之后判处一个或两个以上的附加刑，也可以独立判处一个或两个以上的附加刑。附加刑分为罚金、剥夺政治权利、没收财产。对犯罪的外国人，也可以独立或者附加适用驱除出境。

【案例】
河南捣毁特大洗涤化妆品售假窝点

2008年3月20日，河南省质监局在郑州一举捣毁一个储存、销售假冒品牌洗涤化妆品的特大型窝点，查获的假冒洗化用品涉案金额高达500万元，是近5年来河南省质监部门一次性查获的涉案金额最高的洗化品售假案件。

质监局稽查总队稽查人员在经过侦察发现，这是一个大型售假窝点，假冒洗化用品不仅堆满了仓库，售假人员还在中陆洗化城开设店铺，公开批发、销售假冒洗化用品。10多平方米的店面内，各种品牌的牙膏、洗发水、沐浴液等洗化用品花花绿绿地摆满了货架。在附近的都市村庄里共查获了6个成品仓库，仓库里堆满了各种假冒品牌洗化用品，海飞丝、飘柔、舒肤佳、大宝等知名品牌均在其列。经清查，这些假冒品牌洗化用品共有3000多件，仅仿冒宝洁公司的产品就达50余个品种。

该案件的查处将使河南洗化用品市场得到有效的净化。

（资料来源：http：//www.ycwb.com.2008-03-31）

思考：该案造假人员应承担什么法律责任？

三、我国对生产、销售不符合卫生标准的化妆品的行为的处罚

第一，《化妆品卫生监督条例》第27条规定，生产或者销售不符合国家化妆品卫生标准的化妆品的，没收产品及违法所得，并且可以处违法所得的3到5倍罚款。对造成人体损伤或者发生中毒事故的，有直接责任的生产企业和经营单位或者个人应负损害赔偿责任。对造成严重后果，构成犯罪的，由司法机关依法追究刑事责任。

第二，我国《刑法》第148条规定了生产、销售不符合卫生标准的化妆品罪。生产不符合卫生标准的化妆品，或者销售明知是不符合卫生标准的化妆品，造成严重后果的，处3年以下有期徒刑或者拘役，并处或者单处销售金额50%以上2倍以下罚金。国家机关工作人员参与生产、销售不符合卫生标准的化妆品犯罪的，从重处罚。

第三，我国《刑法》第140条规定了生产、销售伪劣产品罪。生产者、销售者在产品中掺杂、掺假，以假充真，以次充好或者以不合格产品冒充合格产品，销售金额5万以上不满20万

的,处 2 年以下有期徒刑或者拘役,并处或者单处销售金额 50% 以上 2 倍以下罚金;销售金额 20 万以上不满 50 万元的,处 2 年以上 7 年以下有期徒刑,并处销售金额 50% 以上 2 倍以下罚金;销售金额 50 万以上不满 200 万元的,处 7 年以上有期徒刑,并处销售金额 50% 以上 2 倍以下罚金;销售金额 200 万以上的,处 15 年以上有期徒刑或者无期徒刑,并处销售金额 50% 以上 2 倍以下罚金或者没收财产。这时,第 148 条、第 140 条两罪就产生了法条竞合。竞合是一个刑法理论概念,指有两个或两个以上法条规定了同一内容,造成重复。根据《刑法》第 149 条的规定,生产、销售不符合卫生标准的化妆品,不构成生产、销售不符合卫生标准的化妆品罪的,但是销售金额在 5 万元以上的,依照生产、销售伪劣产品罪定罪处罚;构成生产、销售不符合卫生标准的化妆品罪的,同时又构成生产、销售伪劣产品罪的,依照处罚较重的规定定罪处罚。

另外,根据《刑法》第 150 条规定,单位犯生产、销售伪劣产品罪,生产、销售不符合卫生标准的化妆品罪的,对单位判处罚金,并对其直接负责的主管人员和其他直接责任人员,依照该条的规定定罪处罚。

具体来说,"在产品中掺杂、掺假",是指在产品中掺入杂质或者异物,致使产品质量不符合国家法律、法规或者产品明示质量标准规定的质量要求,降低、失去应有使用性能的行为。"以假充真"是指以不具有某种使用性能的产品冒充具有该种使用性能的产品的行为。"以次充好",是指以低等级、低档次产品冒充高等级、高档次产品,或者以残次、废旧零配件组合、拼装后冒充正品或者新产品的行为。"不合格产品",是指不符合《中华人民共和国产品质量法》第 26 条第 2 款规定的质量要求的产品。对上述行为难以确定的,应当委托法律、行政法规规定的产品质量检验机构进行鉴定。"销售金额",是指生产者、销售者出售伪劣产品后所得和应得的全部违法收入。伪劣产品尚未销售,货值金额达到《刑法》第 140 条规定的销售金额 3 倍以上的,以生产、销售的伪劣产品标价计算;没有标价的,按照同类合格产品的市场中间价格计算。货值金额难以确定的,按照国家计划委员会、最高人民法院、最高人民检察院、公安部 1997 年 4 月联合发布的《扣押、追缴、没收物品估价管理办法》的规定,委托指定的估价机构确定。多次实施生产、销售伪劣产品行为,未经处理的,伪劣产品的销售金额或者货值金额累计计算。

第四,根据最高人民法院、最高人民检察院《关于办理生产、销售伪劣商品刑事案件具体应用法律若干问题的解释》的规定,知道或者应当知道他人实施生产、销售不符合卫生标准的化妆品罪,而为其提供货款、资金、账号、发票、证明、许可证件,或者提供生产、经营场所或者运输、仓储、保管、邮寄等便利条件,或者提供制假生产技术的,以生产、销售伪劣商品犯罪的共犯论处。

思考题

1. 法律法规中有哪些法律责任?
2. 法律法规为什么要规定违法的处罚措施?
3. 判断犯罪的依据有哪些?
4. 化妆品违法都有哪些形式?应该受到何种处罚?

第三篇 化妆品卫生监督管理

第六章 化妆品卫生监督管理

学习目标：通过本章节的学习，学生应能够了解我国化妆品卫生监督管理的类型、途径和依据；熟悉化妆品卫生许可的程序和相关要求，掌握化妆品卫生许可证的办理方法；熟悉《化妆品卫生监督条例》及《化妆品卫生监督条例实施细则》的有关内容；熟悉《化妆品生产企业卫生规范》；掌握化妆品生产、经营企业的管理要求；从而树立起依法从业的观念。

第一节 化妆品卫生监督概况

一、化妆品卫生监督的三种类型

化妆品的卫生监督主要归属卫生行政部门管理。卫生行政部门对化妆品分三种类型实施卫生监督：即对国产普通化妆品、特殊用途化妆品、进口化妆品分别实施不同的卫生监督政策。

国内企业生产普通化妆品，在保证产品卫生质量符合国家规定的前提下，不需报经卫生行政部门批准即可进入流通领域，只需将产品有关资料报送省级卫生行政部门备案。

国内企业生产的育发、染发、烫发、脱毛、美乳、健美、除臭、祛斑、防晒类特殊用途化妆品，必须经省级卫生行政部门卫生条件审核（又称生产能力审核）后，送检再报送卫生部审查批准，方可生产和销售。

国外企业生产的普通化妆品和特殊用途化妆品，在首次进口中国之前，必须向我国卫生部提出申请，取得卫生部颁发的进口化妆品卫生许可批件后方可办理进口手续。个人自用进口的少量化妆品，不需向卫生部申请审批。

二、化妆品卫生监督的主要途径

卫生部所属的化妆品卫生监督管理主要包括生产企业卫生许可管理及日常性卫生监督。化妆品卫生许可的具体内容详见第七章。

根据《化妆品卫生监督条例》及《化妆品卫生监督条例实施细则》的规定，我国对化妆品产品质量的日常性卫生监督抽查主要有两种途径：一是每年两次到生产企业抽取一定比例的化妆品进行监督检测；二是每年1~2次或不定期的有一定针对性的到经营单位抽取部分产品进行监督检测。

三、卫生监督制度的法律依据沿革

1.《化妆品生产管理条例》（试行）的颁布

为加强化妆品生产管理，保证和提高化妆品产品质量，保障人民身体健康，满足人民美化生活和出口的需要，我国轻工业部于1986年12月颁发了《化妆品生产管理条例》（试行）（以下简称《试行条例》），并从1987年1月1日起试行。

《试行条例》共6章26条款，分别对化妆品生产管理、产品质量的基本要求、化妆品销售及其质量监督与处罚做了规定。《试行条例》规定，化妆品生产管理工作应由轻工业部（现中国轻工业联合会）归口管理，各级轻工部门分别负责所辖地区内化妆品的生产管理工作。

《试行条例》是我国第一个化妆品生产管理法规，它的发布标志着化妆品生产管理工作已进入了法制管理和科学管理的一个新时代。《试行条例》颁发20多年来，对促进我国化妆品行业的规范和可持续发展起到了一定的作用。

2.《化妆品卫生监督条例》及《化妆品卫生监督条例实施细则》

《条例》明文规定：国家实行化妆品卫生监督制度，国务院卫生行政部门主管全国化妆品的卫生监督工作，县以上地方各级人民政府卫生行政部门主管本辖区内化妆品的卫生监督工作。国家对化妆品生产企业的卫生监督实行卫生许可证制度。

《条例》共6章35条款，分别对化妆品生产卫生监督、化妆品经营的卫生监督、化妆品的卫生监督机构以及行政处罚等做了详细明确的规定。化妆品生产企业与经营单位必须严格贯彻执行。

《条例》是建国后我国第一个化妆品卫生监督法规，它填补了我国化妆品卫生法规之空缺。《条例》的发布，标志着我国化妆品生产监督从行政管理上升到法制管理，开创了我国化妆品卫生监督工作新的历史阶段。

《化妆品卫生监督条例》及其实施细则，已发布实施10多年，内容已显陈旧，《条例》及其实施细则规定的化妆品生产、经营和产品的卫生监督制度、程序和方法已不能完全适应目前化妆品卫生监督的需要，应重新分配化妆品卫生监督资源，调整化妆品监管内容和程序，以应对客观需要。

《条例》及其实施细则实施10多年里，卫生部针对化妆品卫生监督工作实际的需要，发布实施了一系列管理文件，同一内容分散在不同的管理法规中，管理法规体系条理不甚清晰，一方面不利于行政相对人依法进行生产和经营，另一方面也不利于依法实施卫生监督工作的实际需要。

我国加入WTO和2004年7月1日起实施的《中华人民共和国行政许可法》，要求化妆品管理法规应符合WTO规则和有关法律。化妆品管理法规已不仅仅针对产品的卫生和安全问题，还与经济和贸易的发展密切相关。适应国际通行做法，制定既能保障产品质量和安全，又能促进经济贸易发展的化妆品管理法规和卫生标准十分重要。

第二节　化妆品卫生许可制度的法律依据

卫生行政许可是卫生监督执法工作的重要组成部分，实施卫生行政许可的手段，是有效阻止不安全产品进入市场的重要环节，有利于保障消费者身体健康。

为了规范行政许可的设定和实施，保护公民、法人和其他组织的合法权益，维护公共利益和社会秩序，保障和监督行政机关有效实施行政管理，我国于2004年发布实施了《中华人民共和国行政许可法》。卫生部在《化妆品卫生监督条例》及《化妆品卫生监督条例实施细则》的基础上，针对化妆品卫生许可与监督，根据需要制定并修订了一系列配套的相关文件。

一、化妆品卫生许可管理相关文件

卫生许可管理是化妆品卫生监督的重要内容，卫生部发布一系列文件，规范卫生许可审批工作，目的是使卫生许可管理工作做到依法行政、行为规范、程序明晰、办事高效，公平、公正、公开的开展化妆品卫生许可工作。系列化妆品卫生许可管理相关文件见表 6-1。

表 6-1　卫生部制定的相关法规

序号	制定的政府部门	法规名称	颁布日期	实施日期
卫生行政许可
1	卫生部	健康相关产品审批工作程序	1999-03-26	1999-05-01
2	卫生部	卫生部化妆品申报与受理规定	1999-04-13	1999-05-01
3	卫生部	健康相关产品命名规定	2001-04-11	2001-04-11
4	卫生部	卫生部关于进一步规范健康相关产品监督管理有关问题的通知	2003-01-03	2003-01-03
5	卫生部	健康相关产品卫生许可程序（草案）	2004-07-01	2004-07-01
6	卫生部	卫生部关于简化进口非特殊用途化妆品卫生许可程序的通知	2004-07-01	2004-08-01
7	卫生部	卫生部关于健康相关产品卫生许可批件到期后产品监督管理有关问题的通知	2005-03-16	2005-03-16
8	卫生部	健康相关产品卫生行政许可程序	2006-05-18	2006-06-01
9	卫生部	健康相关产品生产企业卫生条件审核规范	2006-05-18	2006-06-01
10	卫生部	卫生部化妆品卫生行政许可申报受理规定	2006-05-18	2006-06-01
11	卫生部	化妆品卫生行政许可检验规定	2007-07-01	2007-07-01
卫生监督管理
12	卫生部	健康相关产品国家卫生监督抽检规定	2005-12-27	2005-12-27
13	卫生部	健康相关产品检验机构认定与管理规范（卫监发〔2000〕11号）	2000-01-11	2000-01-11

二、化妆品卫生监督及行政许可检验相关文件

1.《健康相关产品国家卫生监督抽检规定》（2005 年版）

根据《化妆品卫生监督条例》第二十条规定，化妆品卫生监督员有权按照国家规定向生产企业和经营单位抽检样品。在这一规定中，从抽检产品的采样、检验、抽检产品的认定、抽检结果的评价及抽检结果的分析和处理等方面，对抽检工作制定了规范性要求。对抽检工作起到一个良好的规范作用。

为保障消费者身体健康，规范健康相关产品国家卫生监督抽检工作，卫生部依据《化妆品卫生监督条例》等法律法规规定，组织对《健康相关产品国家卫生监督抽检规定》进行了修订。

现行的是《健康相关产品国家卫生监督抽检规定》2005 年版，内容主要包括：总则、抽检程序和要求、抽检结果的处理和公布、管理要求与附则。

2.《化妆品卫生行政许可检验规定》（2007 年版）

为保障消费者身体健康，进一步完善规范化妆品卫生行政许可与监督管理工作，配合 2007 年版《化妆品卫生规范》的实施，卫生部制定了《化妆品卫生行政许可检验规定》（2007 年版），该规定从 2007 年 7 月 1 日起实施（以产品检验受理日期为准）。同时，《化妆品检验规定》（2002 年版）废止。

2007 年版《化妆品卫生行政许可检验规定》适用于化妆品卫生行政许可检验工作，规定了检验程序、检验报告的编制、检验项目、检验时限和样品数量等要求。在规定中，许可检验项目包括微生物检验、卫生化学检验、毒理学试验、人体安全性和功效评价检验。

该规定明确卫生部认定的化妆品检验机构和省级卫生行政部门认定的化妆品检验机构应按照

被认定的资质和检验项目开展许可检验工作,规范检验行为,承担相应责任。卫生行政部门应对认定的化妆品检验机构进行定期、不定期监督检查,对违法、违规的检验机构予以通报批评,对情节严重者,依法撤销认定资格。

资料卡

卫生部《化妆品卫生行政许可检验规定》（2007年版）

第一章　总则

第二章　检验程序

　　一、检验申请与受理

　　二、样品检验

　　三、检验报告出具

第三章　检验报告的编制

第四章　检验项目

　　一、微生物检验项目

　　二、卫生化学检验项目

　　三、毒理学试验项目

　　四、人体安全性检验项目

　　五、防晒化妆品功效评价检验项目

第五章　检验时限

　　一、单项指标检验时限

　　二、非特殊用途化妆品检验时限

　　三、特殊用途化妆品检验时限

第六章　样品数量

第三节　化妆品卫生监督条例及其实施细则

为加强化妆品的卫生监督管理,卫生部会同原轻工业部制定了我国《化妆品卫生监督条例》及《化妆品卫生监督条例实施细则》,至今已执行近20年,对保证化妆品的卫生质量和使用安全,保障人民身体健康起到了重要的作用。

一、总则

1. 立法的宗旨

（1）加强化妆品卫生监督　这一目的贯穿整部化妆品卫生监督条例,条例明确规定了生产、经营化妆品的企业所必需的条件和监督机构的职责,并明确了相关罚则来加强监督管理,以保证化妆品质量。

（2）保证化妆品的卫生质量　影响化妆品质量的因素是多方面的,只有对化妆品从生产到使用的全过程、各环节进行监督管理,才能保证化妆品质量。

（3）保障使用者安全　化妆品直接作用于人体,其安全性是监管的首要目的,也是每一个我国公民都应享有的权利。

（4）保障消费者健康　只有保证化妆品卫生、安全,才能真正使每个消费者都能获得健康,这是我们对化妆品进行监管的最根本目的。

2. 化妆品卫生监督条例适用范围

（1）地域范围　本法的地域范围是在中华人民共和国境内,香港、澳门特别行政区按照其基本法规规定办理。

（2）对象范围　指从事化妆品生产、经营的单位和个人。

3. 化妆品的定义

《化妆品卫生监督条例》所称的化妆品，是指以涂擦、喷洒或者其他类似的方法，散布于人体表面任何部位（皮肤、毛发、指甲、口唇等），以达到清洁、消除不良气味、护肤、美容和修饰目的的日用化学工业产品。

4. 化妆品监督管理体制

《化妆品卫生监督条例》、《实施细则》规定，国务院卫生行政部门主管全国化妆品的卫生监督工作，县以上地方各级人民政府的卫生行政部门主管本辖区内化妆品的卫生监督工作。

二、化妆品生产的卫生监督

化妆品生产的卫生监督主要包括了化妆品生产企业必须符合的卫生要求、《化妆品生产企业卫生许可证》审核批准的程序及其相关要求和特殊用途化妆品的生产。

1. 化妆品生产企业必须符合的卫生要求

（1）生产企业应当建在清洁区域内，与有毒、有害场所保持符合卫生要求的间距。

（2）生产企业厂房的建筑应当坚固、清洁。车间内天花板、墙壁、地面应当采用光洁建筑材料，应当具有良好的采光（或照明），并应当具有防止和消除鼠害和其他有害昆虫及其孳生条件的设施和措施。

（3）生产企业应当设有与产品品种、数量相适应的化妆品原料、加工、包装、储存等厂房或场所。

（4）生产车间应当有适合产品特点的相应的生产设施，工艺规程应当符合卫生要求。

（5）生产企业必须具有能对所生产的化妆品进行微生物检验的仪器设备和检验人员。

2.《化妆品生产企业卫生许可证》审核批准的程序

（1）化妆品生产企业到地市级以上卫生行政部门领取并填写《化妆品生产企业卫生许可证申请表》一式三份，经省级企业主管部门同意后，向地市级以上卫生行政部门提出申请。申请《化妆品生产企业卫生许可证》的具体办法由各省、自治区、直辖市卫生行政部门制定，报卫生部备案。

（2）经省、自治区、直辖市卫生行政部门审查合格的企业，发给《化妆品生产企业卫生许可证》。卫生行政部门应在接到申请表次日起 20 个工作日（原为 3 个月）内作出是否批准的函复，对未批准的，应当说明不批准的理由。

3. 化妆品生产企业卫生许可证申领所需资料

化妆品生产企业卫生许可证申领所需申报资料	备注
★(1)化妆品生产企业卫生许可证申请表	
★(2)化妆品建设项目备案表(新办企业提供)	
★(3)拟生产的产品目录(每一种产品均需列出)	
★(4)工艺流程简述及简图(不同类型的产品需分别列出)	
(5)厂区总平面图及生产车间、检验室建筑平面图	
★(6)施工、装修说明(包括装修材料、通风、消毒等设施)	
(7)设备配置图	
★(8)主要生产设备及检验设备清单(含设备名称、型号、生产厂商、数量)	
★(9)卫生管理制度和产品质量管理体系资料(包括机构与人员;物料管理;生产管理;品质管理文件)	
(10)公安消防机构制发的《建筑工程消防验收意见书》(1998年9月1日后投入使用)或《复查意见书》(1998年9月1日前投入使用)	

★注：提交的资料一式三份（文字资料均采用 A4 纸打印；图纸可提供建筑施工图，标明面积及尺寸）并逐页加盖公章（如企业未有公章，法定代表人须逐页签字）以及申报资料电子版一份（上述带★号资料）。以《条例》及细则为基准，各省具体操作稍有差别，此以广东为例。

4.《化妆品生产企业卫生许可证》管理

《化妆品生产企业卫生许可证》由省、自治区、直辖市卫生行政部门批准并颁发。《化妆品生产企业卫生许可证》采用统一编号,有效期4年,每2年复核1次。

《化妆品生产企业卫生许可证》有效期满前3个月应当按原规定重新申请。申请获批准的,换发新证,可继续使用原《化妆品生产企业卫生许可证》编号。

已获《化妆品生产企业卫生许可证》的企业增加生产新类别的化妆品,必须报省、自治区、直辖市卫生行政部门备案。跨省、自治区、直辖市联营的化妆品生产企业,分别在所在地申请办理《化妆品生产企业卫生许可证》。化妆品生产企业迁移厂址、另设分厂或者在厂区外另设车间,应按规定向省、自治区、直辖市卫生行政部门申请办理《化妆品生产企业卫生许可证》。《化妆品生产企业卫生许可证》应注明分厂(车间)。

5. 化妆品生产必须遵守的规定

(1) 化妆品生产人员卫生要求 直接从事化妆品生产的人员,必须每年进行健康检查,取得健康证后方可从事化妆品的生产活动。凡患有手癣、指甲癣、手部湿疹、发生于手部的银屑病或者鳞屑、渗出性皮肤病以及患有痢疾、伤寒、病毒性肝炎、活动性肺结核等传染病的人员,不得直接从事化妆品生产活动。

直接从事化妆品生产人员(包括临时工)必须依照《化妆品卫生监督条例》规定实施健康检查:化妆品生产企业负责本单位人员体检的组织工作。每年向所在地的县级以上卫生行政部门提交应体检的人员名单,并组织应体检人员到县级以上医疗卫生机构体检。健康体检按统一要求、统一标准实施检查。体检机构应认真填写体检表,于体检结束后15日内报出体检结果。卫生行政部门应认真审查受检人员的健康状况,符合要求者发给"健康证";不符合要求者,通知受检单位将其调离直接从事化妆品生产的岗位。卫生行政部门应在接到体检结果次日起15日内发出"健康证"或调离通知。

资 料 卡

卫生部于1996年9月9日发布的"关于1996年全国化妆品抽检情况的通报"中指出:"对美容院、理发店自行配制的化妆品和外购给顾客使用的化妆品,分别按化妆品生产和销售行为进行卫生监督管理。"

此项规定表明:如果美容院、理发店自行配制的化妆品和外购给顾客使用的化妆品,其化妆品生产条件必须符合《规范》(《化妆品卫生规范》)要求,必须取得化妆品生产企业卫生许可证后方可生产和使用及外购。

---

(2) 对生产化妆品原料、辅料要求 生产化妆品所需的原料、辅料以及直接接触化妆品的容器和包装材料必须符合国家卫生标准。使用化妆品新原料生产化妆品,必须经国务院卫生行政部门批准。

资 料 卡

原料是指生产化妆品所需的原材料。

辅料是指生产化妆品和调配处方时所用的赋形剂和附加剂。

化妆品新原料是指在国内首次使用于化妆品生产的天然或人工原料。

特殊用途化妆品是指用于育发、染发、烫发、脱毛、美乳、健美、除臭、祛斑、防晒的化妆品。

---

(3) 化妆品生产的检验 生产企业在化妆品投放市场前,必须按照国家《化妆品卫生标准》及相关系列标准对产品进行卫生质量检验,对质量合格的产品应当附有合格标记。未经检验或者不符合卫生标准的产品不得出厂。

> **资料卡**
>
> "对质量合格的产品应当附有合格标记"中的"合格标记",系指企业出厂产品检验合格证(章)。

（4）对标签的要求　化妆品标签上应当注明产品名称、厂名,并注明生产企业卫生许可证编号;小包装或者说明书上应当注明生产日期和有效使用期限。

特殊用途的化妆品,还应当注明批准文号。对可能引起不良反应的化妆品,说明书上应当注明使用方法、注意事项。

化妆品标签、小包装或者说明书上不得注有适应证,不得宣传疗效,不得使用医疗术语。

6. 特殊用途化妆品的生产

（1）特殊用途化妆品审查批准程序　据卫生部《健康相关产品卫生行政许可程序》及相关配套文件规定,2006年6月1日以后拟申请卫生行政许可的国产特殊化妆品不再进行初审,由省级卫生监督机构对所申报产品生产企业的卫生条件进行审核,即对所申报产品生产环节相关内容进行核对,具体按照《健康相关产品生产企业卫生条件审核规范》进行。具体见第七章。

（2）批准文号　特殊用途化妆品批准文号每四年重新审查1次。期满前4~6个月由企业执原批件和资料重新向省、自治区、直辖市卫生行政部门申请,并填写申请表一式三份。资料包括:产品成分是否有改变的说明;生产工艺是否有改变的说明;产品投放市场销售后使用者不良反应调查总结报告;如产品使用说明书、标签、包装、包装材料有改变的,提供改变后式样。

省、自治区、直辖市卫生行政部门同意后,报国务院卫生行政部门审查批准。获批准的产品,可以继续使用原批准文号。超过期限未申请者,原批准文号作废。省、自治区、直辖市卫生行政部门应在接到全部申报材料次日起1个月以内提出意见。国务院卫生行政部门应在接到全部申报材料次日起3个月以内作出是否批准的决定。

【案例】

查获300余万元"无证"脱毛膏

2007年1月,上海奉贤区食品药品监督所配合市食药监所,查处了一起无证生产特殊用途化妆品案件,查获违法生产的化妆品价值达300余万元。据了解,奉贤区食药监所已对相关产品进行销毁。

据了解,食药监部门日前接群众举报,位于奉贤区柘林镇的上海雅辰化妆品公司在生产销售脱毛软膏,但该公司并未持有该特殊化妆品的生产批件。接到举报后,食药监部门立即对该公司进行监督检查。检查过程中,该公司无法提供生产许可证等相关证明,属违法生产。

检查人员当场查封了该公司生产的脱毛软膏451箱,脱毛软膏包装材料80箱。据悉,监察人员已将这批非法生产的特殊用途化妆品送至海湾镇燎原社区垃圾场,进行了现场销毁。

(资料来源：http://news.cctv.com/,2007-01-22)

思考：什么是特殊用途化妆品？生产特殊用途化妆品应通过哪些许可程序？

三、化妆品经营的卫生监督

化妆品经营的卫生监督主要包括了化妆品经营禁止性规定、化妆品广告、化妆品进口等内容。详见具体章节。

1. 化妆品经营禁止性规定

化妆品经营单位和个人不得销售下列化妆品：

（1）未取得《化妆品生产企业卫生许可证》的企业所生产的化妆品；

（2）无质量合格标记的化妆品；

(3) 标签、小包装或者说明书不符合《化妆品卫生监督条例》规定的化妆品；
(4) 未取得批准文号的特殊用途化妆品；
(5) 超过使用期限的化妆品。

2. 化妆品广告

化妆品的广告宣传不得有下列内容：
(1) 化妆品名称、制法、效用或者性能有虚假夸大的；
(2) 用他人名义保证或以暗示方法使人误解其效用的；
(3) 宣传医疗作用的。

3. 化妆品进口

首次进口的化妆品，进口单位必须提供该化妆品的说明书、质量标准、检验方法等有关资料和样品以及出口国（地区）批准生产的证明文件，经国务院卫生行政部门批准，方可签定进口合同。

进口的化妆品，必须经国家商检部门检验；检验合格的，方准进口。个人自用进口的少量化妆品，按照海关规定办理进口手续。

四、化妆品卫生监督机制

1. 安全性评价

国务院卫生行政部门聘请科研、医疗、生产、卫生管理等有关专家组成化妆品安全性评审组，对进口化妆品、特殊用途的化妆品和化妆品新原料进行安全性评审，对化妆品引起的重大事故进行技术鉴定。

2. 质量监督

(1) 日常性卫生监督抽查　依据《化妆品卫生监督条例》及《化妆品卫生监督条例实施细则》的规定，我国卫生监督部门对化妆品卫生质量的日常性卫生监督抽查主要有两种方式：第一，每年两次到生产企业抽取规定比例的化妆品进行监督检测；第二，每年一次或两次，或不定期的有一定针对性的到化妆品经营单位开展索证检查和抽取部分产品进行监督检测。

对化妆品生产企业的定期和不定期检查主要内容包括：监督检查生产过程中的卫生状况；监督检查是否使用了禁用物质和超量使用了限用物质生产化妆品；每批产品出厂前的卫生质量检验记录；产品卫生质量；产品标签、小包装、说明书是否符合《条例》第十二条规定；生产环境的卫生情况；直接从事化妆品生产的人员中患有《条例》第七条规定的疾病者调离情况。

(2) 产品卫生质量检查

① 检查数量（定期检查量加不定期检查量）：全年生产产品种类数为1至9种的，抽查百分之百；全年生产产品种类数为10至100种的，抽查1/2，但年抽查产品数不应少于10种；全年生产产品种类数超过100种的，抽查1/3，但年抽查产品数不应少于50种。

② 检查重点：重点检查未报省、自治区、直辖市卫生行政部门备案的产品、企业新投放市场的产品、卫生质量不稳定的产品、可能引起人体不良反应的产品以及有消费者投诉的产品等。

③ 检查项目：对未报省、自治区、直辖市卫生行政部门备案的产品，审查产品成分、产品卫生质量检验报告，同时进行微生物卫生化学方面的产品卫生质量监督检验；如企业不能提供产品卫生质量检验报告，或提供的产品卫生质量检验报告不能证明产品使用安全的，由化妆品卫生监督检验机构进行强制鉴定；其他产品进行微生物、卫生化学方面的产品卫生质量监督检验。必要时，经同级卫生行政部门批准，可以对批准产品进行卫生安全性鉴定。

④ 抽查的产品按国家《化妆品卫生标准》及其标准方法检验。

⑤ 企业对卫生监督检验机构作出的产品卫生质量评价有异议的，由上一级卫生监督检验机构复核。

(3) 日常检查中对经营化妆品的卫生监督要求

① 化妆品经营者（含批发、零售）必须遵守《条例》第十二条规定。

② 生产企业向经营单位推销化妆品，应出示《化妆品生产企业卫生许可证》（复印件），经

营单位应检查其产品标签上的《化妆品生产企业卫生许可证》编号和厂名是否与所持的《化妆品生产企业卫生许可证》（复印件）相符。

③ 化妆品经营者在进货时应检查所进化妆品是否具有下列标记或证件。不具备下述标记或证件的化妆品不得进货并销售。

国产化妆品标签或小包装上应有《化妆品生产企业卫生许可证》编号，并具有企业产品出厂检验合格证，特殊用途化妆品还应具有国务院卫生行政部门颁发的批准文号。进口化妆品应具有国务院卫生行政部门批准文件（复印件）。

④ 出售散装化妆品应注意清洁卫生，防止污染。

（4）公示制度　各级卫生监督部门要做好产品监督抽检的社会公示工作，这是督促化妆品生产企业和经营单位自觉守法经营的有效手段。产品质量社会公示前，监督机关对所公示的产品要事先做好生产企业的确认工作，充分保障生产企业的合法权益。

3. 化妆品卫生监督机构和人员的职责

化妆品抽检采样工作由卫生监督机构负责。各级卫生行政部门和化妆品卫生监督员及卫生监督检验机构不得以技术咨询、技术服务等方式参与生产、销售化妆品，不得监制化妆品。

县级以上（包括县级）卫生行政部门设立化妆品卫生监督员。国家监督员由卫生部聘任。省级卫生厅（局），可以从辖区内各级卫生局和化妆品卫生监督机构中聘任监督员。

化妆品卫生监督员来自不同的机构，但其工作性质是代表国家行使化妆品卫生监督权力，各部门应予以配合。化妆品卫生监督员行政执法过程中，必须规范使用统一的执法文书，"公正、公平、公开"履行好职责。化妆品卫生监督员执行公务时，必须先出示相关证件。化妆品卫生监督员对生产企业提供的技术资料应当负责保密。化妆品卫生监督员有权按照国家规定向生产企业和经营单位抽检样品，索取与卫生监督有关的安全性资料，任何单位不得拒绝、隐瞒和提供假材料。

五、罚则

详见第五章。

注：关于具体条目的解析，均见相关章节。

资料卡

《化妆品卫生监督条例》
　主要内容：
　　第一章　总则
　　第二章　化妆品生产的卫生监督
　　第三章　化妆品经营的卫生监督
　　第四章　化妆品卫生监督机构与职责
　　第五章　罚则
　　第六章　附则

《化妆品卫生监督条例实施细则》
　主要内容：
　　第一章　总则
　　第二章　审查批准《化妆品生产企业卫生许可证》
　　第三章　化妆品卫生质量的使用安全监督
　　第四章　审查批准进口化妆品
　　第五章　经常性卫生监督
　　第六章　化妆品卫生监督机构与职责
　　第七章　罚则
　　第八章　附则

第四节 化妆品生产企业卫生规范

一、关于《化妆品生产企业卫生规范》的修订情况

卫生部于1996年、2000年和2007年修订了《化妆品生产企业卫生规范》。

为规范化妆品生产企业的卫生条件，保证产品的卫生质量，卫生部于1996年下发了《化妆品生产企业卫生规范》（以下称《规范》）（卫监发1996第5号），统一了化妆品生产企业的规范性要求，同时也为化妆品生产企业考核、验收、颁发卫生许可证提供了依据。实施几年来，《规范》在帮助企业建立必要的生产条件、合理的生产工艺以保证产品质量等方面起到了积极作用。

但是，随着社会经济的发展，在对化妆品生产企业进行监督管理的过程中，各地卫生行政部门也遇到了一些新的问题需要依法进行规范。特别是有关生产加工的卫生要求需增加具体的内容，逐步标准化。为此，卫生部在2006年3月就《规范》实施中存在的问题广泛向全国各省、自治区、直辖市卫生行政部门和部分化妆品生产企业征求意见，并对意见进行了汇总。在此基础上，又组织北京、上海、浙江、广东、四川等省市主管化妆品生产企业监督工作的同志和部分化妆品生产企业的代表，一起对《规范》进行了修订。

修订的原则是以1996年发布的《规范》为基础，结合各地在监督管理中发现的问题和企业发展的需要，同时参考食品企业良好卫生操作规范的有关要求，对《规范》中的一些具体规定作了适当的调整，主要体现在以下几方面。

（1）增加了对生产企业厂址选择的原则要求，应当符合市政总体规划。这其中除了卫生要求，还涉及环保、消防等方面的要求，体现了卫生行政部门的审查与政府的总体要求相一致。

（2）增加了对生产企业废水、废物的处理，应当达到国家有关环保、卫生要求后方可排放。这样规定，有利于企业增强环保意识，并逐步建立相应的设备和设施。

（3）增加了对生产车间通风设施的要求，以保持车间内适宜的温湿度，利于生产和保证产品的卫生质量。

（4）提高了对生产企业卫生质量检验的要求。规定生产企业应当按照化妆品卫生规范的要求建立与其生产能力、卫生要求相适应的卫生质量检验室，并应当具备相应的仪器、设备，同时有健全的检验制度。这样规定，用化妆品卫生规范的要求统一了产品检验项目和方法，为企业控制产品的卫生质量提供了客观依据。

（5）增加了对从业人员每两年培训一次的要求。目的是希望通过培训，逐步提高从业人员的相关知识水平，确保生产加工中产品的卫生质量。

《化妆品生产企业卫生规范》（2000年版）公布实施后中国于2001年底加入世贸组织。随着经济的发展，人们对化妆品卫生质量的要求越来越高，中国化妆品行业逐步与国际接轨，这对化妆品生产企业提出了更高的卫生要求。

2000年版《规范》在实施过程中也遇到了一些新问题，主要表现在：原《规范》的某些要求和操作标准不明确，使得各地化妆品监督管理部门在具体执行中掌握的尺度存在差异，也造成企业理解上的困难；对化妆品生产企业的准入条件要求不高，使部分条件不够的企业仍能进入生产行业；对生产过程卫生质量控制的要求不够高，导致一些生产企业的生产过程技术文件与生产记录不完整；自身检测力量不足，检测仪器设备落后，技术支撑力量薄弱等。

《化妆品生产企业卫生规范》（2007年版）自2008年1月1日起实施。新《规范》对化妆品企业从生产到保管到销售各个环节亦做出明确规定，生产条件、储存条件等都做了量化要求。新《规范》还强化了化妆品生产企业作为化妆品卫生安全第一责任人的责任。并明确要求化妆品生产企业应建立不良反应监测报告制度，如产品出现重大卫生质量问题，应及时召回。

二、《化妆品生产企业卫生规范》（2007年版）

《化妆品生产企业卫生规范》（2007年版）既考虑到我国目前条件下的可操作性，又考虑到

我国化妆品行业的发展和适应国际贸易的需要，具有一定的先进性。新《规范》有三点尤其值得关注。

（1）强化了化妆品生产企业作为化妆品卫生安全第一责任人的责任　《规范》对各类化妆品生产企业提出了更加明确具体的要求，包括化妆品生产企业的选址、设施和设备、原料和包装材料、生产过程、成品储存和出入库、卫生管理及人员等卫生要求。同时细化了各项操作规则便于企业准确执行。

（2）要求化妆品生产企业建立不良反应监测报告制度，如产品出现重大卫生质量问题应及时召回。监测制度与召回制度的建立，将加大化妆品安全事件的防范力度，消费者的合法权益也将得到更为有效的维护。

（3）要求化妆品生产企业建于环境卫生整洁的区域，工厂周围 30 米内不得有污染源；生产过程中可能产生有毒有害因素的生产车间应与居民区之间有不少于 30 米的卫生防护距离。

《化妆品生产企业卫生规范》（2007 年版）实施后化妆品企业的进入门槛将抬高，一批规模小、生产能力不强的化妆品厂将被淘汰，大型化妆品生产企业的优势将更加明显。

资料卡

《化妆品生产企业卫生规范》（2007 年版）
　主要内容：
　　第一章　总则
　　第二章　厂址选择与厂区规划
　　第三章　生产的卫生要求
　　第四章　卫生质量检验
　　第五章　原材料和成品储存的卫生要求
　　第六章　个人卫生与健康的要求
　　第七章　附则

思考题

1. 我国化妆品卫生监督有几种形式？
2. 化妆品卫生行政许可的依据是什么？
3. 《化妆品生产企业卫生规范》（2007 年版）的制定有何意义？
4. 什么是化妆品生产企业卫生条件审核？
5. 化妆品生产企业卫生条件审核与化妆品生产企业生产能力审核是否为同一概念？

第七章 化妆品卫生许可证的申报与管理

学习目标：通过本章节的学习，了解化妆品卫生行政许可的法律依据；熟悉化妆品卫生许可证的申报与管理程序；掌握各项化妆品卫生许可的申报与管理。

第一节 化妆品的卫生行政许可的法律依据

一、《健康相关产品卫生行政许可程序》（2006）

卫生部于 2005 年 5 月 27 日发布健康相关产品卫生行政许可程序配套文件。《健康相关产品卫生行政许可程序》（以下简称《程序》）等系列文件于 2006 年 6 月 1 日起正式实施。该系列配套文件对《化妆品卫生监督条例》及《化妆品卫生监督条例实施细则》当中关于化妆品的卫生行政许可程序做了相关调整。主要变动如下：

1. 取消初审和进行生产企业卫生条件审核

《程序》规定，2006 年 6 月 1 日以后对拟申请卫生行政许可的国产特殊化妆品不再进行初审，由省级卫生监督机构对所申报产品生产企业的卫生条件进行审核（生产能力审核），即对所申报产品生产环节相关内容进行核对，具体按照《健康相关产品生产企业卫生条件审核规范》进行。

2. 关于申请表和卫生许可批件

（1）已获得卫生部批准的健康相关产品，其卫生行政许可批件有效期限在 2006 年 12 月 31 日之前的，可按照原时限要求或新《程序》的时限要求申请办理延续，按照卫生部印发的原申报与受理规定提交相关材料，但无需提交初审意见。

（2）2006 年 6 月 1 日前，已经被认定的健康相关产品检验机构、省级初审机构或卫生部审评机构受理的国产特殊化妆品，可以按照卫生部印发的原申报与受理规定提交相关材料，但无需提交初审意见。此类情况的产品必须于 2008 年 1 月 1 日之前向卫生部审评机构提交许可申请。

（3）2006 年 6 月 1 日前获得卫生许可的健康相关产品，其批件或备案凭证格式及载明内容与新《程序》要求不一致的，应该在批件到期延续时一并变更。

（4）除上述情况外，2006 年 6 月 1 日起申报化妆品卫生行政许可时应按照卫生部新印发的《卫生部化妆品卫生行政许可申报受理规定》的有关要求提交材料。

（5）2006 年 6 月 1 日起向卫生部审评机构递交许可申请（包括首次申报、变更、延续和补发等）的，应当按照新格式填写申请表。2006 年 6 月 1 日前已经受理的健康相关产品，其卫生行政许可证明文件按照旧格式批准发放。

（6）《程序》中对个别产品卫生行政许可批准文号体例作了改变，2006 年 6 月 1 日后批准变更批件的仍沿用原批准文号，批准延续的将使用新批准文号。

3. 关于新产品的申报

《程序》中规定了新产品审批程序，申报单位在无法确定所申报产品是否属于新产品时，可自行决定是否按照新产品申报，卫生部审评机构将按照其申报形式履行受理工作。产品许可过程中由专家评审委员会根据实际情况确定所申报产品是否按照新产品许可，可以要求申报单位补充有关资料，但不要求申报单位重新申报。

> **资料卡**
>
> 《健康相关产品卫生许可程序》
> 主要内容：
>   第一章 总则
>   第二章 生产能力审核
>   第三章 检验
>   第四章 申报与受理
>   第五章 审评与决定
>   第六章 变更与延续
>   第七章 新产品审批程序
>   第八章 档案管理
>   第九章 附则

二、《健康相关产品卫生许可程序》其他配套文件

为配合《程序》的实施，卫生部还制定了《健康相关产品生产企业卫生条件审核规范》、《卫生部化妆品卫生行政许可申报受理规定》及相关许可申请表。

配套文件对化妆品生产企业需要进行生产能力审核的情况以及卫生行政许可所需提供的资料进行了详细说明。

1. 《健康相关产品生产企业卫生条件审核规范》

《健康相关产品生产企业卫生条件审核规范》（简称《审核规范》）所指健康相关产品生产企业卫生条件审核是在健康相关产品卫生行政许可实施前对该产品生产环节有关内容的核实，并应在向检验机构送检产品前完成。

该《审核规范》要求在下列情况下需要进行生产企业卫生条件审核：国产化妆品首次申报许可；已获得许可的国产化妆品因变更或增加实际生产现场申请变更许可批件；许可过程中认为需要进行生产企业卫生条件审核的情形。

《审核规范》提出，申请单位应当向该产品实际生产现场所在地省级卫生监督机构提出申请。《审核规范》规定了相应申请单位应提供的材料。省级卫生监督机构在接受申请后 10 个工作日内出具书面审核意见，需要现场审核的，应于接受申请后 5 个工作日内指派 2 名以上（包括 2 名）工作人员（至少 2 名为监督员）前往现场执行审核任务。健康相关产品生产企业卫生条件审核分为现场审核和资料审核两种方式：消毒剂、消毒器械和涉水产品采用现场审核的方式，并采样封样；化妆品一般采取资料审核的方式，根据以往对生产企业许可和监督情况，对企业提供的文本资料进行核对。

2. 《卫生部化妆品卫生行政许可申报受理规定》

本规定分四章二十五条，对卫生行政许可申报材料的一般要求、首次申请许可的申报材料，延续、变更许可及补发批件的申报材料等的具体要求作了规定。

> **资料卡**
>
> 《卫生部化妆品卫生行政许可申报受理规定》（2006 年版）
> 主要内容：
>   第一章 总则
>   第二章 首次申请许可的申报材料
>   其中包含下列程序的材料要求。
>   1. 申请国产特殊用途化妆品许可

    2. 申请进口特殊用途化妆品许可
    3. 申请进口非特殊用途化妆品备案
    4. 申请化妆品新原料许可
    5. 申报委托加工方式生产等
  第三章 延续、变更许可及补发批件的申报材料
  第四章 各项申报材料的具体要求

第二节 化妆品卫生行政许可程序

卫生部对进口化妆品及国产特殊用途化妆品实行申报审核制度：进口化妆品需领取《进口（非）特殊用途化妆品备案凭证》、国产特殊用途化妆品需领取《国产特殊用途化妆品卫生许可批件》（均简称《批件》）。进口（国产特殊用途）化妆品卫生许可批件是其进入流通市场的准入证，未领取《批件》的进口化妆品及国产特殊用途化妆品不得在中国大陆市场上销售。国家将对未领取《批件》而在中国市场上销售的国产特殊用途及进口化妆品进行处罚。

一、国产特殊用途化妆品的申报

1. 申报程序

国产普通化妆品获得化妆品卫生许可证及其他相关证件手续后，在当地的省级卫生行政部门备案即可生产，不需要其他特别的卫生行政许可（表7-1）。

表7-1 国产普通类化妆品备案类别

备案类别	产品品种
洗发类	洗发水、洗发液、洗发香波、洗发露、洗发膏、洗发粉等用于清洁头发的非特殊用途化妆品
护发类	护发素、发乳、发油、发蜡、焗油膏、护发胶囊等用于保护、护理头发的非特殊用途化妆品
喷发胶类	啫喱水、啫喱膏、摩丝、发胶、喷涂发彩等用于修饰、固定头发的非特殊用途化妆品
洁肤类	洗面奶（霜、液、盐、啫喱、粉）、洗手液（盐、啫喱、粉）、沐浴液（霜、液、盐、啫喱、粉）、卸妆水、按摩膏（霜、乳液、啫喱、精华素）、去死皮膏等用于清洁皮肤的非特殊用途化妆品
护肤类	护肤膏（霜、香脂、乳液、油、啫喱、精华素）、紧肤水、按摩膏（霜、乳液、啫喱、精华素）、面膜等用于面部、手部润肤、美白等护理作用的非特殊用途化妆品
眼周护肤类	眼周部皮肤的护肤膏（霜、香脂、乳液、油、啫喱、精华素）、紧肤水、按摩膏（霜、乳液、啫喱、精华素）、面膜等用于眼周部护理作用非特殊用途化妆品
彩妆粉类	各种颜色胭脂、粉饼、粉底霜、粉底液，各种香型爽身粉、香粉、定妆粉等用于美容修饰的非特殊用途化妆品
护唇及唇部彩妆类	各种颜色的口红、唇膏、亮唇油、唇线笔等美容修饰的非特殊用途化妆品
眼部彩妆类	各种颜色描眉类、睫毛膏、眼影、眼睑等美容修饰的非特殊用途化妆品
指(趾)甲修饰类	各色指甲水（油、液、啫喱）、洗甲水（油、液、啫喱）等美容修饰清洁作用的非特殊用途化妆品
芳香类	各种香水、古龙水、花露水等美容修饰作用的非特殊用途化妆品

国产特殊用途化妆品的申报需经过省级卫生监督部门进行生产能力审核（主要是卫生条件审核）、产品检验、整理申报材料、申请、卫生部化妆品评审委员会评审等程序。

生产能力审核：生产能力审核是健康相关产品申报许可前对该产品生产环节有关内容的核实，是在以往对生产企业进行卫生许可和日常监督的基础上进行的监督工作，不属于许可范畴。各类产品应当在完成生产能力审核后再向检验机构送检产品。

产品检验：在当地疾病预防控制中心或防疫站检验，当地不能检验的必须在中国疾病预防控

制中心环境与健康相关产品安全所检验。检验机构接受企业的委托，完成企业要求的检测后，为企业提供相关的检测报告。

整理申报资料：根据卫生部的要求，整理一套符合评审规范的资料。

卫生部化妆品评审委员会评审结束后，评委会如认为产品符合或基本符合化妆品的要求，则企业根据评委会的意见进行相应的修改后，重新将产品资料送至卫生部卫生监督中心卫生许可受理处，审批办公室将产品资料进行进一步的审核或直接进入上报卫生部批复流程。如评委会认为该产品需补做某些试验，或应提供某些重要资料，则该产品可能会重新参加大会评审。如评委会认为该产品不宜作为化妆品申报，则在报请卫生部同意后，通知企业领取不予批准意见通知书。

2. 国产特殊用途化妆品卫生批件申报资料要求

国产特殊用途化妆品卫生批件申报资料要求见表7-2。

表7-2 国产特殊用途化妆品卫生批件申报资料要求

申报资料要求	备注
1. 申报材料的一般要求	
(1)首次申报特殊用途化妆品许可的,提供原件一份、复印件四份;复印件应清晰并与原件一致	
(2)申请备案、延续、变更、补发批件、补正资料的,提供原件一份	
(3)除检验报告及官方证明文件外,申报材料原件应逐页加盖申报单位公章或盖骑缝章	
(4)使用A4规格纸张打印,使用明显区分标志,按规定顺序排列,并装订成册	
(5)使用中国法定计量单位	
(6)申报内容应完整、清楚,同一项目的填写应当一致	
(7)所有外文(产品配方及国外地址除外)均应译为规范的中文,并将译文附在相应的外文资料前	
2. 国产特殊用途化妆品所需申报资料	
(1)国产特殊用途化妆品卫生行政许可申请表	
(2)省级卫生监督部门出具的生产卫生条件审核意见	
(3)申请育发、健美、美乳类产品的,应提交功效成分及使用依据	
(4)企业标准	
(5)经认定的化妆品检验机构出具的检验报告及相关资料,按下列顺序排列 ①检验申请表 ②检验受理通知书 ③产品说明书 ④卫生学(微生物、理化)检验报告 ⑤毒理学安全性检验报告 ⑥人体安全试验报告	
(6)代理申报的,应提供委托代理证明	
(7)可能有助于评审的其他资料	
(8)另附未启封的样品1件	

【案例】

销售无卫生部特殊用途化妆品许可批件产品案

基本案情：2003年3月24日，湖南省卫生监督所在日常检查中，发现某商场销售的ALY有限公司生产的"防皱弹性双效保养霜"标签上标注的卫生部进口化妆品批准文号为该公司生产的"防皱紧肤保养霜"所有，遂以销售无卫生部进口化妆品卫生许可批件立案查处。调查核实该商场共销售该产品112盒，每盒零售价745元，合计销售金额83440元。经合议，报请省卫生厅和卫生部同意，下达行政处罚听证告知书，拟责令立即停止销售，没收违法所得83440元，并处违法所得3倍罚款计250320元。

听证情况：

5月18日，该商场申请听证，并申请追加ALY有限公司作为第三人参加听证并进行陈述。6月3日，湖南省卫生厅举行行政处罚听证会。该商场和ALY有限公司作出以下陈述：1999年9月ALY（中国）有限公司首次进口LANCOME RENEGIE化妆品，以"防皱弹性双效保养霜"的产品名称向卫生部申报并获得进口化妆品许可批件；2001年7月报请国家出入境检验检疫局获得"防皱弹性双效保养霜"的进出口化妆品标签审核证书；2003年9月再次向卫生部申请延续时，根据卫生部要求，名称改为"防皱紧肤保养霜"，但没有相应向国家出入境检验检疫局申请变更标签审核证书，产品标签名称没有相应变更。

案件评述：湖南省卫生厅在听取当事人的陈述后，认为ALY（中国）有限公司没有及时向有关部门申报标签审核证书名称变更，违反了《化妆品卫生监督条例实施细则》第二十六条和《消费者使用说明化妆品通用标签》的有关规定，"进口化妆品卫生许可批件"只对该批件载明的品种有效。该商场销售的产品名称为"防皱弹性双效保养霜"，而现在拥有的进口化妆品许可批件名称为"防皱紧肤保养霜"。但是，不应按无卫生部进口化妆品许可批件的产品实施行政处罚。依据《化妆品卫生监督条例》第二十八条，处以警告，责令限期改进，可以责令停止经营，没收违法所得，并处违法所得二到三倍罚款。

3. 特殊用途化妆品初审检测项目

特殊用途化妆品初审检测项目见表7-3。

表7-3 特殊用途化妆品初审检测项目

检测项目	育发	染发	烫发	脱毛	除臭	健美	美乳	祛斑	防晒
1. 微生物检验（四项）	√	√	√	√	√	√	√	√	√
2. 卫生化学检验（四项）	√	√	√	√	√	√	√	√	√
3. 急性经口毒性试验	√			√		√	√		√
4. 一次眼刺激试验	√								
5. 多次性眼刺激试验									
6. 急性皮肤刺激试验									
7. 多次皮肤刺激试验									

注：打"√"者为进行检测项目。

4. 特殊用途化妆品复审检测项目

特殊用途化妆品复审检测项目见表7-4。

二、首次进口的化妆品审批程序

1. 申报

首次进口的化妆品，国外厂商或其代理商必须在进口地地、市以上卫生行政部门领取并填写《进口化妆品卫生许可申请表》，直接向国务院卫生行政部门申请。审评机构（卫生部卫生监督中心）负责产品申报受理，并对申报资料进行形式审查，然后将符合要求的产品申报资料及样品送卫生部健康相关产品评审委员会，对不符合要求的产品申报资料不予受理，并通知申报单位。

表 7-4 特殊用途化妆品复审检测项目

检 测 项 目	育发	染发	烫发	脱毛	除臭	健美	美乳	祛斑	防晒
1. 皮肤变态反应试验	√	√	√	√	√	√	√	√	√
2. 皮肤光毒试验								√	√
3. 皮肤光变态反应试验									√
4. 鼠伤寒沙门菌回复突变试验	√	√				√			
5. 体外哺乳动物细胞染色体畸变和SCE检测试验	√	√				√			
6. 禁用物质和限用物质含量测定	√	√				√	√	√	√
7. 人体试用试验									
①效果观察（评审参考）	√	√				√			
②不良反应观察	√	√	√	√	√	√	√	√	√

注：打"√"者为进行检测项目。

2. 进口化妆品卫生批件申报资料要求

进口化妆品卫生批件申报资料要求见表 7-5。

表 7-5 进口化妆品卫生批件申报资料要求

申报资料要求	备注
1. 申报资料的一般要求	
（1）首次申报特殊用途化妆品许可的，提供原件一份、复印件四份；复印件应清晰并与原件一致	
（2）申请备案、延续、变更、补发批件、补正资料的，提供原件四份	
（3）除检验报告及官方证明文件外，申报材料原件应逐页加盖申报单位公章或盖骑缝章	
（4）使用 A4 规格纸张打印，使用明显区分标志，按规定顺序排列，并装订成册	
（5）使用中国法定计量单位	
（6）申报内容应完整、清楚，同一项目的填写应当一致	
（7）所有外文（产品配方及国外地址除外）均应译为规范的中文，并将译文附在相应的外文资料前	
2. 申请进口特殊用途化妆品所需申报资料要求	
（1）进口特殊用途化妆品卫生行政许可申请表	
（2）产品配方	
（3）申请育发、健美、美乳类产品的，应提交功效成分及使用依据	
（4）生产工艺简述和简图	
（5）产品质量标准	
（6）经认定的化妆品检验机构出具的检验报告及相关资料，按下列顺序排列： ①检验申请表； ②检验受理通知书； ③产品说明书； ④卫生学（微生物、理化）检验报告； ⑤毒理学安全性检验报告； ⑥人体安全试验报告	
（7）产品原包装（含产品标签）。拟专为中国市场设计包装上市的，需同时提供产品设计包装（含产品标签）	
（8）产品在生产国（地区）或原产国（地区）允许生产销售的证明文件	
（9）来自发生"疯牛病"国家或地区的产品，应按要求提供官方检疫证书	
（10）代理申报的，应提供委托代理证明	
（11）可能有助于评审的其他资料	
另附未启封的样品 1 件	
3. 申请进口非特殊用途化妆品所需申报资料要求	
（1）进口非特殊用途化妆品备案申请表	
（2）产品配方	
（3）产品质量标准	

申报资料要求	备注
(4) 经认定的化妆品检验机构出具的检验报告及相关资料,按下列顺序排列: ① 检验申请表; ② 检验受理通知书; ③ 产品说明书; ④ 卫生学(微生物、理化)检验报告; ⑤ 毒理学安全性检验报告	
(5) 产品原包装(含产品标签)。拟专为中国市场设计包装上市的,需同时提供产品设计包装(含产品标签)	
(6) 产品在生产国(地区)或原产国(地区)允许生产销售的证明文件	
(7) 来自发生"疯牛病"国家或地区的产品,应按要求提供官方检疫证书	
(8) 代理申报的,应提供委托代理证明	
(9) 可能有助于评审的其他资料	
另附未启封的样品1件	
4. 多个原产国(地区)生产同一产品可以同时申报,其中一个原产国生产的产品按进口特殊和进口非特殊化妆品规定提交全部材料外,还需提交以下材料	
(1) 不同国家的生产企业属于同一企业集团(公司)的证明文件	
(2) 企业集团出具的产品质量保证文件	
(3) 原产国发生"疯牛病"的,还应提供疯牛病官方检疫证书	
(4) 其他原产国生产产品原包装	
(5) 其他原产国生产产品的卫生学(微生物、理化)检验报告	

3. 评审与批准

国务院卫生行政部门在收到申报材料后,组织化妆品安全性评审组对申报产品进行审查。审查通过的产品,经国务院卫生行政部门批准后,发给"进口化妆品卫生许可批件"和批准文号。批件流程见图7-1。

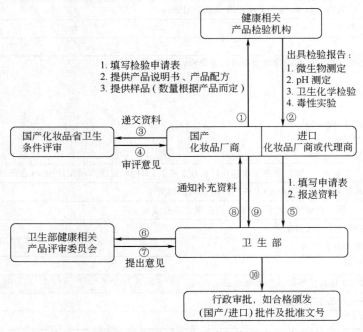

图7-1 国产和首次进口化妆品申报审批流程对照图

卫生部批准进口的化妆品每一品种批准一个批号。
进口化妆品卫生许可批件文号的批件格式：
（××）卫妆进字第××××号
　①　　　②　　　③

式中各个部分所代表的意义：①进口化妆品批准文件批准的年份；②进口化妆品批准文件批准标准格式；③进口化妆品批准文件批准的编号。

4. 进口非特殊用途化妆品实验报告目录

进口非特殊用途化妆品实验报告目录见表7-6。

表7-6　进口非特殊用途化妆品实验报告目录

实 验 项 目	眼部用品	一般护肤类	香水类	唇膏类	浴液类	发用类	一般美容品
1. 微生物检验(四项)	√	√	√	√	√	√	√
2. 卫生化学检验(四项)	√	√	√	√	√	√	√
3. 急性经口毒性试验				√			
4. 一次眼刺激试验	√				√	√	
5. 多次性眼刺激试验	√						
6. 急性皮肤刺激试验	√	√	√			√	
7. 多次皮肤刺激试验				√			
8. 皮肤变态反应试验				√			
9. 人体试用:不良反应观察	√	√	√	√	√	√	√

注：1. 打"√"者为实验项目。
2. 本目录也可作为国产非特殊用途化妆品卫生质量评价实验项目。

三、申报产品以委托加工方式生产的，除按以上规定提交材料外，还需提交的材料内容

（1）委托方与被委托方签订的委托加工协议书。
（2）进口产品应提供被委托生产企业的质量管理体系或良好生产规范的证明文件。
（3）被委托生产企业所在国发生"疯牛病"的，还应提供疯牛病官方检疫证书。

四、化妆品报批分类明细

化妆品报批分类明细见表7-7。

表7-7　化妆品报批分类明细

进口普通化妆品分类	进口特殊用途化妆品、国产特殊用途化妆品分类	
发用品	1. 育发类*	6. 防晒类*
护肤品	2. 健美类*	7. 除臭类*
彩妆品	3. 美乳类*	8. 祛斑类※
指(趾)甲用品	4. 染发类	9. 脱毛类※
芳香品	5. 烫发类	

以上标有*的项目需做人体试用试验，标有※的项目需做人体斑贴试验。

资 料 卡

化妆品都要检验哪些项目

化妆品一般要进行微生物检验、卫生化学检验、pH测定、急性经口毒性等毒性试验、眼刺激性试验、皮肤变态反应试验、人体试用试验、人体斑贴试验等。

五、化妆品申报涉及的机构

化妆品的申报,主要涉及四种机构:①检测机构;②审批办公室;③评审委员会;④卫生行政部门。具体职能见表7-8。

表 7-8 化妆品申报涉及机构的职能

相关机构名称	职能
检测机构	接受企业的委托,负责对产品进行技术检验,并出具检验报告。具体为各省、直辖市的疾病控制中心(或卫生防疫站)、中国疾病预防控制中心环境与健康相关产品安全所(简称环境所)、中国预防医学科学院等。进口化妆品检验部门指定为环境所
审批办公室	负责对企业的申报材料进行初步审核,材料符合要求则负责安排产品参加评审会;将评审意见通知企业;对于拟批准的产品上报卫生部;发放证书等。具体为各省、直辖市卫生厅(局)的审批受理机构、卫生部食品化妆品监督审批办公室,广东、上海、北京由药监局相关部门负责
评审委员会	负责对申报的产品进行技术评审。原为各省、直辖市的初审委员会和卫生部评审委员会
卫生行政部门	对通过了评审委员会技术评审的产品进行进一步审核,如符合有关法规的规定,则予以上报或批准,经批准的产品赋予化妆品批准文号

六、化妆品卫生批件申报程序时间表

1. 化妆品卫生批件的审批时限

从生产企业向卫生部递交资料至得到是否批准的通知需要6~8个月。根据"卫生部健康相关产品审批工作程序"的规定,将时限规定汇总于图7-2、图7-3。

2. 卫生部化妆品评审会的召开时间

卫生部在2004年7月1日颁布了《卫生部关于简化进口非特殊用途化妆品卫生许可程序的通知》卫监督发〔2004〕217号。自2004年8月1日起,卫生部对申请备案的进口非特殊用途化妆品不组织技术评审,实行备案管理。

对企业申请国产和进口特殊化妆品,卫生部会组织技术评审,技术评审会每年召开四次,分别在3月份、6月份、9月份、12月份的中旬开始,每次评审会历时10~15天。

七、申请延续许可有效期、变更许可及补发许可批件等有关事项

其他报批相关事宜包括:①申请延续许可有效期;②申请变更许可事项;③申请补发许可批件等。其申报所需的材料见表7-9。

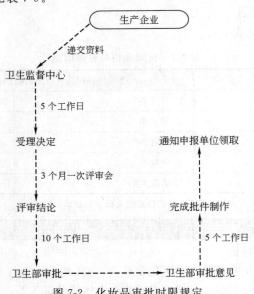

图 7-2 化妆品审批时限规定

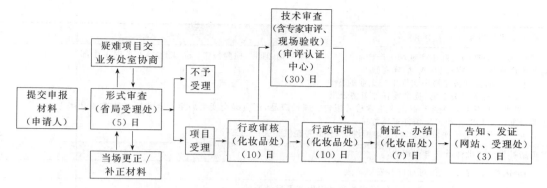

图 7-3 广东省化妆品行政许可程序
注：省局指广东省食品药品监督管理局

表 7-9 申报材料

申请延续许可有效期所需申报资料	备注
(1)化妆品卫生行政许可延续申请表	
(2)卫生行政许可批件(备案凭证)原件	
(3)产品配方	
(4)质量标准	
(5)市售产品包装(含产品标签)	
(6)市售产品说明书	
(7)代理申报的,应提供委托代理证明	
(8)可能有助于评审的其他资料。另附未启封的市售产品1件	
申请变更许可事项所需申报资料	
(一)健康相关产品卫生行政许可变更申请表	
(二)化妆品卫生行政许可批件(备案凭证)原件	
(三)其他材料 1. 生产企业名称、地址的变更(包括自助变更和被收购合并两种情况) (1)国产产品须提供当地工商行政管理机关出具的证明文件原件、生产企业卫生许可证复印件 (2)进口产品须提供生产国政府主管部门或认可机构出具的相关证明文件。其中,因企业间的收购、合并而提出变更生产企业名称的,也可提供双方签订的收购或合并合同的复印件。证明文件需翻译成中文,中文译文应有中国公证机关的公证 (3)企业集团内部进行调整的,应提供当地工商行政管理机关出具的变更前后生产企业同属于一个集团的证明文件;子公司为台港澳投资企业或外资投资企业的,可提供《中华人民共和国外商投资企业批准证书》或《中华人民共和国台港澳侨投资企业批准证书》公证后的复印件 (4)涉及改变生产现场的,应提供变更后生产企业产品的卫生学检验报告。对于国产产品,还应提交变更后生产企业所在地省级卫生监督部门出具的生产卫生条件审核意见;对于进口产品,必要时卫生部对其生产现场进行审查和(或)抽样复验 2. 产品名称的变更 (1)申请变更产品中文名称的,应在变更申请表中说明理由,并提供变更后的产品设计包装;进口产品外文名称不得变更 (2)申请变更产品名称 SPF 值或 PA 值标识的,须提供 SPF 或 PA 值检验报告,并提供变更后的产品设计包装 3. 备注栏中原产国(地区)的变更 (1)不同国家的生产企业属于同一企业集团(公司)的证明文件 (2)企业集团出具的产品质量保证文件 (3)变更后原产国发生"疯牛病"的,应提供疯牛病官方检疫证书 (4)变更后原产国生产的产品原包装	

续表

申请变更许可事项所需申报资料	备注
（5）变更后原产国实际生产现场生产产品的卫生学（微生物、理化）检验报告。进口产品，必要时卫生部对其生产现场进行审查和（或）抽样复验 4. 国产产品批件备注栏中实际生产企业的变更 （1）涉及委托生产关系的，提供委托加工协议书 （2）提供变更后生产企业产品的卫生学检验报告。国产产品，还应提交变更后生产企业所在地省级卫生监督部门出具的生产卫生条件审核意见 5. 申请其他可变更项目变更的，应详细说明理由，并提供相关证明文件	
申请补发许可批件所需申报资料	
（1）健康相关产品卫生许可批件补发申请表	
（2）因批件损毁申请补发的，提供健康相关产品卫生许可批件原件	
（3）因批件遗失申请补发的，提供刊载遗失声明的省级以上报刊原件（遗失声明应刊登20日以上）	
申请化妆品新原料许可的所需申报资料	
（一）化妆品新原料卫生行政许可申请表	
（二）研制报告 1. 原料研发的背景、过程及相关的技术资料 2. 阐明原料的来源、理化特性、化学结构、分子式、相对分子质量 3. 该原料在化妆品中的使用目的、依据、范围及使用限量	
（三）质量标准（包括检验方法、纯度、杂质含量）	
（四）生产工艺简述及简图	
（五）毒理学安全性评价资料	
（六）代理申报的，应提供委托代理证明	
（七）可能有助于评审的其他资料。另附样品1件	

链 接

根据卫生部关于实施《化妆品卫生规范》（2007年版）的有关问题的通知，2007年7月1日前已经获得卫生部批准或备案的化妆品，若其配方中使用了《规范》新规定的禁用物质或限用物质超出限制要求，应及时向卫生部卫生监督中心申请变更产品配方，并提交健康相关产品卫生许可批件变更申请表、更改后的配方和相关卫生许可批件或备案凭证原件。经专家审核，变更后配方符合卫生安全要求的，准予变更；需要提供卫生安全资料的，将通知企业予以补充；不符合卫生安全要求的将注销产品批号和备案号。

2007年7月1日前已通过现场审核或被检验机构受理的化妆品，若配方中存在上述情形的，在申请化妆品卫生行政许可过程中，可参照上述原则提出修改配方。

八、申报相关事项所需填写的表格（表7-10）

表7-10 申报表格

序号	表格名称	备注
1	国产特殊用途化妆品卫生行政许可申请表	
2	进口特殊用途化妆品卫生行政许可申请表	
3	进口非特殊用途化妆品备案申请表	
4	化妆品卫生行政许可延续申请表	
5	化妆品新原料卫生行政许可申请表	
6	健康相关产品卫生许可批件变更申请表	
7	健康相关产品卫生许可批件补发申请表	

第三节 化妆品卫生行政许可报批当中的常见问题和注意事项

一、产品命名要求

(1) 产品命名必须符合下列原则。
① 符合国家有关法律、法规、规章、标准、规范的规定。
② 反映产品的真实属性,简明、易懂,符合中文语言习惯。
③ 名称由商标名、通用名、属性名三部分组成。名称顺序为商标名、通用名、属性名。

(2) 产品商标名、通用名、属性名必须符合下列要求。
① 商标名应当符合国家有关法规的规定,一般采用产品的注册商标。不得使用有夸大功能或误导消费者的商标。
② 通用名应当准确、科学,可以是表明主要原料、主要功效成分或产品功能的文字,但不得使用明示或暗示治疗作用的文字。
③ 属性名应当表明产品的客观形态,不得使用抽象名称。但消费者已知晓其属性的传统产品,可省略属性名,如:口红、胭脂、眼影等。

(3) 同一配方不同剂型的产品,在命名时可采用同一商标名和通用名,但需标明不同的属性名。

(4) 产品商标名、通用名、属性名相同,但具有不同颜色、气味、适用人群的化妆品(如眼影、粉饼、胭脂、腮红、睫毛膏、染发剂、指甲油、洗发液等),应在属性名后标识以示区别。

(5) 产品命名时禁止使用下列内容。
① 消费者不易理解的专业术语及地方方言。
② 虚假、夸大和绝对化的词语,如"特效"、"高效"、"奇效"、"广谱"、"第×代"等。
③ 庸俗或带有封建迷信色彩的词语。
④ 已经批准的药品名。
⑤ 外文字母、汉语拼音、符号等。如为注册商标或必须用外文字母、符号的,需在说明书中用中文说明。

(6) 进口健康相关产品的中文名称应尽量与外文名称对应。可采用意译、音译或意、音合译,一般以意译为主。

二、产品配方的相关要求

(1) 应标明全部成分的名称、使用目的、百分含量,并按含量递减顺序排列;各成分有效物含量均以百分之百计,特殊情况(如有效物含量非百分之百、含结晶水及存在多种分子结构等)应详细标明。

(2) 成分命名应使用 INCI 名,国产产品可使用规范的 INCI 中文译名,无 INCI 名的可使用化学名,但不得使用商品名、俗名。

(3) 着色剂应提供《化妆品卫生规范》规定的 CI 号。

(4) 成分来源于植物、动物、微生物、矿物等原料的,应提供拉丁文学名。

(5) 含有动物脏器提取物的,应提供原料的来源、质量规格和原料生产国允许使用的证明。

(6) 分装组配的产品(如染发、烫发类产品等)应将各部分配方分别列出。

(7) 含有复配限用物质的,应申报各物质的比例。

(8)《化妆品卫生规范》对限用物质原料有规格要求的,申报单位还应提供由原料供应商出具的该原料的质量规格证明。

三、产品的质量标准的相关要求

(1) 提供企业控制本产品质量的内控标准。
(2) 应含颜色、气味、性状等感官指标。

(3) 应含微生物指标、卫生化学指标。

(4) 烫发类、脱毛类、祛斑类及含羟基酸类产品还应有 pH 指标及其检测方法（采用化妆品卫生规范方法的除外）。

四、产品包装的相关要求

送审样品应有完整的产品包装，包装内应含产品说明书。因体积过小（如口红、唇膏等）而无产品说明书或将说明内容印制在产品容器上的，应提交相关说明。进口产品外包装上的所有外文标识不得遮盖，并分别译为规范的中文。

五、进口化妆品中文标签申报

国家质检总局从 2006 年 4 月 1 日起，实行"关于调整进出口食品、化妆品标签审核制度的公告"，进出口化妆品的标签审核与进出口化妆品检验检疫结合进行，不实行预先审核。

由各地出入境检验检疫机构对进出口化妆品检验合格后，在按规定出具的检验证明文件中加注"标签经审核合格"即可进口。

检验检疫机构对进出口食品、化妆品进行检验检疫，包括标签审核、检测、查验，统一按检验检疫收费标准收费，不再收取标签审核费。

六、多色号系列进口非特殊用途化妆品注册

其安全性检验及申报应符合《卫生部关于多色号系列化妆品有关问题的通知》（卫法监发 [2003] 231 号）。

七、不可拆分的同一销售包装含有多个同类产品，且只有一个产品名称注册的要求

不可拆分的同一销售包装含有多个同类产品注册（如粉饼、眼影、腮红等）时，且只有一个产品名称，可以按照一个产品申报。申报资料除产品配方、质量标准、检验报告外，其余资料可按一个产品递交。

八、生产国（地区）允许生产销售的证明文件的相关要求

(1) 每个产品一份证明文件原件。由产品生产国或原产国（地区）政府主管部门、行业协会出具。无法提供文件原件的，可提供复印件，复印件须由出具单位确认或由我国使（领）馆确认。

(2) 证明文件应载明产品名称、生产企业名称、出具文件的单位名称并盖有单位印章或法定代表人（或其授权人）签名及文件出具日期。

(3) 所载明的产品名称和生产企业名称应与所申报的内容完全一致；如为委托加工或其他方式生产，其证明文件所载明的生产企业与所申报的内容不一致时，由申报单位出具证明文件予以说明。

(4) 证明文件已载明有效期的，申报产品的时间应在有效期内。

(5) 一份证明文件载明多个产品的应同时申报，其中一个产品提供原件，其他可提供复印件，并提交书面说明，指明原件在哪个产品申报资料中。

(6) 生产销售证明文件如为外文，应译为规范的中文，中文译文应由中国公证机关公证。

(7) 无法提交生产销售证明文件的，卫生部可对产品生产现场进行审核。

九、"疯牛病"官方检疫证书的相关要求

(1) 应符合卫生部 2002 年第 1、2、3 号公告及卫法监发 [2003] 137 号文的要求。

(2) 一份证书载明多个产品的应同时申报，其中一个产品提供原件，其他产品可提供复印件，并提交书面说明，指明原件在哪个产品申报资料中。

(3) 证书格式（包括签字印章）应与证书出具国家在卫生部备案的样式一致。

十、进口产品委托书文件要求

(1) 每个产品一份委托书原件。

（2）委托书应载明委托书出具单位名称、受委托单位名称、委托申报产品名称、委托事项和委托书出具日期。

（3）委托书应有出具单位印章或法人代表人（或其授权人）签名。

（4）委托书载明的出具单位应与申报产品生产企业完全一致。

（5）委托书载明的受委托单位应与申报单位完全一致。

（6）委托书载明的产品名称应与申报产品名称完全一致。

（7）委托书凡载明有效期的，申报产品的时间应在有效期内；每个产品一份委托书原件。

（8）受委托单位再次委托其他单位申报产品时，应出具产品生产企业的认可文件。

（9）委托书中文译文应有中国公证机关的公证。

十一、补正材料的相关要求

（1）针对"行政许可技术审查延期通知书"提出的评审意见提交完整的补正材料，补正材料须逐页加盖申报单位的公章。

（2）接到"行政许可技术审查延期通知书"后，申报单位应在一年内提交补正资料，逾期未提交的，视为终止申报。如有特殊情况的应提交书面说明。

具体可参阅：《卫生部化妆品卫生行政许可申报受理规定》（2006年版）

思考题

1. 化妆品卫生许可证如何办理？
2. 国内企业想生产特殊用途化妆品，除化妆品卫生许可证外，还需办理何种行政许可？
3. 如果在卫生行政许可申报过程中提供虚假材料将会受到什么处罚？
4. 进口非特殊用途化妆品，是否还需要卫生监督部门行政审批？
5. 化妆品卫生许可证有效期有几年？如何办理延续和变更？

第四篇

化妆品生产监督管理

第八章 化妆品生产监督管理

学习目标：通过本章节的学习，学生应该能够掌握化妆品生产许可证制度，熟悉化妆品生产企业生产条件应达到的要求，掌握产品质量检验和生产许可证监督管理的内容，为从事化妆品生产工作及管理打下基础。

第一节 化妆品生产许可证制度及法律依据

我国对化妆品实行生产许可证管理制度，根据《中华人民共和国工业产品生产许可证管理条例》和《中华人民共和国工业产品生产许可证管理条例实施办法》，国家质量监督检验检疫总局下属的全国工业产品生产许可证办公室组织省、市质量技术监督部门负责全国工业产品生产许可证统一管理工作，获证企业必须在化妆品的包装或说明书上标明生产许可证标记和编号。

工业产品生产许可证制度是国家为了加强质量管理，确保危及人体健康、人身财产安全的重要工业产品的质量，配合国家产业政策的实施，促进市场经济的健康发展，而实施的一项政府行政审批制度，是我国对重要工业产品进行强制性质量管理的重要形式。化妆品作为直接接触人体的产品，它的生产应该受到规范。

一、化妆品生产许可证管理的历史沿革

为了切实加强化妆品企业生产的管理，促进企业完善连续生产合格产品的条件，确保产品符合国家标准和规范的基本要求，根据国务院发布的《工业产品生产许可证试行条例》，1984年起，化妆品产品被国家质量技术监督局列入"生产许可证"管理。同年，国家经济委员会发布了《工业产品生产许可证管理办法》，对化妆品中的两大基础类产品"护肤品"和"发用品"进行了分别发证（表8-1）。

1994年，根据国务院发布的《工业产品生产许可证试行条例》、原国家经济委员会发布的《工业产品生产许可证管理办法》、全国工业产品生产许可证办公室颁发的《编写产品生产许可证

表 8-1　化妆品生产许可证相关法规

序号	发布单位	法规名称	发布日期	实施日期
1	国务院	工业产品生产许可证试行条例(已废)	1984-04-07	1984-04-07
2	国家经济委员会	工业产品生产许可证管理办法(已废)	1984-07-07	1984-07-07
3	国家质检总局	工业产品生产许可证管理办法(已废)	2002-04-19	2002-06-01
4	全国工业产品生产许可证办公室	化妆品生产许可证实施细则	1994-08-24	1994-08-24
5	全国工业产品生产许可证办公室	化妆品产品生产许可证换(发)证实施细则	2001-08-16	2001-08-16
6	国务院 全国工业产品生产许可证办公室	中华人民共和国工业产品许可证管理条例	2005-07-09	2005-09-01
7	国家质检总局	中华人民共和国工业产品许可证管理条例实施办法	2005-09-15	2005-11-01
8	国家质检总局	化妆品生产许可实施通则(征求意见中)		
9	国家质检总局	化妆品生产许可证审查细则(征求意见中)		

实施细则的要求》以及有关化妆品法规的规定，结合化妆品生产许可证的实施情况，原中国轻工总会生产许可证办公室制定并颁布了《化妆品生产许可证实施细则》。

从此，我国化妆品生产许可证进入了"合一"阶段。对已建立行业标准的 3 大类 25 小类产品进行了发证管理，那些没有行业标准的产品，如睫毛膏等，未能纳入发证管理。这个时期，化妆品生产许可证改变了一类一证的现象，实现了"发用类"、"护肤类"的两证合一，直接针对企业发放生产许可证。

2001 年，全国工业产品许可证办公室制定并实施了《化妆品产品生产许可证换（发）证实施细则》（表 8-1），化妆品生产许可证实施了化妆品定义内的全范围发证，结束了化妆品行业部分产品不能纳入生产许可证管理的时代。这个时期化妆品生产许可证管理更加贴近行业实际状况，具有以下几个特点：①明示的执行标准作为检测产品质量的依据；②生产许可证管理允许了化妆品行业的外委加工（OEM）方式和半成品加工方式；③企业的卫生许可证前置，体现了卫生许可是化妆品生产的基本要求。

2005 年，国务院发布了《中华人民共和国工业产品生产许可证管理条例》，国家质检总局发布了《中华人民共和国工业产品生产许可证管理条例实施办法》。1984 年制定的《工业产品生产许可证试行条例》和 2002 年修订的《工业产品生产许可证管理办法》同时废止。

资 料 卡

■《中华人民共和国工业产品生产许可证管理条例》
主要内容：
第一章　总则
第二章　申请与受理
第三章　审查与决定
第四章　证书与标志
第五章　监督检查
第六章　法律责任
第七章　附则

> ■《中华人民共和国工业产品生产许可证管理条例实施办法》
> 主要内容：
> 　　第一章　总则
> 　　第二章　生产许可程序
> 　　　　1. 申请与受理
> 　　　　2. 审查与决定
> 　　　　3. 对审查工作的监督检查
> 　　　　4. 集团公司的生产许可
> 　　　　5. 委托加工备案
> 　　第三章　核查人员的管理
> 　　第四章　审查机构的管理
> 　　第五章　检验机构的管理
> 　　第六章　证书和标志
> 　　第七章　省级质量监督局发证的管理
> 　　第八章　监督检查
> 　　第九章　罚则
> 　　第十章　附则

二、化妆品生产许可证的性质及特点

1. 化妆品生产许可证的性质

化妆品产品生产许可证是按国家的有关规定，通过对化妆品产品生产企业（以下简称生产企业）的产品检验测试和质量体系必备条件审查，确认其符合生产合格产品规定要求而许可其生产该产品的一种资格证书。

化妆品产品生产企业必须具有按规定程序批准的正确、完整、统一的技术工艺文件，必须具备保证该产品的生产设备、工艺装备和计量检测与测试手段，必须有一支足以保证产品质量、进行连续生产的专业技术人员、熟练技术工人及计量检测人员等组成的队伍，并能严格按照生产工艺和技术标准进行生产、试验和测试，必须建立并实施有效的管理制度，从质量管理角度来看，生产许可证是确认生产企业质量保证能力的一种资格证书。

2. 化妆品生产许可证的特点

（1）在化妆品发证产品范围内，生产许可证是一种强制性质量管理措施　依据《中华人民共和国工业产品生产许可证管理条例》及实施办法，国家对重要工业产品实行生产许可证制度管理。任何企业未取得生产许可证不得生产实行生产许可证制度管理的产品。任何单位和个人不得销售或者在经营活动中使用未取得生产许可证的产品。

（2）化妆品产品生产许可证是国家许可企业生产其获证产品的资格证书　不同的化妆品产品根据其特点，对厂区要求、工艺布局、生产设备及工艺装备等，都有着不同的规定，《化妆品产品生产许可证换（发）证实施细则》规定，获得生产许可证仅说明该生产企业具备生产获证产品的资格，并不具有生产其他实施生产许可证制度的产品的资格。企业只能生产获证化妆品产品，如果生产其他化妆品产品，也同样要作为生产无证产品而受到查处。

（3）生产企业所获得的生产许可证仅对本生产企业的获证产品有效　依据《化妆品产品生产许可证换（发）证实施细则》，企业所获得的生产许可证书只准其自己使用，不能转让给其他企业（包括获证企业的联营者），情节严重者要被注销生产许可证。反之，如果要生产发证化妆品产品，必须按规定申请取证，不得伪造或冒用其他企业（包括本企业的联营者）的生产许可证。否则，按无证产品查处。

（4）化妆品生产许可证的有效期　化妆品生产许可证的有效期为5年，期满应进行复查，经复查合格者换发新证。

三、实施生产许可证的化妆品产品的管理范围

根据化妆品产品的生产工艺，《化妆品产品生产许可证换（发）证实施细则》中明确规定了化妆品换（发）生产许可证的产品共分为六个申证单元（表8-2）：一般液态单元、膏霜乳液单元、粉单元、气雾剂及有机溶剂单元、蜡基单元、其他单元。

表8-2 化妆品生产许可范围

产品类别	产品单元		产品品种
化妆品	一般液态单元（不需乳化）	护发清洁类	洗发液、洗发膏、发露、发油（不含推进剂）、摩丝（不含推进剂）、梳理剂、洗面奶、液体面膜等
		护肤水类	护肤水、紧肤水、化妆水、收敛水、卸妆水、眼部清洁液、按摩液、护唇液、生发液、护肤精油、无纺布面膜等
		染烫发类	染发剂、烫发剂等
		啫喱类	啫喱水、啫喱膏、美目胶等
	膏霜乳液单元（需经乳化）	护肤清洁类	膏、霜、蜜、香脂、奶液、洗面奶、无纺布面膜等
		发用类	发乳、焗油膏、染发膏、护发素等
	粉单元	散粉类	香粉、爽身粉、痱子粉、定妆粉、面膜（粉）、浴盐、洗发粉、染发粉等
		块状粉类	胭脂、眼影、粉饼等
	气雾剂及有机溶剂单元	气雾剂类	摩丝、发胶、彩喷等
		有机溶剂类	香水、花露水、指甲油等
	蜡基单元		唇膏、眉笔、唇线笔、发蜡、睫毛膏、唇彩、液体唇膏等
	其他单元		目前暂未属于此单元的产品。如遇不能归属前五个单元的产品，直接由化妆品审查部受理
牙膏	牙膏		牙膏

注：根据中国轻工业联合会文件（中轻联综［2001］164号）的建议，申证单元"一般液态单元护发清洁类"中的浴液和洗手液不纳入本次化妆品生产许可证换（发）范围。

四、化妆品企业的管理范围

《化妆品产品生产许可证换（发）证实施细则》适用于在中华人民共和国境内从事化妆品产品生产的所有企业和单位。《化妆品产品生产许可证换（发）证实施细则》对化妆品产品生产许可证管理的企业作出如下规定。

（1）凡在中华人民共和国境内从事化妆品产品生产并销售的所有企业，不论其性质和隶属关系如何，都必须取得生产许可证，才具有生产并在中国境内销售该产品的资格。任何企业不得生产和销售无生产许可证的化妆品产品。

（2）企业必须持有工商行政管理部门核发的营业执照。企业的法人名称经营范围与所持营业执照一致，执照的经营范围必须包括企业申请生产的化妆品产品。

（3）凡在中华人民共和国境内从事化妆品产品生产的所有企业，不论其性质和隶属关系如何，只要企业有独立的营业执照，都可单独申请生产许可证。

（4）对于依法独立承担产品质量法律责任的集团公司的子公司或生产厂，应单独申请生产许可证。对于不能依法独立承担产品质量法律责任的集团公司中的分公司或生产厂，由集团公司申请生产许可证，但是其所有的分公司或生产厂必须在申请书上注明，都必须接受审查并全部达到合格要求后方可取证。

（5）对采取委托加工方式生产的企业，只受理有化妆品生产能力企业的换（发）证的申请，无生产能力的企业不能申请生产许可证。

（6）化妆品产品被列入生产许可证发证目录后，企业应在规定时间内取得生产许可证。

(7) 取证后，企业更改注册名称时，应按规定及时更换生产许可证。

(8) 企业迁址、生产条件发生重大变更或增加申证单元，应按规定向省（市）技术监督局重新提出申请，重新换发生产许可证。

五、行政管理机构及职责

1. 国家行政管理机构及职责

(1) 国家质量监督检验检疫总局　国家质量监督检验检疫总局负责化妆品产品生产许可证的颁发和监督管理工作，并设立全国工业产品生产许可证办公室（以下简称全国许可证办公室）负责化妆品产品生产许可证的颁发和监督管理的日常工作。

(2) 全国许可证办公室的职责范围

① 督促检查《化妆品产品生产许可证换（发）证实施细则》的贯彻实施。

② 制定化妆品产品生产许可证管理办法及有关工作文件。

③ 审核《化妆品产品生产许可证换（发）证实施细则》，负责对全国承担生产许可证检验任务的检验单位进行审批和管理。

④ 确定发证编号，规定化妆品产品生产许可证统一证书、标志和编号方法。

⑤ 审核取得化妆品产品生产许可证的企业、产品名单并统一公布。

⑥ 统一管理化妆品产品生产许可证年审工作。

⑦ 组织领导对生产和销售无证产品的查处工作。

(3) 全国工业产品生产许可证办公室化妆品生产许可证审查部的职责范围　全国工业产品生产许可证办公室化妆品生产许可证审查部（以下简称审查部）为全国许可证办公室下设的办事机构，设在中国香料香精化妆品工业协会，受全国许可证办公室的委托，其职责为：

① 起草《化妆品产品生产许可证换（发）证实施细则》；

② 负责对《化妆品产品生产许可证换（发）证实施细则》的宣传贯彻；

③ 负责按比例抽查各省市对化妆品产品生产企业生产条件审查的结果；

④ 对弄虚作假、地方保护等问题严重者，报全国工业产品生产许可证办公室予以处理；

⑤ 汇总各省（区、市）对企业生产条件的审查结论和各检验单位对产品质量的检验报告，将经审查符合发证条件的企业名单，报全国工业产品生产许可证办公室；

⑥ 按照全国工业产品生产许可证办公室批准的获证企业及编号填写证书，将生产许可证书寄送有关省市质量技术监督局；

⑦ 负责对获得化妆品产品生产许可证的企业年度监督审查；

⑧ 负责收集总结行业质量状况，定期向国家质量监督检验检疫总局和行业主管部门报告；

⑨ 承担全国工业产品生产许可证办公室交办的其他事宜。

2. 检验测试单位

(1) 承担生产许可证检验任务的检验机构应当符合以下基本条件。

① 依法设置和依法授权的检验机构。

② 具备规定检验范围的检验条件和能力，通过计量认证。

③ 具有健全的管理体系并有效运行。

④ 符合《化妆品产品生产许可证换（发）证实施细则》和标准规定的特殊要求。

(2) 检验单位的职责

① 按年度发证计划和发证部门下达的检测计划，在规定期限内完成发证产品的检测任务。

② 接受地方生产许可证办公室的委托，承担与无证查处工作有关的产品检测工作。

③ 接受有关部门的委托，承担生产许可证的定期检查和不定期抽查工作有关的产品检测工作。

④ 接受仲裁机关的委托，承担与生产许可证有关争议仲裁的检测任务。

第二节　生产许可证的办理程序

《化妆品产品生产许可证换（发）证实施细则》对于化妆品企业获得化妆品生产许可证的程序作出了严格规定，以保证行政审批工作的规范性和严肃性。各省市质检局工业产品生产许可证办公室受理企业生产许可证申请，受理后报国家质检总局统一组织审查发证。整个工作流程包括：申报、现场审核、产品质量检验、审定与发证和申诉五个部分。

一、生产许可证的申报和受理

《化妆品产品生产许可证换（发）证实施细则》对化妆品生产许可证的申报材料，以及不同性质的化妆品生产企业如何申报生产许可证提出了明确要求。

1. 生产许可证的申报

企业申请办理生产许可证必须报送如下申请资料：

（1）申请书（全称：《全国工业产品生产许可证申请书》）；

（2）申请书填表说明第6点所指的资料，包括营业执照、产品鉴定或型式试验报告、卫生、环保许可证等证明，申请时请将复印件连同原件一并报来，原件在核对后即退回。

国家物价管理部门核准的生产许可证收费项目为：①生产许可证审查费；②产品检测费由企业向检测部门交纳；③公告费。

对于不同性质的企业申报化妆品产品生产许可证，《化妆品产品生产许可证换（发）证实施细则》规定：凡有独立营业执照的企业，无论其是何种性质，与其他企业有何隶属关系，都可单独申请生产许可证；对于依法独立承担产品质量法律责任的集团公司的子公司或生产厂，应单独申请生产许可证。对于不能依法独立承担产品质量法律责任的集团公司中的分公司或生产厂，由集团公司申请生产许可证，但是其所有的分公司或生产厂必须在申请书上注明，都必须接受审查并全部达到合格要求后方可取证。

对采取委托加工方式生产的企业，只受理有化妆品生产能力企业的换（发）证的申请，无生产能力的企业不能申请生产许可证。半成品分装加工的企业，分装企业属独立的企业，必须具有营业执照、卫生许可证，单独进行申请；分装企业属经济联合体的，按经济联合体有关企业进行申请。

2. 生产许可证的受理

省市质检局按《化妆品产品生产许可证换（发）证实施细则》要求，对上报的申请材料进行审查，并对符合申报条件的企业发放《生产许可证受理通知书》。申请取证企业持《生产许可证受理通知书》，其产品在自受理通知书签发之日起六个月内不以无证论处。

3. 生产许可证受理的依据

（1）国务院颁发的《中华人民共和国工业产品许可证管理条例》。

（2）国家质检总局颁发的《中华人民共和国工业产品许可证管理条例实施办法》。

（3）全国工业产品生产许可办公室颁发的《化妆品产品生产许可证换（发）证实施细则》。

二、现场审查

省、自治区、直辖市质检局组织审查组，对企业生产条件进行审查。审查部将在全国范围内对企业生产条件进行抽查。

1. 审查组的组成

审查组的构成应符合下述原则。

（1）审查组成员必须严格遵守《发放生产许可证工作人员守则》，所有审查组成员的身份应具有公正性，与企业有利益关系者应予回避。

（2）审查组应由具有相关专业能力的人员组成。由于企业审查工作是政策性和技术性均较强的工作,因此参加审查组的主要人员必须是经培训、考核、正式被聘任的国家级、部级、省级生产许可证审查员。

(3) 审查组实行组长负责制,组长由生产许可证审查员担任。

(4) 审查组的人数应依审查的工作量而定,通常以 2~4 人为宜。过于庞大的审查组不仅会给申证企业增加负担,也会给审查组内部意见的统一带来困难。

2. 企业审查的一般规定

(1) 审查现场记录　审查组长根据省(市)质量技术监督局的统一部署,编制现场审查计划,提前通知企业。审查组的现场审查活动应覆盖企业生产条件有关申证产品的全部要求,并做好记录。审查组在现场审查结束前向企业报告审查情况。对现场审查中发现的问题,企业应在规定的时间内采取纠正措施,并向审查组报告整改情况。

(2) 审查结果的处理　对于生产条件审查合格的企业,审查组按要求抽取化妆品样品并封样,并对抽样工作的可靠性负责。

对于审查不合格的企业,省级许可证办公室应自接到不合格通报之日起 3 个工作日内,向企业发出《生产许可证审查不合格通知书》,同时收回《生产许可证受理通知书》。企业自接到《生产许可证审查不合格通知书》之日起,应进行认真整改,2 个月后方可再次提出取证申请。

(3) 对获得 ISO 9000 系列质量认证企业的审查　凡获得 ISO 9000 系列质量认证的企业,如果其质量认证的质量体系现场审查时间在一年之内的,可向审查组提出减免企业生产条件审查申请,同时附上企业现场审查证明材料(复印件),审查组可只对设备工具和测量器具进行审查。

(4) 审查异议　在审查中,如对被查内容的事实认定,或企业保密回避要求的合理性判断方面,审查组与企业发生意见分歧,应与企业协商,尽量取得一致意见。如不能取得一致意见,企业可以向全国生产许可证办公室提出异议申诉,以便得到公正、妥善的处理。

三、审定与发证

国家质检总局进行汇总审查,审定获证企业名单,并审批发证和公告。

1. 审定内容

国家质量监督检验检疫总局对以下单位(部门)的结果进行审查。

(1) 审查部对企业生产条件的审查结果,即:《化妆品产品企业生产条件审查不合格项汇总表》和《化妆品产品企业生产条件审查结论》。

(2) 承担检测任务的检验单位的检验报告结果。

2. 发证和公告

国家质检总局根据审查结果,审定获证企业名单,并审批发证和公告。

3. 不予发证的企业

《化妆品产品生产许可证换(发)证实施细则》规定,对以下企业不予发放生产许可证:

(1) 获证企业在规定期限内未提出换证申请;

(2) 换证企业生产条件审查不合格,或产品检验不合格,限期整改后仍达不到规定要求;

(3) 获证企业在其证书有效期内国家(行业)或省、市产品质量监督抽查不合格,限期整改仍达不到规定要求;

(4) 获证企业不能按《化妆品产品生产许可证换(发)证实施细则》规定生产化妆品而转产其他产品。

四、申诉

申证企业对生产条件审查及产品检验结果有异议时,可向全国生产许可证办公室提出申诉。对证书的发放与注销决定有异议时,可向国家质检总局提出复审申请或仲裁。

> **资料卡**
>
> ■《化妆品产品生产许可证换（发）证实施细则》（2001）
> 主要内容：
> 1. 总则
> 2. 管理机构和检验单位
> 3. 企业取得化妆品生产许可证的必备条件
> 4. 申请的受理
> 5. 工厂生产条件审查
> 6. 产品检验
> 7. 审定与发证
> 8. 生产许可证的监督管理
> 9. 申诉
> 10. 许可证换（发）证收费办法
> 11. 附件

工业产品生产许可省级发证工作流程图见图8-1。

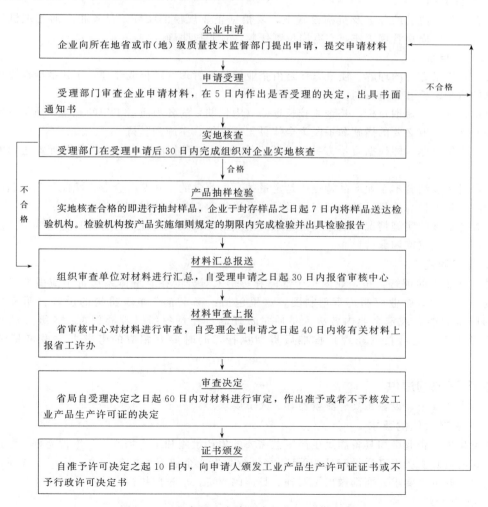

图8-1 工业产品生产许可省级发证工作流程图

第三节 生产企业的生产条件要求

根据 2001 年版《化妆品产品生产许可证换（发）证实施细则》附件 1 所提供的《化妆品产品企业生产条件审查办法》，国家质检总局全国工业产品生产许可证办公室负责组织省、市技术监督部门对适用于颁发化妆品产品生产许可证企业的生产条件进行审核。

具体按：质量管理责任、生产资源提供、技术文件管理、采购质量控制、过程质量管理、产品质量检验、文明安全生产，共七个部分 21 个审查项目、44 项审查内容（子项）进行审查评价。七个部分中的每一个审查项目，审查内容都按"合格"、"有缺陷"、"不合格"三种审查标准进行评定。

审查组对企业实施审查后，填写《化妆品产品企业生产条件审查不合格项和有缺陷项汇总表》，并对审查中的不合格项和有缺陷项进行综合评价，然后再填写《化妆品产品企业生产条件审查结论》，审查结论为：合格或不合格。

一、质量管理

质量管理是企业管理的一个重要组成部分，这部分包括组织领导、方针目标和管理职责。

1. 组织领导

在企业领导成员的分工及机构设置上，要根据企业规模的实际，设置相应的管理机构或人员，负责企业的质量管理工作，它有岗位责任制，且职权明确。

2. 方针目标

（1）对质量方针的理解 质量方针是由企业的最高管理（厂长或经理）正式批准颁布的、企业的总的质量宗旨和质量方向。

质量方针不是短期目标，是企业较长远的（中长期）的各项质量工作的总纲。质量方针应正式形成文件，采取必要的措施和手段为全体员工所理解、实施和坚持。

（2）质量目标 即根据质量方针的要求，企业在一定时期内开展质量工作所要达到的预期效果。

质量目标要结合本企业产品特点，是定量的，可测量的。必要时企业各职能部门可制定符合企业总的质量方针、质量目标的部门质量目标，以作为总体方针贯彻实施。

对方针目标的实施情况，通过具体记录及落实情况的记载，证明方针和目标已为员工所熟悉和理解，并得到贯彻和保持。

3. 管理职责

对管理职责的理解：是企业内每个部门和每个人对分配在质量体系运行中应做的工作及承担的责任。为此，企业应制定管理制度，这里包括：确定企业组织机构的设置、明确企业各部门的质量职能、规定企业内各级人员质量责任制。并且各部门质量职能、各级人员质量责任制度形成文件经厂长（经理）批准后贯彻执行，同时要有相应的考核办法及考核情况的记录。

二、生产资源的提供

包括生产设施、设备工具、测量器具、人员要求。

1. 对生产设施的要求

化妆品生产企业必须具备满足生产工艺需要的生产设施和工作场所，且维护完好，生产设施的设计和建造是生产出高质量产品的保证。《化妆品生产企业卫生规范》中，从厂址选择与厂区规划、生产的卫生要求方面都做出了明确、具体的规定，应按此执行。

2. 设备工具

（1）必备的设备及卫生要求 企业必须具有适合产品生产特点、能保证产品质量的生产设备及工艺装备。按六大单元化妆品生产应必备的设备,并配备相应的灌装、成型、包装设备。

生产设备、工具、容器应有清洗、消毒措施,要求凡接触化妆品原料和半成品的设备、工具、管道,必须用无毒、无害、抗腐蚀材质制作,内壁光滑无脱落,便于清洁和消毒,符合卫生要求。

(2) 设备管理制度及其实施 中小企业的设备管理制度包括设备管理的职责、设备的日常管理、设备的维护保养、计划检修等方面的内容。

设备的日常管理重点是:对设备的使用实行定人、定机专人负责,岗前培训,对设备用好、管好、保养好,操作者对设备会使用、会保养、会检查、会排除小故障等。通常是以建立设备台账,进行设备完好率的考核,设备操作和维修记录等,反映设备管理的实施情况。

3. 测量器具

(1) 必备的检测仪器 企业应根据生产的具体产品标准配备相关的检测仪器,常规的检测仪器如:分析天平、恒温培养箱、冰箱、恒温水浴锅、温度计、酸度计、微生物检测所必需的高压消毒锅、恒温培养箱、放大镜等。

(2) 性能、精确度要满足生产需要和达到检定规程的要求 为保证根据检测数据对产品质量作出正确的决策,企业应对产品生产过程中所使用的量具、仪器,以及对产品质量特性有影响的仪器设备,进行有效的控制,使检测仪器、计量器具的性能、精确度满足生产需要和达到检定规程的要求,即通常所说的计量工作。计量器具的品种、数量及其精度要满足生产与质量的要求,做到根据品种(种类)配备齐全,精度满足需要,质量稳定,修复及时。

4. 人员要求

人是化妆品生产企业中的第一要素,是管理的主体,因为企业的发展运行、化妆品的生产、销售和产品的质量监督都是靠人来实现的。企业应根据质量管理体系各工作岗位、质量活动及规定的职责对人员能力的要求选择能够胜任的人员从事该项工作,而人员的能力则可依据教育程度、接受的培训、具备的技能和工作经验来考虑。《化妆品产品生产许可证换(发)证实施细则》对人员的基本要求作出了规定。

(1) 企业质量负责人 企业质量负责人应具有一定的质量管理知识,熟悉产品质量法规,明确所承担的产品质量责任,并参加企业质量方针目标的制定及管理,定期向职工进行质量意识教育,同时应具有一定的化妆品专业知识及组织领导能力。

(2) 企业技术人员 企业技术人员应有一定的质量管理知识,掌握分工范围内的(如原料性质、配方设计、产品标准、工艺要求、检验方法等)专业技术知识。工程技术人员(含技术员以上技术职称或中专以上理工科毕业者)占企业职工数3%以上。

生产人员必须熟悉本岗位作业标准、质量标准和工艺要求。

质检人员必须熟悉各种产品质量标准和相应的检验方法。维修人员应及时有效处理生产中的设备问题,以保证产品质量,不得因工作失误而影响产品质量。

(3) 生产操作人员 直接从事化妆品生产的人员,必须取得健康合格证。上岗前还应经过化妆品生产知识的培训,熟悉并掌握本岗位的"应知应会"知识。设备操作人员必须熟悉设备的操作规程和相应的设备管理规定,严格执行质量文件,按照操作规程和作业指导书进行生产作业。

生产人员进入车间前必须穿戴整洁的工作服、帽、鞋,工作服应当盖住外衣,头发不得露于帽外,要洗净双手并对双手进行消毒。直接与化妆品原料和半成品接触的人员不得染指甲、留长指甲,手部不得有外伤。生产人员手部如有外伤或疾病时,不得从事直接接触原料和半成品的工作。这是因为人体(特别是有外伤的情况下)和衣服污染微生物很严重,尤其是头皮的微生物,每平方厘米头皮含微生物可高达1.4×10^6只。要维持每个工人高标准的个人卫生,工作人员穿卫生衣和戴帽,用消毒洗剂洗手,特别是上厕所前后要严格洗手并消毒。

三、技术文件管理

技术文件管理包括技术标准管理、工艺文件管理、文件管理三部分内容。

1. 技术标准管理

这里指的技术标准,包括具备所生产或外加工产品相关的国家标准或行业标准,及企业根据自身产品需要而制定的原料、包装材料标准,或称质量要求和产品标准。

① 化妆品企业应当具备所生产或外加工的产品相关的国家标准或行业标准,如《化妆品卫生标准》(GB 7916—87)、《消费品使用说明 化妆品通用标签》(GB 2956.3—1995)、《定量包装商品计量监督管理办法》(2006年版)、《化妆品卫生规范》(2007年版)及《润肤膏霜》(QB/T 1857—2004)、《润肤乳液》(QB/T 2286—1997)、《发用啫喱》(QB/T 2873—2007)等产品标准。

② 化妆品企业制定的产品企业标准是指根据企业产品的技术特性、质量要求而由企业制定的相应的企业标准,并须经当地标准化部门备案(也称企业备案标准),以此作为衡量产品质量的技术依据。

③ 化妆品企业应当具备生产过程中必需的相关原料及包装材料的质量要求,并经企业认可批准。

2. 工艺文件管理

这里所说的工艺文件指工艺规程,其形式、内容可根据生产品种不同而异,企业可根据产品特点、设备生产情况具体制定,一般基本内容包括制造、洗瓶、消毒、包装的工艺规程,但要求有生产的作业指导书及岗位责任制等,一些企业也有只侧重制造的工艺规程操作程序,如工艺文件明细表,包括生产原理、主要生产设备、原料规格及主要技术指标、工艺流程图、关键工序质量控制点、操作程序(关键工序的作业指导书)、单耗(工艺消耗)、半成品质量要求、注意事项及要说明的问题等,但要求所生产的各种产品工艺文件的明细表与实际工艺文件应该相符。

同时根据工艺管理制度的要求,其工艺文件应正确、完整一致,有签署、更改的手续,正确完备。

3. 文件管理

首先确定技术文件管理的内容,其次对文件的制定、审核批准、发布、分发、执行、归档等方面的管理符合规定程序,根据企业规模大小,设置技术文件管理部门或人员进行管理,企业生产过程的各项原始记录应妥善保存,保存期不得低于该产品的保质期。

四、采购质量控制

采购品是产品的组成部分,直接影响产品质量,所以应对全部采购活动进行计划并用文件化程序对其进行控制。

1. 采购制度

企业应制定采购原辅材料、通用包装的质量控制制度。制定委托加工的原辅材料、专用包装相应的质量管理控制办法。采购控制主要包括对采购产品及其供方的控制、制定采购要求和验证采购产品。

对采购产品及其供方的控制程度取决于采购产品对于本企业产品加工过程、中间产品和最终产品的直接或间接影响及影响程度。一般可按规定的分等原则划分其影响程度的重要度级别,对不同级别的采购产品及其供方实施不同的控制。

2. 供方评价

根据供方按照本企业要求提供产品能力评价和选择供方是企业对采购控制的内容之一。一般需要评价供方产品的符合性、供方提供产品的质量保证能力(包括生产过程、交货期和交付后的服务等),以及认为必要的其他方面。

对现有供方仍需定期或不定期重新评价其按要求提供产品的持续保证能力。当已被选为合格的供方在提供产品中出现问题时,企业应有相应的措施以保证采购产品持续符合要求,这些措施包括与供方沟通、加强采购的验证或检验、限制或停止供方供货。

企业对供方(或供应商)情况清楚,并应有相关供方资料或采购物品的质量指标,以做到择优采购,满足产品质量需求。企业应保存供方及委托加工单位的名单及供货、加工记录,并对供方进行质量控制。

3. 采购文件

企业应根据正式批准的采购文件进行采购。采购文件如采购计划、采购合同、技术标准等,并应按规定对采购或委托加工的原辅材料、包装进行质量检验或验证,且有记录。

五、过程质量控制

过程质量控制包括工艺管理、质量控制两部分内容。

1. 工艺管理

企业应制定工艺管理制度及考核办法,对工艺规程的编制、修订、批准执行要有明确的规定及程序,生产使用部门应严格执行工艺管理制度,严格按工艺规程进行操作,工艺操作记录是反映工艺执行情况的凭证,工艺操作记录应齐全、清晰,有考核办法和记录。

2. 质量控制

质量控制是为达到产品质量要求所采取的作业方法和活动,是指对关键工序的质量控制。根据所生产产品的不同类别,制定相关的质量控制点,在工艺流程图上标出质量控制点,编制作业指导书或其他便于操作的方法程序,把管理点的质量特性控制起来,并且要有操作记录。质量控制的目的在于监视过程并排除所有阶段中导致不合格或不满意的原因,以取得信任和经济效益。质量控制以预防为主,将不合格消灭在形成过程之中。

企业应制定产品留样制度,对产品留样的原则、取样的规定、数量、存放环境、留样目的、留样观察等作出规定,并有执行记录,留样的保存期应不低于该产品的保质期。

六、产品质量检验

产品质量检验包括对外购材料和外购件、过程和成品进行的检验,是根据给定质量标准,按照一定的验证方法和程序,对被验证的物资进行分析、测量,并将分析和测量结果与给定的质量标准进行对比,对其质量特性作出合格与否的判定。既有把关作用又起预防作用,是产品质量形成过程中极重要的环节。

1. 检验管理

企业应制定质量检验管理制度,包括对原料的检验,对包装材料的检验,对半成品的质量检验、成品的检验及不合格品的质量检验等管理制度。

产品的质量是随着生产过程而形成的,因此一方面必须在生产管理方面随时注意,另一方面应该设立质量监督部门对产品不断地进行检验,查出不符合标准的产品和预防次品的产生。质量监督部门应该是完全独立的机构,有权按照原料规格和产品标准作出决定,而不能从属于生产管理部门。质量监督部门必须将检验结果迅速地通知生产管理部门,使其能及时地指导生产,预防质量事故的发生。检验记录应该详细,这不仅是工作的证明,以备查考,同时通过系统和完整的记录,可以了解产品质量进展的状况,并对新的研究工作提供有价值的数据。

企业对相关产品标准中制定的甲醇、对苯二胺、铅、汞、砷、致病菌物质含量等的检测,可委托有合法地位及能力的单位进行,并有相关的委托检测证明及检测报告。

2. 原料检验

原料检验是保证产品质量的第一步,包括取样、分析和决定三步。

各种原料的性能、包装和数量的不同,需要根据具体情况规定取样方法,若样品没有正确代表性,那么不可能从数据分析中得出检验结论,因此必须十分重视取样方法。样品应分为两份:一份标明品名,来源,批号和日期等,存样以备复验;另一份样品备分析用。各种原料必须根据不同特性确定检验方法,一般检验方法可分为物理性试验、化学分析、生物试验、微生物试验、感官检验和功能检验等。

3. 制品和成品检验

制品和成品的质量控制和上述基本相同,但是生产过程不论其是单批操作或是连续操作,都是在不断进展，因此质量控制必须和生产密切配合，时间是一个极重要的因素，检验工作应紧随每道工序的半制品直到最后的包装形式，对最后的成品进行全面检验是必要的，这样可以对产品的质量得出更正确的结论。

每件成品上应标明产品批号，以便万一发生质量问题，可以检查原因，每批半制品和成品都要按次序排列进行留样，以便在保质期内观察产品质量，超过保质期，可将留样进行适当处理。

4. 包装材料检验

包装材料的种类很多，数量极大，不同的包装材料有不同的要求和特性，一般方法是按比例进行抽查检验，以统计的方法计算，得到可靠的结论。

有些包装材料如纸盒，只要经过简单的测定和核对印刷方面的要求就可以了；另一些包装材料的检验，如测定木箱或纸箱的水分，要有一定的仪器设备；有些包装材料需在实验室做小样试验，有时不能得出正确的结果，则可以通过生产上抽样的方法求得更可靠的结果。

5. 灌装试验

在生产过程中，灌装试验较其他工序更为重要。灌装是将制品装入容器的一个工序，在这一工序以前将制品和容器进行一次抽查，以防止某些意外事故。容器应该清洁，没有破损，盖子应该和容器相吻合，灌装时应经常检查净重，以避免制品灌装不足，在灌装过程中发现次品应立即拣出。产品放入真空条件下 4~8 小时试验失重，是一种测定容器是否密封的方法。

6. 存样试验

除了日常生产的质量控制之外，定期进行存样检验是十分重要的，它能呈现产品在正常储藏条件下质量变化情况，发现产品的缺点，存样试验不仅是对产品进行检验，对容器和包装材料也要进行彻底检验。除了常温条件下的存样检验外，还可将样品放在各种温度较高和较低的地方，干燥和潮湿的地方，直接受到阳光照射等各种不同条件下，这种检验的目的是在模拟各种不同条件下加速试验，得出储藏寿命的参考数据。

7. 市场检验

产品流入市场，它的质量变动情况及消费者的反映，需经常了解和及时掌握，否则盲目生产，往往会产生不良后果和巨大损失。虽然从存样检验可以系统了解和掌握产品质量可能变动的一些情况，从而发现产品缺点而对其加以改进，但产品流入市场后，其接触范围是极广泛的，可以遇到各种不同环境条件，某些条件可能在产品设计时没有估计到，因此要多了解消费者的反映。当然，要求一种产品受到每一个消费者的欢迎是比较困难的，但至少应该受到绝大多数消费者的欢迎。

市场检验可分为以下三方面。

① 定期对各地区市场上销售的产品进行抽样检验，以便及时了解和控制市场上产品的质量情况。

② 定期访问营业员及征求消费者对产品的质量意见，作为改进产品质量的重要参考及对质量控制的某种依据。

③ 检验退货产品。产品退货并非质量问题，这些产品在市场上经过不同程度流动后，再对它的质量进行一次严格检验，也可帮助发现产品的某些缺点。

化妆品产品质量检验项目、内容及缺陷性见表 8-3。

七、文明安全生产

安全生产是我国的一项重要政策，也是企事业管理的重要原则之一。安全生产工作的根本目的是保护劳动者在生产过程中的安全与健康，维护企事业的生产和发展。安全生产工作的好坏，直接关系到人民群众生命财产的安全，关系到国民经济持续、快速、健康的发展。

1. 文明生产

对厂区和生产车间都要提出明确要求，如要设置原料库、包装库及成品库，并分类存放，明确标志，对危险品应隔离存放，严格执行管理制定及危险品管理制度并确保安全。

表 8-3　化妆品产品质量检验项目、内容及缺陷性

序号	检验项目	检验内容	执行标准	缺陷性质 重	缺陷性质 轻	备注
①	标签指标	产品名称、制造者的名称和地址、内装物量、日期标注、生产许可证及卫生许可证号和产品标准号、特殊用途化妆品卫生批准文号等	GB 5296.3—1995		√	
②	净含量指标	净含量	JJF 1070—2005	√		
③	感官指标	外观、色泽、香气、膏体结构、清晰度、粉体、透明度、块型、均匀度等	按有关国家标准、行业标准或企业标准		√	
④	理化指标	耐热、耐寒、pH值、泡沫、黏度、有效物、活性物、离心分离、密度、浊度、色泽稳定性、细度、总固体、涂擦性能、干燥度、牢固度、疏水性、氧化剂浓度、染色能力等	按有关国家标准、行业标准或企业标准	√		
⑤	卫生指标	Pb、Hg、As、细菌总数、粪大肠菌群、金黄色葡萄球菌、铜绿假单胞菌、甲醇、对苯二胺等	《化妆品卫生规范》(2007年版)或企业标准	√		

要求生产车间布局合理，做到人流、物流分开，物流无逆向交叉，物品定置码放，车间内设备设施清洁，无跑、冒、滴、漏，保持良好运行状态。

2. 安全防护

企业应制定并实施安全生产制度。对生产设备及其他设备的危险部位要有安全防护装置，车间库房等地要有防火防爆措施。

气雾剂及有机溶剂单元的产品必须使用单独生产车间，并有当地消防部门的验收证明。

气雾剂产品应严格执行《易燃气雾剂企业安全管理规定》。

3. 环卫要求

企业排放的废水、废气、废渣必须达到国家有关环保要求，并要有环保部门的证明。

生产中应防止噪声污染，有严重噪声的生产车间与居民区应有适当的防护距离及防护措施。

附：××市化妆品生产企业自查表

企业名称：_____　卫生许可证编号：_____
法人代表（负责人）：_____　联系方式：_____
企业地址：_____
检查时间：____年____月____日____时____分至____时____分

序号	一般项目	检查方法	检查结果（在□内打"√"）	备注
1	是否按要求实行留样	查看现场、资料	□合格 □不合格	
2	检验仪器设备是否运转正常；有无检验记录，记录是否完整	查看现场、资料	□合格 □不合格	
3	检验员、配制员是否具备相应资格或经专业培训考核合格	查看资料	□合格 □不合格	
4	生产设备是否运转正常	查看现场、资料	□合格 □不合格	
5	库存物品是否离地隔墙存放；有无通风、防鼠、防尘、防潮、防虫等设施；是否定期清洁，保持卫生	查看现场、资料	□合格 □不合格	
6	生产车间空气净化设施或通风排气设施运转是否正常	查看现场、资料	□合格 □不合格	
7	卫生管理人员是否经专业培训考核合格	查看资料	□合格 □不合格	
8	生产人员是否持有有效健康检查合格证明	查看资料	□合格 □不合格	
9	有无生产原始记录及仓库进出库记录；记录是否完全	查看现场、资料	□合格 □不合格	
10	卫生管理制度是否健全、落实	查看现场、资料	□合格 □不合格	
11	厂区是否发现露天垃圾或有蚊、蝇、鼠孳生地	查看现场	□合格 □不合格	
12	生产车间是否按已许可的设计功能使用	查看现场、资料	□合格 □不合格	

第八章　化妆品生产监督管理

续表

序号	一 般 项 目	检查方法	检查结果 (在□内打"√")	备注
13	车间是否存放与生产无关的物品	查看现场	□合格 □不合格	
14	原料、包装材料和成品是否分类分库存放	查看现场	□合格 □不合格	
15	成品库有无发现有毒、有害、易腐、易燃品	查看现场	□合格 □不合格	
16	检验合格的成品是否按品种、批次分类存放	查看现场	□合格 □不合格	
17	更衣室的衣、帽、鞋数量是否足够,更衣、洗手、消毒设施是否完整,运转是否正常	查看现场	□合格 □不合格	
18	生产人员是否穿戴工作服、鞋、帽,工作服是否整洁,穿戴是否符合要求	查看现场	□合格 □不合格	
19	生产车间内墙面、天花、地面是否有破损、剥落、霉迹等现象	查看现场	□合格 □不合格	
20	生产人员是否在生产场所吸烟、进食或存放个人生活用品	查看现场	□合格 □不合格	
21	直接与原料和半成品接触的人员是否戴首饰、手表、染指甲或留长指甲	查看现场	□合格 □不合格	

序号	关 键 项 目	检查方法	检查结果 (在□内打"√")	备注
22	是否取得经批准的有效的《化妆品生产企业卫生许可证》	查看证件	□合格 □不合格	
23	生产特殊用途化妆品是否有卫生部批准文书	查看证件	□合格 □不合格	
24	患有传染性疾病者是否已经调离直接从事化妆品生产的岗位	查看现场、资料	□合格 □不合格	
25	是否违反《条例》第六条规定的两项(含两项)以上行为	查看现场、资料	□合格 □不合格	
26	是否使用化妆品禁用原料和(或)未经批准的化妆品新原料生产	查看现场、资料	□合格 □不合格	
27	化妆品有无质量合格标记	查看现场	□合格 □不合格	
28	标签、小包装或说明书是否符合规定	查看现场	□合格 □不合格	
29	有无转让、伪造、倒卖《化妆品生产企业卫生许可证》的情形	查看现场、资料	□合格 □不合格	
30	有无转让、伪造、倒卖特殊用途化妆品批准文号的情形	查看现场、资料	□合格 □不合格	
31	有无转让、伪造、倒卖进口化妆品卫生审查批件或批准文号的情形	查看现场、资料	□合格 □不合格	
32	原辅料采购人员、验收人员和质量检验人员是否经相关知识培训	查看资料	□合格 □不合格	
33	是否对所有原辅料供应商的质量保证体系进行重新考核,并索取所有原辅料供应商的相关资质证明和合格检验报告单	查看资料	□合格 □不合格	
34	是否建立健全定期质量保证体系内部检查制度	查看资料	□合格 □不合格	
35	是否建立健全产品销售记录管理制度和不合格产品召回销毁制度	查看资料	□合格 □不合格	

自查结果记录:
1. 自查项目的总数:_____项,违反一般项目_____项,关键项目_____项。
2. 不合格项目情况说明:
3. 缺检项目及缺检原因:

自查结论:(在□打"√"):
□符合要求。
□基本符合要求,于____年____月____日内整改完毕。
□不符合要求,于____年____月____日内整改完毕。

检查结论评定标准:
1. 一般项目检查结果有1~5项不合格的,检查结论为"符合要求"。
2. 一般项目检查结果有6~10项或(和)关键项目有1项不合格的,检查结论为"基本符合要求"。
3. 一般项目检查结果有11项以上(含11项)或(和)关键项目有2项以上(含2项)不合格的,检查结论为"不符合要求"。

承 诺 书

本公司对表中的所有项目均组织人员逐一检查,填报内容真实、可靠。如有虚假,愿意承担由此产生的法律责任及后果。

检查组负责人签名:_____ 企业法人签名:_____
检查组成员签名:_____   企业盖章:
日期:____年____月____日   日期:____年____月____日

注:本自查表由企业自行组织检查并如实记录,每次参加检查人员不得少于2人,原件盖章后报××市食品药品监督管理局保健品化妆品监管处。

第四节 产品质量检验

产品质量检验是指在生产许可审批过程中，由《化妆品产品生产许可证换（发）证实施细则》中所认定的检测机构按规定的程序对产品进行的质量合格判定。产品是否合格是企业能否获取化妆品生产许可证的依据之一。为保证检验结果的公正性，产品抽样与检测分别由不同的机构和人员承担。

一、产品的抽样

对于生产条件审查合格的企业，审查组在现场审查的同时，按照产品《化妆品产品生产许可证换（发）证实施细则》的要求抽样。

1. 抽样原则

生产许可证产品抽样按申证单元的各申证小类抽取，每一单元产品分为若干小类，每一小类抽一个品种，即每小类抽取一种企业认定的代表性产品。

（1）一般液体单元　护发清洁类、护肤水类、染烫发类、啫喱类。
（2）膏霜乳液单元　护肤清洁类、发用类。
（3）粉单元　散粉类、块状粉类。
（4）气雾剂及有机溶剂单元　气雾剂类、有机溶剂类。
（5）蜡基单元　不分小类。
（6）其他单元　不分小类。

2. 抽样范围

产品一般在企业仓库或商业部门抽取，在保质期内的产品均属抽样范围。

3. 抽样数量

每一品种的抽样数30瓶（个），并附一标样，其中20瓶（个）封入封样箱送检验单位，销售包装1升以上（1千克以上）的产品，抽样数4瓶（个）。剩余的10瓶（个）加封后，留企业保存备复查用。

一般产品的抽样基数应大于60瓶（个）。对于销售包装注明1升以上（1千克以上）的产品，抽样基数应大于8瓶（个）。

销售包装容积小于10毫升的"香水"产品，另附200毫升简装产品用于检测；"睫毛膏"、"眼线液"产品，另附100克筒（散）装产品用于检测。

二、产品检验

1. 产品受检范围

受检产品为所有换（发）生产许可证的产品，即6个申证单元，10个小类。

2. 产品检验依据

① 产品质量检验按标签上明示的执行标准进行检验。标签上标明采用企业标准的，企业标准为经当地标准化部门备案的企业标准；标准上标明采用轻工行业标准的，按轻工行业标准检验。

② 在标签上明示采用企业标准的产品，应提供已备案的企业标准复印件，此复印件需由企业盖章认可。

3. 检验项目、内容及缺陷性质

（1）检验项目及内容

① 标签指标　按《消费品使用说明 化妆品通用标签》标准，对产品包装上的生产名称、制造者的名称和地址、内装物量、日期标注、生产许可证及卫生许可证号和产品标准号、特殊用途化妆品卫生批准文号等内容进行检查。

② 感官指标　按有关国家标准、行业标准或按企业标准对产品的外观、色泽、香气、膏体结构、清晰度、粉体、透明度、块型、均匀度等项目进行检测。

③ 理化指标　按有关国家标准、行业标准或企业标准对产品的耐热、耐寒、pH 值、泡沫、黏度、有效物、活性物、离心分离、密度、浊度、色泽稳定性、细度、总固体、涂擦性能、干燥度、牢固度、疏水性、氧化剂浓度、染色能力等指标进行检测。

④ 卫生指标　按《化妆品卫生规范》(2007 年版) 或企业标准对产品的 Pb、Hg、As、细菌总数、粪大肠菌群、金黄色葡萄球菌、铜绿假单胞菌、甲醇、对苯二胺等含量进行检测。

(2) 缺陷性质　分轻度缺陷和重度缺陷。除标签指标为轻度缺陷外，感官指标、理化指标、卫生指标均为重度缺陷。

4. 产品合格与否判定

《化妆品产品生产许可证换（发）证实施细则》明确规定了产品合格与否的判定原则：感官、理化、卫生指标中有一项不合格，则判该产品不合格；标签指标为轻缺陷指标，不作为该产品合格与否的判定依据；同一单元产品中的不同小类中有一个不合格，则判该小类产品不合格。

三、质量检验的相关制度

1. 三检制

三检制就是实行操作者的自检、工人之间的互检和专职检验人员的专检相结合的一种检验制度。

(1) 自检　自检就是生产者对自己所生产的产品，按照作业指导书规定的技术标准自行进行检验，并作出是否合格的判断。这种检验充分体现了生产工人必须对自己生产产品的质量负责。通过自我检验，使生产者了解自己生产的产品在质量上存在的问题，并开动脑筋，寻找出现问题的原因，进而采取改进的措施，这也是工人参与质量管理的重要形式。

(2) 互检　互检就是生产工人相互之间进行检验。互检主要有：下道工序对上道工序流转来的产品进行检验；小组质量员或班组长对本小组工人加工出来的产品进行抽检等。这种检验不仅有利于保证加工质量，防止疏忽大意而造成成批地出现废品，而且有利于搞好班组团结，加强工人之间良好的群体关系。

(3) 专检　专检就是由专业检验人员进行的检验。专业检验是现代化大生产劳动分工的客观要求，它是互检和自检不能取代的。而且三检制必须以专业检验为主导，这是由于现代生产中，专职检验人员无论对产品的技术要求、工艺知识和检验技能，都比生产工人熟练，所用检测量仪也比较精密，检验结果比较可靠，检验效率也比较高；其次，由于生产工人有严格的生产定额，定额又同奖金挂钩，所以容易产生错检和漏检，有时操作者的情绪对产品质量也有影响。

应当指出，ISO 9000 系列国际标准把质量体系的"最终检验和试验"作为企业中一种重要的质量保证模式，对质量检验提出了严格的要求和规定。

2. 签名制

签名制是一种重要的技术责任制，是指在生产过程中，从原材料进厂到成品入库和出厂，每完成一道工序，改变产品的一种状态，包括进行检验和交接、存放和运输，责任者都应该在相关记录文件上签名，以示负责。特别是在成品出厂检验单上，检验员必须签名或加盖印章。操作者签名表示按规定要求完成了这套工序，检验者签名，表示该工序达到了规定的质量标准，签名后的记录文件应妥善保存，以便以后参考。

3. 质量复查制

我国有些生产重要产品（特别是军工产品）的企业，为了保证交付产品的质量或参加试验的产品稳妥可靠，不带隐患，在产品检验入库后的出厂前，要请与产品有关的设计、生产、试验及技术部门的人员进行复查。查图纸、技术文件是否有错，查检查结果是否正确，查有关技术或质量问题的处理是否合适。这种做法对质量体系还不够健全的企业,是十分有效的。

4. 追溯制

在生产过程中,每完成一道工序或一项工作,都要记录其检验结果及存在的问题,记录操作者及检验者的姓名、时间、地点及情况分析,在适当的产品部位做出相应的质量状态标志。这些记录与带标志的产品同步流转。产品标志和留名制都是可追溯性的依据,在必要时,都可搞清责任者的姓名、时间和地点。职责分明,查处有据,可以大大加强员工的责任感。产品出厂时还同时附有跟踪卡,随产品一起流通,以便用户把产品在使用时所出现的问题能及时反馈给生产者,这是企业进行质量改进的重要依据。

追溯制有以下三种管理办法。

(1) 批次管理法　根据零件、材料或特种工艺过程分别组成批次,记录批次号或序号,以及相应的工艺状态。在加工和组装过程中,要将批次号逐步依次传递或存档。

(2) 日期管理法　对于连续性生产过程、工艺稳定、价格较低的产品,可采用记录日历日期来追溯质量状态。

(3) 连续序号管理法　这种方法就是根据连续序号追溯产品的质量档案。

四、不合格品管理

不合格品管理不只是质量检验,也是整个质量管理工作中一个十分重要的问题。不合格品和废品是完全不同的两个概念,不合格品(或称不良品)包括废品、返修品和回用品三类。

在不合格品管理中,需要做好以下几项工作。

1. "三不放过"的原则

"三不放过"的原则是指一旦出现不合格品,则应遵循下列三项原理

① 不查清不合格的原因不放过。因为不查清原因,就无法进行预防和纠正,不能防止再现或重复发生。

② 不查清责任者不放过。这样做,不只是为了惩罚,而主要是为了预防,提醒责任者提高全面素质,改善工作方法和态度,以保证产品质量。

③ 不落实改进的措施不放过。不管是查清不合格的原因,还是查清责任者,其目的都是为了落实改进的措施。

"三不放过"原则是质量检验工作中的重要指导思想,坚持这种指导思想,才能真正发挥检验工作的把关和预防的职能。

2. 两种"判别"职能

检验管理工作中有两种"判别"职能。

(1) 符合性判别　符合性判别是指判别生产出来的产品是否符合技术标准,即是否合格,这种判别的职能是由检验员或检验部门来承担。

(2) 适用性判别　适用性和符合性有密切联系,但不能等同。人们可能有过这样的经验,一个完全合格的产品,用起来不一定好用,甚至完全不适用;反之,有的产品,检验指标虽不完全合格,但用起来却能使人满意。这类判别称为适用性判别。由于这类判别是一件技术性很强的工作,涉及到多方面的知识和要求,因此检验部门难于胜任,而应由不合格品审理委员会来审理决定。这类审理委员会在国外称为 MRB (material review board),应由设计、工艺、质量、检验、计划、销售和用户代表共同组成,重要产品应有严格的审查程序和制度,比如人们常用的特采审批程序,就是采用 MRB 来完成这一审批过程的。

3. 分类处理

对于不合格品可以有以下处理方法:报废、返工、返修、原样使用。

4. 不合格品的现场管理

不合格品的现场管理主要做好以下几项工作。

① 不合格品的标记。凡经检验为不合格品的产品、半成品或零部件,应当根据不合格品的

类别，分别涂以不同的颜色或做出特殊的标志。例如，有的企业在废品的致废部位涂上红漆，在返修品上涂以黄漆，在回用品上打上"回用"的印章等办法，以示区别。

②不合格品的隔离。对各种不合格品在涂上（或打上）标记后应立即分区进行隔离存放，避免在生产中发生混乱。废品在填写废品单后，应及时放于废品箱或废品库，严加保管和监视，任何人不准乱拿和错用。一旦发现动用废品，以假充真，检验人员有权制止、追查或上报。隔离区的废品应及时清除和处理，在检验人员参与下及时送废品库，由专人负责保管，定期处理销毁。

③对已完工的产品，严格检查，严格把关，防止漏检和错检。

④对查出的不合格品，严加管理，及时处理，以防乱用和错用。

⑤对不合格的原因，应及时分析和查清，防止重复发生。

第五节 生产许可证的监督管理

发证后的监督管理是实施生产许可证制度的一个重要环节，也是防止发放生产许可证走过场、防止形式主义的根本保证。

发证后的监督管理包括：对获证企业和产品的管理；获证后的监督检查；生产许可证的复查换证；查处生产和销售无证产品。

一、对获证企业和产品的管理

统一印发化妆品产品生产许可证证书，一方面可以保证发证工作的高度集中、统一，另一方面对于防止伪造证书，对保障发证工作的正常秩序也起到了重要作用。

化妆品产品生产许可证自证书批准之日起，有效期5年。全国许可证办公室组织省市质量技术监督部门在证书有效期内对获证企业实施监督检查，并对无证企业进行查处。为了加强对获证化妆品产品的管理，做到在标记上能够区别于无证化妆品产品，获得化妆品生产许可证的企业，必须在该产品、包装或说明书上标明生产许可证的标记和编号。

针对越来越多的企业将生产环节委托给现有的生产条件及质量保证体系运行良好的生产企业进行加工这种情况，《化妆品产品生产许可证换（发）证实施细则》规定：在委托方企业持委托方和被委托方签署的有效合同及企业的生产许可证（复印件），到所在的省、自治区、直辖市质量技术监督局许可证办公室备案同意后，①有证企业（委托方）委托另一有证企业（被委托方）进行加工生产化妆品产品，且委托方负责全部产品销售的，产品或其包装上应标明委托方的名称、地址和被委托方的名称和生产许可证标记、编号，也可在产品或其包装上只标注委托方的名称、地址及生产许可证标记、编号；②无证企业（委托方）委托有证企业（被委托方）进行加工生产，委托方负责全产品销售的，产品或其包装上应标注委托方的名称、地址以及被委托方名称和许可证标记、编号。

资料卡

一、什么是OEM？

OEM是英文Original Equipment Manufacturer的缩写，直译为原始设备制造商，实际上就是委托生产。它最早起源于国外服装行业，伴随世界经济的快速发展，OEM服务迅速辐射到各个行业，目前已经成为包括微软、IBM许多国际品牌青睐的经营模式。对于正处于发展阶段的中小型化妆品企业来说，企业经营的成败在很大程度上依赖于上游加工厂家的专业水平。一家成熟和规范的OEM服务商，不仅能够为其品牌客户提供质量上乘的专业产品，还应该能够提供全面完善的专业服务。

二、什么是ODM？ODM与OEM的区别是什么？

早为业内所熟知的OEM（原始设备制造商），主要是指按照厂商的设计进行制造，随着加工厂商逐渐掌握核心技术，开始出现自主知识产权的产品设计，原先用在电子行业的词借用到其他的行业。ODM 是 Original Design Manufacture（原始设计厂商）的缩写。OEM 的流行与 ODM 的兴起，反映了国内制造业发展的过程。从 OEM 到 ODM（Original Design Manufacturing，设计生产）再到 OBM（Original Brand Manufacturing，原创品牌），这是一条国际化 OEM 企业发展的必由之路。

通俗地说：

OEM 是品牌企业开发品牌包装设计—生产商供应产品—品牌企业出品；

ODM 是生产商供应产品、开发品牌、包装设计—企业出品。凡称是 ODM 者就是有开发的能力。

说到底 OEM 就是代加工，收加工费，要求自带配方。ODM 就是配方和加工一起完成。

二、获证后的监督检查

国家对获证化妆品产品生产企业和化妆品产品的监督检查工作十分重视，规定省、市许可证办公室要把已取得生产许可证的产品，纳入本地区定期监督检查的《受检产品目录》，要求各发证部门和省、市许可证办公室把监督检查作为许可证工作中一项经常性的任务来完成。

1. 监督检查的含义

监督检查是指在化妆品产品生产许可证的有效期内，发证部门和省、市许可证办公室为监督获证企业进一步完善质量体系、建立稳定生产合格产品的各种条件，按照《化妆品产品生产许可证换（发）证实施细则》的要求，对该企业的产品、质量体系所组织的定期检查或不定期抽查。

2. 监督检查的分类及必须遵循的原则

（1）监督检查的分类

① 按组织者分类，根据国家有关规定，获证后的监督抽查，可以由省、市许可证办公室负责组织对当地化妆品产品生产企业和化妆品产品进行检查，也可以由全国许可证办公室负责组织对全国若干地区的化妆品产品生产企业和化妆品产品进行抽查。

② 按检查周期分类，根据监督检查的时间和周期可以分为定期检查和不定期抽查。

③ 按检查内容分类，根据组织监督检查者的需要，检查化妆品产品质量时可以作为全项目检查，也可以只做部分项目的抽查；检验企业的质量体系时，可以按《化妆品产品生产许可证换（发）证实施细则》的规定，逐项做全面检查，也可以只对其若干项目进行抽查。

（2）监督检查必须遵循的原则

① 省、市定期检查，发证部门不定期抽查的原则。根据规定，对获证的化妆品产品生产企业和化妆品产品的日常监督任务，主要由省、市许可证办公室承担。全国生产许可证办公室可以对获证化妆品产品生产企业和化妆品产品组织不定期抽查。

② 统一计划管理。为了减轻企业负担，同时又能发挥监督作用，在发证有效期内，由地方生产许可证办公室提出，报全国许可证办公室审批后执行"定期检查计划"和"不定期抽查计划"。

③ 就近就地检查的原则。为了减轻企业负担，加快监督检查工作的步伐，应该做到就近就地选定监督检查的检测单位，并就近就地抽样。对监督检查的被检产品抽取产品，一般可在受检企业仓库中抽取，当企业内样品数不足，或发现企业弄虚作假时，可到就近用户或市场上抽取近期样品。

④ 凡获得中国名牌产品、国家免检产品或国家质量管理奖等的企业，在近期内不应安排检查。这一规定是因为国家优质产品或国家质量管理奖的评比条件远远高于生产许可证的获证标准。

3. 监督检查的内容范围

（1）化妆品产品质量的检查　监督检查化妆品产品质量时，一般可以不做全项目检查，只要检查出厂检验项目即可。但是，对于用户反映意见大、产品质量问题比较严重或对出厂项目进行检测发现问题的，应做全项目检查。

(2) 质量体系的检查　监督检查获证企业的质量体系时，一般可不按发证产品实施细则的要求对所有项目逐项进行检查，只需检查发证审查时企业存在问题的改进情况及其质量体系的有效性。检查质量体系的有效性，应重点检查其发生变化的部分内容，而变化不大的部分则可以免检。例如，技术文件和管理制度等软件变化不大的部分，可以免检；但是对其可能发生变化的部分——技术文件和管理制度的贯彻执行情况则应做重点检查。对于少数质量问题严重的企业，则应对其质量体系进行全面检查，找出问题，查明原因，帮助并督促其切实采取有效措施，认真整改。

(3) 生产许可证标记的检查　检查生产企业获证后在其产品、包装或说明书上除标明一般工业产品必须标注的项目外，是否还标明生产许可证的标记、编号等内容。应标项目是否标全，检查生产许可证是否超过有效期等。

(4) 违法违纪行为的检查　检查获证企业在申请生产许可证过程中是否存在通过请客送礼、行贿等不正当行为而获得生产许可证的现象；检查有无转让和假冒生产许可证的违法行为。

4. 监督检查后的处理

监督检查后的处理工作是克服形式主义的重要环节，它与监督检查的组织实施具有同样重要的意义，都是监督检查工作的重要组成部分。

(1) 不合格企业的处理　监督检查中，产品质量或质量体系不合格，则判断企业监督检查不合格。对于不合格企业，或虽未检查，但是经过调查核实证明其产品质量确实存在严重问题的企业，省、市许可证办公室或发证部门应予通报批评，责令企业限期整改，责成企业拟制并上报整改措施计划，整改后再对其重新检查。

(2) 吊销生产许可证　对于第二次检查仍不合格的企业，转让及假冒生产许可证的企业以及在申请、发证时通过行贿、请客送礼而获取生产许可证的企业，省、市生产许可证办公室应会同发证部门吊销其生产许可证，责令企业停止生产、销售该产品，同时责成企业主管部门督促其转产其他产品；吊证后，企业继续生产、销售者，将按无证产品予以查处。

(3) 标记的处理　取得生产许可证的产品未在产品、包装或说明书上标明生产许可证的标记、编号的，视为无证产品，应予以查处。罚款数额由地方生产许可证办公室根据实际情况适当处理。

(4) 及时公布、上报检查结果　省、市生产许可证办公室和发证部门应将检查结果及时通知企业，在监督检查（抽查）工作全部结束后一个月内还应作好总结，并公布检查结果，再行通知有关企业，报送全国许可证办公室备案；省、市许可证办公室与发证部门之间也应互相通报检查（抽查）结果。

取得生产许可证的企业有下列情况之一者，全国许可证办公室应将其许可证注销并予以公布：涂改、转让许可证；企业不再生产该单元的产品（企业临时性停产或季节性停产除外）；许可证有效期满，未继续提出换证申请者；在国家（行业）或省（市）产品质量监督抽查中，发现产品质量不合格，或产品出现严重质量问题，限期整改仍达不到规定要求者；生产国家明令淘汰的产品者；从事假冒、仿冒产品的生产者。

(5) 监督检查的仲裁　省、市许可证办公室或发证部门将检查结果通知企业十五天内，或检测单位公布检测报告十五天内，若受检企业对检查结果持有异议，可向有关上级单位提出申诉，请求仲裁，上级单位经审查、认可、立案后应在接受仲裁申请后一个月内做出仲裁结论，书面通知有关企业。全国许可证办公室的仲裁结论为异议申诉仲裁最终结论，有关部门和单位必须执行。

三、生产许可证的复查换证

生产许可证的复查换证工作是生产许可证管理整个链条承前启后的一环。由于产品标准的重大改动或者企业生产条件的客观变化，有必要在生产许可证有效期满后对企业进行重新审查、换发新证，这也是生产许可证管理工作第一阶段的结束，下一个管理阶段的开始。

在生产许可证有效期内，企业发生了以下变化，需按规定及时更换生产许可证。

① 取证后，企业更改注册名称时，必须在营业执照变更后三个月内，将证书申请报告、新旧营业执照复印件、工商行政管理局出具的更名证明、省市质量技术监督局的意见以及原发生产许可证证书，经全国许可证办公室审批更换证书。

② 取证后，企业或迁址、或生产条件发生重大变更、或增加申证单元，均应向省、市质量技术监督局重新提出申请，按规定重新换发生产许可证。

四、查处生产和销售无证产品

1. 查处依据

无证产品是指自全国生产许可证办公室公布结束发证日期起，企业未取得化妆品产品生产许可证而擅自生产的化妆品产品。

为了实施查处无证产品的工作，国家先后下达了一系列法规、文件，用以指导全国开展查处工作，它们是查处无证产品的工作依据。这些法规、文件有：《工业产品生产许可证实施条例》、《工业产品质量责任条例》、《严禁生产和销售无证产品的规定》、《关于在全国范围内查处生产和销售无生产许可证产品的通知》、《查处无生产许可证产品的实施细则》、《化妆品产品生产许可证换（发）证实施细则》、《查处生产和销售无生产许可证产品工作程序（试行）》、国家质检总局全国工业产品生产许可证办公室分期分批公布的《结束发证产品及获证企业目录》以及其他有关配套文件。

2. 查处工作的重点

查处无证产品工作必须抓住重点，通过对大案、要案的严肃处理，达到震慑不法分子和教育生产、销售无证产品者的目的。查处工作的重点是打击以牟取暴利为目的、粗制滥造、坑害用户、造成严重后果的生产和销售无证产品的单位或个人。具体来讲，包括以下几种情况。

① 产品粗制滥造、偷工减料、以次充好者。
② 以回扣、行贿等手段牟取暴利者。
③ 危害消费者身体健康及违反卫生、环境保护和计量等法规者。
④ 转让、伪造、假冒生产许可证者。

凡属以上情况之一的无证产品生产、经销的企业、事业单位或个人均应予以严厉惩处、坚决打击。

3. 对无证产品及其责任者的处理

（1）对无证产品的处理　对所有无证产品都要经过指定检测单位检测产品质量，然后根据检测结果分别依法处理。

① 合格品的处理　根据《严禁生产和销售无证产品的规定》第九条第一款的规定：有使用价值的，必须经生产无证产品单位的主管机关审批后，标明"处理品"字样，方可销售。

② 不合格品的处理　经检测单位检测判定，产品质量不合格的产品，应按《查处无生产许可证产品的实施细则》第十八条规定处理：凡违反国家有关安全、卫生、环境保护和计量等法规要求的产品（已售出的要追踪处理）或没有使用价值的产品，均由当地技术监督部门或生产许可证归口管理部门组织就地销毁，或进行必要的技术处理，但不得以"处理品"流入市场。有部分使用价值的产品，按低于其成本价销售。

③ 无生产许可证标记、编号的产品的处理　经过查实，获得生产许可证的企业在其产品、包装或说明书上未标明生产许可证标记、编号的产品，违反了《工业产品生产许可证试行条例》、《查处无生产许可证产品的实施细则》等法规的有关规定，应视同无证产品。但考虑到其性质与无证企业不同，因此，应从轻处罚，罚款数额可由省、市许可证办公室酌情规定。对其产品仍按无证产品检测后予以处理。同时，应责令该企业在三个月内予以整改，做到在产品、包装或说明

书上标明生产许可证标记、编号，逾期不改者从严惩处。

(2) 对无证产品责任者的处理　根据《工业产品生产许可证试行条例》、《查处无生产许可证产品的实施细则》有关条款规定，对生产、销售无证产品的企业、事业单位或个人，应视其情节轻重分别予以停止生产、停止销售、没收非法所得并处以罚款、吊销营业执照、追究行政责任等处罚。

① 对生产、经销掺杂使假无证产品的企业，或以牟取暴利为目的、产品粗制滥造、经销中以回扣和行贿为主要手段、坑害用户、造成严重后果的企业，应没收其全部出售收入，并令其停止生产、销售，由当地工商行政管理部门吊销其营业执照或撤销该产品的经营权。触犯刑律的，应移交司法机关、追究其刑事责任。

② 对生产、经销无证产品的单位或个人，应责令其停止生产、销售，没收全部非法所得，按规定额度罚款，并追究单位负责人和主要责任者的行政责任。

罚款额度为：对生产无证产品的企业，处以相当于已生产无证产品价值的 15%～20% 的罚款；对销售无证产品的单位或个人，处以相当于无证产品销售额的 15%～20% 的罚款。

计算无证产品价值时，属于生产企业未售出的产品，应按产品成本计算；已售出的产品，按出厂价计算。计算经销单位或个人的销售额时，属于未售出的产品按进货价计算，已售出的产品按销售价计算。

③ 对于经过检测判定其产品质量尚属合格、经整顿可以达到取证要求的企业，在按上述规定处罚教育后，发证部门应允许其提出取证申请。取证期间要对企业的产品质量和生产必备条件定期抽查。产品质量经检测合格，由省、市许可证办公室与企业主管部门共同批准，可暂不以无证论处。

(3) 无证产品的补证　无证产品的补证有两种情况，一是无证企业的补证，二是新建、转产企业的补证。根据《工业产品生产许可证试行条例》、《查处无生产许可证产品的实施细则》有关规定，在手续完备、条件具备的情况下，允许其申请补证。

新建或转产企业，应向省、市许可证办公室提出取证申请，在批量投产前，经省、市许可证办公室批准，在半年内不以无证产品论处。企业应在半年内创造条件，取得生产许可证。

(4) 异议申诉　被查处单位当事人对处理决定不服的，可在接到处理决定书之日起十五日内，向作出处罚决定机关的上一级主管部门申请复议。申请复议时，当事人应将申请复议书的副本交原处理机关，原处理机关应当将申请复议书连同案卷一并送上一级主管部门。

上级技术监督或生产许可证归口管理部门接到当事人的复议申请书十五日内，应当就原处理机关认定的事实和适用的法律、法规和规章进行全面审查，作出书面复议决定，同时抄送原处理机关，复议期间原处理决定暂不执行。全国生产许可证办公室对各级查处或复议的案件，发现确有错误的，有权指令下级部门予以纠正或责成其重新复议。

被查单位当事人在收到处理决定书后，逾期不申请复议，又拒不执行处罚决定的，处罚机关可依法向当地人民法院申请强制执行。

思考题

1. 化妆品生产许可证管理的范围是什么？
2. 生产企业的生产条件要求应遵循哪些法律法规的约束？
3. 生产和销售无证产品的化妆品生产企业违反了何种规定，应如何处理？
4. 经认定的检验机构依何种程序对产品质量进行合格评定？
5. 生产企业获得生产许可证后是否还要接受质监部门的监督检查？
6. 生产许可证的有限期限如何？如何对生产许可证进行复查换证？

第九章　化妆品技术法规

学习目标：通过本章节的学习，了解技术法规与技术标准的区别；熟悉化妆品技术标准的分级和分类方法；熟悉我国现行化妆品技术法规与技术标准；了解近期即将出台的技术法规与技术标准；熟悉企业标准制定的程序和原则；掌握国内外化妆品技术标准的查询方法。

第一节　技术法规与技术标准

一、技术法规与技术标准的概念

所谓技术法规，根据WTO/TBT协议附件1中的界定，是指强制执行的涉及产品的特性、加工程序、生产方法，包括可以适用的管理性规定的文件，当适用于某一产品、工艺和生产方法时，技术法规也可以包括或仅仅涉及术语、符号、包装、标志或标签要求。而标准则是由公认机构批准、反复地或不断使用的，并非强制性执行的技术文件。

以上这两个定义都适用于货物贸易领域的行为，但技术法规是强制性的，只能由被国家法律授权发布强制执行文件的单位发布。标准是非强制性的，可以由任何一级的公认机构发布，如国际组织、区域组织、国家机构、社会团体或者企业（包括生产性事业单位）。

二、技术法规与标准的差异及联系

由于技术法规一般只规定生产技术领域中的某些基本要求，对于有些细节或具体的技术要求则要靠引用许多标准才可以实施和具体操作，所以，标准可以说是制定及执行技术法规的重要和必要的补充。

在制定技术法规时，必须参考大量的有关标准资料；在协调、统一技术法规的内容时，也要依据有关标准，尤其是国际标准中的有关规定要明确。所以，标准又是制定及执行技术法规的重要依据。

2000年发布的《中华人民共和国立法法》与WTO/TBT对于技术法规的规定是一致的。我国立法法规定的强制执行的文件有两级，即在全国范围内执行的法律、行政法规、规章以及在地方一级执行的地方性法规和地方性规章。TBT协议所规范的技术法规主要是国家和地方两级技术法规。

1989年4月1日实施的《中华人民共和国标准化法》按标准的性质分类，将我国的标准分为强制性和推荐性两种。根据WTO/TBT协议的定义，我国的强制性标准属于技术法规的范畴。无论我国和外国进入我国市场的产品都必须执行，因而强制性标准对贸易产生重大的影响。制定强制性标准应严格遵循TBT协议中有关正当目标的界限，即凡是涉及国家安全、防止欺诈、人的安全和健康、动植物的生命和健康以及环境保护的，一律强制要求，而对其他技术指标，应作出推荐性要求。

WTO在若干个协定和协议中明确规定鼓励其成员积极采用国际标准，WTO充分认识到现在已存在的制定国际标准、国际指南和国际建议文件的各种国际组织的重要作用。WTO/TBT在"技术法规和标准"部分第8条中规定：当需要制定的技术法规，如果存在着有关的国际标准或其相关部分可作为其技术法规的基础。同时还规定了：为了使技术法规在尽可能广泛的基础上协调统一，各国对其已采用或准备采用的技术法规的产品，应竭尽全力参与有关国际标准化机构对这些产品的国际标准的制定工作。所以，标准与制定和执行技术法规之间也可以相互转化。

从上述的相互关系中不难看出，虽然技术法规和标准在概念上有着严格区分，但二者之间仍然是一个有机整体，有着千丝万缕的联系。

三、我国技术法规与技术标准现状

我国《标准化法》针对我国标准的体制，从法的角度将标准分为强制性和推荐性两种属性的标准，强制性标准实际上发挥着技术法规的作用，然而强制性标准毕竟不同于技术法规。严格意义上说，标准本身并不存在强制的问题，强制性是法律赋予的。

在相当长的一段时期内，我国标准体系呈现出单一性强制性标准居多，推荐性标准较少的状况，虽说是强制性标准又难以强制实施，结果形成安全卫生、环保等确实必须强制的标准未能很好地执行，失去国家标准化行政主管部门的工作重心。而应该作为推荐性的规格和指标等技术要求却人为地用强制性标准形式固定下来。其最终结果是不能灵活地面对变幻莫测的市场和多品种、小批量，甚至是多款式、多花色的要求，这与全球化经济的发展和WTO/TBT的要求是大相径庭的，也不利于发挥市场经济中的主体——企业的自主能动性和自主权。

因此，应将我国强制性标准以技术法规的要求对其进行改造，使技术法规与标准在观念上分离，即标准为自愿采用的技术规范；对于需要强制执行的技术上的要求，应该通过技术法规作出规定，并对其适用提出要求，使技术法规与标准能够做到相互支撑，从而逐步建立起以法律—技术法规—标准—合格评定四要素为基本框架的标准化运行机制。

技术法规和标准的准确定位，可以使标准真正发挥技术规范的作用，使技术法规真正成为我国市场经济法律体系的重要组成部分，切实发挥其在促进我国经济贸易发展方面的积极作用。

【案例】

铬钕风波凸显化妆品标准漏洞　　现状近期难改变

2006年11月13日，由中国香精香料化妆品工业协会、全国工商联美容化妆业商会以及中华医学会北京专业委员会联合举办的"微量元素与化妆品安全研讨会"在北京举行。几位皮肤科的专家都强调微量的铬和钕对于人体是安全的，禁用物质的加入和含有是两个完全不同的概念。

欧美对残留量有要求：据中国香精香料化妆品工业协会高级工程师尤启辰介绍，欧洲和美国对于这两种重金属的添加以及残留量都有严格的规定。如美国FDA法规允许化妆品中存在一些不可避免的微量元素残留，包括重金属和其他微量元素，并对某些色彩中的铬含量设定了类似的规范限值。另外，欧盟的《欧洲化妆品产品法例》规定"铬酸及其盐"及"钕酸及其盐"不得作为化妆品原料。但若在生产时已采用优良程序而不可避免地残留微量，并在合理使用情况下不会对消费造成影响，则该微量在法例下是可以接受的。

不应一刀切"禁用"：食品是直接入口的产品，其危害性要比外用的化妆品大得多。但是本来应该较宽松的化妆品卫生规范却比食品标准严格，一刀切地规定"禁用"，却没有考虑到残留，没有规定以采用优良生产程序仍不可避免的残留量的标准。宝洁、雅诗兰黛集团的负责人都强调没有添加铬和钕这种两种物质，但五大品牌却都被检出有不同含量的这两种成分。

有专家承认，一个培育多年的品牌一夜之间受到重创，以至于暂时退出市场，反映出我国的化妆品市场仍然相当混乱。而且我国化妆品标准仍有漏洞的状况在近期似乎并不会得到改变。

来源：广州日报　类别：社会报道　日期：2006-11-14

第二节　化妆品技术标准

一、技术标准介绍

1. 技术标准的分级

按照标准的适用范围，我国的技术标准分为以下几个等级。

（1）国家标准　由国家质量监督检验检疫总局审查批准和颁发，代号为 GB，在全国范围内执行。凡是带有 GB/T 代号的为国家推荐性执行标准，而只有 GB 代号的为国家强制性执行标准。

国家标准的编号由国家标准的代号、国家标准发布的顺序号和国家标准发布的年号构成。如推荐性国家标准编号 GB/T 2441.1—2001 中，GB/T 为国家标准的代号，2441.1 为国家标准发布的顺序号，2001 为国家标准发布的年号。

（2）行业标准　由国家各主管部门审查批准和颁发。如化工行业标准为 HG；中国进出口商品检验行业标准为 SN；轻工行业标准为 QB。行业标准在各行业部门内执行。

行业标准的编号由各行业标准的代号、标准顺序号和标准年号组成。与国家标准的区别就在代号上。如轻工业标准编号 QB/T 2470—2000 中，QB/T 为轻工业标准代号，2470 为标准顺序号，2000 为标准年号。

国内外常见标准代号见附录八。

（3）地方标准　由地方各级人民政府审查批准，在该地区内执行。强制性地方标准的代号由"DB"加上省、自治区、直辖市行政区划代码前两位数再加斜线组成，再加"T"则组成推荐性地方标准的代号。例如，吉林省的代号 22000，所以吉林省强制性地方标准代号为 DB22/、推荐性地方标准代号为 DB22/T。

地方标准的编号由地方标准的代号、地方标准的顺序号和年号三部分组成。

（4）企业标准　由生产企业负责人审查批准，在企业内部执行。企业标准代号为"Q"，某企业的企业标准代号由企业标准代号 Q 加斜线再加企业代号组成，即 Q/×××。

企业标准的编号由该企业的企业标准的代号、顺序号和年号组成。

2. 技术标准的分类

我国技术标准分为以下几类。

（1）基础标准　基础标准是指在一定范围内作为其他标准的基础并具有广泛指导意义的标准。包括标准化工作导则、通用技术语言标准、量和单位标准、数值与数据标准等。

（2）产品标准　产品标准是指对产品的结构、规格、质量和检验方法所做的技术规定。

（3）方法标准　方法标准是指以产品性能、质量方面的检测、试验方法为对象而制定的标准。其内容包括检测或试验的类别、检测规则、抽样、取样测定操作、精度要求等方面的规定，还包括所用仪器、设备、检测和试验条件、方法、步骤、数据分析、结果计算、评定、合格标准、复验规则等。

（4）安全、卫生与环境保护标准　这类标准是以保护人和动物的安全、保护人类健康、保护环境为目的而制定的标准。按照我国《标准化法》规定，涉及人体健康的标准是强制性标准。强制性标准必须执行。

二、国家标准制定的法律法规依据及文件

① 《中华人民共和国标准化法》
② 《中华人民共和国标准化法条文解释》
③ 《中华人民共和国标准化法实施条例》
④ 《国家标准管理办法》
⑤ 《行业标准管理办法》

⑥《企业标准化管理办法》
⑦《地方标准管理办法》

可参阅国家标准化管理委员会官方网站（http://www.sac.gov.cn/）。

> **■ 国家标准化管理委员会**
>
> 中国国家标准化管理委员会（中华人民共和国国家标准化管理局）（Standardization Administration of the People's Republic of China，简称SAC）为国家质检总局管理的事业单位。国家标准化管理委员会（以下简称标委会）是国务院授权的履行行政管理职能，统一管理全国标准化工作的主管机构，目前下设技术委员会、分技术委员会和工作组近700个，至2008年将增加到2000个。其中与化妆品相关的有TC257全国香料香精化妆品标准化技术委员会，及正在筹建的全国口腔护理用品标准化技术委员会。
>
> 标委会组成要求如下：
>
> （一）标委会组成应有广泛代表性。标委会原则上应以企业为主体，由来自生产、使用、经销等方面的企业和科研院所、检测机构、高等院校、相关部门、行业协会（学会）、消费者代表、认证机构等相关方的代表组成。
>
> 涉及产品或与市场密切相关的标委会，来自企业的委员不得少于1/2，同一单位担任主任委员（含副主任委员）、秘书长（含副秘书长）和委员的代表各不得超过1人，且秘书长和主任委员不得来自同一单位。
>
> （二）标委会委员应为相关领域专家。标委会委员必须是在职人员，原则上应具有中级及以上职称。同一专家不宜同时在多个（5个以上）标委会担任职务。
>
> 国家标准委和各地质量技术监督局从事标准化管理的人员不得在标委会担任职务。
>
> （三）标委会委员应达到一定数量。技术委员会应由25名以上委员组成，其中主任委员1人，副主任委员若干人，秘书长1人，副秘书长若干人。
>
> 分技术委员会应由20名以上委员组成，其中主任委员1人，秘书长1人，必要时可设副主任委员若干人，副秘书长若干人。分技术委员会委员中应至少有1名来自技术委员会的委员担任副主任委员或副秘书长以上职务。
>
> 技术委员会和分技术委员会组成人员（主任委员、副主任委员、秘书长、副秘书长和委员）低于40人的，领导成员（主任委员、副主任委员、秘书长、副秘书长）不能超过总数的30%；40人以上的，领导职务数不得超过12人（副主任委员和副秘书长各不得超过5人）。
>
> 标准制定工作组（在技术委员会或分技术委员会下面设立，从事一项或一系列标准制修订工作的全国性标准化工作技术组织，以下简称工作组）应由5名以上来自不同单位的技术专家组成，设组长1人，必要时可设副组长1～2人。
>
> 根据工作需要，标委会可设顾问，由标委会所负责标准化专业领域内享有盛誉的专家、学者担任，数量不应超过委员总数的10%，最多不超过5人；标委会可设观察成员，人数不限，由标委会自行决定。

三、我国化妆品技术标准现状

1. 我国化妆品标准体系基本情况

我国现行的化妆品卫生标准由基础标准、卫生化学检验方法、微生物检验方法、安全性评价程序和方法及皮肤病诊断标准共五部分组成。此外，卫生部近几年还发布了大量的化妆品卫生规章，原国家技术监督局和原轻工业部还发布了一些与产品质量有关的国家标准，这些标准和规章构成了我国目前的化妆品标准体系。

2. 我国化妆品标准体系的发展历程

我国的化妆品卫生标准的发展大致经历了以下三个阶段。

第一阶段是1989年以前以地方政府名义颁布的化妆品管理办法，这些地方性管理办法，为国家化妆品卫生标准的制定奠定了基础。

第二阶段是1987年发布的《化妆品卫生标准》及其检验方法和1997年发布的《化妆品皮肤病诊断标准和处理原则》，标志着我国的化妆品卫生标准体系基本形成。

第三阶段是1999年、2002年、2007年卫生部根据实际工作要求，连续对化妆品卫生标准及检验方法进行的三次修订，增加了化妆品功效性评价方法，这是对以前化妆品卫生标准的一次补充和完善。

3. 我国现行的化妆品标准

化妆品产品质量的优劣，不仅关系到消费者的经济利益，而且直接影响到人民群众的身体健康。为了加强对化妆品生产领域和流通领域产品的质量控制，化妆品行业先后制定了产品标准29个，基础标准4个，方法标准13个，卫生标准18个，及其他相关标准。表9-1列出了目前中国化妆品行业的现行标准汇总目录，表9-2列出了我国现行香精香料标准目录，表9-3列出了我国洗涤剂、肥皂类标准目录。

表9-1　现行的化妆品标准目录汇总（至2008年4月）

（一）综合标准					
序号	标准号	标准名称	代替标准号	批准日期	实施日期
1	GB 5296.3—1995	消费品使用说明 化妆品通用标签	GB 5296.3—87	1995-07-07	1996-12-01
2	GB/T 18670—2002	化妆品分类		2002-03-05	2002-09-01
3	QB/T 1684—2006	化妆品检验规则	QB/T 1684—1993	2006-12-17	2007-08-01
4	QB/T 1685—2006	化妆品包装外观要求	QB/T 1685—1993	2006-12-17	2007-08-01
（二）产品标准					
序号	标准号	标准名称	代替标准号	批准日期	实施日期
1	QB/T 1862—1993	发油	ZBY 42002—86	1993-11-13	1994-07-01
2	QB/T 2284—1997	发乳	GB 11429—1989	1997-04-01	1997-12-01
3	QB/T 2285—1997	头发用冷烫液	GB 11428—1989	1997-04-01	1997-12-01
4	QB/T 2286—1997	润肤乳液	GB 11431—89	1997-04-01	1997-12-01
5	QB/T 2287—1997	指甲油	ZBY 42007—1989	1997-04-01	1997-12-01
6	QB 1643—1998	发用摩丝	QB 1643—1992	1998-11-25	1999-12-01
7	QB 1644—1998	定型发胶	QB 1644—1992	1998-11-25	1999-12-01
8	QB/T 1645—2004	洗面奶	QB 1645—1992	2004-12-14	2005-06-01
9	QB/T 1857—2004	润肤膏霜	QB/T 1857—1993	2004-12-14	2005-06-01
10	QB/T 1858—2004	香水、古龙水	QB/T 1858—1993	2004-12-14	2005-06-01
11	QB/T 1859—2004	香粉、爽身粉、痱子粉	QB/T 1859—1993	2004-12-14	2005-06-01
12	QB/T 1974—2004	洗发液（膏）	QB/T 1860—1993	2004-12-14	2005-06-01
13	QB/T 1975—2004	护发素	QB/T 1975—1994	2004-12-14	2005-06-01
14	QB/T 1976—2004	化妆粉块	QB/T 1976—1994	2004-12-14	2005-06-01
15	QB/T 1977—2004	唇膏	QB/T 1977—1994	2004-12-14	2005-06-01
16	QB/T 1978—2004	染发剂	QB/T 1978—1994	2004-12-14	2005-06-01
17	QB/T 2660—2004	化妆水	QB/T 2660—1994	2004-12-14	2005-06-01
18	QB 1994—2004	沐浴剂	QB 1994—1994	2004-12-14	2005-06-01
19	QB 2654—2004	洗手液		2004-12-14	2005-06-01

续表

（二）产品标准

序号	标 准 号	标准名称	代替标准号	批准日期	实施日期
20	QB/T 1913—2004	透明皂	QB/T 1913—1993	2004-12-14	2005-06-01
21	QB/T 2488—2006	化妆品用芦荟汁、粉	QB/T 2488—2000 化妆品用芦荟制品	2006-12-17	2007-08-01
22	QB/T 1858.1—2006	花露水	QB/T 1858—1993	2006-12-17	2007-08-01
23	QB/T 2835—2006	免洗护发素		2006-12-17	2007-08-01
24	QB/T 2789—2006	化妆品通用试验方法 色泽三刺激值和色差 ΔE^* 的测定	GB/T 13531.2—1992	2006-07-27	2006-10-11
25	QB/T 2872—2007	面膜		2007-10-08	2008-03-01
26	QB/T 2873—2007	发用啫喱		2007-10-08	2008-03-01
27	QB/T 2874—2007	护肤啫喱		2007-10-08	2008-03-01

（三）试验方法标准

序号	标 准 号	标准名称	代替标准号	批准日期	实施日期
1	GB/T 13531.1—2000	化妆品通用试验方法 pH值的测定	GB/T 13531.1—1992	2000-04-20	2000-12-01
2	GB/T 13531.3—1995	化妆品通用试验方法 浊度的测定		1995-12-26	1996-12-01
3	GB/T 13531.4—1995	化妆品通用试验方法 相对密度的测定		1995-12-26	1996-12-01
4	QB/T 1863—1993	染发剂中对苯二胺的测定		1993-11-13	1994-07-01
5	QB/T 1864—1993	电位溶出法测定化妆品中铅		1993-11-13	1994-07-01
6	QB/T 2333—1997	防晒化妆品中紫外线吸收剂定量测定 高效液相色谱法		1997-12-04	1998-08-01
7	QB/T 2334—1997	化妆品紫外线吸收剂定性测定 紫外分光光度计法		1997-12-04	1998-08-01
8	QB/T 2407—1998	化妆品中 D-泛醇含量的测定		1998-11-25	1999-06-01
9	QB/T 2408-1998	化妆品中维生素 E 含量的测定		1998-11-25	1999-06-01
10	QB/T 2409—1998	化妆品中氨基酸含量的测定		1998-11-25	1999-06-01
11	QB/T 2470—2000	化妆品通用试验方法 滴定分析（容量分析）用标准溶液的制备		2000-03-30	2000-08-01
12	GB/T 13531.2—1992	化妆品通用试验方法 色泽三刺激值和色差 ΔE^* 的测定	已废止，拟转化为行标，过渡期一年，2005年10月14日		
13	GB/T 13531.5—1995	化妆品通用试验方法 乙醚萃取法测定香水、古龙水和花露水中的香精	已废止		
14	SN/T 1500—2004	化妆品中甘草酸二钾的检测方法 液相色谱法		2004-11-17	2005-04-01
15	SN/T 1499—2004	化妆品中曲酸的检测方法 液相色谱法		2004-11-17	2005-04-01
16	SN/T 1498—2004	化妆品中抗坏血酸磷酸酯镁的检测方法 液相色谱法		2004-11-17	2005-04-01

续表

序号	标准号	标准名称	代替标准号	批准日期	实施日期
(三)试验方法标准					
17	SN/T 1496—2004	化妆品中生育酚及α-生育酚乙酸酯的检测方法 高效液相色谱法		2004-11-17	2005-04-01
18	SN/T 1495—2004	化妆品中酞酸酯的检测方法 气相色谱法		2004-11-17	2005-04-01
19	SN/T 1478—2004	化妆品中二氧化钛含量的检测方法 ICP-AES法		2004-11-17	2005-04-01
20	SN/T 1475—2004	化妆品中熊果苷的检测方法 液相色谱法		2004-11-17	2005-04-01
21	SN/T 1032—2002	进出口化妆品中紫外线吸收剂的测定 液相色谱法		2002-01-16	2006-06-01
22	SN/T 1780—2006	进出口化妆品中氯丁醇的测定 气相色谱法		2006-04-25	2006-11-15
23	SN/T 1781—2006	进出口化妆品中咖啡因的测定 液相色谱法		2006-04-25	2006-11-15
24	SN/T 1782—2006	进出口化妆品中尿囊素的测定 液相色谱法		2006-04-25	2006-11-15
25	SN/T 1783—2006	进出口化妆品中黄樟素和6-甲基香豆素的测定 气相色谱法		2006-04-25	2006-11-15
26	SN/T 1784—2006	进出口化妆品中二噁烷残留量的测定 气相色谱串联质谱法		2006-04-25	2006-11-15
27	SN/T 1785—2006	进出口化妆品中没食子酸丙酯的测定 液相色谱法		2006-04-25	2006-11-15
28	SN/T 1786—2006	进出口化妆品中三氯生和三氯卡班的测定 液相色谱法		2006-04-25	2006-11-15

序号	标准号	标准名称	代替标准号	批准日期	实施日期
(四)卫生标准					
1	GB 7916—1987	化妆品卫生标准		1987-05-28	1987-10-01
2	GB 7917.1—1987	化妆品卫生化学标准检验方法 汞		1987-05-28	1987-10-01
3	GB 7917.2—1987	化妆品卫生化学标准检验方法 砷		1987-05-28	1987-10-01
4	GB 7917.3—1987	化妆品卫生化学标准检验方法 铅		1987-05-28	1987-10-01
5	GB 7917.4—1987	化妆品卫生化学标准检验方法 甲醇		1987-05-28	1987-10-01
6	GB 7918.1—1987	化妆品微生物标准检验方法 总则		1987-05-28	1987-10-01
7	GB 7918.2—1987	化妆品微生物标准检验方法 细菌总数测定		1987-05-28	1987-10-01
8	GB 7918.3—1987	化妆品微生物标准检验方法 粪大肠菌群		1987-05-28	1987-10-01
9	GB 7918.4—1987	化妆品微生物标准检验方法 铜绿假单胞菌		1987-05-28	1987-10-01
10	GB 7918.5—1987	化妆品微生物标准检验方法 金黄色葡萄球菌		1987-05-28	1987-10-01

续表

序号	标准号	标准名称	代替标准号	批准日期	实施日期
（四）卫生标准					
11	GB 7919—1987	化妆品安全性评价程序和方法		1987-05-28	1987-10-01
12	GB 17149.1—1997	化妆品皮肤病诊断标准及处理原则总则		1997-12-15	1998-12-01
13	GB 17149.2—1997	化妆品接触性皮炎诊断标准及处理原则		1997-12-15	1998-12-01
14	GB 17149.3—1997	化妆品痤疮诊断标准及处理原则		1997-12-15	1998-12-01
15	GB 17149.4—1997	化妆品毛发损伤诊断标准及处理原则		1997-12-15	1998-12-01
16	GB 17149.5—1997	化妆品甲损害 诊断标准及处理原则		1997-12-15	1998-12-01
17	GB 17149.6—1997	化妆品光感性皮炎诊断标准及处理原则		1997-12-15	1998-12-01
18	GB 17149.7—1997	化妆品皮肤色素异常诊断标准		1997-12-15	1998-12-01

序号	标准号	标准名称	代替标准号	批准日期	实施日期
（五）相关标准					
1	QB/T 1507—2006	日用香精	QB 1507—1992	2006-12-17	2007-08-01
2	GB/T 601—2002	化学试剂 标准滴定溶液的制备		2002-10-15	2003-04-01
3	GB/T 5173—1995	表面活性剂和洗涤剂阴离子活性物的测定 直接两相滴定法		1995-12-08	1996-08-01
4	GB 5296.1—1997	消费品使用说明 总则	GB 5296.1—85	1997-07-07	1998-01-01
5	GB 13042—1998	包装容器气雾罐		1998-08-10	1999-08-01
6	GB/T 13173.6—1991	洗涤剂发泡力的测定（Ross-Miles法）		1991-09-10	1992-08-01
7	QB 2549—2002	一般气雾剂产品的安全规定		2002-09-21	2002-12-01
8	GB/T 14449—1993	气雾剂产品测试方法		1993-06-14	1993-12-01
9	BB 0005—1995	气雾剂产品标示		1995-04-03	1995-06-01
10	GB 2828.1—2003	计数抽样检验程序 第1部分：按接收质量限（AQL）检索的逐批检验抽样计划			
11	QB/T 2317—1997	牙膏用天然碳酸钙		1998-05-01	1998-05-01
12	QB/T 2318—1997	牙膏用羧甲基纤维素钠		1998-05-01	1998-05-01
13	QB/T 2335—1997	牙膏用山梨糖醇液		1998-08-01	1998-08-01
14	QB/T 2346—1997	牙膏用二氧化硅		1998-09-01	1998-09-01

表 9-2　现行的香精香料标准目录（至 2008 年 4 月）

序号	标准号	标准名称	替代标准
（一）方法标准				
1	GB/T 11538—2006	精油 毛细管柱气相色谱分析 通用法	GB/T 11538—1989
2	GB/T 11539—1989	单离及合成香料 填充柱气相色谱分析 通用法	
3	GB/T 11540—1989	单离及合成香料 相对密度的测定	

续表

	(一)方法标准		
序号	标准号	标准名称	替代标准
4	GB/T 14454.1—1993	香料 试样制备	
5	GB/T 14454.2—1993	香料 香气评定法	
6	GB/T 14454.3—1993	香料 色泽检定法	
7	GB/T 14454.4—1993	香料 折光指数的测定	
8	GB/T 14454.5—1993	香料 旋光度的测定	
9	GB/T 14454.6—1993	香料 蒸发后残留物含量的评估	
10	GB/T 14454.7—1993	香料 冻点的测定	
11	GB/T 14454.8—1993	香料 桉叶素含量的测定 邻甲酚冻点法	
12	GB/T 14454.9—1993	香料 黄樟油素含量的测定 冻点法	
13	GB/T 14454.10—1993	香料 闪点的测定 闭口杯法	
14	GB/T 14454.11—1993	香料 含酚量的测定	
15	GB/T 14454.12—1993	香料 微量氯测定法	
16	GB/T 14454.13—1993	香料 羰基化合物含量的测定 中性亚硫酸钠法	
17	GB/T 14454.14—1993	香料 标准溶液、试液和指示液的制备	
18	GB/T 14454.15—1993	黄樟油 黄樟素和异黄樟素含量的测定 填充柱气相色谱	
19	GB/T 14454.16—1993	香料 羰值和羰基化合物含量的测定 盐酸羟胺法	
20	GB/T 14454.17—1993	香料 羰值和羰基化合物含量的测定 游离羟胺法	
21	GB/T 14455.1—1993	精油 命名原则	
22	GB/T 14455.2—1993	精油 取样方法	
23	GB/T 14455.3—1993	精油 乙醇中溶混度的评估	
24	GB/T 14455.4—1993	精油 相对密度的测定	
25	GB/T 14455.5—1993	精油 酸值的测定	
26	GB/T 14455.6—1993	精油 酯值的测定	
27	GB/T 14455.7—1993	精油 乙酰化后酯值的测定和游离醇与总醇含量的评估	
28	GB/T 14455.8—1993	精油(含叔醇)乙酰化后酯值的测定和游离醇含量的评估	
29	GB/T 14455.9—1993	精油 填充柱气相色谱分析 通用法	
30	GB/T 14455.10—1993	精油 含难以皂化的酯类精油的酯值的测定法	
31	GB/T 14457.1—1993	单离及合成香料 乙醇中溶解度测定法	
32	GB/T 14457.2—1993	单离及合成香料 沸程测定法	
33	GB/T 14457.3—1993	单离及合成香料 熔点测定法	
34	GB/T 14457.4—1993	单离及合成香料 酸值或含酸量的测定	
35	GB/T 14457.5—1993	单离及合成香料 含酯量的测定	
36	GB/T 14457.6—1993	单离及合成香料 伯醇或仲醇含量的测定 乙酰化法	
37	GB/T 14457.7—1993	单离及合成香料 伯醇或仲醇含量的测定 乙酰吡啶法	
38	GB/T 14457.8—1993	单离及合成香料 叔醇含量的测定 氯乙酰-二甲基苯胺法	
39	GB/T 14458—1993	香花浸膏检验方法	

续表

序号	标 准 号	标 准 名 称	替 代 标 准
(二)产品标准(国家标准)			
1	GB/T 8793—1988	中国贵州柏木油	
2	GB/T 11424—1989	山苍子油	
3	GB/T 11425—1989	肉桂油	
4	GB/T 12652—2002	亚洲薄荷素油	
5	GB/T 12653—1990	中国薰衣草油	
6	GB/T 15068—1994	八角茴香油	
7		香料香精名词术语	
(三)产品标准(行业标准)			
1	QB/T 1025—1991	麝香草酚	
2	QB/T 1026—1991	酮麝香	
3	QB/T 1027—1991	合成檀香803	
4	QB/T 1028—1991	乙位萘甲醚	
5	QB/T 1029—1991	乙酸松油酯	
6	QB/T 1030—1991	白樟油	
7	QB/T 1031—1991	墨红花浸膏	
8	QB/T 1032—1991	黄樟油	
9	QB/T 1033—1991	香茅油	
10	QB/T 1430—1992	素凝香	
11	QB/T 1431—1992	甲基柏木酮	
12	QB/T 1505—1992	食品用香精	
13	QB/T 1506—2004	烟用香精	
14	QB/T 1507—2006	日用香精	QB/T 1507—1992 日化香精
15	QB/T 1508—1992	二氢月桂烯醇	
16	QB/T 1631—1992	檀香208	
17	QB/T 1632—2006	覆盆子酮	QB/T 1632—1992
18	QB/T 1769—2006	乙酸苄酯	QB/T 1769—1993
19	QB/T 1770—2006	乙酸异戊酯	QB/T 1770—1993
20	QB/T 1771—2006	丙酸乙酯	QB 1771—1993
21	QB/T 1772—2006	丙酸苄酯	QB 1772—1993
22	QB/T 1773—2006	丁酸乙酯	QB 1773—1993
23	QB/T 1774—2006	丁酸丁酯	QB 1774—1993
24	QB/T 1775—2006	丁酸异戊酯	QB/T 1775—1993
25	QB/T 1776—2006	异戊酸乙酯	QB 1776—1993
26	QB/T 1777—2006	异戊酸异戊酯	QB/T 1777—1993
27	QB/T 1778—2006	己酸乙酯	QB/T 1778—1993

(三)产品标准(行业标准)			
序号	标 准 号	标 准 名 称	替 代 标 准
28	QB/T 1779—2006	苯甲酸乙酯	QB/T 1779—1993
29	QB/T 1780—2006	苯甲酸苄酯	QB/T 1780—1993
30	QB 1781—1993	邻氨基苯甲酸甲酯	
31	QB/T 1782—2006	β-苯乙醇	QB/T 1782—1993
32	QB/T 1783—1993	合成肉桂醇	
33	QB 1784—1993	桃醛	
34	QB/T 1785—1993	杨梅醛	
35	QB 1786—1993	兔耳草醛	
36	QB/T 1787—1993	羟基香茅醛	
37	QB/T 1788—2006	洋茉莉醛	QB 1788—1993
38	QB/T 1789—2006	97％柠檬醛	QB/T 1789—1993
39	QB/T 1790—1993	结晶玫瑰	
40	QB/T 1791—2006	乙基香兰素	QB 1791—1993
41	QB 1792—1993	*dl*-合成薄荷脑	
42	QB/T 1793—2006	天然薄荷脑	QB/T 1793—1993
43	QB/T 1794—1993	茉莉浸膏	
44	QB/T 1795—1993	大花茉莉浸膏	
45	QB/T 1796—1993	白兰浸膏	
46	QB/T 1797—1993	桂花浸膏	
47	QB/T 1798—1993	赖百当浸膏	
48	QB/T 1799—1993	冷磨柠檬油	
49	QB 1800—1993	树兰花油	
50	QB/T 1801—1993	白兰花油	
51	QB/T 2239—1996	白兰叶油	
52	QB/T 2240—1996	芳樟醇(单离)	
53	QB/T 2241—1996	甲位己基桂醛	
54	QB/T 2242—1996	檀香醚	
55	QB/T 2243—1996	1,8-桉叶素(单离)	
56	QB/T 2244—1996	乙酸乙酯	
57	QB/T 2519—2001	己酸烯丙酯	GB 8795—1988, QB/T 3758—1999
58	QB/T 2520—2001	乙酸芳樟酯	GB 8797—1988, QB/T 3760—1999
59	QB/T 2521—2001	留兰香油	GB 11534—1989, QB/T 3766—1999
60	QB/T 2522—2001	广藿香油	GB 11535—1989, QB/T 3767—1999
61	QB/T 2542—2002	苯甲醇	GB 8794—1988, QB/T 3757—1999
62	QB/T 2543—2002	丁酸苄酯	GB 8796—1988, QB/T 3759—1999
63	QB/T 2544—2002	香豆素	GB 8798—1988, QB/T 3761—1999

续表

	(三)产品标准(行业标准)		
序号	标准号	标准名称	替代标准
64	QB/T 2545—2002	桉叶素含量80%桉叶油	GB 8800—1988, QB/T 3763—1999
65	QB/T 2546—2002	二甲苯麝香	GB 11537—1989, QB/T 3768—1999
66	QB/T 2547—2002	葵子麝香	GB 11536—1989, QB/T 3768—1999
67	QB/T 2548—2002	空气清新气雾剂	
68	QB/T 2549—2002	一般气雾剂产品的安全规定	
69	QB/T 2550—2002	家具用气雾上光剂	
70	QB/T 2614—2003	α-戊基肉桂醛	GB 8799—1988, QB/T 3762—1999
71	QB/T 2615—2003	2-乙酰基吡嗪	
72	QB/T 2616—2003	香叶油	GB 11426—1989, QB/T 3764—1999
73	QB/T 2617—2003	松油醇	GB 11427—1989, QB/T 3765—1999
74	QB/T 2642—2004	麦芽酚	
75	QB/T 2748—2005	四甲基吡嗪	
76	QB/T 2749—2005	三甲基吡嗪	
77	QB/T 2750—2005	2,3-二甲基吡嗪	
78	QB/T 2751—2005	甲基吡嗪	
79	QB/T 2752—2005	2-乙酰基噻唑	
80	QB/T 2753—2005	4-甲基-5-(β-羟乙基)噻唑	

	(四)相关标准		
序号	标准号	标准名称	替代标准
1	GB 6283—1986	化工产品中水分含量的测定 卡尔·费休法(通用方法)	
2	GB 6682—1992	分析实验室用水规格和试验方法	
3	GB 7531—1987	有机化工产品 灰分的测定	

表9-3 洗涤剂、肥皂类标准目录

标准编号	标准名称	实施日期	替代标准
GB 9985—2000	手洗餐具用洗涤剂	2002-10-01	现行
QB/T 2739—2005	洗涤用品常用试验方法 滴定分析(容量分析)用试验溶液的制备	2006-01-01	现行
GB/T 13171—2004	洗衣粉	2004-09-01	GB/T 13171—1997
GB 19877.1—2005	特种洗手液	2006-06-01	现行
GB 19877.2—2005	特种沐浴剂	2006-06-01	现行
GB 19877.3—2005	特种香皂	2006-06-01	现行
QB/T 2485—2000	香皂	2001-02-01	QB/T 3755—1999
QB/T 1224—2007	衣料用液体洗涤剂	2007-12-01	QB/T 1224—1991

续表

标准编号	标准名称	实施日期	替代标准
QB/T 1767—1993	含4A沸石洗衣粉	1993-07-01	现行
QB/T 2113—95	低磷无磷洗衣粉	1996-03-01	现行
HJBZ 8—1999	洗涤剂	2000-03-10	现行
QB/T 2486—2000	洗衣皂	2001-02-01	QB/T 3756—1999
QB/T 2487—2000	复合洗衣皂	2001-04-01	现行
QB/T 2116—2006	洗衣膏	2006-12-01	QB/T 2116—1995
QB/T 2387—1998	洗衣皂粉	1999-05-01	现行
QB/T 2850—2007	抗菌抑菌洗涤剂	2007-12-01	现行
GB/T 12028—2006	洗涤剂用羧甲基纤维素钠	2006-10-01	GB/T 12028—1989
QB 1806—1993	洗涤剂用碱性蛋白酶制剂	1993-02-01	现行

四、近来年我国化妆品技术标准制定取得的成绩

近年来，我国的社会经济发展迅速，人民生活水平显著提高，化妆品从奢侈品逐渐转变为生活必需品，形成巨大的化妆品消费市场。1982年我国化妆品产值仅为2亿元，而2003年全国化妆品产值已达520亿元，处于亚洲第二（仅次于日本），世界第八。目前我国化妆品企业已达5000家。

随着化妆品工业的发展和人们对化妆品使用安全的关注，卫生部加大了化妆品的卫生管理，先后修订了《化妆品卫生规范》(2007年)，《化妆品生产企业规范》(2007年)；发布了《染发剂原料名单（试行）》(2005年)、《中国已使用化妆品成分名单（2003年版）》，《国际化妆品原料（INCI）英汉对照名称（2003年）》、《国际化妆品原料（INCI）标准中文名称目录（2007年）》。此外卫生部还发文规范了氢醌、吡啶硫铜锌、果酸、酮康唑、红高粱、籽瓜取液提、二甲基-共-二乙基亚苄基丙二酸酯等成分在化妆品中的使用。

"十五"期间，化妆品检验方法标准制修订也取得了较大进展，与1987年颁布的国家标准检验方法相比，《化妆品卫生规范》(2002年版)，增加了pH、镉、锶、总氟、总硒、硼酸和硼酸盐、去头屑洗发用品中二硫化硒、甲醛、巯基乙酸、苯酚、氢醌、性激素、紫外吸收剂、防腐剂、氢化型染发剂中染料、氮芥、斑蝥素、α-羟基酸等18项卫生化学检验方法；增加了霉菌和酵母菌检测方法；增加了人体斑贴试验、人体试用试验、防晒化妆品防晒指数（SPF值）人体测定方法。

"十一五"期间修订颁布的《化妆品卫生规范》(2007年版)，在《化妆品卫生规范》(2002年版)的基础上，充分参考和借鉴了欧盟、美国、日本等国家化妆品安全性评价的最新进展，应用了我国化妆品安全评价专家的研究成果，主要针对化妆品禁限用原料、防腐剂、紫外线吸收剂和着色剂名单进行修订，化妆品禁用物质增加了800种，达到了1286种；将卫生部2005年发布的96种染发剂原料纳入限用名单；将防腐剂、防晒剂、着色剂和染发剂的部分原料进行了调整；同时还增加了4项新的内容：对部分抗生素的检测方法、4种去头皮的检测方法以及两种防晒化妆品UVA防晒效果的评价方法（人体法和仪器法）；增加了防晒剂防水功能的测定方法和标识要求。

正在进行的化妆品标准制修订项目52项，包括《化妆品卫生标准》和《化妆品皮肤病诊断标准和处理原则》修订；化妆品中抗生素、维生素D_2和D_3、所含中药成分、有害重金属、有毒挥发性有机溶剂的测定；化妆品中亚硫酸盐还原菌的测定；化妆品中潜在过敏接触性皮炎的鼠局部淋巴结评价方法、光毒实验和眼刺激实验替代方法；脱毛、除臭、健美、美乳、育发、祛斑等类化妆品的功效性评价方法等，见表9-4、表9-5。

表 9-4 "十一五"期间化妆品卫生标准制修订规划

类 别	标准项目名称	制定	修订	拟开始/结束时间	备 注
基础卫生标准	化妆品卫生标准		√	2009～2010	GB 7916(包括化妆品的一般要求、原料的要求、终产品的要求、包装的要求等)
	化妆品术语与定义	√		2006～2007	
	化妆品卫生标准编写指南	√		2006～2007	
卫生化学检验方法	化妆品卫生化学标准检验方法		√	2009～2010	GB/T 7917(包括铅、汞、砷、防晒剂等30项)
	重要永久型染发剂分析鉴定方法	√		2006～2008	《染发剂原料名单(试行)》96种中的50种
	化妆品禁、限用物质测定方法		√	2006～2008	酞酸酯、着色剂、防晒剂、甲醛(气相色谱法)、巯基乙酸及其盐类(色谱法)
	防晒(UVA,UVB)化妆品抗水性能测试通用型质检样品	√		2007～2008	
微生物学检验方法	化妆品微生物学标准检验方法		√	2009～2010	GB/T 7918(包括总则、细菌总数、粪大肠菌群、铜绿假单胞杆菌、金黄色葡萄球菌、霉菌和酵母菌等)
	化妆品菌落总数限值		√	2006～2007	现行指标限值有些过宽,对其进行修订
	化妆品中致病微生物检测方法	√		2007～2008	破伤风梭菌、需氧芽孢杆菌和蜡样芽孢杆菌
	化妆品微生物检测质控样品	√		2007～2009	
毒理学试验方法	化妆品安全性评价程序和方法		√	2009～2010	GB/T 7917(包括急性毒性、亚慢性毒性、慢性毒性、细胞毒性、致畸试验等17项)
	体外替代试验方法	√		2006～2008	体外皮肤腐蚀性/刺激性试验、皮肤吸收试验、内分泌干扰物体外评价方法、人肝细胞系HepG2微核试验、人肝细胞系HepG2单细胞凝胶电泳试验
	皮肤光敏性试验	√		2006～2007	
化妆品皮肤病诊断标准	化妆品皮肤病诊断标准		√	2009～2010	GB 17149(包括总则和6种皮肤病)
人体安全性及功效性评价程序和方法	化妆品人体安全性评价方法	√	√	2006～2009	包括除臭、育发、美乳、健美、防晒等人体安全性评价方法和斑贴试验方法
	去头皮屑类化妆品人体安全性及功效性试验方法	√		2006～2007	
	可比性化妆品功效量化指标方法	√		2007～2009	包括除臭、育发、祛斑、美乳、健美、粉刺、防晒、疤痕及环境护肤类
	光斑贴试验标准变应原和皮肤斑贴试验标准筛选抗原系列的制备	√		2007～2008	
化妆品原料	化妆品新原料的评价程序和方法	√		2007～2008	
	化妆品可使用原料清单及规格标准	√		2007～2009	拟建立500种常用和限用物质原料规格标准
	化妆品安全评价用致癌、致突变和生育毒性化合物清单	√		2008～2009	
其他	化妆品标签、标识和宣传用语规范	√		2008～2009	
	化妆品生产企业良好生产规范	√		2006～2007	

注:资料来源于卫生部《化妆品卫生标准"十一五"规划》。

表 9-5 2007 年及 2008 年 SAC 正在制定的化妆品标准

序号	计划编号	项目名称	性质	制修订	完成年限	主管部门	技术归口单位	主要起草单位
1	20072826-T-607	化妆品名词术语	推荐	制定	2008	中国轻工业联合会	TC 257 全国香料香精化妆品标准化技术委员会	上海香料研究所、中国香料香精化妆品工业协会、广州宝洁有限公司、欧莱雅（中国）有限公司、上海家化联合股份有限公司、上海联合利华有限公司、湖北丝宝有限公司、上海应用技术学院
2	20079875-Q-361	化妆品中警示用语规范	强制	制定	2008	卫生部	卫生部	中国疾病预防控制中心环境与健康相关产品安全所
3	20079951-T-607	唇彩	推荐	制定	2008	中国轻工业联合会	TC 257 全国香料香精化妆品标准化技术委员会	浙江方圆检测集团股份有限公司
4	20079952-T-607	化妆笔	推荐	制定	2008	中国轻工业联合会	TC 257 全国香料香精化妆品标准化技术委员会	浙江方圆检测集团股份有限公司
5	20079953-T-607	睫毛膏	推荐	制定	2008	中国轻工业联合会	TC 257 全国香料香精化妆品标准化技术委员会	浙江方圆检测集团股份有限公司
6	20079955-Z-607	润唇膏	指导	制定	2008	中国轻工业联合会	TC 257 全国香料香精化妆品标准化技术委员会	曼秀雷敦（中国）药业有限公司
7	20072840-T-607	防晒化妆品	推荐	制定	2008	中国轻工业联合会	TC 257 全国香料香精化妆品标准化技术委员会	浙江方圆检测集团股份有限公司
8	20072841-T-607	精油类化妆品	推荐	制定	2008	中国轻工业联合会	TC 257 全国香料香精化妆品标准化技术委员会	浙江方圆检测集团股份有限公司
9	20079954-T-607	日化用香精	推荐	制定	2008	中国轻工业联合会	TC 257 全国香料香精化妆品标准化技术委员会	广东铭康香精香料有限公司
10	20079868-T-361	化妆品禁限用物质测定方法	推荐	制定	2008	卫生部	卫生部	中国疾病预防控制中心环境与健康相关产品安全所
11	20072825-T-607	化妆品中雌激素、孕激素、雄激素和糖皮质醇激素的测定方法液相色谱/串联质谱法	推荐	制定	2008	中国轻工业联合会	TC 257 全国香料香精化妆品标准化技术委员会	大连市产品质量监督检验所
12	20072827-T-607	化妆品中 24 种防腐剂的检验方法高效液相色谱法	推荐	制定	2008	中国轻工业联合会	TC 257 全国香料香精化妆品标准化技术委员会	中国检验检疫科学研究院、国家香料香精化妆品质量监督检验中心、上海香料研究所

续表

序号	计划编号	项目名称	性质	制修订	完成年限	主管部门	技术归口单位	主要起草单位
13	20072828-T-607	化妆品中9种四环素类抗生素的检验方法 高效液相色谱法	推荐	制定	2008	中国轻工业联合会	TC 257 全国香料香精化妆品标准化技术委员会	中国检验检疫科学研究院、国家香料香精化妆品质量监督检验中心、上海香料研究所
14	20072829-T-607	化妆品中安体舒通、过氧化苯甲酰和维A酸的测定 高效液相色谱法	推荐	制定	2008	中国轻工业联合会	TC 257 全国香料香精化妆品标准化技术委员会	中国检验检疫科学研究院、国家香料香精化妆品质量监督检验中心、上海香料研究所
15	20072830-T-607	化妆品中呋喃妥因和吩噻嗪的检验方法——高效液相色谱法	推荐	制定	2008	中国轻工业联合会	TC 257 全国香料香精化妆品标准化技术委员会	中国检验检疫科学研究院、国家香料香精化妆品质量监督检验中心、上海香料研究所
16	20072831-T-607	化妆品中呋喃唑酮和氯唑酮的检验方法——高效液相色谱法	推荐	制定	2008	中国轻工业联合会	TC 257 全国香料香精化妆品标准化技术委员会	
17	20072832-T-607	化妆品中磺胺的检验方法——高效液相色谱法	推荐	制定	2008	中国轻工业联合会	TC 257 全国香料香精化妆品标准化技术委员会	中国检验检疫科学研究院、国家香料香精化妆品质量监督检验中心、上海香料研究所
18	20072833-T-607	化妆品中甲氨蝶呤的检验方法——高效液相色谱法	推荐	制定	2008	中国轻工业联合会	TC 257 全国香料香精化妆品标准化技术委员会	中国检验检疫科学研究院、国家香料香精化妆品质量监督检验中心、上海香料研究所
19	20072834-T-607	化妆品中马钱子碱和士的宁的检验方法——高效液相色谱法	推荐	制定	2008	中国轻工业联合会	TC 257 全国香料香精化妆品标准化技术委员会	中国检验检疫科学研究院、国家香料香精化妆品质量监督检验中心、上海香料研究所
20	20072835-T-607	化妆品中亚硝酸盐的检验方法——离子色谱法	推荐	制定	2008	中国轻工业联合会	TC 257 全国香料香精化妆品标准化技术委员会	中国检验检疫科学研究院、上海香料研究所
21	20072836-T-607	化妆品中苯二胺类化合物的测定	推荐	制定	2008	中国轻工业联合会	TC 257 全国香料香精化妆品标准化技术委员会	上海市质量监督检验技术研究院
22	20072837-T-607	化妆品中苯甲醇的测定	推荐	制定	2008	中国轻工业联合会	TC 257 全国香料香精化妆品标准化技术委员会	上海市质量监督检验技术研究院

续表

序号	计划编号	项目名称	性质	制修订	完成年限	主管部门	技术归口单位	主要起草单位
23	20072838-T-607	化妆品中苯甲酸及其盐类和酯类的测定	推荐	制定	2008	中国轻工业联合会	TC 257 全国香料香精化妆品标准化技术委员会	上海市质量监督检验技术研究院
24	20072839-T-607	化妆品中山梨酸及其盐类的测定	推荐	制定	2008	中国轻工业联合会	TC 257 全国香料香精化妆品标准化技术委员会	上海市质量监督检验技术研究院
25	20072842-T-607	化妆品中19种香精香料的测定 气相色谱质谱法	推荐	制定	2008	中国轻工业联合会	TC 257 全国香料香精化妆品标准化技术委员会	中国检验检疫科学研究院
26	20072843-T-607	化妆品中柠檬醛、肉桂醇、茴香醇、3-苯基-2-丙烯醛和香豆素的测定 气相色谱法	推荐	制定	2008	中国轻工业联合会	TC 257 全国香料香精化妆品标准化技术委员会	中国检验检疫科学研究院
27	20072844-T-607	化妆品中树苔提取物的测定 LC/MS/MS法	推荐	制定	2008	中国轻工业联合会	TC 257 全国香料香精化妆品标准化技术委员会	中国检验检疫科学研究院
28	20072845-T-607	化妆品中橡苔提取物的测定 LC/MS/MS法	推荐	制定	2008	中国轻工业联合会	TC 257 全国香料香精化妆品标准化技术委员会	中国检验检疫科学研究院
29	20079873-T-361	化妆品中对羟基苯甲酸酯等20种防腐剂测定-高效液相色谱法	推荐	制定	2008	卫生部	卫生部	北京市疾病预防控制中心
30	20079874-T-361	化妆品中甲醛的气相色谱法检验方法	推荐	制定	2008	卫生部	卫生部	上海市疾病预防控制中心
31	20079963-T-607	表面活性剂 家庭机洗餐具洗涤剂性能比较试验	推荐	制定	2008	中国轻工业联合会	中国轻工业联合会	中国日用化学工业研究院、国家洗涤用品质量监督检验中心(太原)
32	20070973-T-469	表面活性剂 通过拉起液体薄膜测定表面张力	推荐	制定	2008	国家标准化管理委员会	TC 251 全国危险化学品管理标准化技术委员会	中化化工标准化研究所、江苏出入境检验检疫局
33	20070778-T-469	牙膏中二甘醇的测定	推荐	制定	2008	国家标准化管理委员会	国家标准委农业食品部	
34	20073360-Q-606	牙膏工业用单氟磷酸钠	强制	制定	2008	中国石油和化学工业协会	TC 63 全国化学标准化技术委员会	天津化工研究设计院

续表

序号	计划编号	项目名称	性质	制修订	完成年限	主管部门	技术归口单位	主要起草单位
35	20073361-Q-606	牙膏工业用磷酸氢钙	强制	制定	2008	中国石油和化学工业协会	TC 63 全国化学标准化技术委员会	天津化工研究设计院
36	20078990-T-606	牙膏级轻质碳酸钙	推荐	制定	2008	中国石油和化学工业协会	全国化学标准化技术委员会	建德市天石碳酸钙有限责任公司
37	20073297-T-606	日用化学品中全氟辛烷磺酸盐（PFOS）的检测方法	推荐	制定	2008	中国石油和化学工业协会	TC 63 全国化学标准化技术委员会	中国检验检疫科学研究院等
38	20079965-Q-607	牙膏用保湿剂 甘油和聚乙二醇	强制	制定	2008	中国轻工业联合会	中国轻工业联合会	国家轻工业牙膏蜡制品质量监督检测中心
39	20079966-Q-607	牙膏用原料规范	强制	制定	2008	中国轻工业联合会	中国轻工业联合会	国家轻工业牙膏蜡制品质量监督检测中心
40	20079871-Q-361	化妆品人体安全性评价方法	强制	制定	2008	卫生部	卫生部	中国医科院皮肤病性病医院、解放军空军总医院、上海市皮肤性病医院、广州中山大学附属三院
41	20079862-T-361	防晒化妆品防晒系数（SPF值）人体测定方法	推荐	制定	2008	卫生部	卫生部	中国人民解放军空军总医院、中国预防医学科学院环境卫生监测所
42	20079865-Q-361	化妆品唇炎诊断标准及处理原则	强制	制定	2008	卫生部	卫生部	上海市皮肤病性病医院、解放军空军总医院、中山大学附属第三医院
43	20079866-T-361	化妆品防腐功效测试方法	推荐	制定	2008	卫生部	卫生部	广东省微生物研究所
44	20079867-Q-361	化妆品接触性荨麻疹诊断标准及处理原则	强制	制定	2008	卫生部	卫生部	上海市皮肤病性病医院、解放军空军总医院、中山大学附属第三医院
45	20079869-Q-361	化妆品菌落总数限值	强制	制定	2008	卫生部	卫生部	中国 CDC 环境与健康相关产品安全所
46	20079870-T-361	化妆品皮肤光敏性试验方法	推荐	制定	2008	卫生部	卫生部	中国疾病预防控制中心环境与健康相关产品安全所
47	20079882-T-361	美乳类化妆品人体安全性和美乳作用检验方法	推荐	制定	2008	卫生部	卫生部	中国医学科学院皮肤病医院、解放军空军总医院
48	20079884-T-361	祛斑美白类化妆品安全性和功效检验方法	推荐	制定	2008	卫生部	卫生部	解放军空军总医院、日本花王化妆品公司

续表

序号	计划编号	项目名称	性质	制修订	完成年限	主管部门	技术归口单位	主要起草单位
49	2008-49891	化妆品光斑贴试验标准变应原的制备	推荐	制定	2009	卫生部	卫生部	广州中山大学附属第三医院、解放军空军总医院、中国医科院皮肤病性病医院、上海市皮肤性病医院
50	2008-50338	化妆品皮肤腐蚀性体外测试试验方法	推荐	制定	2010	卫生部	卫生部	中国疾病预防控制中心环境与健康相关产品安全所
51	2008-50339	化妆品皮肤光敏性试验	推荐	制定	2009	卫生部	卫生部	中国疾病预防控制中心环境与健康相关产品安全所
52	2008-50101	化妆品体外皮肤吸收试验方法	推荐	制定	2010	卫生部	卫生部	中国疾病预防控制中心环境与健康相关产品安全所

注：资料来源于国家标准化管理委员会SAC。

五、化妆品技术标准存在的问题

根据国家权威监督管理部门的调查统计显示，时常碰到有关劣质化妆品危害消费者的投诉，但与此形成鲜明对照的是国家监督抽查的化妆品抽样合格率却比较高，这一方面说明我国化妆品生产企业的产品质量在不断提高，另一方面则表明现行的国家化妆品产品标准要求过低，还存在着一些问题，急需完善。

① 缺乏"有用性"指标，使质检部门对判定化妆品的优劣存在着障碍。

对于化妆品的质量而言，最重要的特性是产品的安全性、稳定性和有用性。目前施行的化妆品产品标准只对产品的安全性和稳定性作出了规范，而缺少有用性（功效性）指标。导致化妆品的国家标准无法真正起到控制产品质量，保护消费者利益的作用。

例如，现行发乳的国家标准只是简单地按乳液的稳定性区分优质品、一级品和合格品，并没有规定发乳保护头发的指标，如头发伸长程度的拉长率和拉断时的荷重拉力、头发的梳理阻力、头发湿润程度和弹性。显然，作为标准，不评定一种发乳在护发功能上实质性的效果，将无法评价发乳质量的优劣。

又如，洗发液需要有清洁效果的要求；护发素需要有保湿、防紫外线、光泽好等方面的要求；口红、指甲油要有容易铺展、遮盖力强、规定的时间内不脱色、不剥离的要求；唇膏、香脂、雪花膏、润肤液、洗面奶等，都需要有各种指标去评定其使用性能上"质"的优劣。

② 现行国家标准存在空白区域，种类少，覆盖面窄。

现行的化妆品国家标准种类少，覆盖面窄，从而形成了大片标准的空白区。如目前市场上的化妆品、美容、疗效化妆品有胭脂、眼影膏（油）、睫毛油、眉墨（笔）、生发、养发、丰乳、减肥、祛斑、美白等，这些产品约占化妆品种类的1/2上，属无国际约束规范的产品。至于添加特殊营养物、药物、含生物活性成分产品的标准更无从谈起。

没有营养物、药物、活性物的含量标准，没有制定相应的检测方法，没有活性物的活性指标、刺激性、过敏性、毒性、保质期的管理标准，致使质检部门无法根据国家标准进行有效的监控，而对大量涌入国门的这类化妆品的质量管理几乎处于失控的状态，使大批劣质化妆品毫无阻拦地推到缺少专业知识的国内消费者面前。

③ 现行化妆品检测标准与国际标准尚未完全对接。

由于目前国内对化妆品的检测标准与国际标准还没有完全对接，标准要求还不完善，现在国内标准中"卫生要求"多限于细菌检测，与国外"细致"标准似乎颇有出入。而现在很多化妆品添加了很多新的提取物，而按国内标准，对添加物却没有强制性的检测要求。如果说化妆品有安全隐患、有毒副作用存在，就很有可能是这些没有被硬性要求检测的添加物所致。要解决化妆品不安全问题、减少危害，首先要完善标准，然后才可以有效实现市场监管。

随着形势的发展，我国标准的适用性较差、市场竞争力较弱等问题日益明显，不能更好地适应经济和社会协调发展的要求。我国日益与国际社会接轨，这就必然意味着要与国际标准接轨。粗劣的技术、过低的标准，不仅让本国的产品难以顺利进军国际市场，而且，必然会给某些不良企业生产、倾销某些劣质产品提供制度性基础。加快修订相关标准，使我国的质量安全标准尽可能与国际社会接轨，尽快填补化妆品标准的空白，保护消费者的权益，已经成为当务之急。加快我国标准化事业的发展成为一项十分紧迫的任务。

【案例】

2007年5月，巴拿马卫生部责令含有二甘醇的中国牙膏全面下架，随后，美国、新加坡、日本、中国香港等众多国家与地区禁售中国多款品牌牙膏。危机使国家加快牙膏相关规范法规的制定。7月11日，国家质检总局发出《关于禁止用二甘醇作为牙膏原料的公告》。同时，国家认监委和卫生部正加紧制定《口腔保健品的认证管理办法》，卫生部已组织专家起草《口腔保健用品功效评价标准》，牙膏市场有望终结无国标的历史。

分析：

二甘醇事件绝非偶然。在中国被认为合格的产品在国外却被判定为不合格，此类情况已经多次发生。我国国家标准制定的过程平均标龄10年，而国际标准一般标龄都在四五年之间。包括牙膏在内，我国部分产品标准的滞后给行业的健康发展，尤其是进军国际市场埋下了隐患。

2006年，我国口腔清洁用品市场规模已达90余亿元。近百亿的大市场目前却没有《安全标准》和《认证标准》等国标。近年来由于牙膏行业标准的缺失，使部分企业为所欲为，中草药概念泛滥、多种功能夸大宣传、原料添加无据可查……行业市场的混乱现象很难得到有效扼制与规范。因此，关于出台行业标准的呼声越来越高。鉴于此，"二甘醇海外风波"成为推动牙膏行业标准制定的加速器。

正在制定的《口腔保健品的认证管理办法》将针对牙膏生产的原料、相关配方的健康含量控制、中草药标准比例等方面进行严格规范，以防止某些企业仅凭保健概念进行产品炒作，危害消费者权益。随着《安全标准》和《认证标准》等行业标准正式出台，牙膏行业将步入规范化的发展道路。尽管短期内行业性的大洗牌不会出现，但一批小的、不符合国家相关标准的牙膏生产厂家将会逐步被市场淘汰，其空出的市场份额，会被一些有实力的牙膏品牌所占据。知名牙膏企业与广大消费者将会成为最大的受益者。

六、近年我国化妆品标准制定规划

标准化是国民经济和社会发展的重要技术基础性工作。"十五"期间，我国标准化工作取得了令人瞩目的成就，对于推动技术进步、规范市场秩序、提高产业和产品竞争力、促进国际贸易发挥了重要的作用。

"十一五"时期是我国改革和发展的重要战略机遇期，也是标准化事业实现跨越式发展的关键时期。为更好地发挥标准化工作在落实科学发展观，全面建设小康社会中的技术支撑和保障作用，根据《国民经济和社会发展第十一个五年规划纲要》和《国家中长期科学和技术发展规划纲要（2006~2020年）》，卫生部和国家质检总局结合标准化工作实际分别制定了《化妆品卫生标准"十一五"规划》和国家标准化管理委员会《标准化"十一五"发展规划》，规划"十一五"期间我国标准化工作的发展重点。

1. 国家"十一五"期间化妆品卫生标准制修订规划

化妆品卫生标准"十一五"规划的方针是：以《化妆品卫生标准》制修订为主线，开展化妆品终产品安全性评价标准、化妆品新原料安全性评价标准、化妆品生产企业良好生产规范、化妆品的功效性评价、化妆品标签标识标准的制修订工作。重点开展化妆品禁、限用物质的检验方法、毒理学的动物替代实验方法及化妆品功效性评价方法的制定。

"十一五"规划的重要任务及工作重点：一是优先考虑现有国家标准的修订工作；二是根据需要对化妆品人体安全性和功效性评价程序和方法进行补充，列入优先安排的规划内容；三是化妆品新原料的问题近年来比较突出，随着新产品的开发和技术发展，越来越多的新原料投入市场，而我国目前尚未对化妆品新原料建立切实可行的评审程序和方法，因此对化妆品新原料的标准研制也应优先考虑。此外，取代动物实验的替代实验方法、针对化妆品成分的卫生化学检验方法、微生物学检验方法、化妆品标签标识、化妆品生产过程管理也需要及时制定相应的标准。

2. 国家标准化委员会《标准化"十一五"发展规划》

国家标准化委员会制定的《标准化"十一五"发展规划》中指出，我国标准化工作的重点是坚持市场导向原则、重点保障原则、自主创新原则和国际化原则，通过体制机制创新，建立符合我国社会主义市场经济规律和国际规则、科学有效的标准化管理体制和运行机制。

依托国内相关产业、行业、地方和企业，在充分发挥协会、中介组织以及科研机构作用的基础上，完善以企业为主体参与国际标准和国家标准制修订的机制，形成以国家标准为基础，国家标准、行业标准、地方标准和企业标准相互配套的标准体系。加强标准的实施监督，提高标准的有效性。在"十一五"期间工作重点如下。

（1）加快标准制修订速度。逐步解决标准制定速度慢和高新技术标准滞后的问题。将标准制定周期控制在 2 年以内；标龄控制在 5 年以内。

（2）积极推动采用国际标准和国外先进标准。提高国际标准的采标率。

（3）加快标准化技术委员会建设。到 2010 年，技术委员会、分技术委员会和工作组的数量力争达到 2600 个。

（4）加大参与国际标准化工作力度。

（5）在化妆品安全标准的制定方面：到"十一五"末，完成制定 60 项有关化妆品检验检测方面的标准，达到国际先进水平。主要包括：化妆品卫生标准；化妆品通用标签；化妆品卫生标准中禁用、限用物质检测标准；化妆品功能性试验，如保湿、抗皱、美白等方法标准；化妆品质量等级标准；化妆品质量评价标准等。

3. 香精香料化妆品标准化技术委员会《香精香料化妆品行业"十一五"标准规划报告》

根据香精香料化妆品标准化技术委员会编制的《香精香料化妆品行业"十一五"标准规划报告》，我国香精香料化妆品标准将在原有标准基础上进行评价、整顿、合并、优化。其中香精香料标准分成三大类，即基础标准、方法标准和产品标准；化妆品标准分成五大类，即基础标准、方法标准、原料标准、功能性试验方法和卫生标准。"十一五"期间，首先要对经清理整顿后现仍有效的标准进行及时修订，使其内容符合形势要求，保持时效性，同时加快基础标准的制定工作。

第三节 化妆品技术标准的查询

利用标准文献可以了解有关方面的技术政策、生产水平和标准化水平，对引进、研制产品及设备，提高产品质量和生产水平，进行科学管理等有重要的参考价值。特别在我国加入 WTO

后，更加迫切需要了解相关的国际标准和贸易国标准。

检索标准文献，首先要明确检索目的，是使用标准还是研究制定标准；前者自然应选择最新版本，后者往往会选择国内外的多种版本检索进行研究对比。然后可以选择不同级别的标准检索。如企业标准、行业标准、地方标准、国家标准、区域标准、国际标准，从中还可以进一步确定检索范围，即检索试行标准、推荐标准还是法定标准。标准服务机构多已开通网上检索和原文传递服务。既有中国标准研究中心国家级的标准服务机构，也有各省、各市、各级各类专业标准化管理机构，甚至有纯粹的标准咨询服务机构。下面主要介绍国内外比较常用的计算机网络标准文献检索系统。

一、国内化妆品技术标准的查询

① 在国家标准化管理委员会网站（http：//www.sac.gov.cn）可以进行国家标准目录查询、国家标准计划查询、废止国家标准目录查询及强制性国家标准电子全文查询。

② 戴特标准检索系统。

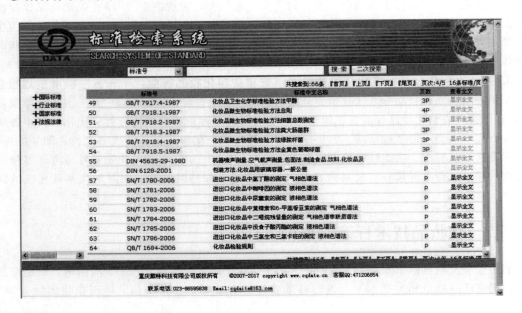

③ 中国标准咨询网：http://www.chinastandard.com.cn/db。

④ 中国国家标准咨询服务网：http://www.chinagb.org。

⑤ 标准网：http://www.standardcn.com/standard_plan/search_stand.asp。

二、国外化妆品技术标准的查询

① 国内外标准数据库查询：http://www.fjqi.gov.cn。

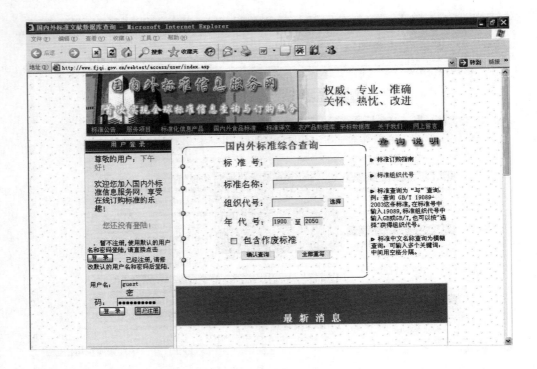

② 标准专利网：http://www.standards.cn。

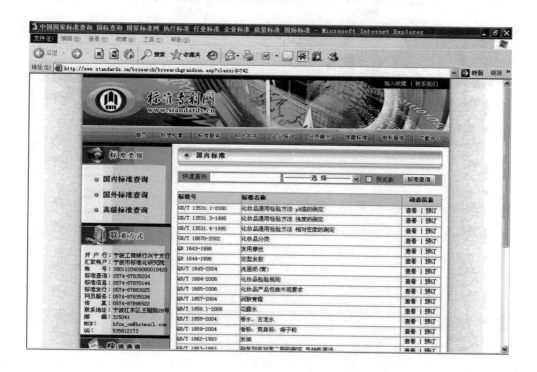

③ 国际标准化组织网站：http：//www.iso.org/iso/home.html。

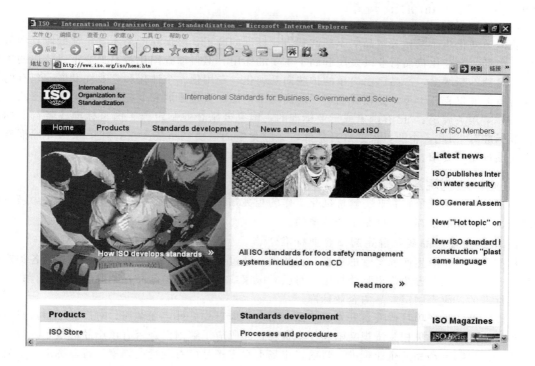

④ 美国国家标准学会网：http：//www.nssn.org。

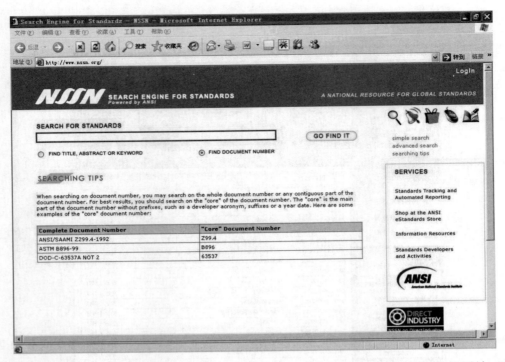

相应地查询其他国家标准文献也可以直接登录其网站,主要有英国标准化组织网站(BSI)、德国标准化组织网站(DIN)、法国标准化组织网站(AFNOR)、日本工业标准委员会网站(JISC)、俄罗斯标准化协会(TOCTP)等。在此不再一一列出。

第四节 化妆品企业标准

我国系列化妆品及相关产品国家标准和行业标准的制定,对提高产品质量,杜绝假冒伪劣产品流入市场,规范化妆品行业的发展起到了重要的作用。但目前我国化妆品工业正以较快的速度发展,品种不断增多,产品已由简单的护肤向系列化、专用化、个性化和疗效性发展。现有的国家和行业标准仅有几十个,其覆盖面仍不能满足丰富的、快速发展和变化的市场需求。国家《标准化法》第六条规定:"已有国家或行业标准的,国家鼓励企业制定严于国家标准或者行业标准的企业标准"。因此,企业可根据自身条件,适应竞争的需要和市场要求,在国家指导性框架下制定更贴近用户要求、更实用和完善的企业标准,来指导生产。

一、企业标准制定注意事项

为了适应市场竞争,企业了解标准化工作的相关知识,解决产品标准制定修订过程中所产生的问题,对企业的生存和发展是十分重要的。

1. 根据企业产品实际确定起草企业标准

标准是指导企业生产和经营的依据。在我国,通过发布国家、行业和地方标准,对各类产品的技术要求及其试验方法作出具体规定,对已有国家或行业标准的产品,企业应遵照执行;对尚无上级标准的,应当制定产品的企业标准。

企业在确定生产项目或准备开发新产品项目前,应首先做好市场调研,对产品项目进行可行性分析,并尽可能收集相关法规文献和技术资料,起码应了解国内是否有该产品的技术标准,再确定是否需要制定产品的企业标准。目前,市场上很多产品已有现行的国家、行业标准。已有上级标准的产品,应按标准规定直接执行组织生产。

有的企业标准在国家标准发布之前,已按程序备案并在实施,这些企业标准在不与上级标准抵触的原则下，在标准的有效期内仍可执行。但应注意企业标准与国家标准进行比较，如果企业标准未能满足国家标准的条文，应参照国家标准对本企业标准进行修订；重要指标与上级标准不相符的，应废止该企业标准，直接执行国家标准。总之，企业在生产或开发新产品之前，应首先做好市场分析和信息处理，然后再确定是否制定企业标准。这样，既节约时间，又能经得起市场对该产品标准的考验。

2. 根据企业产品特点制定企业标准

我国国家或行业的产品标准，多数为推荐性标准，企业可以结合本企业产品的实际参照执行或根据本企业产品特点制定企业标准。很多产品是企业根据市场需求开发的，这些产品，在生产和经营过程中有可依据的上级标准，企业就可以参考相关标准和文献起草产品的企业标准。在企业标准起草的过程中，应当尽可能参考与其产品类似的上级标准。

起草产品的企业标准时，应当在充分消化吸收国家、行业标准的基础上选取其产品主要技术指标项目和经检验可体现产品特性的数据进行客观表述。这些企业标准经标准化行政主管部门审查、备案后，就可作为指导企业生产和经营的依据，也可作为产品质量仲裁的依据。

3. 根据企业产品实际准确表述企业标准

激烈的市场竞争，使很多企业意识到产品质量的重要性。为此，企业在制定产品标准时，都考虑选取可以达到的、较高的技术指标。国家也鼓励企业制定严于上级标准的企业标准。

不同种类的产品，其技术指标项目不同，对不同等级产品的要求也大不相同。但并不是说，任何一种产品的技术指标订得越高越好。不同产品都有该产品应具备的科学合理的指标。

有些国家标准是对同类产品作的一般性规定。虽然这些规定不是特指某种单一产品，但其中有些标准或标准条文规定是强制性的，主要涉及安全、卫生、环境保护等方面，在制定产品的企业标准时必须遵照执行。如食品添加剂的使用，国家已有强制性标准，对不同种类、不同用途的食品添加剂及其使用限量作了明确规定，企业标准中就不能随意对这些项目和指标加以改动。

4. 企业标准制定内容的建议

（1）卫生指标的制定　近几年来，由于化妆品生产工艺有了很大的改进，一些影响化妆品卫生质量的设备、管道、容器材料被逐渐淘汰，代之以更为先进、卫生的材料，生产过程的卫生管理逐步得到规范，这些条件都为提高化妆品卫生质量，把卫生指标控制在较低水平提供了技术和物质保证。例如，化妆品国家强制性卫生标准 GB 7916—87 中要求铅含量不大于 40 毫克/千克；砷含量不大于 10 毫克/千克。事实上从各种检测可以看出，目前化妆品铅和砷的含量已远远低于现行的国家卫生标准。建议企业完全可根据自身的工艺条件，制定严于国家标准的卫生指标，使产品质量优于同类产品，增强产品竞争力。

（2）稳定性指标的制定　稳定性是保证化妆品在规定储存条件下，质量指标不发生变化，并能安全使用的一项重要指标。稳定性分为耐热稳定性、耐寒稳定性和色泽稳定性等。因为大多数化妆品在较低温度下外观会有明显变化，不利于直接观察其外观有无沉淀、分离和变色现象。对于添加了天然提取物或西药并含有酒精成分的化妆品，若参照 QB/T 1858—2004 香水、古龙水标准所规定的稳定性，测试温度（48±1）℃，24 小时，通常会有沉淀析出。其实正常保存环境下，温度很难高达 48℃，并且这类产品的成分有很大特殊性，因此建议：不需按 QB/T 1858—2004 参数进行测试，可将稳定性测试温度降低，但不能低于 40℃，因此目前我国化妆品标准稳定性测试温度都控制在 40℃以上。

（3）体现产品性能关键性指标的制定　我国化妆品市场的竞争压力越来越大，尤其是进入 WTO 以后，国内和国际市场的竞争力在很大程度上均取决于产品质量的优劣。而目前化妆品国家主行业标准中缺少能够体现产品性能的关键性指标，特别是有效性指标，产品标准不能体现产品档次。这就造成假冒伪劣产品有机可乘，不利于产品的竞争和市场经济的健康发展。因此建议，在产品中添加了营养及保健等特殊功效成分的化妆品企业，在相应检测条件具备的情况下，应制定一些体现产品性能的有效指标，进一步提高产品的市场竞争力。

第九章　化妆品技术法规

二、企业标准的制定格式与要求

企业标准模板可参照《标准化工作准则 第 1 部分：标准的结构和编写规则》（GB/T 1.1—2000）的规定进行设计，必须符合国家技术监督机构对企业标准书写规范的要求。

1. 企业标准包含内容

① 企业名称；
② 标准标记符号；
③ 产品名称；
④ 标准发布、实施日期；
⑤ 引用（参照）标准；
⑥ 标准的提出单位、起草单位、起草人，其中起草人必须是两个或两个以上；
⑦ 标准的适用范围，本标准适用于哪些类别的产品，自行说明；
⑧ 规范性引用文件，国家规定的，产品必须执行的标准；
⑨ 产品的检验指标及相应的检验方法；
⑩ 产品的保质期。

2. 企业标准封面说明示意图

企业标准封面说明示意图见图 9-1。

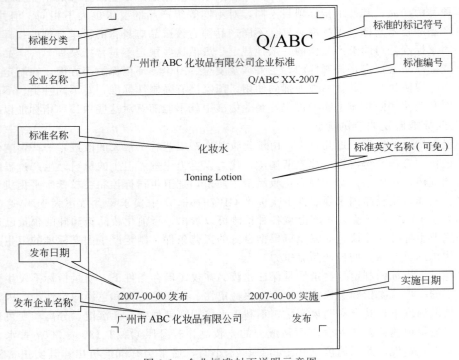

图 9-1　企业标准封面说明示意图

3. 企业产品标准的基本内容要求

① 企业产品标准的编写和印刷应符合国家有关标准化工作导则的规定；
② 标准内容完善，技术指标和性能指标应能反映产品主要特征；
③ 标准中的试验方法、检验规则等内容合理并且能够实施；
④ 贯彻法律、法规及强制性标准的要求。

三、企业产品标准备案程序

1. 行业主管部门受理备案程序

① 行业主管部门收到备案申报材料后，应及时登记。

② 对备案材料进行符合性审查，对不符合要求的应在五天内将备案材料退回企业。
③ 经审查符合要求的应在收到备案申报材料的五天内，在《××省企业产品标准备案申报表》上签署意见，连同备案申报材料转送同级质量技术监督局。
④ 无行业主管部门的直接送质量技术监督局办理备案手续。

2. 质量技术监督部门受理备案程序
① 质量技术监督部门在收到备案材料后，应及时登记。
② 对备案材料进行符合性审查，对不符合要求的应在五天内将备案材料退回企业。
③ 经审查符合要求的，受理部门在报分管领导同意后，予以备案编号，并在企业产品标准文本封面写上备案编号，加印"×××质量技术监督局企业产品标准备案专用章"，填写企业产品标准备案证明书（企业产品标准备案回执单）。

四、标准有效期和标准备案分工

根据标准化管理办法的规定，企业产品标准的有效期为三年，期满后应复审，并重新申报备案。企业产品标准备案工作分工如下。
（1）省级质量技术监督局和省行业主管部门受理下列企业产品标准备案：
① 在国家或省工商行政主管部门核准登记注册企业和省属企业的产品标准；
② 关系国计民生的重要产品标准；
③ 涉及安全、卫生、环保要求的产品标准；
④ 法律、法规和其他有关规定必须报省级备案的标准。
（2）市级质量技术监督局及其同级行业主管部门受理前款所列以外的市属企业和在市工商行政主管部门登记注册企业的产品标准备案。
（3）县（市、区）级质量技术监督局及其同级行业主管部门受理上述以外的县（市、区）属企业和在县工商行政主管部门登记注册企业的产品标准备案。

五、企业产品标准报备时应附的材料

企业产品标准报备时，应附下列材料：
① 本省区、市企业产品标准备案申报表；
② 企业产品标准批准发布文件；
③ 企业产品标准文本及编制说明；
④ 企业产品标准验证报告；
⑤ 企业产品标准的审定意见（附审定人员名单）；
⑥ 组织机构代码证书复印件；
⑦ 企业标准化人员岗位证书复印件。

六、企业产品标准批文示例

关于批准发布企业产品标准的通知

公司各部门、生产车间：
　　由我公司×××部门起草的《×××××》企业产品标准（草案），业经专家审查，现予以批准发布，从200×年×月×日开始实施，请认真贯彻执行。
　　标准编号和名称如下：
　　Q/×××× ×××—200× ××××××（标准名称）

×××××（公司名称及公章）
法人代表：签章
二〇〇×年×月×日

七、企业产品标准编制说明内容

① 工作过程概述。任务来源，采用或参照国际与国外标准情况，主要工作过程，工作组成员（或参加单位）等。

② 确定标准内容，如技术参数、指标、性能要求、试验方法的依据，包括试验验证、实测统计数据等。修订标准时，应列新旧标准对比。

③ 主要试验验证的分析、综述，预期的标准化经济效果。

④ 与国内外同类标准（或实测数据）水平对比，采用（或未采用）国际标准或国外先进标准的原因。应附主要项目对照表，格式见表9-6。

表9-6　×××标准草案与国内外同类标准主要项目对照

序号	标准代号 主要项目				备注
…					

注：标准代号各栏，第一栏"本标准"，其他各栏填国内外同类标准代号，如是实测数据应写国某产品实测。

⑤ 贯彻标准的要求和措施建议，包括组织措施、技术措施、过渡办法、修订、修改、废止有关标准的建议等。

⑥ 其他应予说明的事项，如重要内容的解释，参考资料目录等。

八、审查会议纪要的编写

标准草案经过会议审查后，应填写会议纪要，纪要的内容与编排格式如下：

××××标准审查会议纪要

内容包括：

审查会议日期、地点、负责标准起草单位、组织审查单位、参加审查单位及具体人员（名单附后）、审查意见（包括评价意见与主要修改意见，应分条编写、简单扼要）、审查结论。

九、参加审查会议代表名单格式

栏目内容包括单位（部门）、姓名、职务、职称、签名，格式见表9-7。

表9-7　×××公司企业产品标准《××××》审定会代表签到表

姓　名	单　位	电　话	职务或职称	签　名

十、标准草案意见汇总处理表

标准审查中，各方面提出的意见应进行汇总和处理，合理的意见应采纳，不能采纳的应简要说明原因。意见汇总处理表格式见表9-8。

表9-8　××××标准草案意见汇总处理表

序　号	章　条	提出单位	意见内容	处理结果及原因	备　注
…					

思考题

1. 技术法规与技术标准的区别是什么？
2. 技术标准在规范企业生产、保证产品质量方面有什么作用？
3. 我国化妆品标准是否存在漏洞，表现在哪些方面？
4. 参与制定化妆品标准的部门有哪些？
5. 现行的化妆品技术标准有哪些？
6. 企业如何制定企业标准？企业标准是否需要备案？

第十章　化妆品原料管理

学习目标：通过本章节的学习，了解我国最新化妆品原料管理制度；熟悉原料管理中规定的化妆品原料的类别，命名方法及各国对化妆品原料管理的规定。

第一节　化妆品原料管理

化妆品是以天然、合成或者提取的各种不同作用的物质作为原料，经加热、搅拌和乳化等生产程序加工而成的化学混合物质。化妆品质量的优劣，除了受配方、加工技术及制造设备等条件影响外，主要决定于所采用的化学原料的质量。因此，加强化妆品原料使用管理是保证化妆品卫生安全质量的重要环节。

一、中国对化妆品原料的管理

1. 化妆品原料相关法规的发展

由于化妆品原料的选择直接影响化妆品的卫生安全，因此，我国与美国、日本和欧盟等世界大部分发达国家和地区均对化妆品原料采取严格的管理措施。

近10年来我国卫生部加大了化妆品的卫生管理，先后修订了《化妆品卫生规范》（2002年）、《化妆品生产企业规范》，发布了《染发剂原料名单（试行）》（2005年）、《中国已使用化妆品成分名单》（2003年版）、《国际化妆品原料（INCI）英汉对照名称》（2003年），于2007年7月又新修订了《化妆品卫生规范》，与国际标准保持有较好的衔接性和一致性。

目前，我国化妆品原料的管理主要有以下特点。

（1）实行化妆品原料名单制度　我国《化妆品卫生监督条例》第八条规定："生产化妆品所需的原料、辅料以及直接接触化妆品的容器和包装材料必须符合国家卫生标准"。卫生部《中国已使用化妆品成分名单》（2003年版）整理了截止到2000年底我国已使用化妆品成分3265种，其中一般化妆品原料2156种，特殊化妆品原料546种，天然化妆品原料（含中药）563种。2006年1月1日实施的卫生部《染发剂原料名单（试行）》列出染发剂原料96种。

（2）实行化妆品新原料审批制度　由于各国的国情、制度和管理模式不同，对化妆品的定义和分类也不一样，国内首次使用于化妆品生产的天然或人工的新原料（包括在国外已使用的化妆品原料）必须经国务院卫生行政部门批准。《化妆品卫生监督条例》第九条规定："使用化妆品新原料生产化妆品，必须经国务院卫生行政部门批准。化妆品新原料是指在国内首次使用于化妆品生产的天然或人工原料"。

（3）规定化妆品禁限用物质　《化妆品卫生规范》（2007年版）除对化妆品的最终产品作出要求外，也对化妆品禁用、限用原料作出规定。详见第二节。

2. 化妆品原料管理及相关问题

（1）原料的危险性评价　我国在化妆品及其原料的危险性评价方面，无论是危险性评价体系、危险性评价的组织还是危险性评价的具体技术内容，与欧盟相比仍然有着较大差距。目前，我国在化妆品方面的危险性评价基本上只限于卫生许可过程中对产品的技术评审，而这一技术评审也主要限于对标准和规范规定的技术指标的审核上，技术含量较低。我国缺乏关于危险性评价的技术规范、人才和体系。由于能力上的缺陷，使得我国在制定标准时只能更多的是"拿来主义"，直接影响了标准的自主研发能力和科学管理。不久之后，这一问题会更加突出，并将成为制约我国化妆品卫生监督管理水平提高的瓶颈。

（2）原料登记制度有待建立　除了要对化妆品禁用成分作细化规定外，还有必要建立化妆品原料登记制度，从源头上对化妆品质量进行管理。目前国家对企业购买化妆品原料没有标准，有些企业为了节约成本，往往会购买质量低劣的原料。比如在祛痘产品上，添加氯霉素是一件很普遍的事，而且工业酒精也是祛痘、祛粉刺类产品经常使用的，所以要加强化妆品原料的监管。国外实行原料登记制，原料入厂前都必须有技术证明、检测证明等相关的文件，一旦原料出现问题，就可追溯到原料商。而国内的化妆品企业一般都没有向原料商索要证明，也很少对原料进行检测。目前，全国化妆品质量管理工作委员会正在筹备建立"原料备案制"，计划在化妆品原料商中建立联盟，由化妆品检测中心对其原料出具相关检测证明，然后到广东省药监局进行备案，这种做法将有效地对化妆品原料进行管理。

（3）化妆品新原料的管理　《化妆品卫生监督条例》第九条规定，使用化妆品新原料生产化妆品，必须经卫生部批准。化妆品新原料是指在国内首次使用于化妆品生产的天然或人工原料。对在我国首次使用的化妆品新原料进行审查，是保证产品安全性的有力措施之一。但是，由于我国在执行《化妆品卫生监督条例》过程中一度存在着一定的阻力和困难，尚无法制定出我国已在使用的化妆品原料清单。因此，尚难以确认什么是化妆品新原料。此项工作有待进一步完善。

原料说明书范例如下。

原料说明书范例

【商品名/Trade name】　Hostapon SCID

【使用/Uses】　Hostapon SCID 乃优良亲肤性好的阴离子型界面活性剂，可配合其他界面活性剂使用。具极佳的保湿性，可给予肌肤如丝缎般的愉悦触感，很适于作为双效配方。不论是液皂、合成、半合成清洁剂，均能配合于其中作为辅助的界面活性剂。

【化学组成/Chemical composition】　椰子脂酸羟乙磺酸钠盐（Coconut fatty acid isethionate sodium salt）及硬脂酸（Stearic acid）、椰子脂酸（Coconut fatty acid）。

【一般构造式/General formula】

【INCI 命名】　Sodium cocoyl isethionate

【外观/Appearance】　20℃时，呈黄至白色片状。

【味道/Odour】　稍具味道。

【组成/Composition】

1. 固型物含量：约 98%。
2. Sodium salt of cocoyl isethionate：约 66%。
3. Free fatty acids：约 28%。
4. pH 值（5% 活性成分的水溶液，20℃）：约 5.5。

【界面活性剂性质/Surfactant properties】

1. 表面活度（Surface activity）：可降低表面张力至 30mN/m 以下。湿润效果与硫酸乙酯（Ether sulfate）相当，依据标准中的方法测试，湿润值在 40s 以内。
2. 起泡性能（Foaming behaviour）：在硬水、软水中，均能生成细致乳白的泡沫。只要加入 2% 极小量于 Ether sulfate 配方中，即可有效改善泡沫性。
3. 溶解度（Solubility）：本身不易溶于水，但易于被其他种类的界面活性剂溶解。理想的操作方式是：在 60℃ 下将片状的 Hostapon SCID，与基质界面活性剂共同搅拌溶入其中。配方中含量在 3% 以下，可得稳定的透明制品。较高浓度配方时，适合制成具珍珠光泽的乳膏状制品。
4. 黏度行为（Viscosity behaviour）：黏度的调整，可依一般惯用的增黏剂，不会产生任何干扰。

【皮肤/Dermatology】　经由 50 人临床测试 72h，没有任何阳性反应。

【毒性/Toxicology】

1. 口毒性（Acute oral toxicity）：$LD_{50} > 2000mg/kg$。
2. 鱼毒性（Fish toxicity）：LC_{50}：20～50mg/L（OECD 203 zebra fish）。

【皮肤接触/Skin compatibility】

1. 一次刺激（Primary irritant effect）：无（OECD 404）。
2. 眼黏膜刺激：有（OECD 405 rabbit）。

【敏感性/Sensitization】　无（OECD 406 albino guinea-pigs）。

【突变异原性/Mutagenicity】　无（OECD 471 Ames Test）。

【微生物/Microbiology】　不含防腐剂时，微生物含量稳定，随机取样的细菌含量<10cfu/g。

【环境性质/Environmental properties】　依据 OECD 301 E 试验，"10-window"DOC 还原法，可以有 90% 生物降解。

【使用指南/Instructions for uses】　适合制造透明液配方及高黏度乳膏状的配方形式。制作高黏度制品时，特别适用于 Ampho(di)acetates 或 N-methyl taurides 合用，可极佳稳定性。

【储存/Storage】　室温下，原包装状态，至少可储存三年。

二、国外对化妆品原料的管理

世界各国，包括美国、欧洲、日本等发达国家和地区，化妆品监督管理都是以管理原料为中心。

1. 欧盟对化妆品原料的管理

欧盟对化妆品原料成分的安全性管理规定明确。欧盟使用的主要是禁限用物质成分名录制。禁用物质是指不得用于化妆品的成分，仅在特定的限制条件下允许使用的成分为限用物质。限用物质名单规定了适用的范围、终产品中的最大浓度限制、使用条件等其他限制和要求，以及需要标明的警示等内容。对准许使用的物质，除色素、防腐剂和紫外线吸收剂外未制定原料成分名单，上述三类物质的名单规定了成分的适用范围、浓度限制和警示要求等。这些技术性的规定，包括各种成分名单，均根据使用情况随时调整，保持动态变化。这样随时根据所掌握的科学资料，确定某个原料成分是否需用禁限用。同时，欧盟已建立规程附录所列物质的标准分析方法。但是，分析方法的问题比较复杂，特别是一些新的成分，分析方法有待发展和完善。

产品原料的安全性和质量作为终产品质量控制的最初环节，受到欧盟生产企业的高度重视，而不只着眼于终产品的质量。为确保原材料的卫生安全，许多企业通过严格检验和筛选，认定相对固定的原料生产企业。除特殊情况，都不使用非认定企业生产的原料，否则每批原料均要经过严格检测后才投入使用，原料加工后的半成品也要经过成分、卫生等技术分析和检验，方可进入下一道工序。一些生产企业通过规范的生产车间设计和现代化的生产线，实现了从原料装填、产品加工到包装的过程均不需人工操作，减少了人为的污染机会，从而使产品符合卫生要求。

欧盟具有非常严格而完备的化妆品危险性评价体系，其中包括政府主动进行的原料危险性评价和强制性要求企业上市前对产品进行的危险性评价。欧盟还制定了化妆品危险性评价指南，作为评价的技术依据。政府的危险性评价主要集中在对原料的危险性评价，根据评价结果制修订禁限用原料名单；对于企业进行的危险性评价，欧盟要求企业对每个产品的危险性评价数据建立完备的档案（product information file, PIF），该档案将是政府监督管理部门实行市场监督检查的主要内容。

PIF 主要内容包括：
① 产品配方（INCI 命名）；
② 成品、原材料和包装材料的规格与质量标准，产品稳定性总结；
③ 符合良好生产规范（GMP）声明和生产方法说明；
④ 产品安全性评价结果（包括原料的化学结构、暴露水平、全身毒性数据或实验数据），实施安全性评价人员的背景资料（资格等）；
⑤ 有关人体不良反应的资料总结，产品宣传的证明总结材料；
⑥ 向有毒物质控制中心备案的信息表；
⑦ 任何严重不良反应的总结。

2. 美国对化妆品原料的管理

> **小 知 识**
>
> CIR（Cosmetic Ingredient Review）：**美国化妆品成分评价委员会**
> CIR 由美国化妆品及香水协会（CTFA）筹备成立于 1976 年，该机构是在美国食品药品管理局（FDA）和美国消费者联盟（CFA）支持下成立的。对化妆品原料的评价程序不受化妆品协会或化妆品厂家的影响。CIR 对化妆品原料的安全性评价是在完全开放的形式下进行的，其评价结果也在科学文献上公开发表。

CIR 设立一个由专家组成的评审组，该评审组负责决定需要评价的化妆品原料名单，并对这些原料的安全性数据进行评审。评审组由七名具有投票资格的专家以及三名无投票资格的专家组成。这七名专家是从消费者、科研及医疗机构、政府部门以及化妆品厂家的提名中选出的，其中有临床医生及相关科学家。三名无投票资格的专家来自于美国食品药品管理局和美国化妆品协会。CIR 可以说是综合了化妆品厂家、消费者以及政府三方面的利益而形成的一个独特的机构来评价化妆品原料对公共安全的影响。

评审组对需要优先评审的化妆品原料进行详细的文献检索和资料搜集。他们将文献分为如下几类：化学特性（包括物理特性）、用途（化妆品和非化妆品）、一般生物特性（吸收、分布、代谢以及排出等数据）和动物毒理学数据（急性、短期、亚慢性和慢性研究以及皮肤刺激和光敏数据）。评审组还需准备临床评估数据，包括流行病学研究以及传统的皮肤斑贴试验。一些体外试验数据也将收录在报告中。

如果从公开的科学文献中得不到足够的资料，评审组将要求生产商和其他相关利益集团提供没有公开发表的数据和正在进行试验的数据。经过多次公开听证和公开讨论，最后形成最终安全评价报告。对多年前评价过的原料如果有新的数据发表，CIR 将对这些原料进行重新评价。

从 1976 年成立至 2003 年底，CIR 共对 1175 种化妆品原料的安全性进行了评价。其中 678 种（占 58%）的结论为可安全使用，382 种（占 33%）的结论是有条件的安全使用，106 种（占 9%）安全性数据不足。只有 9 种原料（小于 1%）被发现不可用于化妆品。CIR 的安全评价报告会以单行本的形式发表，或是发表在《国际毒理学杂志》上。在 2003 年，共有 3 期杂志发表了 7 个最终评价报告，并且首次对所有重新评价的化妆品进行了总结。为确保这些原料的安全使用所必须采取的主要限制条件有：限制使用浓度的成分，具有吸入问题的成分，限制使用条件的成分，在驻留或淋洗型产品中要求不同的成分，因亚硝胺问题而受到限制的成分。

3. 日本对化妆品原料的管理

日本对化妆品和医药部外品监管的主要法律依据是《药事法》，监管主体单位是日本厚生劳动省。化妆品在日本被分为两类，一类称为"化妆品（cosmetics）"，类似于我国所称的普通化妆品，包括香皂、洗发香波、护发素、雪花膏、化妆水、彩妆化妆品、牙膏等；另一类被称为"医药部外品"（quasi-drugs），类似于我国所称的特殊用途化妆品，包括药皂、去屑洗发香波、药用牙膏、染发剂、烫发剂、生发剂等。

对于化妆品生产所使用的原料，厚生劳动省将其分为两类来管理，第一类原料是化妆品使用的防腐剂、紫外线吸收剂和焦油色素，另一类是除防腐剂、紫外线吸收剂和焦油色素之外的其他化妆品原料。对于第一类原料，厚生劳动省发布许可原料名单，企业生产化妆品要使用此类原料时只能使用名单之内的原料，使用名单之外的原料必须经过审批。对于第二类原料，厚生劳动省发布化妆品禁止使用成分和限制使用成分名单，企业生产化妆品不得使用禁用物质，选用限用物质必须符合限用标准（包括浓度、用途、规格等），此名单之外的原料企业可任意使用，但对其安全性负责。

日本厚生劳动省对新原料实行严格的审批制度，企业申报新原料时要提供使用背景、理化性质、安全性和稳定性方面的数据。需要指出的是，被批准不仅只是原料物质本身，还包括它的使用范围、用量和使用规格等，在被用于生产化妆品或医药部外品时必须符合这些内容，如有突破必须重新申报。日本新原料申报审批相关资料见表 10-1。

表 10-1　日本新原料申报审批相关资料

申报资料	资料范围	备注
原料的起源或发现的经过以及国外使用情况等有关数据	起源或发现经过方面的有关资料；国外使用情况数据；原料特性，以及与相关原料比较研究的有关资料	申报非功效成分时如能说明充分理由可省略，可省略部分安全性数据
物理、化学性质等方面数据，稳定性方面的有关资料，安全性方面的有关资料	物理化学结构方面的数据，物理、化学性质、规格以及试验方法方面的有关资料，长期保存试验的有关资料，严格试验的有关资料，加速试验的有关资料	日本承认有资质的国外实验室所作的动物实验

续表

申报资料	资料范围	备注
	新原料为功效成分时：一次给药毒性；皮肤一次刺激性；多次皮肤刺激性；过敏性；光毒性；光敏感性；眼刺激性；回复突变；人体斑贴试验 新原料为非功效成分（添加剂）时：一次给药毒性（急性毒性）；重复给药毒性（亚急性、慢性毒性）；生殖毒性；过敏性；皮肤过敏试验和光过敏试验等；致突变性；致癌性；局部刺激（皮肤刺激试验、黏膜刺激试验等）；吸收、分布、代谢和排泄方面的数据	
功能或效果方面的有关资料	验证功效基础试验的有关数据，人体使用效果的有关数据	申报非功效成分时可省略

第二节 《化妆品卫生规范》（2007年版）对原料的管理

为了加强化妆品的监督管理，保持我国与国际化妆品标准的接轨，卫生部在2002版《化妆品卫生规范》的基础上出台了《化妆品卫生规范》（2007年版）。新版《化妆品卫生规范》共分总则、毒理学试验方法、卫生化学检验方法、微生物检验方法、人体安全性和功效评价检验方法五个部分。

《化妆品卫生规范》（2007年版）规定了1386种禁用物质；73种（类）限用物质；56种限用防腐剂；28种限用紫外线吸收剂；156种限用着色剂，暂时允许使用的染发剂93种。化妆品中使用禁用物质或超量使用限用物质，会对人体健康造成多种急性或慢性的损害。如使用激素可造成人体皮肤和机体的多种激素变化；抗生素的使用将会破坏皮肤表面的正常菌群；汞和汞化合物的使用会造成人体汞蓄积，甚至汞中毒，危及生命；过量使用防腐剂、防晒剂都会对人体造成多种危害。

禁用组分和限用组分也随着科学的发展与认识而逐渐完善，其发展过程见表10-2。

表10-2 法规中化妆品原料禁限组分变化

项目	《化妆品卫生标准》（GB 7916—1987）	《化妆品卫生规范》（1999年版）	《化妆品卫生规范》（2002年版）	《化妆品卫生规范》（2007年版）
发布日期	1987年	1999年11月	2002年9月	2007年1月
实施日期	1987年	1999年12月1日	2003年1月1日	2007年7月1日
禁用物质	359	494	496	1386
限用物质	57	67	67	73
限用防腐剂	66	55	55	56
限用紫外线吸收剂	36	22	24	28
限用着色剂	67	157	157	156
暂时允许使用的染发剂				93

一、禁用物质

化妆品的禁用物质，如斑蝥素、六氯代苯、汞和汞化合物、铅和铅化合物、乌头碱及其盐类、砷及砷化合物、硒及其化合物、疫苗、毒素或血清、抗生素类、肾上腺素、糖皮质激素、雌激素类、孕激素类、苯、二硫化碳、四氯化碳、人的组织、细胞或其他产品、利多卡因、麻醉药类等，以及白芷、杭白芷、大风子、北五加皮、白附子、白花丹等毒性中药，是指不得用于化妆品的成分，这些物质有的对皮肤或黏膜刺激性强或有变态反应性、光毒性，有些为致癌物，有些对人体有强烈的生物活性，另外还包括毒性中药。《化妆品卫生规范》（2007年版）修订了化妆品禁限用物质名单，根据欧盟《化妆品卫生规程》，比《化妆品卫生规范》（2002年版）增加了790种禁用物质，使禁用物质现增至1286种。新规范还将卫生部2005年发布的《染发剂原料名单》纳入到规范的限用原料名单中。

二、限用物质

限用物质是指这些物质虽允许使用作化妆品原料，但是按规定有一个允许使用的最大浓度，以及允许使用范围和限制使用条件，以及按规定应在标签上标识说明的内容。

《化妆品卫生规范》规定了737种（类）限用物质，2007版比2002版增加了16种物质，减少了10种物质。这些物质有用于溶剂、香水和香料的苯甲醇，适用于口腔卫生产品的氟化钙、单氟磷酸钙，仅用于育（生）发剂中的斑蝥素，用于去头香波（淋洗型）的奎宁及其盐类，用于去头皮屑香波的硫化硒，仅用于专染睫毛和眉毛产品的硝酸银，用于染发用氧化剂的无机亚硫酸盐类和亚硫酸氢盐类，用于指甲硬化剂的甲醛等，专业用淋洗类护发产品的过氧化锶，人造指甲系统的过氧苯甲酰、氢醌和氢醌二甲基醚等。

三、防腐剂

在化妆品中，防腐剂的作用是保护产品，使之免受微生物污染，延长产品的货架寿命；确保产品的安全性，防止消费者因使用受微生物污染的产品而引起可能的感染。但是，防腐剂使用不当会导致化妆品过敏性皮炎。

《化妆品卫生规范》（2007年版）规定了56种限用防腐剂，比2002版增加了甲基异噻唑啉酮。另外规范规定了每种防腐剂的最大允许浓度、使用范围和标签上必须标印的注意事项。这些限用防腐剂主要包括：醇类防腐剂有苯甲醇、三氯叔丁醇、2,4-二氯苄醇、苯氧基乙醇、苯乙醇等；甲醛供体和醛类防腐剂有5-溴-5-硝基-1,3,-二噁烷、5-溴-5-硝基-1,3-丙二醇、1,3-二羟甲基-5,5-二羟甲基乙丙酰脲、甲醛、咪唑烷基脲；苯甲酸及其衍生物类防腐剂有苯甲酸、苯甲酸钠、水杨酸、对羟基苯甲酸酯类等；其他有机化合物防腐剂有凯松-CG、脱氢乙酸、山梨酸、氯乙酰胺、乌洛托品、十一酸及其衍生物。

四、紫外线吸收剂

紫外线吸收剂是指吸收有伤害作用的紫外辐射的有机化合物。紫外线吸收剂能吸收紫外辐射，其本身必然具有光化学活性，自然也会表现出光毒性和光敏化作用。在防晒化妆品中，紫外线吸收剂的用量较高，引起致敏作用的概率也较高。

《化妆品卫生规范》（2007年版）规定了28种限用紫外线吸收剂，比2002年版增加了2种物理防晒剂二氧化钛和氧化锌，2种有机防晒剂聚硅氧烷-15和二乙氨基羟苯甲酰基苯甲酸己酯。另外新规范中还增加了两种防晒化妆品UVA防晒效果评价方法，一种是人体法，一种是仪器法。

五、着色剂

着色剂用于美容化妆品，包括口红、胭脂、眼线液、睫毛膏、眼影制品、眉笔、指甲油、粉饼、染发制品等，起到使肌肤、头发和指甲着色的作用，借助色彩的互衬性和协调性，使得形体的轮廓朗朗及肤色均匀，显示容颜优点，弥补局部的缺陷。着色剂的使用也关系到化妆品的安全性。许多色素如果长期或过量使用，反而可能对人体健康带来伤害。

《化妆品卫生规范》（2007年版）中规定了156种可以在化妆品中使用的着色剂，并对其适用范围作出了详细规定。与2002版相比，删除了CI12150、CI20170、CI26100、CI27290，新增了CI77019、CI77718、高粱红。这些着色剂可以分四类，第一类为专用于仅和皮肤暂时接触的化妆品（36种），第二类为专用于不与黏膜接触的化妆品（18种），第三类为除眼部用化妆品之外的其他化妆品（5种），第四类为适用于各种化妆品（97种）。

资料卡

C.I.是《Colour Index》的缩写，即国际着色剂刊物《染料索引》。

C.I.是英国染色家协会（SDC）和美国纺织化学家和染色家协会（AATCC）合编出版的国际染料颜料品种汇编，它收集了世界各国染料厂生产的商品7000多种，按照它们的应用性质和化学结构进行归纳、分类、编号，逐一说明它们的特性和合成方法，并列出了结构式等。它是有关着色剂的资料大全，方便需要时查阅。

颜料索引号是在《Color Index》上登记的编号，分别按应用和化学结构类别对每一颜料给出两个编号（应用分类号和结构分类号），应用分类号将颜料分成颜料黄（PY）、颜料橙（PO）、颜料红（PR）、颜料紫（PV）、颜料蓝（PB）、颜料绿（PG）、颜料棕（PBr）、颜料黑（PBk）、颜料白（PW）、金属颜料（PM）等十大类，同样颜色的颜料依照次序编号排列，如锌白 P.W.4、锌钡白 P.W.5、钛白为 P.W.6。为了查找化学组成，另有结构编号，如钛白 P.W.6 C.I.77891、酞菁蓝是 P.B.15 C.I.74160。

六、染发剂

染发剂的主要目的是美化头发颜色，包括使白发染成黑色和其他各种丰富多彩的颜色。染发剂（Hair dyes）按染发的时效性大致分为四类：暂时性、半永久性、永久性和渐进性染发剂。由于染发剂中含有大量不同种类化学物质，其中许多化学成分具有生物学活性，可能引起局部皮肤和全身过敏反应，或可能与某些肿瘤发生有关。

为了加强对染发类化妆品的管理，卫生部已制定《染发剂原料名单（试行）》，允许使用 96 种染发剂原料。《染发剂原料名单》于 2006 年 1 月 1 日起实施。特殊用途化妆品卫生许可的染发类化妆品必须符合本规定，如果使用"名单"上 96 种原料之外的染发剂原料或扩大限制使用"名单"之内的原料，应向卫生部申请化妆品新原料卫生许可，经批准后方可使用。为了统一管理，此《染发剂原料名单》纳入到《化妆品卫生规范》（2007 年版）的限用原料中。

第三节　化妆品的成分标注

一、我国对化妆品成分标注的有关规定

目前，我国暂时没有规定要求所有的化妆品成分都要在标签上标明，但是，《化妆品卫生规范》规定一些限用的原料（包括防腐剂、着色剂、防晒剂等）在化妆品标签上必须标印使用条件和注意事项。为了给予消费者对产品成分的知情权，打击假冒伪劣产品，跟上全球化全成分标注的步伐。据了解，2008 年即将出台的《化妆品标签标识管理规范》将增加标注化妆品成分的要求。目前，欧盟各国、美国、日本、韩国等国家都实施了全成分标准。

二、国外有关化妆品成分标注的有关规定

作为化妆品的一项重要内容，包括欧盟、美国、日本等许多国家对化妆品标签上成分标注的问题有不同的规定。

1. 欧盟

欧盟的《化妆品规程》76/768/EEC 以及《委员会规程》95/17/EC 就欧盟化妆品成分标注方面作了以下规定。

① 要求在化妆品包装上标注化妆品的全成分，如果因体积、大小等实际原因无法做到时，可印在宣传数据、卷标或卡片上，但同时应在外包装上印制符合规定的简语或符号指示消费者参看。

② 成分标注要求以重量递减的顺序标注，句头应采用"成分"作为引导语。

③ 下列情况不属于成分物质：原料中的杂质，生产中用到的辅料但成品中不含有，作为香料或芳香物质的溶剂或载体并严格控制使用量的物质。

④ 香料和芳香成分及其原料应用"香料或香精"用语给予指示。含量低于 1% 的成分可按任意顺序标注在含量大于 1% 的成分的后面。

⑤ 着色剂可以以任意顺序标注在其他成分之后，但必须采用《欧盟化妆品规程》中规定的色号或命名法；对于有多种色号的美容化妆品，使用范围内所有着色剂都应列出，并标注"可能

含有"字样。

⑥ 成分必须采用《欧盟化妆品规程》中所规定的命名法。

⑦ 对于皂、浴球或其他小型产品，由于体积或形状的原因，不便将成分内容包含在卷标、卡片、宣传单等上面时，可以在销售展示柜的旁边加以公告说明。

⑧ 制造商、代理商或进口销售商，基于商业秘密的原因，可以要求在成分目录中不标注1种或多种化妆品成分，但应在产品投放市场前，向生产地或最初进口地所在成员国的主管机关提交成分保密申请。

2. 美国

美国对化妆品成分标注的规定为：成分注明必须使用英语，成分的排列顺序是根据其用量和主要用途决定的。属于药品的化妆品，需要活性药品成分排在化妆品成分之前，色素和含量小于或等于百分之一的成分可不考虑用量次序排列。通常排列次序为：活性药品成分、用量小于或等于1%的成分、色素、其他成分。注明成分时对所使用的成分名称需采用法定名称，经FDA同意不需注明的成分可以注明为"其他成分"。

3. 日本

在日本，在化妆品容器和包装上要求标注化妆品成分名称和化妆品功效宣传范围等项目，但依据厚生劳动省法令允许有合理的变动。

日本对化妆品实行全成分标识，日本化妆品工业联合会发布国际化妆品原料INCI名称的日语译名名单，对于名单之外的新原料，企业需要向化妆品工业联合会申请译名，然后按照指定的译名标识；对医药部外品不要求全成分标识，由厚生劳动省指定必须标识的成分（主要是有引起过敏报道的成分），其余成分的标识由企业自愿选择，所标成分的日语译名同样由日本化妆品工业联合会确定。

厚生劳动省发布化妆品功效宣传范围，化妆品在宣传功效时只能按照规定采用化妆品功效宣传范围中规定的宣传内容和用语。

医药部外品的功效宣传范围见表10-3。

表10-3 医药部外品的功效宣传范围

种　类	使用目的	主要剂型	功效应用范围
口腔清凉剂	以防止恶心等不快感为目的的内服药	丸状、板状、含片和液体	多饮,恶心呕吐,晕车,酒醉,宿醉,口臭,胸闷,心情不舒畅,中暑
除臭剂	以防止体臭为目的的外用药剂	液体,软膏,喷雾状,药粉,条状	腋臭,汗臭,止汗
痱子粉	以防止痱子、皮肤糜烂等为目的的外用药剂	外用药粉	痱子,尿布(纸尿布),斑疹,皮肤糜烂,痤疮,刮脸过敏
生发剂(养发剂)	以防止脱发和生发为目的的外用药剂	液体,喷雾状	生发,毛发稀少,发痒,预防脱发,促进毛发生成,促进毛发发育,头屑,病后产后的脱发,养发
脱毛剂	以脱毛为目的的外用药剂	软膏,喷雾状	脱毛
染发剂(包括脱色剂和脱染剂)	以染发和脱色或者脱染为目的的外用药剂只是单纯物理性的染发不属于准字药品	粉末状,PRESSMOLD,液体,霜状,喷雾状	染发,脱色,脱染
烫发剂	以烫发为目的的外用药剂	液体,膏状,霜状,粉末状,PRESSMOLD,喷雾状	使毛发呈波状,并保持拉直卷发,天然卷发或烫过
洗浴用品	原则上放置浴盆中使用的外用药剂(洗浴用香皂除外)	药粉,颗粒状,片状,软胶囊,液体	冻疮,痔疮,肢体发冷,腰痛,风湿,消除疲劳,皲裂,皱裂,产前产后肢体发冷,痤疮
化妆品	可作为化妆品使用,外观类似化妆品的外用药剂	液体,霜状,啫喱状,固体,喷雾状	见表10-4
药用牙膏	可以作为化妆品使用,与通常的牙膏类似的外用药剂	糊状,液体,粉末状,固体,啫哩状	洁白牙齿,净化口腔,口感舒适,预防牙周炎(牙床流脓),预防牙龈炎,防止牙石沉积,防止虫牙,预防虫牙的产生和恶化,防止口臭,去除牙齿烟垢

第四节 化妆品原料的分类

化妆品原料非常复杂，根据其在化妆品中作用的不同，化妆品原料大致可分为基质原料、辅助原料和功效性原料。

基质原料是化妆品的主体，体现化妆品的性质和功用。这些原料有油性原料、保湿剂、胶质原料、粉质颜料、颜料、染料。

辅助原料用于提高化妆品的外在质量和稳定性。这些原料有香精、着色剂、防腐剂、抗氧剂、金属螯合剂。

功效性原料是赋予化妆品特殊功能的一类原料，如防晒剂、美白剂、除臭剂、脱毛剂、染发剂、烫发剂、抑汗剂、防皮肤干裂的原料、防粉刺原料等。

为了便于使用和查询，《国际化妆品原料字典》按原料的化学结构、功能将所有的原料分别分为72和76类。

一、按化学组成分类

化妆品原料按化学组成分类见表10-4。

表10-4 化妆品原料按化学组成分类

序号	类别	英文名	序号	类别	英文名
1	醇类	Alcohol	24	着色剂	Color Additives
2	醛类	Aldehyde	25	被日本认可的着色剂	Color Additives-Approved In Japan
3	烷酰胺类	Alkanoamide	26	被欧盟认可的着色剂	Color Additives Approved In The EU
4	烷醇胺类	Alkanolamines
5	烷氧基化醇类	Alkoxylated Alcohols
6	烷氧基化酰胺类	Alkoxylated Amides	27	每批均需要美国FDA认证的着色剂	Color Additives-Batch Certified By The U.S. FDA
7	烷氧基化胺类	Alkoxylated Amines
8	烷氧基化羧酸类	Alkoxylated Carboxylic Acids	28	不需要每批经美国FDA认证的着色剂	Color Additives-Exempt From Batch Certification By The US. FDA
9	芳族磺酸盐类	Alkyl Aryl Sulfonated	29	发用着色剂	Color-Hair Additives
10	烷基醚硫酸酯类	Alky Ether Sulfates	30	需要每批经美国FDA认证的着色剂色淀	Color Additives lakes-Batch Certifies By The US FDA
11	烷基取代的氨基酸和亚氨基酸类	Alkyl-Substituted Amino Acids And Imino Acids
12	烷基硫酸盐类	Alkyl Sulfates	31	其他着色剂	Color Additives-Miscellaneous
13	烷基酰胺烷基胺类	Alkylamido Alkylamines	32	元素	Elements
14	酰胺类	Amides	33	精油	Essential Oils
15	氧化胺类	Amine Oxides	34	酯类	Esters
16	胺类	Amines	35	醚类	Ethers
17	氨基酸类	Amino Acids	36	油脂类	Fats And Oils
18	二苯酮类	Benzophenones	37	脂肪酸类	Fatty Acids
19	甜菜碱	Betaines	38	脂肪醇类	Fatty Alcohols
20	生物聚合物及其衍生物	Biological Polymers And Their Derivatives	39	甘油酯及其衍生物类	Glyceryl Eeters And Derivatives
21	生物制品类	Biological Products	40	亲水性胶及其衍生物	Gum, Hydrophilic Colloids And Derivatives
22	碳水化合物类	Carbohydrates
23	羧酸类	Carboxylic Acids	41	卤素化合物	Halogen Compounds

续表

序号	类别	英文名	序号	类别	英文名
42	杂环化合物	Heterocyclic Compounds	58	蛋白质衍生物	Protein Derivatives
43	碳氢化合物	Hydrocarbons	59	蛋白质类	Proteins
44	咪唑啉化合物类	Imidazoline Compounds	60	季铵盐化合物类	Quaternary Ammonium Compounds
45	无机酸类	Inorganic Acids	61	肌氨酸酯和肌氨酸的衍生物	Sarcosinates And Sarcosine Derivatives
46	无机碱类	Inorganic Bases			
47	无机盐类	Inorganic Salts	62	硅氧烷和硅烷	Siloxanes And Silanes
48	无机物类	Inorganics	63	皂类	Soaps
49	羟乙磺酸酯	Isethionates	64	失水山梨醇衍生物	Sorbitan Derivatives
50	酮类	Ketones	65	固醇类	Sterols
51	羊毛脂及其衍生物	Lanolin And Lanolin Derivatives	66	磺酸类	Sulfonic Acids
52	有机盐类	Organic Salts	67	磺基琥珀酸酯和磺基琥珀酰胺盐/酯	Sulfosuccinates And Sulfosuccinamates
53	对氨基苯甲酸衍生物	PABA Derivatives	68	硫酸酯类	Sulfuric Acid Esters
54	酚类	Phenols	69	合成的聚合物	Synthetic Polymers
55	含磷化合物类	Phosphorus Compounds	70	巯基化合物	Thio Compounds
56	聚醚类	Polymeric Ethers	71	不能皂化物类	Unsaponifiables
57	聚醇类	Polyols	72	蜡类	Waxes

二、按原料的功能分类

化妆品原料按功能分类见表 10-5。

表 10-5 化妆品原料按功能分类

序号	类别	英文名	序号	类别	英文名
1	磨砂剂	Abrasives	18	络合剂	Chelating Agents
2	吸收剂	Absorbents	19	着色剂	Colorants
3	胶黏剂	Adhesives	20	胼胝/肉赘去除剂	Corn/Callus/Wart Removers
4	抗痤疮剂	Antiacne Agents	21	腐蚀抑制剂	Corrosion Inhibitors
5	抗结块剂	Anticaking Agents	22	化妆品用收敛剂	Cosmetic Astringents
6	抗龋齿剂	Anticaries Agents	23	化妆品用生物杀灭剂	Cosmetic Biocides
7	去头屑剂	Antidandruff Agents	24	变性剂	Denaturants
8	消泡剂	Antifoaming Agent	25	除臭剂	Deodorant Agents
9	抗真菌剂	Antifungal Agents	26	脱毛剂	Depilating Agents
10	抗微生物剂	Antimicorbial Agents	27	药物收敛剂-口腔保健药物	Drug Astringents-Oral Health Care Drug
11	抗氧剂	Antioxidants			
12	抑汗剂	Antiperspirant Agents	28	药物收敛剂-保护皮肤药物	Drug Astringents-Skin Protectant Drugs
13	抗静电剂	Antistatic Agents			
14	人工指甲成型剂	Artificial Nail Builders	29	乳液稳定剂	Emulsion Stabilizers
15	黏合剂	Binders	30	去毛剂	Epilating Agents
16	缓冲剂	Buffering Agents	31	去皮剂	Exfoliants
17	填充剂	Bulking Agents	32	外用止疼剂	External Analgesics

续表

序号	类别	英文名	序号	类别	英文名
33	成膜剂	Film Formers	57	皮肤调理剂-其他功能	Skin-Conditioning Agents-Miscellaneous
34	芳香剂	Flavoring Agents	58	皮肤调理剂-封闭剂	Skin-Conditioning Agents-Occlusive
35	香精原料	Fragrance Ingredients	59	皮肤保护剂	Skin Protectants
36	发用着色剂	Hair Colorants	60	助滑剂	Slip Modifiers
37	发用调理剂	Hair Conditioning Agents	61	溶剂	Solvents
38	发用定型剂	Hair Fixatives	62	防晒剂	Sunscreen Agents
39	卷发/直发剂	Hair-Waving/Straightening Agents	63	表面性质改性剂	Surface Modifiers
40	保湿剂	Humectants	64	表面活性剂	Surfactants
41	溶解剂	Lytic Agents	65	表面活性剂-洗涤剂	Surfactants-Cleansing Agents
42	指甲改善剂	Nail Conditioning Agents	66	表面活性剂-乳化剂	Surfactants-Emulsifying Agents
43	乳浊剂	Opacifying Agents	67	表面活性剂-稳泡剂	Surfactants-Foam Boosters
44	口腔保健剂	Oral Care Agents	68	表面活性剂-水溶助剂	Surfactants-Hydrotropes
45	口腔卫生保健药物	Oral Health Care Drugs	69	表面活性剂-增溶剂	Surfactants-Solubilizing Agents
46	氧化剂	Oxitdizing Agents	70	表面活性剂-悬浮剂	Surfactants-Suspending Agents
47	杀虫剂	Pesticides	71	悬浮剂-非表面活性剂	Suspending Agents-Nonsurfactant
48	酸度调节剂	pH Adjusters	72	紫外线吸收剂	Ultraviolet Light Absorbers
49	成塑剂	Plasticizers	73	黏度控制剂	Viscosity Controlling Agents
50	防腐剂	Preservatives	74	黏度降低剂	Viscosity Decreasing Agents
51	推进剂	Propellants	75	黏度增加剂-水溶液	Viscosity Increasing Agents-Aqueous
52	还原剂	Reducing Agents	76	黏度增加剂-非水溶性	Viscosity Increasing Agents-Nonaqueous
53	皮肤漂白剂	Skin Bleaching Agents			
54	皮肤调理剂	Skin-Conditioning Agents			
55	皮肤调理剂-润滑剂	Skin-Conditioning Agents-Emollient			
56	皮肤调理剂-湿润剂	Skin-Conditioning Agents-Humectant			

第五节 化妆品原料的命名与索引

一、化妆品原料 INCI 的命名原则

1. INCI 名简介

国际上化妆品原料的名称采用统一的命名法有很多好处。这有利于消费者对产品进行了解；皮肤科学家和医学团体也可以有序地发布科学情报以帮助鉴别产生不良反应的原料；科学文献和技术报告对同一原料使用了相同的名称，这样可以避免消费者因名称的混乱而失去必要的情报。此外，采用统一的名称也有助于化妆品工业在全球基础上追踪原料的安全性和对原料进行有效的管理，促使销售的产品符合各国的法规和安全性。

为统一化妆品原料的名称，使消费者了解个人所用化妆品中含有的原料，避免不良反应的发生，美国 CTFA 于 1973 年第一次编写出版了《CTFA 化妆品原料字典》(CTFA cosmetic ingredient dictionary）第一版。由于新原料的不断出现，此手册自出版以来进行了多次修订。到 2004 年，已经是第十修订版；原料总数由最初的 600 多个，增加至 120001 种。由于 CTFA 名已在国际上被广泛认同和使用，在第七版时，CTFA 命名法改名为国际化妆品原料命名法（international nomenclature of cosmetic ingredient，简称 INCI），用 INCI 法命名的原料名称改称为 INCI 名，同时本字典也更名为《国际化妆品原料字典》。

化妆品原料的 INCI 名是由国际化妆品命名委员会给予命名的。了解其命名原则有利于《国际化妆品原料字典》的使用者通过原料名字概括了解原料的性质及正确书写 INCI 名。随着科学技术和工业的发展，新原料不断出现，化妆品原料的命名原则也在不断地作相应的修订以反映时代的发展。

资料卡

CTFA:（The Cosmetic Toiletry and Fragrance Association）：**美国化妆品洗涤用品与日用香精香料协会**

19 世纪 40 年代，化妆品生产的蓬勃发展和相应不良反应的出现，使化妆品工业认识到需要对化妆品原料加以识别和描述。为了解决这个问题，CTFA 的前身成立了标准局，其主要任务是制定化妆品原料的规格和对其进行描述。旨在保障个人保健产品能自由发展并为其提供一个公平竞争的市场环境。它可以增强该行业的自我调节能力，保障消费者的安全和健康。主要成员是成品的生产厂家和销售商，此外还有原料包装等服务商。

---

2. INCI 命名的一般原则

《国际化妆品原料字典》2004 年版所采用的命名原则，分为一般原则和各类原料的命名原则，现分别介绍如下。

① 尽可能使用简单的化学名。

② 可能情况下，使用已公认的化学缩写。为保持一致，保留传统的词干作为结合词的一部分。

③ 对复杂的或类似的原料，使用名字和数字结合的方式来命名，即使用物质的结构名或组成名作为原料名的母体，后续以数位。如 POLYSILICONE-13，是具有聚硅氧烷这一基本结构的复杂原料。为了简化其 INCI 名，只取用了"聚硅氧烷"这个基本结构词作为原料名字的母体，后续以数字"-13"，即组成了该原料的 INCI 名字。并且，所有具有类似的有聚硅氧烷基本结构的复杂原料都保留这样的简化名字，而给予不同的数字来区别。对一个应该采用这类命名原则的新原料，当具有特殊组成，需要对其进行特殊描述时，才给予另外的名字。

④ 美国药典 [US Pharmacopoeia（USP）]，国家的处方 [National Formulary（NF）] 和食物化学药典/规则 [The Food Chemicals Codex（FCC）] 中采用的名字，沿用不变。

⑤ 尽量采用 USAN（US Adopted Name）的缩写规定来简化复杂原料的名字。

⑥ 与已被公认的物质类似的新原料，尽可能地给予类似的名字。

⑦ 着色剂以外的原料如结尾有数字，一般都使用连字符号。带有连字符号的物质的衍生物保留原来的连字符。

⑧ 原料名不表示其含水状态。

⑨ 通过混合形成的复合原料，其名字的构成是将各组分原料的名字以降序排列的方式组成。

⑩ 市售原料中除提取物外，原料中含有的水、乙醇和其他的稀释剂或者溶剂，不作为 INCI 名字的一部分。

二、IUPAC 命名法

IUPAC 命名法是由国际纯粹与应用化学联合会（IUPAC）规定的一种系统命名有机化合物的方法。最近一次修订是在 1993 年。其前身是 1892 年日内瓦国际化学会的"系统命名法"。最理想的情况是，每一种有清楚的结构式的有机化合物都有一个确定的名称。但它不是严格的系统命名法，因为它同时接受一些物质和基团的惯用普通命名。中文的系统命名法是中国化学会在英文 IUPAC 命名法的基础上，再结合汉字的特点制定的。1960 年制定，1980 年根据 1979 年英文版进行了修订。

三、CAS 号

美国化学会的下设组织化学文摘服务社（Chemical Abstracts Service，CAS）为每一种出现在文献中的物质分配一个 CAS 号（CAS Registry Number 或称 CAS Number），又称 CAS 登记号，其目的是为了避免化学物质有多种名称的麻烦，使数据库的检索更为方便。如今几乎所有的化学数据库都允许用 CAS 号检索，它是用来判定检索有多个名称的化学物质信息的重要工具。到 2005 年 12 月 25 日，CAS 已经登记了 27655947 种物质最新资料，并且还以每天 4000 余种的速度增加。

一般说，一个化学物质只有一个 CAS 号，并且是不变的。但是，在某些情况下，《国际化妆品原料字典》会出现一个原料名下有一个以上的 CAS 号，或几个原料具有同一 CAS 号的现象。前者是因为该 INCI 名原料是表示一组化合物，所以就拥有一个以上的 CAS 号。如 AKAZ 的 CAS 号为 91567-3 和 12227-62-2，这是因为 AKAZ 包含酸性红 27（CI 16185）（CAS 号为 91567-3）和酸性红 27 的铝淀（CI 16185：1）（CAS 号 12227-62-2）。后者是因为这些具有不同 INCI 名的原料是来自同一单体的聚合物，但具有不同的链长，因此就共有一个 CAS 号。如 PEG-22、PEG-32、PEG-50 等，它们的 CAS 号都是 25322-68-3。

利用 CAS 号可在全世界范围的文献内检索该物质，也可以利用《国际化妆品原料字典》的 CAS 号检索是否将该原料收纳。

四、EINECS 登记号

EINECS 登记号是《欧盟存在的化学物质名录》（European Inventory of Existing Chemical Substances）。这个名录登记了在欧盟市场上出现的化学品并给出其有关的详细资料。一般说，一个化学物质只有一个 EINECS 号，并且是不变的。利用 EINECS 登记号可在文献和《欧盟存在的化学物质名录》内检索该物质。也可以利用《国际化妆品原料字典》的 EINECS 号索引检索《国际化妆品原料字典》是否将该原料收纳。

资 料 卡

《国际采购者指南》（International Buyer's Guide）是由 CTFA 编写的，是主要供化妆品生产厂家使用的参考书。它的内容包括每种原料的供应商名称、商品名/技术名与 INCI 名的对照表、化妆品包装容器供应商（按物品种类分类）、化妆品测试机构（按测试类别分类）、咨询顾问机构名称（按服务项目的类别分类）、标签加工（Private Lebel Manufacturers）和供应商的地址索引。

资 料 卡

什么是 IQC？

IQC 指原材料进厂检验（Incoming Quality Control）。

1. 原料进厂检验包括三个方面。

① 库检：原材料品名规格、型号、数量等是否符合实际，一般由仓管人员完成。

② 质检：检验原材料物理、化学等特性是否符合相应原材料检验规定，一般采用抽检方式。

③ 试检：取小批量试样进行生产，检查生产结果是否符合要求。

2. 来料不合格的处理。

① 标识：在外包装上标明"不合格"，堆置于"不合格区"或挂上"不合格"标识牌等。
② 处置：退货或调货或其他特采。
③ 纠正措施：对供应商提供相关要求或建议防止批量不合格的再次出现。
3. 紧急放行。因生产急需，在检验报告出来前需采用的物资，为紧急放行。需留样检验，并对所放行物资进行特殊标识并记录，以便需要时进行追踪。
4. 特采。
① 从非合格供应商中采购物资——加强检验。
② 检验不合格而采用的物资——挑选或修复后使用。
5. 应特别关注不合格品所造成的损失。
① 投入阶段发现，损失成本为1元。
② 生产阶段发现，损失成本为10元。
③ 在客户手中发现，损失成本为100元。

思考题

1. 我国化妆品原料管理体制是怎样的？发展趋势？
2. 美国、欧盟、日本等工业发达国家对化妆品原料如何管理？效果如何？
3. 什么是INCI名？《国际化妆品原料词典》是由谁制定的？
4. 什么是IUPAC法、CAS法和EINECS登记号？
5. INCI法如何对化妆品原料进行分类？

第五篇

化妆品安全与功效性评价

第十一章 化妆品安全性评价

学习目标：通过本章节的学习，学生应能够掌握化妆品安全性评价的程序、化妆品产品毒理学检测项目的选择原则；了解化妆品安全性评价的机构；熟悉化妆品原料及其产品的毒理学检测项目；了解化妆品安全性评价的重要性。

化妆品是消费者长期使用的产品，其安全性与人们的身体健康息息相关。我国在提高化妆品供给总量、增加产品多样性以及改进产品功效方面取得了令世人瞩目的成就，产品安全水平也在逐渐提高。与过去相比，虽然我国化妆品卫生状况有了显著改善，但也存在着一些问题。据统计，近年的化妆品不良反应有逐年增加的趋势，而且在类型上也有很大的变化。

化妆品安全问题的成因主要有三个方面：首先是原料的问题，即化妆品加工时所使用的原料本身带有有毒成分导致的过敏反应或刺激反应；其次是由于加工过程中不注意安全卫生控制或者外源性物质（主要是化妆品添加剂和异物等）的进入而造成的；第三种情况是标签标识说明书夸大宣传，误导消费者，造成消费者选择化妆品不当或使用不当。

虽然国际上化妆品的管理变化很大，但大部分国家都要求化妆品生产商必须确保化妆品产品使用的安全性。通常也要求在化妆品活性成分或者化妆品产品上标注安全数据。各国均有指定的安全有效性机构，并对化妆品不良反应进行监测。

第一节 化妆品安全性评价的程序及检测机构

一、化妆品安全性评价检测机构

化妆品安全性评价是通过动物试验、人体试用试验或替代试验，来证明某一化妆品原料或产品的毒性以及潜在的危害。

《化妆品卫生行政许可检验规定》（2007年版）中详细介绍了检验程序、检验报告的编制、检验项目、检验时限和样品数量等。

《化妆品卫生规范》（2007年版）中详细介绍了化妆品安全性毒理学检验和人体检验项目的范围、引用标准、目的、基本原则、受试者的选择、方法、结果解释和安全性评价等。

我国化妆品安全性评价大多由疾病预防控制中心承担。疾病预防控制中心是由政府主办的实施疾病预防控制与公共卫生技术管理和服务的卫生行政管理部门下属的公益性事业单位。

人体化妆品皮肤疾病的鉴定和相关化妆品人体试验由卫生部指定的专业、正规的化妆品检测鉴定机构进行，如"中华人民共和国卫生部化妆品人体安全性与功效检验机构"和"中华人民共和国卫生部化妆品皮肤病诊断机构"等机构。

卫生部分别于1998年和2004年在全国开展了两次对"化妆品皮肤病诊断机构"的认定。第一次认定了5家医院，分别是广州中山大学第三临床医学院皮肤科、北京空军总医院皮肤科、上海皮肤性病医院、天津长征医院、重庆第一人民医院。第二次认定了8家医院，分别在山东、辽宁沈阳、辽宁大连、福建、陕西、江苏。两次认定共13家。

二、化妆品安全性评价的程序

化妆品安全性评价程序分为五个阶段，凡属于化妆品新原料，必须进行五个阶段的试验；凡属于含药物化妆品必须进行动物急性毒性试验、皮肤与黏膜试验和人体试验，但是根据化妆品所含成分的性质、使用方式和使用部位等因素，可分别选择其中几项甚至全部试验项目；凡属于化妆品新产品必须进行动物急性毒性试验、皮肤与黏膜试验和人体试验，但是根据化妆品所含成分的性质、使用方式和使用部位等因素，可分别选择其中几项甚至全部试验项目。这五个阶段分别如下。

1. 第一阶段：急性毒性和动物皮肤、黏膜试验

（1）急性毒性试验 急性毒性试验包括急性皮肤毒性试验和急性经口毒性试验。

人体接触化妆品主要途径是皮肤，因此当评价化妆品及其成分对人体健康的可能危害时，进行皮肤毒性的研究是必不可少的。急性皮肤毒性试验是指受试物涂敷皮肤一次剂量后所产生的不良反应，进行此试验是为了确定受试物能否经皮肤渗透和短期作用所产生的毒性反应，并为确定亚慢性试验提供试验依据；急性经口毒性试验是指受试物一次经口饲予动物所引起的不良反应，当化妆品成分的皮肤毒性低时，为了解该化学物质与已知毒物的相对毒性，以及由于婴幼儿误服化妆品的可能，进行经口毒性试验是很必要的。

（2）动物皮肤、黏膜试验 动物皮肤、黏膜试验包括皮肤刺激试验、眼刺激试验、皮肤变态反应试验、皮肤光毒和光变态反应试验。

皮肤刺激是指皮肤接触受试物后产生的可逆性炎性症状，凡具有高度皮肤毒性，或pH 11.5的化学物质，均不进行本项试验。眼刺激性是指眼表面接触受试物后产生的可逆性炎性变化，如已证明有皮肤刺激性的物质，则不必进行本项试验。皮肤变态反应是指通过重复接触某种物质后机体产生免疫传递的皮肤反应；化学物质引起的变态性接触性皮炎，属Ⅳ型（即延迟型）变态反应；在人体的反应可能是瘙痒、红斑、丘疹、水疱或大疱，但在动物身上仅为皮肤红斑和水肿。皮肤光变态反应是指某些化学物质在光能参与下所产生的抗原抗体皮肤反应，不通过机体免疫机制，而由光能直接加强化学物质所致的原发皮肤反应，则称为光毒反应。如已证明受试物具有光毒性，可以不做光变态反应试验。

2. 第二阶段：亚慢性毒性和致畸试验

（1）亚慢性皮肤毒性试验 亚慢性皮肤毒性试验是指受试物重复涂抹动物皮肤所引起的不良反应，亚慢性皮肤毒性试验提供皮肤重复接触受试物时动物机体反应的资料。虽然从试验结果外推到人的正确性是有限的，但它能提供关于化学物经皮肤吸收程度的有用资料。若试验结果表明受试物经皮吸收可能性甚微或几乎无可能性，则没有必要进行经皮慢性毒性和致癌试验。

（2）亚慢性经口毒性试验 亚慢性经口毒性试验是指动物多次重复经口接受化学物质所引起的不良反应，提供重复经口给药后动物所表现的不良反应的资料。虽然从动物试验结果外推到人

的正确性是有限的，但它能提供无反应剂量和可允许的人类接触量的有用资料。

（3）致畸试验　胚胎发育过程中，接触了某种有害物质影响器官的分化和发育，导致形态和机能的缺陷，出现胎儿畸形，这种现象称为致畸作用。致畸试验是鉴定化学物质是否具有致畸性的一种方法。通过致畸试验，一方面鉴定化学物质有无致畸性，另一方面确定其胚胎毒作用，为化学物质在化妆品中安全使用提供依据。

3. 第三阶段：致突变、致癌短期生物筛选试验

（1）鼠伤寒沙门菌回复突变试验（Ames试验）　鼠伤寒沙门菌回复突变试验用来测定依赖于组氨酸的菌株产生不依赖于组氨酸的基因突变。使动物以不同途径接触受试化学物后，用细胞遗传学的方法检测骨髓细胞染色体畸变率的增加，从而评价受试物的致突变性，进而预测致癌的可能性。

（2）体外哺乳动物细胞染色体畸变和SCE检测试验　用哺乳动物细胞染色体畸变和姐妹染色单体交换率的检测来评价致突变物是目前世界上常用的短期生物试验方法之一，方法较简单、快速。

（3）哺乳动物骨髓细胞染色体畸变率检测试验　使动物以不同途径接触受试化学物后，用细胞遗传学的方法检测骨髓细胞染色体畸变率的增加，从而评价受试物的致突变性，进而预测致癌的可能性。

（4）动物骨髓细胞微核试验　研究化学物诱发哺乳动物染色体畸变的方法很多，微核试验以其简便、快速、具有一定的敏感性，被广泛应用于遗传毒理学研究中。该试验是一种用体内试验来检查骨髓细胞染色体畸变的方法，特别适用于检出纺锤体的部分损害而出现的染色体丢失或染色单体或染色体的无着丝点断片。

（5）小鼠精子畸形检测试验　一般认为异常精子数的增加可能是在精子发生中造成遗传损伤的结果。因此，小鼠精子形态试验可用于鉴别能引起精子发生功能异常以及引起突变的化学物质。

4. 第四阶段：慢性毒性和致癌试验

（1）慢性毒性试验　慢性毒性试验指动物长期接触受试物所引起的不良反应，为人体长期接触该化学物质的最大耐受量或安全剂量提供资料。

（2）致癌试验　致癌试验指动物长期接触化学物质后所引起的肿瘤危害，确定经一定途径长期给予试验动物不同剂量的受试物的过程中，其大部分生命期间肿瘤疾患产生的情况。

5. 第五阶段：人体激发斑贴试验和试用试验

选择适当的受试人群，并具有一定人数比例。激发斑贴试验是借用皮肤科临床检测接触性皮炎致敏原的方法，进一步模拟人体致敏的全过程，预测受试物的潜在致敏原性。化妆品人体激发斑贴试验适用于检验防晒类、祛斑类和除臭类化妆品。

人体试用试验适用于《化妆品卫生监督条例》中定义的特殊用途化妆品，目前包括健美类、美乳类、育发类及脱毛类化妆品。主要检测受试物引起人体皮肤不良反应的潜在可能性。

化妆品人体检验之前应先完成必要的毒理学检验并出具书面证明，毒理学试验不合格的样品不再进行人体检验。

三、替代试验法在化妆品安全性评价中的应用

在化妆品行业，20世纪70年代美国动物保护运动者抗议使用动物进行试验，强烈抨击化妆品的毒性鉴定中的眼刺激试验和急性毒性试验使动物遭受痛苦、损伤甚至不正常死亡。

正确的科学试验设计应考虑到动物的权益，尽可能减少动物用量，优化完善试验程序或使用其他手段和材料替代动物试验的"3R"原则。3R即减少（Reduction）、优化（Refinement）和替代（Replacement）的简称。

欧盟立法规定在化妆品原料危险性评价和化妆品成品安全性检验上逐步禁止使用动物试验刺激了动物替代试验方法的研究。

目前替代试验研究现状见表11-1。

表11-1 替代试验研究现状

有通过验证的替代试验方法的领域	有通过验证的减少/优化试验方法的领域	尚无有效替代的领域
皮肤腐蚀性/刺激性 经皮吸收 致突变/基因毒性 光毒性	急性毒性 皮肤致敏性	眼刺激 多次暴露毒性 致癌性 生殖毒性 毒代动力学

尽管随着欧盟立法逐步禁止化妆品领域使用动物试验，替代试验方法研究有了很大进展，但就目前研究现状看还很难满足化妆品及其原料危险性评价的技术需求。已经通过验证的替代试验也多是针对个别毒理学观察终点的定性试验，多数只能用于化学物质的危害识别、代替化妆品成品个别指标的安全性检测。但化妆品原料的危险性评价关键需要的是系统的、具有一定定量评价能力的评价方法，目前通过验证的方法大都还不能满足这一要求，这方面的研究也面临着很多技术困难，短期内难以突破，预计相关的研究计划都不得不延期。

另外，即便是已经通过验证的替代试验也有一定的技术缺陷，并不能适用于所有类型化学物质的评价，不能完全代替动物试验在安全性评价方面的作用。替代试验方法也许更适合于作为以动物试验为主要评价手段的传统评价方法的有益补充。就目前可预见的科学发展水平而言，欧盟完全禁止动物试验的立法理念显得过于超前和武断。

四、化妆品安全性检验样品数量

化妆品安全性检验样品数量见表11-2和表11-3。

表11-2 非特殊用途化妆品检验样品数量[①]

检验项目	化妆品类别							样品独立包装净含量/g
	发用类	护肤类	彩妆类			指(趾)甲类	芳香类	
			一般彩妆品	眼部彩妆品	护唇及唇部彩妆品			
微生物检验	2	2	2	2	2	2	2	＞8
卫生化学检验[②]	2	2	2	2	2	2	2	＞10
急性皮肤刺激性试验	1					1	1	＞10
急性眼刺激性试验	1	1		1				＞5
多次皮肤刺激性试验		2	2	2	2			＞25
留样	3	3	3	3	3	3	3	＞10
共计	9	10	9	10	9	8	8	

① 样品独立包装净含量应满足检验项目要求，否则应增加样品数量，直到总量满足要求。
② 需测定甲醇、α-羟基酸指标时应分别增加2个样品；测定pH时应增加1个样品。

五、化妆品安全性评价的时限

化妆品检验时限是从正式受理样品之日至出具检验报告之日的时限。检验机构受理样品时应将出具报告日期及相关事宜通知检验申请单位。特殊情况（例如检验期内含长假）下，由检验机构与检验申请单位协商确定检验时限，并事先通知检验申请单位。检验机构应向检验申请单位公布检验时限。

表 11-3 特殊用途化妆品检验样品数量①

检验项目	育发类	染发类	烫发类	脱毛类	美乳类	健美类	除臭类	祛斑类	防晒类	样品独立包装净含量/g
微生物检验	2				2	2		2	2	>8
卫生化学检验②	6	4	4	4	4	4	4	4	4	>10
抗 UVA 能力（仪器测定法）③										>10
急性皮肤刺激性试验				1						>10
急性眼刺激性试验	1	1	1							>5
多次皮肤刺激性试验	2				2	2	2	2	2	>25
皮肤变态反应试验	2	2	2	2	2	2	2	2	2	>25
皮肤光毒性试验	1							1	1	>25
鼠伤寒沙门菌/回复突变试验	1	1			1	1				>25
体外哺乳动物细胞染色体畸变试验	1	1			1	1				>25
人体皮肤斑贴试验								2	2	>25
人体试用试验安全性评价	④			4	④	④				>25
防晒效果人体试验⑤									4	>25
留样	4	4	4	4	4	4	4	4	4	>25
共计	20	13	12	14	16	16	14	17	21	

① 样品独立包装净含量应满足检验项目要求，否则应增加样品数量，直到总量满足要求。如果只承担特殊用途化妆品检验项目中的一部分，应根据实际检验项目减少检验样品数量。
② 需测定甲醇、α-羟基酸指标时应分别增加 2 个样品；测定 pH 时应增加 1 个样品。
③ 宣称广谱防晒的化妆品应加测抗 UVA 能力（仪器测定法），并增加 2 个样品。
④ 30 人 1 个月用量。
⑤ 表中所列样品数量为防晒类化妆品测定防晒指数（SPF值）所需样品数量；标签上标识"防水防汗"、"适合游泳等户外活动"等内容时，需要测定防水性能，并增加 4 个样品；标签上标识或宣传 UVA 防护效果或广谱防晒效果，并标注 PFA 值或 PA+～PA+++时，需要测定长波紫外线防护指数（PFA 值），并增加 4 个样品。

1. 单项指标检验时限

单项指标检验时限见表 11-4。

表 11-4 单项指标检验时限

检验项目		检验时限/天
	微生物检验	25
	卫生化学检验	25
	pH 值测定	7
	抗 UVA 能力（仪器测定法）	25
毒理学试验	急性眼刺激性试验	35
	急性皮肤刺激性试验	25
	多次皮肤刺激性试验	50
	皮肤变态反应试验	60
	皮肤光毒性试验	40
	鼠伤寒沙门菌/回复突变试验	60
	体外哺乳动物细胞染色体畸变试验	60

续表

检验项目		检验时限/天
人体评价	人体皮肤斑贴试验	25
	脱毛类人体试用试验安全性评价	25
	育发类人体试用试验安全性评价	120
	美乳类人体试用试验安全性评价	120
	健美类人体试用试验安全性评价	120
	防晒效果人体试验 SPF 值测定	60
	防晒效果人体试验防水性能测定	60
	防晒效果人体试验长波紫外线防护指数测定	60

2. 非特殊用途化妆品检验时限

非特殊用途化妆品检验时限见表 11-5。

表 11-5 非特殊用途化妆品检验时限[①]

化妆品类别		检验时限/天
发用类	一般发用产品	35
	易触及眼睛的发用产品	35
护肤类	一般护肤产品	60
	易触及眼睛的护肤产品	60
彩妆类	一般彩妆品	60
	眼部彩妆品	60
	护唇及唇部彩妆品	60
指(趾)甲类		25
芳香类		25

① 因 pH≤3.5 而需要进行人体试用试验安全性评价的检验时限未计在内。

3. 特殊用途化妆品检验时限

特殊用途化妆品检验时限见表 11-6。

表 11-6 特殊用途化妆品检验时限[①]

化妆品类别	检验时限/天	化妆品类别	检验时限/天
育发类	150	健美类	150
染发类	80	除臭类	80
烫发类	60	祛斑类	80
脱毛类	80	防晒类[①]	140
美乳类	150		

① 防晒效果人体试验防水性能测定和长波紫外线防护指数测定时限未计在内。

第二节 化妆品安全性评价的毒理学检测

一、化妆品原料的检测

化妆品的新原料,一般需进行下列毒理学试验:急性经口和急性经皮毒性试验,皮肤和急性眼刺激性（腐蚀性试验），根据原料的用途，需提供急性或多次皮肤刺激性试验资料；皮肤变态反应试验；皮肤光毒性和光敏感试验（原料具有紫外线吸收特性需做该项试验）；致突变试验（至少应包括一项基因突变试验和一项染色体畸变试验）；亚慢性经口和经皮毒性试验；生殖毒性和致畸试验；慢性毒性、致癌性结合试验；经皮吸收的特性及毒物代谢、动力学试验；根据原料的特性和用途，还可考虑其他必要的试验。试验方法参照《化妆品安全评价程序和方法》（GB 7919—1987）。

在本章第一节中对上述一部分试验已经有所介绍，这里就不再赘述，仅介绍以下两种试验方法

1. 皮肤和急性眼刺激性（腐蚀性试验）

眼睛刺激性是指眼球表面接触受试物后所产生的可逆性炎性变化；眼睛腐蚀性是指眼球表面接触受试物后引起的不可逆性组织损伤。本试验是用于确定和评价化妆品原料及其产品对哺乳动物的眼睛是否有刺激作用或腐蚀作用及其程度。

2. 毒物代谢及动力学试验

毒物代谢动力学是定量研究毒物在体内吸收、分布、生物转化、排泄等过程随时间变化的动态规律的学科。进行毒物代谢及动力学试验是为了获得足够的有关受试样品的吸收、分布、生物转化以及排泄的信息，从而了解它的毒作用机制。从试验所获得受试样品基本的代谢动力学参数，可以了解受试样品在组织和（或）器官内是否具有潜在的蓄积性和诱导生物转化的作用。根据这些资料，可以估计将动物试验的毒性资料（特别是慢性毒性和（或）致癌性资料）外推到人时，是否具有充分性和相关性。

在我国，化妆品新原料的定义为在我国化妆品中首次使用的原料。判断是否是新原料的标准是看其是否列于我国可使用的化妆品原料清单之外，由于我国化妆品工作起步较晚，可使用的原料清单数据不完善，在判断是否是新原料时存在一定的困难，此外对新原料的认识比较模糊和评价要求比较笼统，所以如何评价新原料是一个难点。

评价新原料时应具体情况具体分析，如该原料在化妆品中的作用为化妆品限用物质类别（防腐剂、色素、着色剂、防晒剂、染色剂），需按我国《化妆品卫生规范》（2007年版）的要求提供毒理安全性资料，根据该原料的化学性质与分子结构与已知安全性明确、结构相似的物质进行类比，以及结合该原料在化妆品中可能的使用范围和方式，适当地减免或增加试验；如该原料在化妆品中的作用为一般成分，如果在其他国家的化妆品有使用前例，不需要提供毒理安全性资料，如果无使用前例，则需按我国《化妆品卫生规范》（2007年版）的要求提供毒理安全性资料。随着全球化妆品法规向一体化方向的发展以及化妆品行业的快速发展，明确新原料的认识和评价体系迫在眉睫。

二、化妆品产品的检测

我国化妆品分为普通化妆品（非特殊用途化妆品）和特殊用途化妆品（9类）。对国产和进口普通化妆品实行备案制，对进口和国产特殊用途化妆品实行审批制，卫生部负责化妆品的审批。我国《化妆品卫生规范》（2007年版）和《化妆品卫生行政许可检测规定》（2007年版）中规定了化妆品及新原料的毒理学评价的项目和要求。

在一般情况下，新开发的化妆品产品在投放市场前，应根据产品的用途和类别确定其毒理学检测项目进行相应的试验，以评价其安全性。

1. 化妆品产品毒理学检测项目的选择原则

① 由于化妆品种类繁多，在选择试验项目时应根据实际情况确定。

② 每天使用的化妆品需进行多次皮肤刺激性试验，进行多次皮肤刺激性试验者不再进行急性皮肤刺激性试验，间隔数日使用的和用后冲洗的化妆品进行急性皮肤刺激性试验。

③ 与眼接触可能性小的产品不需进行急性眼刺激性试验。

2. 普通化妆品毒理学试验项目

普通化妆品毒理学试验项目见表11-7。

表 11-7　非特殊用途化妆品毒理学试验项目

试验项目	发用类		护肤类		彩妆类			指（趾）甲类	芳香类
	易触及眼睛的发用产品 洗发类 润丝(护发素)类③ 喷发胶类 暂时喷涂发彩(非染型)		一般护肤产品 护肤膏霜类 护肤乳液类 护肤油类 护肤化妆水 爽身类 沐浴类②	易触及眼睛产品 眼周护肤类 面膜类② 洗面类②	一般彩妆品 粉底类 粉饼类 胭脂类 涂身彩妆类	眼部彩妆品 描眉类③ 眼影类 眼睑类 睫毛类 眼部彩妆卸除剂	护唇及唇部彩妆品 护唇膏类 亮唇油类 着色唇膏类 唇线笔	修护类① 涂彩类① 清洁漂白类	香水类 古龙水类 花露水类
急性皮肤刺激性试验	○							○	○
急性眼刺激性试验	○		○		○	○			
多次皮肤刺激性试验			○	○	○	○	○		

① 修护类指（趾）甲产品和涂彩类指（趾）甲产品不需要进行毒理学试验。
② 沐浴类、面膜（驻留类面膜除外）类和洗面类护肤产品只需要进行急性皮肤刺激性试验，不需要进行多次皮肤刺激性试验。
③ 免洗护发类产品和描眉类眼部彩妆品不需要进行急性眼刺激性试验。

注：1. 对于防晒剂（二氧化钛和氧化锌除外）含量≥0.5％（质量分数）的产品，除表中所列项目外，还应进行皮肤光毒性试验和皮肤变态反应试验。
2. 对于表中未涉及的产品，在选择试验项目时应根据实际情况确定，可按具体产品用途和类别增加或减少检验项目。
3. "○"表示需要进行的试验项目。

3. 特殊用途化妆品毒理学试验项目

特殊用途化妆品毒理学试验项目见表11-8。

表 11-8　特殊用途化妆品毒理学试验项目①②

试 验 项 目	育发类	染发类	烫发类	脱毛类	美乳类	健美类	除臭类	祛斑类	防晒类
急性眼刺激性试验	○	○	○						
急性皮肤刺激性试验			○						
多次皮肤刺激性试验③	○	○	○	○	○	○	○	○	○
皮肤变态反应试验	○	○	○	○				○	○
皮肤光毒性试验								○	○
鼠伤寒沙门菌/回复突变试验④	○	○⑤							
体外哺乳动物细胞染色体畸变试验	○	○⑤			○	○			

① 除育发类、防晒类和祛斑类产品外，防晒剂（二氧化钛和氧化锌除外）含量≥0.5％（质量分数）的产品还应进行皮肤光毒性试验。
② 对于表中未涉及的产品，在选择试验项目时应根据实际情况确定，可按具体产品用途和类别增加或减少检验项目。
③ 即洗类产品不需要进行多次皮肤刺激性试验，只进行急性皮肤刺激性试验。
④ 进行鼠伤寒沙门菌/回复突变试验或选用体外哺乳动物细胞基因突变试验。
⑤ 涂染型暂时性染发剂不进行鼠伤寒沙门菌/回复突变试验和体外哺乳动物细胞染色体畸变试验。

注："○"表示需要进行的试验项目。

第三节 人体安全性和功效性评价检验方法

我国《化妆品卫生规范》(2007年版)和《化妆品卫生行政许可检测规定》(2007年版)中规定了化妆品及新原料的人体安全性和功效性评价的项目和要求。其中规定:化妆品人体检验之前应先完成必要的毒理学检验并出具书面证明,毒理学试验不合格的样品不再进行人体检验。

一、化妆品人体安全性检验的适用范围

化妆品斑贴试验适用于检验防晒类、祛斑类和除臭类化妆品。

化妆品人体安全检验适用于检验健美类、美乳类、育发类、脱毛类化妆品。

防晒化妆品防晒效果检验适用于防晒指数(SPF值,Sun Protection Factor)测定、SPF值防水试验以及长波紫外线防护指数(PFA值,Protection Factor of UVA)的测定。

二、化妆品人体安全性试验的有关要求

进行人体试验前需具备的条件包括:由卫生部认可的检验中心完成动物毒理性试验并出具样品毒理资料,并提供检验合格证明;一般由疾病预防控制中心检验完成之后并封样然后由厂家送到该人体试验检验机构,还要提供检验样品使用说明和主要成分。人体安全检测之前皮肤试验包括下列几项。

急性皮肤刺激试验:确定和评价化妆品原料及其产品对哺乳动物皮肤局部是否有刺激作用或腐蚀作用及其程度。

皮肤变态反应试验:以诱发过敏为目的,确认重复接触化妆品及其原料对哺乳动物诱发性效果和过敏性及其程度。

皮肤光毒性和光变态反应试验:评价化妆品原料及其产品在光能参与下所产生的原发刺激性皮肤反应和抗原抗体皮肤反应的可能性。

三、人体安全性检验项目

① 凡 pH≤3.5 的化妆品均应参照《化妆品卫生规范》(2007年版)规定的人体试用试验安全性评价方法进行试用试验(用后冲洗类产品除外)。

② 特殊用途化妆品人体安全性检验项目见表 11-9。

表 11-9 特殊用途化妆品人体安全性检验项目

检 验 项 目	育发类	脱毛类	美乳类	健美类	除臭类	祛斑类	防晒类
人体皮肤斑贴试验					○	○	○
人体试用试验安全性评价	○	○	○	○			

注:"○"表示需要进行的试验项目。

四、防晒化妆品功效评价检验项目

① 防晒类化妆品必须测定 SPF 值。

② 宣称对 UVA 防护效果的,应测定 PFA 值或按照化妆品抗 UVA 能力仪器测定法测抗 UVA 能力。

③ 宣称"防水"、"防汗"或"适合游泳等户外活动"等内容的,根据其所宣称抗水程度或时间测定防水性能。

④ 宣称广谱防晒的,应测定 SPF 值和按照化妆品抗 UVA 能力仪器测定法测抗 UVA 能力,或测定 SPF 值和 PFA 值。

【案例】

化妆品安全性:比美更重要

化妆品已成为现代女性生活中不可或缺的用品。然而,化妆品在扮靓女性生活的同时,

也呈现出令人忧心的一面：由于化妆品种类日趋繁多，成分日趋复杂，因化妆品使用不当引起的各类皮肤不良反应如接触性皮炎、光敏反应、色素沉着、痤疮、唇炎以及感染毛发和指甲病变等也呈上升趋势。这种因化妆品使用而引起的反应被称之为"化妆品病"。

形成原因据上海21家医院皮肤科统计，由护肤霜类引起的化妆品病占首位（56%），其次为护发剂（28%）。

防腐剂、芳香化合物、色素是引起皮肤过敏反应的3大物质。许多女性常常以香味浓淡作为衡量化妆品理想与否的标准，其实，香料只是为了满足人们对化妆品气味上的需求而使用的添加剂，对皮肤有一定的刺激；香料成分越复杂，用量越大，刺激越重，越容易引起皮肤过敏和光敏反应。据一些研究表明，有些化妆品中的防腐剂、香料和色素还含有毒性物质，可损伤细胞内脱氧核糖核酸，损害严重时，可使细胞发生突变而致癌。

专家提醒鉴于劣质化妆品极易对人体皮肤造成伤害，建议消费者在购买化妆品时，尽可能选择信誉良好、规模较大的专业公司生产的名牌产品，以获得良好的质量保障，切不可贪图便宜购买和使用没有标注厂名厂址、生产许可证或生产日期、保质期的化妆品，以免伤害您的皮肤。

在市场上种类繁多的化妆品中，有9类化妆品被卫生部列为特殊用途化妆品，可能影响到皮肤的生理活动，在安全使用上最容易出现问题，值得引起注意。它们是：育发类、健美类、美乳类、染发类、烫发类、防晒类、除臭类、祛斑类、脱毛类。在这9类特殊用途化妆品产品上必须标注特殊用途化妆品卫生批准文号（此类产品的生产许可证号和卫妆准字号中都标有"QC"两个字母，而一般性护肤、化妆用品其生产许可证号和卫妆准字号只标明"XK"，这是国家为了保护消费者的身体健康对化妆品生产采取的管理措施）。

（资料来源：千龙新闻网．http：//www.qianglong.com/3910/2006/09/22/2523＠3432109.html，2006-09-26）

思考题

1. 消费者应如何选择安全的化妆品？
2. 国家化妆品的安全性评价的指定机构有哪些？
3. 化妆品新原料需要哪些毒理学检测？
4. 按我国《化妆品卫生规范》（2007年版），化妆品新原料在化妆品中的作用为一般成分，如果在其他国家的化妆品有使用前例，是否需要提供毒理安全性资料？
5. 人体安全检测之前的皮肤试验有哪些？

第十二章 化妆品人体不良反应监测管理

学习目标：通过本章节的学习，学生应能够掌握化妆品人体不良反应监测的意义与作用；了解化妆品皮肤病诊断机构与化妆品不良反应监测体系的运转机制；熟悉我国化妆品皮肤病的发病特点；了解化妆品皮肤病的发病原因。

第一节 化妆品皮肤病诊断与不良反应监测

一、我国化妆品不良反应监测与管理的法律依据

随着化妆品监督管理逐渐走上法制化轨道，在加强化妆品卫生质量监督管理的同时，也加强了对化妆品不良反应的监测和管理。《化妆品卫生监督条例》（以下简称《条例》）及《化妆品卫生监督条例实施细则》（以下简称《细则》）、《化妆品卫生规范》中有明确规定。

① 《条例》第十二条规定，对可能引起不良反应的化妆品，说明书上应当注明使用方法、注意事项。

② 《条例》第十八条规定，化妆品安全性评审组对化妆品引起的重大事故进行技术鉴定。

③ 《条例》第二十三条规定，对因使用化妆品引起不良反应的病例，各医疗单位应当向当地卫生行政部门报告。

④ 《细则》第十五条规定，在特殊用途化妆品进行复审时，生产企业需提供产品投放市场销售后使用者不良反应调查总结报告。

⑤ 《条例》第四十三条规定，各级医疗机构发现化妆品不良反应病例，应及时向当地区、县化妆品卫生监督检验机构报告。各级化妆品卫生监督机构定期报同级卫生行政部门，同时抄送上一级化妆品卫生监督检验机构。

⑥ 2007年版《化妆品卫生规范》第五十七条指出，企业应建立化妆品不良反应监测报告制度，并指定专门机构或人员负责管理。化妆品生产出现重大卫生质量问题或售出产品出现重大不良反应时，应及时向当地卫生行政部门报告。

上述法规和规范条款反映出我国对化妆品不良反应的监督和监督管理主要侧重在以下几个方面。

① 各级医疗机构对化妆品不良反应的监测和上报。

② 化妆品生产企业对其上市化妆品所引起人体不良反应的监测和报告。

③ 卫生主管部门对化妆品不良反应的监督管理。即在化妆品卫生许可过程中，对化妆品卫生安全性评价中的考量，和对重大化妆品不良反应的监测与仲裁鉴定。

二、我国化妆品皮肤病诊断与不良反应监测工作的发展

1. 化妆品皮肤病诊断标准的制定

为加强对化妆品不良反应的监测管理，1993～1997年间我国卫生部组织以皮肤科医生为主的专家队伍对化妆品引起的人体不良反应进行调查研究，认为目前化妆品引起的人体不良反应主要是皮肤不良反应，可引起的皮肤病变主要为"接触性皮炎"、"痤疮"、"毛发损害"、"甲损害"、"光感性皮炎"、"皮肤色素异常"6种，编制了《化妆品皮肤病诊断标准及处理原则》等7项强制性国家标准，于1997年发布，见表12-1。

2. 化妆品皮肤病诊断机构的认定

为了配合上述标准的执行，卫生部门组织了全国性宣传和贯彻，并认定了13家化妆品皮肤

表 12-1　化妆品皮肤病诊断国家标准

化妆品皮肤病诊断标准和处理原则-总则 GB 17149.1—1997
(1) 发病前必须有明确的化妆品接触史。 (2) 皮损的原发部位是使用该化妆品的部位。 (3) 排除非化妆品因素引起的相似皮肤病。 (4) 必要时进行可疑化妆品的皮肤斑贴试验或光斑贴试验。
化妆品皮肤病国家诊断标准
GB 17149.2—1997 化妆品接触性皮炎诊断标准及处理原则 GB 17149.3—1997 化妆品痤疮诊断标准及处理原则 GB 17149.4—1997 化妆品毛发损害诊断标准及处理原则 GB 17149.5—1997 化妆品甲损害诊断标准及处理原则 GB 17149.6—1997 化妆品光感性皮炎诊断标准及处理原则 GB 17149.7—1997 化妆品皮肤色素异常诊断标准及处理原则

病诊断机构（见第一节）。通常讲，任何具有皮肤科医疗资质的医疗机构均可按上述标准进行诊断，但只有卫生部认定的诊断机构出具的诊断书具有仲裁意义，在法庭上采信度最高。几年来，卫生部认定的诊断机构在科学诊断的基础上，为消费者出具了诊断证明，为保护消费者权益作出了贡献。

3. 化妆品皮肤病的诊断和监测

《化妆品卫生监督条例》及实施细则中对化妆品不良反应的上报作了规定，但并不是强制性的。自卫生部认定了化妆品皮肤病诊断机构后，对这些诊断机构提出了强制性要求。因此，自 1999 年后，这些机构为卫生部提供了大量、精确的化妆品皮肤病发病信息，使政府主管部门能够直观地了解市场上化妆品的安全性，为我国化妆品监管政策的制定提供了重要的背景材料。自 2003 年开始，卫生部开始向社会公布化妆品不良反应监测的综合数据和结果分析。

三、化妆品不良反应监测体系的建立

卫生部于 2004 年 12 月在北京召开了化妆品皮肤病诊断机构会议，建立了中国卫生部化妆品不良反应监测体系。该体系建立起了对违法产品的"消费者—诊断机构—化妆品卫生安全评价机构—监督机构"快速反应链，对进一步加强化妆品不良反应的监测管理，统一、规范化妆品皮肤不良反应监测数据的登记、上报、汇总和处理，迅速有效地发现查处问题化妆品，保护消费者利益，具有重要意义，如图 12-1 所示。

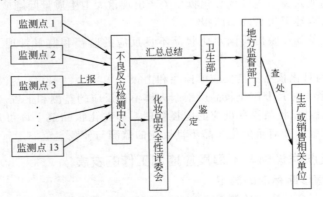

图 12-1　化妆品不良反应监测体系

四、化妆品不良监测体系的运转机制

化妆品不良反应监测体系于 2005 年开始运行，其组成和运转机制如下。

1. 体系的构成

该体系由卫生部、化妆品安全性专家委员会、卫生部不良反应监测中心（即中国疾病预防控制中心环境与健康相关产品安全所）、卫生部认定的 13 家化妆品皮肤病诊断机构组成。

2. 监测范围

将化妆品不良反应的监测范围扩大为：化妆品皮肤病确诊病例及化妆品皮肤病疑似病例。

3. 体系的运转

① 以 13 家化妆品皮肤病诊断机构为监测前哨，有专人负责对本医院化妆品皮肤病的诊断和不良反应病例进行登记、上报，至卫生部化妆品不良反应监测中心。

② 卫生部化妆品不良反应监测中心对各监测点上报数据进行汇总、分析、提出建议，必要时组织针对某问题的化妆品安全性检测。

③ 化妆品安全性专家委员会（目前主要由化妆品卫生标准委员会及化妆品安全性评审委员会成员组成）负责对问题化妆品进行仲裁鉴定。

④ 卫生部收到化妆品不良反应监测数据后，一方面负责向社会公布总体情况，另一方面，根据具体情况，提请相关企业注意产品质量或督促各地卫生监督部门对问题化妆品进行查处。

⑤ 统一不良反应调查登记表、统一上报时间和方式、统一使用不良反应上报数据汇总软件。保证上报数据的规范。

⑥ 各化妆品皮肤病诊断机构参与相关"化妆品皮肤病诊断标准"的制定。

⑦ 由化妆品不良反应监测中心负责组织相关培训和技术交流。

第二节 我国化妆品皮肤不良反应监测情况

一、化妆品皮肤病发病情况

1. 2005 年化妆品皮肤病种类分析

卫生部 2006 年 4 月 3 日通报的化妆品不良反应监测情况，使用化妆品引起的不良反应有增多趋势：2005 年各监测点共监测发现化妆品不良反应 1053 例，共涉及 2295 种化妆品。具有中高等文化程度 21～40 岁的中青年女性公司职员是化妆品皮肤病的高危发病人群。从化妆品不良反应病变类型来看，1053 例不良反应中，以化妆品接触性皮炎最常见，共 789 例。2005 年监测结果见表 12-2。

表 12-2 2005 年化妆品皮肤病种类构成（13 家监测点医院统计汇总）

皮肤病名称	病例数	所占比例/%
化妆品接触性皮炎	789	74.9
化妆品皮肤色素异常	23	2.2
化妆品痤疮	18	1.7
化妆品毛发损害	9	0.9
化妆品光感性皮炎	3	0.3
其他	211	20.0
合计	1053	100.0

其中化妆品皮肤色素异常是指单独表现为色素沉着或色素减退的病例，不包括继发或伴发其他化妆品皮肤病类型的色素异常者，如化妆品接触性皮炎患者中大约有 1/3 的人同时发生色素紊乱。另外，化妆品甲损害等国家标准定义的化妆品皮肤病例数较少，而出现一些诊断标准中未涵盖的病变类型。有 211 例患者为《化妆品皮肤病诊断标准及处理原则总则》等七项化妆品皮肤病诊断国家标准中未包括的皮肤病类别，例如伪劣化妆品中添加皮质类固醇激素导致的激素依赖性皮炎，香波、浴液类产品引起的接触性荨麻疹，口红、唇膏类彩妆品引起的唇炎等。

2. 2005 年化妆品皮肤病所涉及化妆品的产品情况分析

2005 年监测到的 1053 例化妆品皮肤病共涉及化妆品 2295 种，其中，国产化妆品 1201 种，包括普通类化妆品 1039 种，特殊类化妆品 162 种；进口化妆品 897 种，包括普通类化妆品 826 种，特殊类化妆品 71 种，见表 12-3。

表 12-3　2005 年化妆品皮肤病所涉及化妆品的产品情况

化妆品类型		国产化妆品	合计例数	进口化妆品	合计例数
普通化妆品类	保湿类	67		118	
	彩妆类	42		31	
	发用类	19		11	
	芳香类	6		3	
	粉刺类	5		—	
	护肤类	692		331	
	精华类	32	1039	52	826
	抗皱类	82		156	
	美白类	23		13	
	面膜类	13		19	
	清洁类	28		55	
	眼霜类	28		33	
	甲用化妆品类	2		4	
特殊用途化妆品类	祛斑类	73		13	
	防晒类	57		50	
	染发类	9		3	
	烫发类	8		3	
	健美类	6	162	—	71
	美乳类	4		2	
	育发类	3		—	
	脱毛类	1		—	
	除臭类	1		—	
小　计			1201		897
美容院自制和"三无产品"			197		
合　计			2295		

在引起不良反应的普通类产品中，护肤类化妆品数量最多，共有 1023 个；其次是抗皱类，共有 238 个。在引起不良反应的特殊用途化妆中，防晒类化妆品数量最多，共有 107 个；其次是祛斑类，共有 86 个。令人遗憾的是，化妆品原料的使用安全问题并不仅仅存在于伪劣假冒化妆品和一些非品牌化妆品当中，即使是昂贵的品牌化妆品也一直不能完全摆脱大众对其安全性质疑的阴影。

从以上对化妆品不良反应的监测结果可以看出，相对于数量较大的化妆品消费量，其不良反应报告数量较少。其可能的原因很多：许多不良反应比较温和，消费者通常只是停用该产品或自行诊断和用药，而很少求医；医生可能漏报；有些医生不了解化妆品不良反应的鉴别诊断等。

二、化妆品皮肤病的发病特点

（1）化妆品皮肤病呈逐年增加的态势。2003 年监测的发病总数是 565 例，2004 年为 977 例，2005 年达 1053 例。化妆品皮肤病成为皮肤科常见疾病之一，以化妆品接触性皮炎最为常见。同时，化妆品造成的难以恢复或不可逆皮肤损害的严重病例也在增多。但尚未发现由化妆品引起的群体伤害事件。

（2）化妆品皮肤病所涉及的产品种类多样，以护肤类、抗皱、防晒和祛斑类为多。美容院自制产品和"三无"产品以及粉刺类产品引起化妆品皮肤病的例数虽然相对较少，但所引起的往往是不可逆病变，应引起重视。

（3）病例年龄构成和职业分布等近几年监测情况基本一致。

（4）致病化妆品来源更加广泛，除传统购买渠道，如商场、超市、专卖店外，美容院和自制化妆品所占比例增多，2004年首次发现多种致病化妆品来自电视购物渠道。目前很多电视购物渠道所销售的化妆品是未经许可即上市销售的，且宣传疗效、夸大和虚假宣传问题比较严重，极容易误导消费者并造成其人身损害。

（5）同时使用多种化妆品后发生皮肤病的情况增多，如使用套装产品后导致的皮肤病等。

（6）值得注意的是美容院使用化妆品造成的不良反应病例，且病变通常较为严重。

三、引起化妆品皮肤病的主要原因

（1）首先是原料的问题，即化妆品加工时所使用的原料本身带有有毒成分导致的过敏反应或刺激反应，或在化妆品中违规添加禁用物质或限用物质超标。不法企业经常会在祛斑类化妆品中违规添加苯酚、氢醌或砷、汞等物质，而苯酚具有较强的腐蚀性，氢醌易引起色素缺失，砷、汞等重金属对人体也有较大的毒害作用。

（2）其次是由于加工过程中不注意安全卫生控制或者外源性物质（主要是化妆品添加剂和异物等）的进入而造成的。2006年9月19日，山东省卫生监督部门的官方网站上登出公告，在其对省内进行的化妆品卫生专项整治中，上海东洋之花化妆品有限公司生产的"东洋之花绵羊奶宝宝霜"，天津郁美净集团有限公司生产的"郁美净高级儿童霜"细菌总数超标。

（3）消费者具有过敏体质，选择或使用化妆品不当。许多消费者在使用化妆品前没有详细阅读说明书或没有进行相应的皮肤敏感测试。

（4）标签、说明书夸大宣传、训导消费者。2006年8月美国数家包括强生、露得清在内的著名防晒产品生产商，被外国消费者告上了法庭。原告起诉的理由是，生产厂家夸大产品的防晒功能和作用时间，误导和欺骗消费者。

（5）美容院对消费者施用化妆品不当。一方面，卫生部门对美容专业线产品的监管力度不够，许多产品本身有质量缺陷；另一方面，消费者在美容院使用化妆品出现不良反应时，延误就诊和处理不当往往是造成化妆品皮肤病病情加重的重要因素之一。

思考题

1. 特殊用途化妆品进行复审时，生产企业是否需提供产品投放市场销售后使用者不良反应调查总结报告？
2. 2007年版《化妆品卫生规范》在不良反应监测报告制度方面对企业有无要求？
3. 我国有哪些化妆品皮肤病诊断国家标准？
4. 我国有哪些卫生部指定的化妆品皮肤病指定机构？
5. 化妆品皮肤病发病种类有哪些？
6. 引起化妆品皮肤病的发病原因是什么？化妆品皮肤病的发病特点是什么？

第六篇 化妆品市场监督管理

第十三章 化妆品包装、标签标识和说明书

学习目标：通过本章节的学习，学生应能够掌握化妆品包装的外观要求，标签应包含的内容，化妆品使用说明的编写原则；熟悉化妆品标签的基本原则和基本要求，标签说明书的禁止性规定；了解化妆品包装和标签的各种形式，从而能够依法设计化妆品的包装、标签标识和说明书。

第一节 化妆品包装外观要求

化妆品需要有一定的包装，只有经过包装才能进入流通领域，实现商品的价值和使用价值。设计包装的目的是在生产商为储藏、运输和装卸而规定的条件下，防止产品损坏和变质而又对产品没有不良影响。因此，化妆品包装可以使化妆品在流通过程中保证品质完好和数量的完整。化妆品的包装对于化妆品的质量来讲十分重要。

一、包装的定义与分类

1. 包装的定义

在不同的时期，不同的国家，对其理解与定义也不尽相同。很多人都认为，包装就是以转动流通物资为目的，是包裹、捆扎、容装物品的手段和工具，也是包扎与盛装物品时的操作活动。20世纪60年代以来，随着各种自选超市与卖场的普及与发展，使包装由原来的保护产品的安全流通为主，一跃而转向销售员的作用，人们对包装也赋予了新的内涵和使命。

我国在国家标准中对包装的定义为："为了保证商品的原有状及质量在运输、流动、交易、储存及使用时不受到损害和影响，而对商品所采取的一系列技术手段叫包装。"

2. 包装的分类

商品包装在不同的情况下有不同的分类法，一般为销售包装与运输包装。销售包装相对于运输包装被称为内包装，包括小包装、中包装、大包装，运输包装就是外包装。从包装程序的角度看，小包装为第一次包装，中包装为第二次包装，大包装为第三次包装，而外包装则为第四次

包装。

小包装又称个装，是指商品的个别包装。它是将商品送到消费者手中的最小包装单位。由于个装是与产品直接接触的，因此必须考虑到产品特性及选择适当的包装材料和盛装容器，防止不良因素的侵蚀，从而保护商品，提高产品的价值，以利销售。

中包装又称中装，是指商品的成组包装。它既处于个装的外层，又处于外装的内层。正由于这样，中包装既要考虑到保护商品的功能，又要兼顾到视觉展示效果，还应通过纸盒或其他容器上的结构，做到便于携带和开启。

外包装又称外装，是指商品的外部包装。它通常不与消费者直接见面，一般运用箱、袋、罐、桶等容器，或通过捆扎，对商品作外层的保护，并加上标志和记号，以利于运输、识别和储存。

二、化妆品包装外观要求

1. 基本准则

产品包装所有材质应保证无毒、安全。

> **小 知 识**
>
> 化妆品作为一种时尚消费品，它需要优质的包装材料，以提升其身价。目前，几乎各种材质在化妆品包装上均有使用，其中玻璃、塑料、金属三种材料是当前主要使用的材料，纸盒则常用作外包装。不断研制新材料和新的加工技术、追求新的造型一直是业内人士对化妆品包装容器的开发重点。

2. 化妆品包装分类

按包装材料划分为：
① 瓶，包括塑料瓶、玻璃瓶；
② 盖，包括外盖、内盖（塞、垫）；
③ 袋，包括纸袋、塑料袋、复合袋；
④ 软管；
⑤ 盒，包括纸盒、塑料盒、铁盒；
⑥ 喷雾罐；
⑦ 锭管，包括唇膏管、粉底管；
⑧ 化妆笔；
⑨ 外盒包装，包括花盒、中盒、大箱；
⑩ 其他。

3. 具体要求

（1）瓶　瓶身完整、平稳端正、光滑，厚薄基本均匀，不得有冷爆、裂痕，无明显疤痕、变形；瓶口端正、光滑，不得有毛刺（毛口），螺纹等配合结构完好、端正；瓶内外洁净；瓶与盖配合严紧无滑牙、松脱、泄漏现象。

（2）盖

① 内盖：完整、光滑无变形，洁净，无尘土、油污等；与瓶及外盖配合良好，不得漏放。

② 外盖：端正、光滑，无破碎、裂纹、毛刺（毛口）及爆裂现象，色泽均匀，不得迁色，与准样品一致；螺纹等配合结构完好；加有电化铝或烫金的应均匀完整，色泽与标准样品一致；翻盖类外盖翻起灵活；盖与瓶配合严紧，无滑牙、松脱、泄漏等现象。

（3）袋　不得有皱纹、划伤、空气泡，色泽与标准样品一致；封口要牢、端正，不得有开口、穿孔、漏膏（液）等现象；复合袋复合牢固，镀膜均匀。

（4）软管　管身光滑、整洁、厚薄均匀，无明显划痕，色泽与标准样品一致；封口要牢固、不得有开口、皱折等现象；盖应符合规定要求。

（5）盒　盒面光滑、端正，不得有明显露底划痕、毛刺（毛口），色泽均匀，与标准样品一致；开启松紧并适宜，达到盒类松紧度试验要求；盒内镜面、内容物与盒黏结牢固，镜面映像良好；无露底划痕及破损现象。

（6）喷雾罐　罐体平整，无锈斑，焊缝平滑，主要部位无明显划伤，色泽均匀，与标准样品一致；卷口平滑，不得有裂纹和变形；盖应符合要求。

（7）锭管　管体端正、光滑，不得有明显划痕，色泽均匀，与标准样品一致；管体配合松紧适宜，应保证膏体正常旋出或推出。

（8）化妆笔　笔杆应光滑、端正，笔杆不开胶，油漆不开裂；笔套表面光洁，松紧合适；标志应完整，字迹清晰。

（9）商标、说明书、盒头贴及合格证　印刷商标应图案端正，套色分明，字迹清晰、牢固；商标要贴牢固，不得歪斜、漏贴、倒贴、错贴，贴实后不翘角、不翘边；说明书印刷图面整洁，字迹清楚；盒头（贴）印刷字迹、图案清楚；合格证印刷字迹、图案清楚，并有厂名、检验员代号等标记。

（10）外盒包装（花盒、中盒、大箱）

① 花盒：应与中盒包装配套严紧；应洁净、端正、平整，无皱折、缺边、缺角现象；黏合部位黏合牢固，无粘贴痕迹、开裂及相互边黏连现象，色泽均匀，与标样一致；产品无错装、漏装、倒装现象；盒盖盖好；产品的花盒（含产品包装）应注明产品的商标、品名、厂名、厂址、生产日期（保质期）、容量或质量、许可证号，必要时需有使用说明。

② 中盒：中盒应洁净、端正、平整；产品无错装、漏装、倒装现象；盒头（贴）应端正、清楚、完整，并有品名、数量、厂名等标志。

③ 大箱：大箱应洁净、端正、平滑，封箱牢固；产品无错装、漏装、倒装现象；大箱外的标志应清楚、完整，位置适中，并有品名、厂名、厂址、许可证号、规格、数量、毛重、体积、出厂日期、注意事项等标志。

（11）其他　泵式喷雾罐，应符合"瓶"和"喷雾罐"中相应的规定要求；对产品的保质期标注，其产品质量三年以上不出现问题的可以不注明；执行的标准号应标注在产品或其说明书、包装物上。

4. 试验方法

① 目测与标准比较应达到规定要求。

② 盒类产品松紧度试验：样品不可用手指强行剥开，捏住盖边，底不自落为试验合格。

三、《化妆品检验规则》对包装外观的抽样检验方案

《化妆品检验规则》（QB/T 1684—2006，替 QB/T 1684—1993）中的型式检验中的抽检方案，有如下要求。

（1）包装外观要求的检验项目按 GB/T 2828.1 二次抽样方案随机抽取单位产品。抽样方案中的不合格分类和检验水平及接收质量限（AQL）见表 13-1。

表 13-1　包装外观要求的不合格分类和检验水平及接收质量限

不合格分类	检验水平	接收质量限（AQL）
B	类不合格	一般检验水平 Ⅱ
C	类不合格	一般检验水平 Ⅱ

（2）包装外观要求的检验项目和不合格分类见表 13-2。

表 13-2　包装外观要求的检验项目和不合格分类

检验项目	B 类不合格	C 类不合格
印刷、标贴	印刷不清晰、易脱落。标贴有错贴、漏贴、倒贴	除 B 类不合格内容以外的外观缺陷，见 QB/T 1685
瓶	冷爆、裂痕、泄漏、毛刺（毛口）、瓶与盖滑牙和松脱	
盖	破碎、裂纹、漏放内盖、铰链断裂	
袋	封口开口、穿孔、漏液、不易开启、胀袋	
软管	封口开口、漏液、盖与软管滑牙和松脱	
盒	毛口、开启松紧不适宜、镜面和内容物与盒粘接脱落、严重瘪听	
喷雾罐	罐体不平整、裂纹	
锭管	管体毛刺（毛口）、松紧不适宜、旋出或推出不灵活	
化妆笔	笔杆开胶、漆膜开裂、笔套配合松紧不适宜	表面不光滑、不清洁
喷头	破损、裂痕、组配零部件不完整	不端正、不清洁
外盒	错装、漏装、倒装	除 B 类不合格内容以外的外观缺陷，见 QB/T 1685

（3）喷液不畅等破坏性检验项目用 GB/T 2828.1，特殊检验水平 S-3，不合格百分数的接收质量限（AQL）为 2.5 的一次抽样方案。为减少样本量和检验费用，可采用 GB/T 8051 的抽样方案替换。GB/T 2828.1 的抽样方案为仲裁抽样方案。

四、限制过度包装

近年来商品过度包装之风愈演愈烈，豪华版、限量版、天价礼品……充斥市场，化妆品一直就是过度包装的重灾区。化妆品是塑造美丽的事业，美丽的包装本无可厚非。但很多商品包装的成本比例已大大高于商品自身成本占总成本的比例，非常不合理。"羊毛出在羊身上"，过度包装促使商品零售价格上涨，引起消费者强烈不满。随着理性消费意识的增强，产品过度包装导致的价格差已引起人们日益关注。

《限制商品过度包装通则》（以下简称《通则》）强制性国家标准，2007 年 7 月 14 日通过了审查委员会审定。《通则》除规定了"过度包装"的定义外，还对商品包装提出了减量、简单化、成本控制等基本要求。此外还对保健品、化妆品等六类社会比较关注的商品提出了限量要求。标准规定，此六类商品，包装成本不宜超过商品出厂价的 15%，化妆品和保健食品的包装空隙率为小于等于 50%，在包装层数方面，要求饮料、酒、糕点、化妆品、保健食品、茶叶的包装层数均为 3 层及以下。

《通则》中关于化妆品包装的各种规定并不是限制产品包装，而是将产品包装控制在适度范围内。净化了化妆品行业的营销环境，遏制了社会浮躁与浪费之风，对企业和消费者都是非常有益的。这些关于商品包装的基本准则为化妆品包装的设计生产规划了方向，也是未来化妆品包装的总体发展趋势。

《限制商品过度包装通则》填补了针对产品包装专门法规政策的空白。"包装成本要控制在出厂价格的 15%"等规定一旦被严格执行，过度豪华的产品包装将难有容身之地，迫使化妆品企业放弃在"包装上做文章"的计划，将营销重心转移到产品研发和质量提升上来。

【案例】

外包装三无　多数名牌化妆品赠品违规

进入深秋，各种美白、保湿的化妆品进入销售旺季。为了吸引更多的消费者，不少名牌化妆品推出会员有赠品，多买有赠品等促销手段。然而，包括很多国际知名品牌的化妆品的赠品，外包装上根本没有厂名、生产日期，明显成了三无产品。

近日，记者在哈市南岗区一家大型商场的化妆品专柜看到，有赠品的名牌化妆品销路很好。在一家国际知名品牌化妆品专柜，记者看到购买正品赠送的日霜、晚霜等化妆品包装上都没有标明生产日期，而且也没有中文说明。一位营销人员告诉记者，国际大品牌的化妆品附送的赠品是直接从国外运来的，到货时就是这样。赠品都经过了商检、卫检，两年内使用不会有问题。同样，在哈市一家大超市的化妆品区，记者看到不少国际知名化妆品，打折和赠送的产品也同样没有生产日期。销售小姐给记者出主意，盒装的赠品有时候密封不严容易坏，你就赶快打开用得了。要是变成膏状或变色长毛就扔了吧。

据了解，我国《消费品使用说明 化妆品通用标签》明确规定，日期标注是化妆品销售包装必须标注的内容，进口化妆品还要同时使用规范的汉字标注各项内容。根据产品质量法规定，有日期限定的商品没有标明生产日期和保质期的，监管部门将停止其生产销售行为。化妆品赠品或折扣品没有标明生产日期是违规行为，消费者如果遇到此类问题可以向监管部门进行反映，并要求商家更换带有生产日期的赠品或折扣品。

（资料来源：包装博览——生活报.2006-10-23）

第二节 化妆品标签标识

"标签"是制造商直接与消费者沟通的重要方式，是制造商对消费者的承诺，它具有法律地位。随着我国市场经济的繁荣，消费市场日趋成熟，消费者的自我保护意识逐步增强，"标签"也就成为尊重消费者知情权，传达必需的产品信息的手段。《化妆品卫生监督条例》和《消费品使用说明 化妆品通用标签》（GB 5296.3—1995）规定了化妆品的标签要求，《消费品使用说明 化妆品通用标签》（GB 5296.3—1995）是原国家技术监督局批准发布的强制性国家标准，标准规定了化妆品通用标签的基本原则、标注内容和标注要求。所有我国境内销售的化妆品都必须符合《条例》和标准的规定。

> 标签（Label）和标识（Labeling）的区别：
> 标签是指任何产品的直接包装容器上所显示的以书写、印刷、或者图案形式表现出来的信息。如果产品具有外包装容器或并且在这些包装上标注了权威机构所要求的文字、说明或其他信息，或者通过外包装容器或包装物可以清晰和容易地识别出这些内容，那么直接包装容器上可以不标注这些内容。
> 标识是指所有标签和其他的以书写、印刷，或者图案形式表现出来的信息，可以出现在：①任何产品上，或者产品的任何包装容器或包装物上；②该产品一同出现的物品上（USA 的《FD&C 法案》中有关于这两个术语的解释）。

一、化妆品标签的定义及形式

1. 化妆品标签的定义

根据中华人民共和国国家标准《消费者使用说明 化妆品通用标签》（GB 5296.3—1995）的规定，化妆品标签是指："粘贴、印刷在销售包装上及置于销售包装内的说明性材料。"这里所指的销售包装是以销售为主要目的与内装物一起到达消费者手中的包装。

2. 化妆品标签的三种形式

（1）直接印刷或粘贴在产品容器上的标签 指无外面小包装（花盒）的包装，把标签内容直接印刷或粘贴在产品容器上。

（2）小包装上的标签 指产品容器外面的小包装（花盒），把标签内容直接部分或全部印刷在小包装（花盒）上。

（3）小包装内放置的说明性材料　是指放在小包装（花盒）内的说明书，把标签所需标注内容部分印刷在说明书上。

二、化妆品标签标注的基本原则

（1）化妆品标签的所有内容，应简单明了，通俗易懂，科学正确。

标签上的文字说明要使用一般消费者容易理解、大众化、通俗的语言，不能使用深奥难懂、生造的、无法理解的术语、形容词。

（2）化妆品的标签应如实介绍产品，不应有夸大和虚假的宣传内容，不应使用医疗用语，或易与药品混淆的用语。

这是指化妆品标签的真实、准确的原则。设计、制作化妆品标签必须实事求是，如实采用化妆品名称，如实介绍制造者、经销者的名称和地址，真实地介绍产品的特性。《中华人民共和国消费者权益保护法》第十九条规定"经营者应向消费者提供有关商品或者服务的真实信息，不得作引人误解的虚假宣传。"，第二十条规定"经营者应当标明其真实名称和标记。"这是对其真实性的规定；《中华人民共和国广告法》第十九条规定"食品、酒类、化妆品广告的内容必须符合卫生许可的事项，并不得使用医疗用语或者易与药品混淆的用语。"；《化妆品卫生监督条例》第十二条规定"化妆品标签、小包装或者说明书上不得注有适应证，不得宣传疗效，不得使用医疗术语。"，这是对其准确性的规定。

三、化妆品标签必须标注的内容

《消费者使用说明　化妆品通用标签》规定了化妆品销售包装标签必须标注的基本内容，即产品名称、制造者名称和地址、内装物量、日期标志、许可证号、产品标准号，必要时应注明安全警告、使用指南和储存条件。

1. 产品名称

产品名称指化妆品销售包装内装物的名称。化妆品产品名称包括商标名、通用名、属性名，应符合《健康相关产品命名规定》。

（1）化妆品产品名称中含有化妆品原料或成分时，应与产品配方中所提供的名称保持一致；仅被理解为产品颜色、光泽或气味的词语，如珍珠色、水果型、玫瑰花型等出现在品名中可不按产品名称中含有原料或成分进行处理。

（2）名称应符合国家、行业、企业产品标准的名称，或反映化妆品真实属性、简明、易懂的产品名称。如果不用标准名称，也可以使用反映化妆品真实属性的，而且已被各地广为流传、通俗、易懂、不被消费者误解或混淆的名称。

（3）使用创新名称时，必须同时使用化妆品分类规定的名称，反映产品的真实属性。

所谓"创新名称"是指历史上从未出现过的，而是制造者自创的名称，如"精华素、胶囊、隔离棒、毛鳞片"等。为了方便消费者，并指导消费者选购化妆品时了解其真实属性和性质，化妆品的制造者在产品名称前（或后）需按分类规定用简短文字加以注明内容，如护肤精华素、护肤胶囊、护发毛鳞片等。

（4）产品名称应标注在主视面。这是为了保证消费者能一目了然知道产品的名称和功能。

主视面是指在通常销售的情况下，最容易看到的标签的标识面，为销售包装的正面，一般不放在顶面和底面。

2. 制造者的名称和地址

这是指化妆品销售包装内装物制造者的名称和地址。

（1）应标明产品制造、包装、分装者的经依法等级注册的名称和地址。标注的地址要与企业的营业执照地址相一致。

（2）进口化妆品应标明原产国名、地区名（指中国台湾、香港、澳门）、制造者名称、地址或经销商、进口商、在华代理商在国内依法登记注册的名称和地址。

3. 内装物量

应标明容器中产品的净含量或净容量。

(1) 净含量是指去除包装容器和其他包装材料后的实际质量。

(2) 定量包装商品的净含量标注方式:

① 固态商品用质量 g (克)、kg (千克);

② 液态商品用体积 L (升)、mL (ml) (毫升) 或者质量 g (克)、kg (千克);

③ 半流体商品用质量 g (克)、kg (千克) 或者体积 L (l)、mL (ml) (毫升)。

定量包装商品在其包装的显著位置必须正确、清晰地标注净含量,净含量由中文、数字和法定计量单位组成。定量包装商品净含量的计量单位和净含量字符的最小高度均应符合规定。

4. 日期标注

这是化妆品标签必须标注的重要内容,除体积小不便包装的裸体产品外,在任何情况下,都不能省略。

(1) 日期标注方式 (以下两种标注方式可任意选用)

① 生产日期和保质期　生产日期和保质期是相对应互相牵制的,必须同时标注。

② 生产批号和限期使用日期　生产批号的标注方式由企业自定,但原则是一旦发生质量问题,企业能按批号跟踪追查质量事故的原因和责任者。限期使用日期必须同时标注。

(2) 日期标注方法

① 生产日期标注　按年、月或年、月、日顺序标注,不能颠倒过来。应采用下列方式之一:

2007 01 15 (用间隔字符分开);

2007 01 15 (不用分隔符);

2007-01-15 (用连字符分隔)。

② 保质期标注　保质期×年或保质期×月。

③ 生产批号标注　由生产企业自定。

④ 限期使用日期　请在××年××月之前使用。

(3) 日期标注位置　日期标记应标注在产品包装的可视面 (除生产批号外)。产品包装的可视面是指在不破坏销售包装的条件下,消费者可以看见的地方,考虑到有些黏附力差的油墨在涂塑包装上容易脱落,"可视面"也可理解为花盒打开后,盖在"舌头"上的日期,如果外面有吸塑包装而把生产日期打印在"舌头"上,就应理解为破坏包装。

5. 其他必须标注的内容

(1) 应标明生产企业的生产许可证号、卫生许可证号和产品标准号。

(2) 进口化妆品应标明进口化妆品卫生许可批准文号。

(3) 特殊用途化妆品还须标注特殊用途化妆品卫生批准文号。

(4) 必要时应注明安全警告和使用指南。

本条是保护消费者在使用某些化妆品时,防止对人体健康造成危害,确保使用安全,有的产品还需讲明使用方法,在标签上标明规定的警告和注意事项。如气溶胶产品:"警告:避免喷入眼内,内有压力,勿在高于50℃的环境中放置、使用,不要猛烈撞击和拆开容器,放在儿童拿不到的地方,防止儿童误服误食"。染发剂产品在标签中应注明注意事项,如"该产品含有可能对某些个体产生过敏反应的成分,须按说明配比先做皮肤过敏试验后方可使用,不可染睫毛和眉毛,与眼接触应立即冲洗"等。

(5) 必要时应注明满足保质期和安全性要求的储存条件。

【案例】

7 家化妆品经营单位不合格　不合格标签被查出 42 个

南京卫生监督所历时三个月对全市化妆品经营单位开展专项整治工作。公布的检查结果显示,13%受检化妆品经营单位不合格。

据了解,此次专项检查共监督检查化妆品经营单位54家,其中不合格化妆品经营单位7家,占13%。主要存在的问题是:销售未取得批准文号的特殊用途化妆品;销售标签标注了医疗术语、宣传疗效的化妆品;销售未取得《化妆品生产企业卫生许可证》的企业生产的化妆品;销售未取得批准文号的进口化妆品。

此次专项行动共抽查化妆品标签598个,其中不合格化妆品标签42个,占7%。南京市卫生监督所有关专家指出,化妆品标签上应当注明产品名称、厂名,并注明生产企业卫生许可证编号;小包装或者说明书上应当注明生产日期和有效使用期限。特殊用途的化妆品,还应当注明批准文号。对可能引起不良反应的化妆品,说明书上应当注明使用方法、注意事项。化妆品标签、小包装或者说明书上不得注有适应证,不得宣传疗效,不得使用医疗术语。市卫生监督所对7户销售不符合有关规定的化妆品经营单位出具了书面整改意见并给予了行政处罚,没收违法所得人民币2.38万元,罚款金额5.93万元。

(资料来源:金陵晚报.2006-07-11)

思考:化妆品标签应当包含哪些内容?为什么要标注这些内容?

四、化妆品标签其他需要标注的内容

化妆品标签还需标注的其他内容如下。

(1) 裸体产品的标注。对体积小又无小包装,不便标注说明性内容的裸体产品(如唇膏、化妆笔类等),可以只标明产品名称和制造者的名称,其他标记可不需标注。

(2) 化妆礼盒的标注。除化妆礼盒内化妆品产品按要求标注外,可另贴附加标签,内容包括化妆品名称(如润肤霜、粉底霜、唇膏、眉笔、香水)、净含量(也可标出总的净含量)、生产日期(以最早的生产日期)、制造者名称和地址。

(3) 应按《化妆品卫生规范》(2007年版)的要求,注明某些特定原料所需注明的内容。在制造化妆品(产品)中,如果使用某些特定的原料会产生不良反应,需标注警告消费者引起注意的警语。

需按《化妆品卫生规范》(2007年版)表3化妆品组分中限用物质、表4化妆品组分中限用防腐剂、表5化妆品组分中限用防晒剂、表6化妆品组分中限用着色剂、表7化妆品组分中暂时允许使用的染发剂中标签上必要说明一栏的内容标注,如烫发产品标签上需说明含有"巯基乙酸盐(酯),按说明使用"。

常用化妆品保质期见表13-3。

表13-3 常用化妆品保质期

香皂 3年,但常因沾水变形,甚至产生霉斑,所以要特别注意,一旦出现霉斑或过分滑腻,即可丢弃	**粉底粉状粉底** 保质期为3年
洗面奶 2~3年。与香皂相比不易受污染,如果没有出现异味、质地不均等情况,可以适当延长使用时间	**干粉** 3年,如油分析出、表面光滑、附着力差,则已变质
润肤霜 2~3年。如果发现水分游离或变酸、有异味,一定要及时抛弃	**胭脂** 乳状保质期为2年,粉状为3年。如出现结块、干裂、变色,即为变质
爽肤水 收缩水 2~3年。如果发生变味、变色、沉淀,即已变质	**润唇膏** 唇膏因为用蜡制成,所以保质期长达数年,但应密切观察,一旦出现溶化、溢出、异味,则表示变质,应立刻丢弃

第十三章 化妆品包装、标签标识和说明书

面膜 2~3年。发现面膜的气味、浓度、颜色有变,以及有干裂现象,不宜再用	睫毛膏 一旦开始用,3~6个月内必须更换,如出现变浓、结块、油分析出,则更该提前扔掉
乳液 乳状乳液可使用2~3年,水状乳液变质较快,一旦出现异味就表示变质。平时可存放于室温下或冰箱中	眼影 霜状眼影的保质期为2年,粉状眼影因不会氧化而且没有水分,可维持较久。如有油分析出、干裂、碎屑,请不要再用
身体磨砂 12~18个月,油质磨砂比水质磨砂寿命长	眼线笔 液状眼线笔可存放3~6个月,一般眼线笔可存放3~5年。如发生溶化、灰尘化则应舍去
防晒霜 3年,如出现变味、干裂,则已变质	香水 因香氛容易挥发,可存放1年左右。如香味变淡、发出酸味,及时丢掉
眼霜 6个月,不要与其他人共用眼霜,用前洗手	指甲油 若变硬干枯就要丢弃,一般使用期限为1年
膏状、液状粉底 保质期均为2年,但常因使用不当而提前变质、发霉。一旦发生水分游离、气味改变,应停止使用	化妆工具 化妆用的刷子、海绵棒也有可能变质,而且因为极易藏有细菌,应该每月清洗1次,3~6个月更换一次新的

五、化妆品标签的基本要求

(1) 化妆品标签不应在流通环节中变的模糊甚至脱落。

(2) 化妆品的标签所用文字应是规范文字,可以同时使用汉语拼音或外文,但必须拼写正确。可以同时使用汉语拼音或外文是指标签上的标注可以使用汉语拼音和外文,但不能单独使用汉语拼音和外文。

(3) 进口化妆品应同时使用规范的汉字标注各项内容。

(4) 标签所用计量单位,应以国家法定计量单位为准。

> **链接**
>
> **欧洲化妆品标签关注市场需求变化,重视品质提高**
>
> 据几家公司总裁介绍,目前欧洲市场对标签印刷档次和功能的要求越来越高,标签印刷企业必须紧紧跟上市场要求。市场竞争激烈,标签印刷企业要有自己的特点,才能有生存和发展的空间。国际名牌啤酒现在一半都要求提供透明标签(塑料薄膜印刷),因为它对顾客更具有吸引力,更受到消费者的青睐。丹麦嘉士伯啤酒全部要求采用透明标签,美国百威啤酒也要求用透明标签。以前在欧洲销售的红葡萄酒是贴黑白不干胶标签,现在则要求有烫金和多种复合工艺来完成的新颖标签。在医药的药瓶上要求用多层标签,要求把说明书印刷在多层标签里,一揭开即可看到用法说明,省去另印说明书,也不容易丢失,使用非常方便。
>
> 化妆品、洗涤用品等则要求采用模内标签,模内标签的优点主要是:标签精美、印刷效果清晰;标签不易脱落、不易损坏、不易霉变;简化产品生产流程,提高效率和经济效益;简化回收再生过程,兼顾环境保护。
>
> 适应防伪需要的智能标签和RFID(射频标识)更是今后标签印刷发展的重要方面。

六、化妆品标签说明书不得标注的内容

(1) 不得标注适应证。

(2) 不得宣传疗效、暗示疗效。

(3) 不得有夸大和虚假的宣传内容,非特殊用途化妆品不得宣传特殊功效。

(4) 不得使用医疗用语,或与药品混淆的用语。

（5）产品的名称禁止使用消费者不易理解的专业术语及地方方言；虚假、夸大和绝对化的词语，如"特效"、"高效"、"奇效"、"广谱"、"第×代"、"王"、"神"、"皇"等；庸俗或带有封建迷信色彩的词语；已经批准的药品名。

七、特殊指标的标示

1. 防晒产品 SPF 值的标示

防晒化妆品 SPF 值的标识，按卫生部文件（卫法监发〔2003〕43 号）《关于防晒化妆品 SPF 值测定和标识有关问题的通知》执行。防晒产品可以不标识 SPF 值。所测产品的 SPF 值低于 2 时不得标识防晒效果。所测产品的 SPF 值在 2～30 之间（包括 2 和 30），则标识值不得高于实测值。当所测产品的 SPF 值高于 30、且减去标准差后仍大于 30，最大只能标识 SPF30＋，而不能标识实测值。当所测产品的 SPF 值高于 30、减去标准差后仍小于或等于 30，最大只能标识 SPF30。

2. 关于长波紫外线防护效果的标识（PFA 值或 PA＋～PA＋＋＋）和测定

接受 MPPD 法进行测定，其他方面参照 SPF 值的测定原则进行。SPF 值为防晒系数（sun protection factor）英文字母的缩写。PA 值是一种标示防晒品对紫外线 A 光的防御能力。主要分为三级，分别是＋、＋＋、＋＋＋。＋号越多表示防御能力越强。

八、产品质量检验合格证明的标注

1. 产品质量检验合格证明

产品质量检验合格证明是指生产者或其产品质量检验机构、验证人员等，为表明出厂的产品经质量检验合格而附于产品或者产品包装上的合格证书、合格标签等标识。产品质量检验合格证明的形式主要有三种：合格证书、合格标签和合格印章。

> 1986 年 4 月 5 日，国务院发布的《工业产品质量责任条例》第九条规定，产品出厂必须达到规定的质量要求，有检验机构和检验人员登记的产品检验合格证。产品达到规定的质量要求，是指出厂的产品符合国家的有关法规、质量标准，以及我国规定的对产品适用、安全和其他特性的要求。
>
> 《中华人民共和国产品质量法》第七条规定，产品质量应当检验合格，不得以不合格产品冒充合格产品；第十五条规定，产品应当有产品质量检验合格证明。标注产品质量检验合格证明，是法律、法规规定生产者所承担的一项产品标识的义务，是生产者对其产品质量作出的明示保证。

2. 关于"化妆品"产品的质量合格证明的标注

1997 年，中国轻工业总会（原国家轻工业部）以 003 号文《关于日用消费品标注质量合格证明的意见的函》致函原国家技术监督局。要求对日常消费品，如食品、化妆品、洗涤用品等，在其产品包装箱内附合格证明。这些产品质量的一致性很强，往往同批原料、同种工艺、同台设备生产，只是包装采用分类工序。它们因为产品产量很大，价位不高，一般采用逐批检验，即对同批产品抽取一定样品进行检验。这个建议得到原国家技术监督局的认可。因此，化妆品产品可以采用在产品的运输包装箱内附上产品质量合格证明的方式予以标注。

九、化妆品名优称号、标志的标注

产品的名优称号和名优标志是指经消费者、有关中介机构组织或者行政机关评选，对达到一定产品质量条件和质量保证能力的企业，允许其使用的证明产品质量水平良好的产品质量称号或者标志。

目前，我国国家承认的化妆品产品名优称号、标志共有两个，它们是由国家质量监督检验检疫总局批准并发布的"中国名牌"称号和"国家免检产品"称号。

"中国名牌"是我国政府引导企业实施名牌战略,创名牌,督促企业提高质量水平,增强我国产品市场竞争力的相应举措。

"国家免检产品"是指化妆品产品年产量超过 5 亿元人民币,产品质量稳定,连续三年市场监督抽查产品质量合格,经国家质量监督检验检疫总局审定的具有免检资格的产品。名优称号和名优标志的取得,坚持了企业自愿的原则。因此,该类标志的标注,也是自愿性的。即获得"中国名牌"和"国家免检"称号的产品,可以在获得该称号的产品标签上标注该称号和标志。但是,未获得该称号的产品不得标注。

"中国名牌"产品的标志是圆形的三色标志,图形都有一定的尺寸比例;"国家免检产品"也有图形标志,见图 13-1。

"中国名牌"产品图标　　　　"国家免检产品"图标

图 13-1　"中国名牌"及"国家免检产品"的图标

十、商品条码的标注

商品条码是用于标识国际通用的商品代码的一种模块组合型条码。国家强制性标准《商品条码》(GB 12904—1998)对商品条码符号的结构、商品条码的"二进制"表示、商品条码的名义尺寸、商品条码的技术要求、商品条码的印刷厚度等内容作了详细的要求与规定。此处不多做阐述。

十一、不直接用于销售的化妆品产品的标注

生产者按照合同为用户特制的不直接用于销售的化妆品产品,其产品标识可以按照合同的要求,标注相应的产品标识,或者免除、部分免除标注产品标识。近年来,我国化妆品行业 OEM(外委加工)企业发展很快。这也符合我国将自己发展成为全球加工基地的战略目标。这些外委加工的化妆品,虽然也属于经过加工、制作并用于销售的产品,但它们多被用户采购后,经过加工、组装后再用于销售,而不直接面对广大消费者。也就是,被顾客采购后,顾客自行完成加印标签的产品,可以依据合同要求标注,或者免除、部分免除标注产品标识。但是,对于被顾客采购后直接用于销售的产品,并不适用此条款。美容院用产品属于直接销售给消费者的产品,不适用此条款。

十二、电子身份证

食品、化妆品、家用电器等九大类、九种重点产品已在 2008 年 6 月底前全面实施"电子身份证"上市制度,以保障消费者不受假冒伪劣产品的危害。有了电子监管码,消费者只要拨打免费查询电话 95001111 或通过互联网,以及设在商场、超市等销售点的查询终端,就可对商品上的监管码进行查询,可以方便地了解到产品的权威信息。

【案例】

由于国家只要求化妆品正品必须标名生产日期,对赠送的小样却未作出明确的规定。

2007 年 7 月 5 日,记者走访了京城市场后发现,几乎商场内的所有化妆品品牌的小样都没有中文说明,也没有生产日期和保质期。由此,众多消费者对于小样的质量表示担忧。

现状：多数小样难觅生产日期

"买够××元，送价值××元"的小样，如今买化妆品送小样已经成了众化妆品品牌刺激销售的法宝。而很多消费者对小样也是喜爱有加。甚至出现了很多网上销售小样的网店。

不过，记者在调查中却发现，众多小样均存在生产日期看不清的问题。"有些是早些时间导购送的，也不知道现在能不能用了？"昨日，记者陪同朋友张小姐来到了西单中友百货。张小姐手中有高丝、DIOR、娇韵诗等众多品牌的小样。记者注意到，这些小样的生产日期均无法辨认，例如高丝的一款纯肌粹，除了瓶子印着 B242，以及产品名称、含量、公司名称外，其他任何信息都没有。

对于小样的生产日期，众多品牌的导购也是一脸茫然。娇韵诗导购拿着小样告诉记者，这是妆前调理液，但是她遍寻了小样，也没有发现日期。

而高丝的导购小姐干脆告诉记者，10mL 以下的化妆品，是不标生产日期的。

规则：只对出售商品有要求

"国家只要求销售的化妆品必须标有生产日期和保质期。而小样属于非卖品，因此并没有明确的要求。"某国际化妆品品牌的政策法规部负责人告诉记者。《消费品使用说明、化妆品通用标签》中，记者看到，其 6.4 条明确规定，日期标注必须按下面两种方法之一标注。a. 生产日期、保质期。b. 生产日期和限期使用日期。但对于小样则没有作出规定。

而"有些化妆品小样就是打上了生产日期，消费者也不一定看得懂。"该公司宣传负责人刘小姐介绍说，一些小样的瓶身上印有的数字和字母结合的字样，这就是生产日期。记者从各化妆品的官方网站上获悉，目前一些化妆品的批号格式是 5 位，第一个字母表示产地，第二个字母表示制造年份，后三位表示制造的具体日期。

消费者：消费者权益没保证

对于目前化妆品小样市场的现状，不少消费者都认为，自己的权益很难得到保护。"没有生产日期，我们根本无法确认商品的质量和使用期限，化妆品是用在脸上的，如果出了问题，怎么办。就算是商场品牌送的，但是我又怎么能知道它没有过期呢？"消费者张小姐表示。而习惯了网上购物的郑小姐也表示了类似的观点。"现在网上销售小样的商家越来越多，但是每次买的时候我都提心吊胆，就怕出问题。"（资料来源：《北京娱乐信报》）

第三节　进出口化妆品标签审核

一、标签审核制度的法律依据

我国涉及有关标签检验的法律、法规有：
① 《中华人民共和国行政许可法》第二十二条；
② 《中华人民共和国产品质量法》第四条；
③ 《中华人民共和国产品质量法》第二十七条；
④ 《中华人民共和国消费者权益保护法》第八条；
⑤ 《中华人民共和国标准化法实施条例》第二十四条；
⑥ 《中华人民共和国标准化法实施条例》第二十四条。

以上法律、法规均对标签作出了相关规定，以保证产品的安全，防止消费者购买产品时受到欺诈，维护国家和人民利益，并保障人民的健康为标签进行检验管理提供了充足的法律依据。

二、我国开展的标签检验工作历程

为了执行强制性国家标准及技术法规，做好进出口食品、化妆品标签审核，自 1994 年起原商检局开始食品标签检验工作，1997 年起原卫检局开始开展食品标签检验工作，数次机构改革，标签检验工作逐步强化。2000年2月15日，国家质检总局颁布第19号令（《进出口食品标签管理办法》）、2000年2月17日颁布了第21号令（《进出口化妆品监督检验管理办法》）。国家质检总局于2006年3月24日发布了《关于调整进出口食品、化妆品标签审核制度的公告》（总局2006年第44号公告），对进出口食品、化妆品标签审核制度进行了调整。

三、进出口食品、化妆品标签审核业务的几大变化

1. 程序简化

取消了进出口食品、化妆品标签预审环节，标签审核将作为进出口检疫的一个正常步骤，也不再收取标签审核费。

2. 政府负责部门变化

原来负责标签审核的是国家质检总局的食品标签审核办公室和化妆品标签审核办公室，以后将由各口岸检验检疫部门负责。这是继国家食品药品监督管理局改革之后的又一次行政权力下放。

3. 企业风险增加

进出口企业在报关时需要一次性完成所有产品标签的更改工作。之前的标签审核业务只需要提供样品，新办法实施后，企业如果不熟悉相关法律和标准，会在很大程度上增加企业风险——毕竟，改动样品和改动一批产品的成本是不一样的。多次改动标签势必耗费时间，增加通关成本，而且一旦所进口产品有不符合项，按照《进出口商品检验实施细则》会面临退运出境的风险。

4. 原证书继续有效

已经取得《进（出）口食品、化妆品标签审核证书》的可免于标签审核。原证书继续有效，如进出口食品标签与审核证书上标注内容相符，可免去标签审核步骤。

5.《进（出）口食品、化妆品标签审核证书》将逐步取消

公告规定，2006年4月1日起，不再受理进出口食品、化妆品的标签审核；法律法规或标准对标签要求发生变化而不再符合新要求的证书将自动作废。

虽然取消了标签的预审，但对企业来说，标签审核的技术难度仍然很高，顺利报关的风险有增无减。

买进口化妆品认准 CIQ 标志

目前在上柜零售的原装进口货中，化妆品和玩具必须按规定在中文标签中写明产地，且必须在每个最小单位的包装外贴上 CIQ 标志。没有 CIQ 标志的洋货，就可能是假货或品质不可靠的走私货。

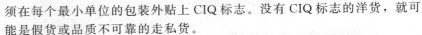

检验检疫标志（CIQ）式样为圆形，直径10mm，正面文字为"中国检验检疫"及其英文缩写"CIQ"，背面加注九位数码流水号。中文标签应具备以下信息：产品名称、原产国或地区、经销商的名称和地址、内装物量、日期标注、日期标注、必要的安全警告和使用指南等。

【案例】

刘某某诉乐某公司、××购物中心消费者权益纠纷案

根据消费者权益保护法第八条和产品质量法第二十七条的规定，化妆品经营者在限期使用的化妆品包装上虽标注限用合格日期，但没有说明该日期的确切含义，造成消费者无法了解化妆品安全使用期的，侵害了消费者的知情权。

原告：刘某某，女，25岁，某大学教师，住南京某地。

被告：乐某化妆品有限公司，住所地：杭州市经济技术开发区。

法定代表人：某某，该公司董事长。

被告：××购物中心，住所地：南京市。

法定代表人：刘某，该中心负责人。

原告刘某某因与被告浙江省杭州市乐某化妆品有限公司（以下简称乐某公司）、××购物中心发生消费者权益纠纷，向江苏省南京市鼓楼区人民法院提起诉讼。

原告刘某某诉称：原告在被告××购物中心处购买了由被告乐某公司生产的某嫩肤液。该化妆品外包装上，没有标注开瓶后的使用期限以及正确的使用方法。原告买到这样的化妆品，难以正确使用。乐某公司不在化妆品外包装上正确标注，××购物中心将这样的化妆品销售给消费者，这种行为侵害了原告依法享有的消费者知情权。请求判令被告：1. 在某嫩肤液的外包装上标注开瓶使用期限，并提供相应的检测报告；2. 说明和标注正确使用商品或者接受服务的方法。

原告刘某某向法庭提交了购物发票、某嫩肤液的包装盒以及照片4张，用以证明起诉事实。

被告乐某公司辩称：某嫩肤液的包装盒内有使用方法说明书，该化妆品在出厂前都经过检测并有检测报告。化妆品保管和使用的不合理，会影响化妆品的使用寿命，因此化妆品开封后的保质期是难以确定的。原告要求在化妆品外包装上标注开瓶使用的期限，没有法律依据，该诉讼请求应当驳回。

被告乐某公司向法庭提交了某嫩肤液品牌商标注册证、企业标准备案号、生产许可证、卫生许可证、杭州市病症预防控制中心的检验报告、某嫩肤液的包装盒和说明书，用以证明其经批准生产的某嫩肤液是合格化妆品，该化妆品的正确使用方法已经向消费者说明。

被告××购物中心辩称：原告的诉讼请求超出了行规范围，不应得到满足。

被告××购物中心向法庭提交了2003年12月至2004年12月的联合销售专柜合同、某嫩肤液包装盒、说明书等，用以证明其是合法经销某嫩肤液。

法庭组织了质证、认证。经质证，被告乐某公司、××购物中心对原告刘某某提交的购物发票无异议，但认为商品包装盒上的暗码反映，这一盒某嫩肤液不是××购物中心卖出的。刘某某对乐某公司、××购物中心提交证据的真实性无异议。

南京市鼓楼区人民法院经审理，查明被告乐某公司、××购物中心虽然否认原告刘某某所持的某嫩肤液是从××购物中心购买，但没有证据证明，故不予支持。除此以外，双方当事人都对对方提交证据的真实性无异议，予以确认。在此基础上，南京市鼓楼区人民法院主持调解。刘某某认为，乐某公司提交的说明书、检测报告和对某嫩肤液正确使用方法的当庭说明，满足了其第二项诉讼请求，但仍要求乐某公司、××购物中心在化妆品外包装上标注开瓶使用期限；乐某公司、××购物中心认为，刘某某的这一诉讼请求没有法律依据，且超出行规范围，不能同意。双方各持己见，致调解无效。

南京市鼓楼区人民法院认为：

《中华人民共和国民法通则》（以下简称民法通则）第五条规定："公民、法人的合法的民事权益受法律保护，任何组织和个人不得侵犯。"消费者有权知悉其购买、使用的商品或者接受的服务的真实情况，并有权根据商品或者服务的不同情况，要求经营者提供商品的有效期限。《中华人民共和国产品质量法》（以下简称产品质量法）明确规定，生产者应当对生产的产品质量负责，其产品或者包装上的标注必须真实，限期使用的产品，应当在显著位置清晰地标注安全使用期。原告刘某某购买的某嫩肤液，底部明确标注了限用期是到2007年11月21日，且对这个期限无特殊说明，该期限应视为开瓶前或开瓶后都应达到的安全使用期限。现国家法律和行业规范都没有强制规定化妆品要标注开瓶后的使用期限，故刘某某要求被告乐某公司、××购物中心在化妆品外包装上标注开瓶使用期限，没有法律依据，不予支持。

据此，南京市鼓楼区人民法院于 2004 年 5 月 25 日判决：

驳回原告刘某某的诉讼请求。

本案受理费 50 元、其诉讼费 100 元，由原告刘某某负担。

宣判后，刘某某不服，向江苏省南京市中级人民法院提出上诉，理由是：1. 产品质量法第二十七条第一款第（四）项规定："限期使用的产品，应当在显著位置清晰地标明生产日期和安全使用期或者失效日期"。被上诉人先是在某嫩肤液的外包装底部标注"限用日期记载于底部或侧面"，然后在容器的底部标注限用期，不属于在"显著位置"标注有关期限，违反了法律的这一规定；2. 众所周知，化妆品开瓶后即接触空气，其活性成分容易发生变化，开瓶后的保质期将大大缩短。而消费者只有在开瓶状态下，才能正常使用化妆品。法律为保护消费者不受变质化妆品的伤害，才要求生产者标注安全使用期或者失效日期。"限用合格期限"，只是指化妆品未开瓶状态下的存放期限，不包括消费者需要了解的化妆品开瓶状态下的"安全使用期"或"失效日期"。把"限用合格期限"解释为"开瓶前或开瓶后都应达到的安全使用期限"，是误导消费者，侵害消费者的知情权；3. 被上诉人称化妆品开封后的保质期难以确定，"难以确定"不等于无法确定，而是生产企业未做此方面工作；4. 虽然被上诉人在产品外包装底部标注"限用日期"的做法符合现行国家标准，但现行国家标准不能排斥法律对生产者提出的更高要求，更不能阻止消费者要求实现法律赋予的权利。上诉人是根据产品质量法的规定，才对被上诉人提出诉讼请求，一审以上诉人的诉讼请求没有法律依据为由判决驳回，显然是错误的。请求撤销一审判决，改判支持上诉人的诉讼请求。

被上诉人乐某公司答辩称：对化妆品通用标签上日期的标注方法，GB 5296.3—1995 号国家标准第 64.1 节规定，"必须按下面两种方式之一标注：a. 生产日期和保质期；b. 生产批号和限期使用日期"。"限用合格期限"，是指商品在正常保管下的正常使用期限。符合这两项要求且在瓶底标注的期限内使用，就可以保证质量。乐某公司在某嫩肤液外包装上标注"限用合格期限"，符合国家标准和行业标准，是合法的。有关化妆品的质量法规、卫生法规或者国家标准上，都没有规定化妆品必须标注开封后的使用期限。上诉人要求在化妆品外包装上标注开瓶后的使用期限，没有法律依据。一审判决驳回上诉人的诉讼请求，是正确的，二审应当维持原判。

被上诉人××购物中心答辩称："限用合格日期"，是指"质量保证的最后期限"。本案化妆品外包装上的标注符合国家标准，是合法的，二审应当维持原判。

南京市中级人民法院经审理查明：

2004 年 1 月 26 日，上诉人刘某某在被上诉人××购物中心处购买了由被上诉人乐某公司生产的某嫩肤液（中复性肌肤适用）一瓶，净含量 130 毫升，价格 170 元。该化妆品外包装盒底部标注"限用日期：记载于底部或侧面"，内置玻璃容器底部标注："限用合格 2007.11.21."。刘某某购买该化妆品后即开瓶使用。当年 3 月 8 日，刘某某以该化妆品外包装上没有标注开瓶后的使用期限和正确的使用方法，致使自己难以正确使用该化妆品为由，提起本案诉讼。在乐某公司于一审审理期间提供的 Q330101 号《杭州乐某化妆品有限公司企业标准》第 64 条中，规定某嫩肤液的储存条件是："应储存于温度不高于 38℃的通风干燥仓库内，堆放时必须距离地 20cm，内墙 50cm，中间留有通道，不得倒放，切忌靠近水源或暖气，并严格掌握先进先出原则。符合规定的储存条件，产品在包装完好，未经启封条件下，本产品保质期为四年"。

二审期间，上诉人刘某某提出，因被上诉人乐某公司已在一审期间提供了产品使用说明书，满足了其第二项诉讼请求，现仅要求乐某公司和××购物中心在外包装上标注该化妆品的开瓶使用期限，并提供相应的检测报告。

就本案所涉化妆品包装上日期的标注方法问题，法院向国家质量监督检验检疫总局进行了咨询，该局的答复是：1. 国家标准所规定的保质期，不包括化妆品拆封状态下的保质期或限期使用日期；2. 乐某公司的企业标准规定产品保质期为4年，限期使用日期指产品在适当储存条件和未启封状态下的期限；3. 化妆品开封后的使用寿命，与环境条件及使用者个人的使用习惯有很大关系。由于可能涉及的情况千差万别，产品启封后的保质期难以统一确定。

　　本案争议焦点是：1. 本案化妆品包装上标注的"限用合格日期"，是否包括开瓶后的使用期限；2. 在本案化妆品上标注"限用合格日期"，是否误导消费者；3. 乐某公司对本案化妆品的标注方法，是否侵害了消费者知情权；4. 对在某嫩肤液外包装上标注开瓶后使用期限的诉讼请求，应否支持。

　　南京市中级人民法院认为：

　　关于争议焦点一。被上诉人乐某公司的 Q330101号《杭州乐某化妆品有限公司企业标准》第64条中明文规定："符合规定的储存条件，产品在包装完好，未经启封条件下，本产品保质期为四年"。化妆品开瓶后即接触空气，加之温度、环境的变化，以及使用人的使用习惯和卫生条件不同，其活性成分容易发生变化，开瓶后的保质期必将大大缩短。上诉人刘某某于2004年1月26日购买的某嫩肤液上，标注的"限用合格日期"2007年11月21日，应该是指该产品在符合规定的储存条件、包装完好、未开瓶状况下的保质期，不包括开瓶后的使用期限。一审认定"该期限应视为开瓶前或开瓶后都应达到的安全使用期限"，是错误的。

　　关于争议焦点二。消费者购买化妆品，其目的不是为了长期收藏，而是要用它来清洁、保护、美化肌肤。化妆品一旦变质，通过消费者肌肤的吸收、渗透，必将对消费者的身体产生伤害。因此，消费者真正关心的，不是化妆品在未启封条件下的保质期，而是启封后的使用期。产品质量法为确保消费者使用产品时的生命和财产安全，才在第二十七条第一款第（四）项规定，限期使用的产品，应当在显著位置清晰地标注生产日期和安全使用期或者失效日期。在某嫩肤液的外包装上，被上诉人乐某公司仅标注了"限用合格日期"，同时不说明该日期是指产品未启封状态下的保质期。乐某公司还在一审中将"限用合格日期"解释为："在正常保管下正常使用，不要超过瓶底的使用期限，可以保证质量。"作为生产化妆品的专业人员，尚不能对"限用合格日期"的真正含义作出正确解释。消费者不是专业人员，在无特殊说明的情况下，将"限用合格日期"，不同时说明该日期真实含义的做法，不能使消费者正确了解该化妆品的安全使用期，对消费者有误导作用。

　　关于争议焦点三。GB 5296.3—1995号国家标准规定，化妆品通用标签上，必须标注生产日期和保质期，或者生产批号和限期使用日期。产品质量法规定，限期使用的产品，应当在显著位置清晰地标明生产日期和安全使用期或者失效日期。纵观两个规定，产品质量法只是对限期使用产品的标注方法提出了更高要求，二者不存在矛盾。《中华人民共和国消费者权益保护法》第八条规定："消费者享有知悉其购买、使用的商品或者接受的服务的真实情况的权利。"限期使用产品的生产者，应当将该产品的安全使用期标注在显著位置，清晰地告知消费者。被上诉人乐某公司只按国家标准的规定标注了"限用合格日期"，没有按产品质量法的规定标注产品的安全使用期，侵害了上诉人刘某某和其他消费者依法享有的知情权。

　　关于争议焦点四。通过两审审理，上诉人刘某某已了解"限用合格日期"仅指某嫩肤液未开瓶状态下的保质期，现仍要求被上诉人乐某公司、××购物中心在某嫩肤液外包装上标注开瓶后的使用期限。对于某嫩肤液开瓶后的使用期限，乐某公司、××购物中心均表示难以确定。根据法律规定，作为化妆品的经营者，乐某公司和××购物中心有义务以明确无误的方式，向消费者告知某嫩肤液开瓶后的安全使用期限，以确保消费者安全地使用该化妆品。难以确定，并非不能确定。企业应当本着为消费者服务的宗旨，使用直接标注启封后使用期限，对"限用合格日期"的真正含义作出说明，或者对不能继续使用的情形加以警示等方式，帮助消费者充分了解并正确使用自己的产品，消除消费者可能产生的误解。乐某公司、××购物中心以难以确定为由，要求驳回刘某某的诉讼请求，理由不能成立。

被上诉人乐某公司、××购物中心有义务向消费者告知某嫩肤液开瓶后的安全使用期限。在民事诉讼中，法律只保护特定民事主体自身的合法权益，因此民事诉讼中的权利人和标的物均应是特定的。上诉人刘某某要求乐某公司、××购物中心在某嫩肤液的包装上标注开瓶使用期限，这一诉讼请求虽然合理，却已涉及到不特定的权利主体和标的物，超出本案能够处理的范围，难以全部支持。但这一诉讼请求中，包含了刘某某希望知道自己购买的这一瓶某嫩肤液开瓶使用期限。作为消费者，刘某某享有知情权，该诉讼请求中的这一部分合理合法，应当支持。

综上，一审认定事实错误，判决驳回上诉人刘某某的全部诉讼请求不当，依法应予改判。据此，南京市中级人民法院依照《中华人民共和国民事诉讼法》第一百五十三条第一款第（三）项的规定，于2005年3月10日判决：

一、撤销一审民事判决。

二、被上诉人乐某公司、××购物中心于本判决生效之日起三个月内，以书面形式向上诉人刘某某告知其购买的某嫩肤液的开瓶使用期限。

三、驳回上诉人刘某某关于要求乐某公司、××购物中心在与其购买的某嫩肤液同样产品上标注开瓶使用期限的诉讼请求。

四、二审案件受理费共100元，由上诉人刘某某负担20元，被上诉人乐某公司、××购物中心各负担40元。

本判决为终审判决。

（资料来源：中国劳动咨询网．http://www.51Labour.com）

第四节　化妆品使用说明的编写原则

【案例】

买化妆品要辨别"注水"说明书

太原市卫生局卫生监督所上周对省城大型超市售卖的化妆品进行了专项检查，省城美特好连锁超市南内环店、山西山姆士超市建南店、北京华联综合超市有限公司太原分公司、山西家世界超市有限公司等都在检查之列。此次共检查发用、护肤、洗涤、烫染类化妆品500余种，执法人员发现大部分化妆品外包装的标识、标签、说明书均符合国家卫生要求，但部分产品说明书、标识存在"注水"现象。执法人员当即责令超市停售不合格产品。

"注水"内容包括洗发液、祛斑霜标识中标注"防止头发开叉及折断"、"防脱"、"淡化色斑"等字样，但无卫生部特殊用途化妆品卫生许可批准文号。据介绍，祛斑霜、收腹瘦身霜、美白霜、染发剂、冷烫液等都属于特殊用途化妆品，必须有国家卫生部的特殊化妆品批准文号。消费者在购买时，除了看说明书中的功效外，还要看其有没有"卫妆特字"。

（资料来源：美容网．http://www.gaze.cn，2006-8-18）

思考：何谓"注水说明书"？合法的说明书应包含哪些内容？

一、使用说明的形式

化妆品的使用说明应根据产品的特点采用以下形式：

（1）产品包装上的使用说明；

（2）使用说明书；

（3）说明性标签。

一般情况下应尽量采用包装上的使用说明或使用说明书的形式。当必须说明而在包装上或说明性标签上表达有困难时应另附使用说明书。某些产品不便附使用说明时，应在销售点采用适当的使用说明形式，向消费者提供使用信息。

二、使用说明的基本要求

（1）化妆品出厂必须附使用说明。

（2）明确地给出产品主要性能、用途及安全正确使用的方法。

（3）如实介绍产品，不得有夸大和虚假的宣传内容。

（4）使用说明应简单明了、通俗易懂，使用说明中的术语和计量单位应符合国家相应的标准或规定。

（5）使用说明应清晰，版面大小要适当，如使用几种文字时，则每种文字要相互区分清楚。

三、使用说明的基本内容

化妆品使用说明书的基本内容见表 13-4。

表 13-4 化妆品使用说明书的基本内容

序号	内容	序号	内容
1	商标、品名、生产许可证编号	7	香型
2	产品用途	8	主要原料
3	生产日期	9	使用方法
4	保质期	10	使用注意事项及安全警告
5	生产厂名及厂址	11	产品存储条件及方法
6	容量或重量		

四、化妆品使用说明书标准格式

化妆品使用说明书基本内容的表示原则见表 13-5。

表 13-5 化妆品使用说明书基本内容的表示原则

序号	基本内容	表 示 原 则
1	产品名称	产品名称应符合国家、专利（部）、企业标准的名称，并与其实际内容相吻合
2	产品用途	（1）根据需要编写产品用途 （2）对某些特殊要求的产品应标明其不适用范围
3	生产日期	化妆品使用说明中必须标明生产日期，标明方式为×年×月
4	保质期	对于容易变质或含有药物成分等的特殊产品，必须标明保质期限，标明方式为"保质期×年"或"保质期×个月"
5	主要原料	（1）化妆品使用说明中必须标明主要原料成分，对于药类化妆品应标明主要药物成分 （2）对皮肤有刺激的限量使用的原料应标明其含量
6	使用方法	（1）根据需要给出正确的使用方法（包括使用顺序） （2）对于某些具有新型包装的产品应标明打开包装方法
7	注意事项及安全警告	（1）某些使用中有特殊要求的产品应标明使用注意事项及违反正确使用方法产生事故的紧急处理方法 （2）对某些可能因误用而危及消费者安全的产品，应提出警告。产品标准中有关使用说明的章节在产品标准中应对使用说明所包括的必要项目作出规定，或直接引用国家标准

五、产品用途的推荐性描述

不同类别的化妆品，推荐使用的产品用途描述语言如下。

（1）发用化妆品（发油、染发剂、梳头油、整发露、黏性发油、头发定型剂、发乳、养发剂、发液、发胶、润发油、其他） 补充和保持头发的水分和油脂；湿润头皮和头发；保持头皮和头发的健康；使头发柔软；防止头发曲裂分枝；防止头发产生静电；防止头屑和瘙痒。

（2）洗发化妆品（洗头粉、洗发香波、其他） 清洁头皮和头发、保持头皮和头发的健康、使头发柔软、去除头屑和瘙痒。

（3）护肤液（剃须后用液、常用化妆水、科隆香水、剃须液、搽手液、晒黑剂、防晒剂） 防止皮肤粗糙、调理皮肤、防止晒伤、使皮肤收紧和清洁、使皮肤湿润、使皮肤保持健康、使皮肤柔软、剃须后调理皮肤、防止因晒伤产生斑点和皱纹。

（4）雪花膏和乳液（剃须后霜、清洁霜、冷霜、剃须霜、乳液、雪花膏、护手膏、晒黑霜、防晒霜、其他） 防止皮肤粗糙、调理皮肤、防止晒伤、防止由晒伤产生斑点和皱纹、使皮肤收紧和清洁、使皮肤健康、使皮肤湿润、柔软和有弹性、保护皮肤防止干燥、剃须后调理皮肤。

（5）面膜（面膜产品、其他） 使皮肤润滑清洁、使皮肤健康、使皮肤湿润、使皮肤细腻、使皮肤光泽。

（6）打底用化妆品（霜剂、水剂、固体、其他） 保护皮肤润滑清洁、防止晒伤、防止由于晒伤产生的斑点和皱纹、用于遮盖皮肤瑕疵，起到调和肤色的作用。

（7）面部用扑粉和爽身粉霜型粉剂（粉饼、扑粉、滑石粉、糊状粉剂、婴儿爽粉、爽身粉、胭脂、其他） 保护皮肤润滑清洁、防止晒伤、防止由于晒伤产生的斑点和皱纹、用于遮盖皮肤瑕疵，起到调和肤色的作用。

（8）唇膏（口红、唇膏、其他） 防止口唇粗糙使其润滑、润唇，使口唇光滑、保持口唇健康、保护口唇，防止干燥。

（9）眼睑、眼和面颊化妆品（眼霜、眼影、眼线笔、胭脂、睫毛油、眉笔、其他） 湿润皮肤，使其保持健康、强调或削弱面部的五官及轮廓，达到修饰目的。

（10）指甲类化妆品（指甲油、指甲油清洁剂、其他） 保护指甲，使其保持健康。

（11）沐浴类化妆品（浴油、浴盐、其他） 清洁皮肤。

（12）化妆油（化妆油、婴儿油剂、其他） 防止皮肤粗糙，使皮肤湿润、柔软、有弹性，保护皮肤健康、保护皮肤、防止干燥、防止晒伤、防止由日晒产生的斑点和皱纹。

（13）清洁剂（清洁霜、清洁粉、清洁泡沫剂、其他） 防止丘疹和痱子、使皮肤光滑、清洁皮肤。

（14）特殊用途化妆品

育发化妆品：预防脱发；育发作用或有助于头发生长；护发作用；去头皮屑；减少油脂；清洁作用；减少脱发和断发。（不得使用的用语：生发；高效、全效等表示疗效等级的字词及医疗术语。）

染发化妆品：改变头发颜色。

烫发化妆品：烫发；改变头发弯曲度。

脱毛化妆品：脱毛；减少或消除体毛。

美乳化妆品：美乳、美胸、挺拔、有助于乳房健美、增加皮肤弹性及张力、改善皮肤松弛及下垂、改善皮肤质地等。（不得使用的字词：丰乳、丰胸，高效、全效、多效、超强等暗示疗效的字词和医疗术语。）

（15）健美化妆品 健身、纤身、塑身、美体、收腹、苗条、增加皮肤弹性及张力、改善皮肤松弛及下垂、改善皮肤质地等。（不得使用的字词：减肥、瘦脸、瘦腿、瘦身，高效、全效、多效、超强等暗示疗效的字词和医疗术语。）

（16）除臭化妆品 去除腋臭、体臭、汗臭、抑汗、止汗。（不得使用的字词：高效、全效、多效、超强等强调疗效的字词及医疗术语。)

(17) 祛斑化妆品　预防色素斑；祛斑作用：弱；减少皮肤色素沉着。(不得使用的字词：黄褐斑、雀斑，高效、全效、多效、超强、疗效等类似字词及医学和专业名词。)

(18) 防晒化妆品　防晒、防紫外线、防皮肤光老化、防日晒引起的色斑，减轻日晒引起的皮肤损伤。

化妆品不得称抑菌、抗菌

国家卫生部 2005 年发出化妆品禁止进行抗菌抑菌宣传的公告。公告指出，根据《化妆品卫生监督条例》，化妆品是以涂擦、喷洒或其他类似方式，散布于人体表面任何部位（皮肤、毛发、指甲、口唇等），以达到清洁、消除不良气味、护肤、美容和修饰目的的日用化学工业产品。因此，化妆品的宣传要严格按照化妆品定义的范畴进行。

公告指出：化妆品不得宣传医疗作用，不得暗示疗效，不得进行虚假夸大宣传，非特殊用途化妆品不得宣传特殊功效，针对目前市场上出现的宣传"抗菌、抑菌、除菌"等作用的沐浴液及其他化妆品。卫生部重申：自 2005 年 7 月 1 日起，新生产的化妆品禁止在其包装、标签、说明书及其他相关材料中宣传或暗示"抗菌、抑菌、除菌"及其他医疗作用。此前已生产的此类化妆品可以销售到产品有效期截止日。

资料来源：卫生部公告

思考题

1. 化妆品包装和标签标识的作用？化妆品的包装外观有何要求？
2. 三无产品对消费者的危害是什么？
3. 消费者使用说明和通用标签是什么？使用说明的编写原则有哪些？
4. 国家为什么要规范化妆品的包装和标签标识？

第十四章　化妆品计量法规

学习目标：通过本章节的学习，学生应能够熟悉国家计量法的主要内容；熟悉定量包装商品计量监督管理办法的主要内容；掌握定量商品的计量要求。

我国的计量法规包括计量行政法规和计量技术法规两部分。

计量行政法规，按照审批的权限、程序和法律效力的不同，可分为三个层次：第一层次是法律；第二层次是行政法规；第三层次是地方性法规、规章。目前，我国已形成了以《计量法》为核心、比较健全的计量法律法规体系。

在我国的计量行政法规中对我国计量立法的宗旨和范围、监督管理体制、法定计量检定机构、计量基准和标准、计量检定、计量器具产品、商品量的计量监督和检验产品质量检验机构的计量认证等各项计量工作的法制管理要求，以及计量法律责任都作出了明确的规定。

计量技术法规包括国家计量检定系统表、国家计量检定规程和国家计量技术规范。

本章仅对与化妆品生产和经营相关的计量法规进行简要介绍。

第一节　中华人民共和国计量法

一、计量法的制定目的与意义

为加强计量监督管理，保障国家计量单位制的统一和量值的准确可靠，有利于生产、贸易和科学技术的发展，适应社会主义现代化建设的需要，维护国家和人民的利益，我国制定了计量法规。《计量法》是一部具有中国特色的适应新的历史时期需要的经济行政管理并富有技术性的法规。它的颁发与实施，标志着我国计量工作开始从行政管理进入法制管理的新阶段。

二、计量法的修订情况

我国现行计量法颁布于1985年9月6日，于1986年7月1日起正式施行。1987年1月19日经国务院批准、1987年2月1日原国家计量局发布实施《计量法实施细则》。

从2000年开始，对计量法进行修订，历经六七稿，《标准化法》修订草案2006年上报国务院法制办。2007年，国务院法制办就《标准化法》中涉及的管理体制问题、标准性质问题、标准与技术法规的关系问题，要求质检总局进一步研究。目前，研究工作正在进行中。

三、《计量法》（85版）的主要内容

《计量法》共6章35条款，对计量立法的宗旨和适用范围，我国的计量单位制度和国家法定计量单位，量值传递和计量器具的管理，各级计量机构的法律地位、职责、权利和义务，计量监督体制和违反时处罚等作了规定。

四、《计量法》对化妆品生产企业计量工作的具体要求

《计量法》对化妆品生产企业计量工作提出了明确的要求，将化妆品企业的计量检测工作纳入法制管理轨道。规定对化妆品生产企业实行发放"计量合格证"制度。

化妆品生产企业取得"计量合格证"的条件如下。

（1）企业必须建立健全计量管理机构，经理或厂长亲自主管企业的全面计量管理工作。

（2）企业必须设立计量管理部门（科或室），要有专门人员负责具体的计量管理工作。

（3）企业计量管理部门必须建立健全企业的计量管理制度。例如，建立计量器具周期检定制度、计量器具维修抽检制度等。

（4）企业计量管理部门对车间、科室、库房等处的计量器具登记造册，列出分布清单，并建立计量器具台账。计量器具的品种和数量必须满足生产与质量检测要求，关键生产工序必须要配备保证产品质量的计量器具。

（5）企业计量部门要绘有计量管理机构示意图、计量器具分布图、计量器具周期检定图、计量器具周期检定计划图、量价传递图。

五、《计量法》修订内容

新修订的计量法最主要的一点是改变了立法体例，将计量法与《计量法实施细则》合二为一，内容由原来的 6 章 35 条增至 10 章 132 条。

新修订的计量法还"新"在以下方面：调整范围进一步扩展，增加了贸易计量等内容，其中对定量包装商品的净含量、允差等方面都作了规定；改革了管理方式，减少了行政审批项目，比如取消了地方部门制定计量检定规程的规定等；调整了目录管理模式；改革调整了量传方式，溯源方式由单一的检定转变为检定、校准并行；加强了标准物质的管理。

> **链接**
>
> ■ **质检总局：新修订《计量法》将加大违法处罚力度**
>
> 国家质检总局计量司有关负责人透露：经过反复征求意见和进一步修改，《计量法》修改今年再次被列入国务院二类立法计划。新的《计量法》将有望在适用范围、管理方式等方面作出重要调整，增加对商品量的计量要求，并加大对计量违法行为的处罚力度。
>
> 质检总局计量司有关负责人介绍，此次修改专门增加了"商贸计量"部分，对商品量的计量要求、定量包装商品的计量要求、经营者的计量责任等都作出了详细规定。同时，加大对计量违法行为的处罚力度也是《计量法》修改的重要内容。修改后的计量法将有望解决处罚力度偏软的问题。
>
> 资料来源：北京晚报 2007 年 11 月 22 日

第二节　计量相关法律法规

加强对商品量的计量监督管理是世界各国政府法制计量工作的重要内容，也是我国当前计量工作需加强的重要工作。1985 年颁布的《计量法》根据我国当时经济转型期的具体情况，重点规范了计量器具的制造、修理、销售和使用。

随着我国社会主义市场经济的发展，利用计量器具进行计量作弊和故意克扣斤两造成商品缺秤少量的情况越来越多。《计量法》对此虽有规定，但过于原则，操作性不强。为加强对商品计量的监督管理，国家先后出台了《零售商品称重计量监督管理办法》、《定量包装商品计量监督管理办法》、《商品量计量违法行为处罚规定》等规章和《定量包装商品生产企业计量保证能力评价规定》等规范性文件，以及计量技术规范《定量包装商品净含量计量监督检验规则》（JJF 1070—2005），为我国加强对商品量和定量包装商品生产企业的管理提供了依据。

计量相关法律法规见表 14-1。

表 14-1　计量相关法律法规

序号	发布单位	法规名称	发布日期	实施日期	备注
1	国家质检总局	产品质量国家监督抽查管理办法	2001-12-29	2002-03-01	《国家监督抽查产品质量的若干规定(1986)》及《产品质量国家监督抽查补充规定(1991)》同时废止
2	国家质检总局	质量监督检验检疫行政许可委托实施办法	2004-07-01	2004-07-01	

续表

序号	发布单位	法 规 名 称	发布日期	实施日期	备 注
3	国家质检总局	关于调整《中华人民共和国强制检定的工作计量器具目录》的通知(国质检量[2001]162号)	2001-10-26	2001-10-26	
4	国家质检总局	计量检定人员管理办法	2007-12-29	2008-05-01	1987年原国家计量局公布的《计量检定人员管理办法》同时废止
5	国家质检总局	制造、修理计量器具许可证监督管理办法	2007-12-29	2008-05-01	1999年原国家质量技术监督局发布的《制造、修理计量器具许可证监督管理办法》同时废止
6	国家质检总局	计量标准考核办法	2005-01-14	2005-07-01	1987年原国家计量局颁布的《计量标准考核办法》([87]量局法字第231号)同时废止
7	国家质检总局	计量标准管理办法	2007-06-06	2007-07-10	
8	国家质检总局	重点管理的计量器具目录(第二批)	2007-07-29	2007-07-29	
9	国家质检总局	国家计量检定规程管理办法	2002-12-31	2003-02-01	
10	国家质检总局	零售商品称重计量监督管理办法	2004-08-10	2004-12-01	
11	国家质检总局	定量包装商品计量监督管理办法	2005-05-30	2006-01-01	
12	国家质检总局	商品量计量违法行为处罚规定	1999-03-12	1999-03-12	
13	原国家计量局	产品质量检验机构计量认证管理办法	1987-07-10	1987-07-10	
14	国家质检总局	中华人民共和国依法管理的计量器具目录(型式批准部分)	2005-10-08	2005-10-08	
15	国家质检总局	计量器具新产品管理办法	2005-05-20	2005-08-01	原国家计量局1987年发布的《计量新产品管理办法》([87]量局法字231号)同时废止
16	原国家技术监督局	强制检定的工作计量器具实施检定的有关规定(试行)	1991-08-06	1991-08-06	
17	原国家技术监督局	计量违法处罚细则	1990-08-25	1990-08-25	
18	原国家技术监督局	质量授权管理办法	1989-11-06	1989-11-06	
19	原国家计量局	标准物质管理办法	1987-07-10	1987-07-10	
20	原国家计量局	计量检定印、证管理办法	1987-07-10	1987-07-10	
21	原国家计量局	仲裁检定和计量调解办法	1987-10-12	1987-10-12	
22	原国家计量局	中华人民共和国计量法条文解释	1987-05-30	1986-07-01	

第三节 定量包装商品计量监督管理

一、定量包装商品计量监督管理立法情况

根据《中华人民共和国计量法》，原国家技术监督局颁布了《定量包装商品计量监督规定》，并于1996年1月1日起实行。

其后，原国家质量技术监督局又制定了《定量包装商品计量监督管理办法》，于2005年5月

30日发布,自2006年1月1日起施行。原国家技术监督局发布的《定量包装商品计量监督规定》(国家技术监督局令第43号)同时废止。

二、《定量包装商品计量监督管理办法》的内容

在《定量包装商品计量监督管理办法》(以下简称《管理办法》)中,对定量包装商品计量监督管理的范围、管理体制、基本要求、净含量标注要求、净含量计量要求、计量监督管理、禁止误导性包装、计量保证能力评价和法律责任等内容作出了明确的规定。

三、定量包装商品计量监督管理的对象

定量包装商品计量监督管理的对象是以销售为目的,在一定量限范围内具有统一的质量、体积、长度、面积、计数标注等标识内容的预包装商品。在中华人民共和国境内,生产、销售定量包装商品,以及对定量包装商品实施计量监督管理,应当遵守《管理办法》。

四、定量包装商品计量监督管理的监管

国家质检总局对全国定量包装商品的计量工作实施统一监督管理。县级以上地方质量技术监督部门对本行政区域内定量包装商品的计量工作实施监督管理。定量包装商品的生产者、销售者应当加强计量管理,配备与其生产定量包装商品相适应的计量检测设备,保证生产、销售的定量包装商品符合《管理办法》的规定。

五、对定量包装商品的计量要求

对定量包装商品的计量要求包括净含量标注的要求和净含量的计量要求两个方面。

1. 关于净含量标注的要求

(1) 净含量的概念 净含量是指除去包装容器和其他包装材料后内装商品的量。实际含量是指由质量技术监督部门授权的计量检定机构按照《定量包装商品净含量计量检验规则》通过计量检验确定的定量包装商品实际所包含的量。标注净含量是指由生产者或者销售者在定量包装商品的包装上明示的商品的净含量。

(2) 净含量量限 定量包装商品的生产者、销售者应当在其商品包装的显著位置正确、清晰地标注定量包装商品的净含量。净含量的标注由"净含量"(中文)、数字和法定计量单位(或者用中文表示的计数单位)组成。法定计量单位的选择应当符合《管理办法》的规定。以长度、面积、计数单位标注净含量的定量包装商品,可以免于标注"净含量"这3个中文字,只标注数字和法定计量单位(或者用中文表示的计数单位)。净含量法定计量单位的选择见表14-2。

表14-2 净含量法定计量单位的选择

计量方式	标注净含量(Q_n)的量限	计量单位
质量	$Q_n<1000$ 克	g(克)
	$Q_n \geqslant 1000$ 克	kg(千克)
体积	$Q_n<1000$ 毫升	mL(ml)(毫升)
	$Q_n \geqslant 1000$ 毫升	L(l)(升)
长度	$Q_n<100$ 厘米	mm(毫米)或者cm(厘米)
	$Q_n \geqslant 100$ 厘米	m(米)
面积	$Q_n<100$ 平方厘米	mm^2(平方毫米)或者cm^2(平方厘米)
	1平方厘米$\leqslant Q_n<100$平方分米	dm^2(平方分米)
	$Q_n \geqslant 1$ 平方米	m^2(平方米)

(3) 净含量标注字符高度 定量包装商品净含量标注字符的最小高度应当符合表14-3的规定。

表 14-3 净含量标注字符高度

标注净含量(Q_n)	字符的最小高度/mm	标注净含量(Q_n)	字符的最小高度/mm
$Q_n \leqslant 50$g $Q_n \leqslant 50$mL	2	200g$<Q_n \leqslant$1000g 200mL$<Q_n \leqslant$1000mL	4
50g$<Q_n \leqslant$200g 50mL$<Q_n \leqslant$200mL	3	$Q_n>$1kg $Q_n>$1L	6
		以长度、面积、计数单位标注	2

（4）其他要求 同一包装内含有多件同种定量包装商品的，应当标注单件定量包装商品的净含量和总件数，或者标注总净含量；同一包装内含有多件不同种定量包装商品的，应当标注各种不同种定量包装商品的单件净含量和各种不同种定量包装商品的件数，或者分别标注各种不同种定量包装商品的总净含量。

2. 关于净含量的计量要求

（1）单件定量包装商品的实际含量应当准确反映其标注净含量，标注净含量与实际含量之差不得大于《管理办法》规定的允许短缺量。定量包装的允许短缺量见表 14-4。

表 14-4 定量包装的允许短缺量

质量或体积定量包装商品的标注净含量（Q_n）/g 或 mL	允许短缺量(T)①/g 或 mL	
	Q_n 的百分比	g 或 mL
0~50	9	—
50~100	—	4.5
100~200	4.5	—
200~300	—	9
300~500	3	—
500~1000	—	15
1000~10000	1.5	—
10000~15000	—	150
15000~50000	1	—

长度定量包装商品的标注净含量(Q_n)	允许短缺量(T)/m
$Q_n \leqslant$5m	不允许出现短缺量
$Q_n>$5m	$Q_n \times$2%

面积定量包装商品的标注净含量(Q_n)	允许短缺量(T)
全部 Q_n	$Q_n \times$3%

计数定量包装商品的标注净含量(Q_n)	允许短缺量(T)
$Q_n \leqslant$50	不允许出现短缺量
$Q_n>$50	$Q_n \times$1% ②

① 对于允许短缺量（T），当 $Q_n \leqslant$1kg（L）时，T 值的 0.01g（mL）位修约至 0.1g（mL）；当 $Q_n>$1kg（L）时，T 值的 0.1g（mL）位修约至 g（mL）。
② 以标注净含量乘以 1%，如果出现小数，就把该数进位到下一个紧邻的整数。这个值可能大于 1%，但这是可以接受的，因为商品的个数为整数，不能带有小数。

（2）批量定量包装商品的平均实际含量应当大于或者等于其标注净含量。用抽样的方法评定一个检验批的定量包装商品，应当按照《管理办法》中的规定进行抽样检验和计算。样本中单件定量包装商品的标注净含量与其实际含量之差大于允许短缺量的件数、样本的平均实际含量应当符合《管理办法》的规定。

（3）强制性国家标准、强制性行业标准对定量包装商品的允许短缺量以及法定计量单位的选择已有规定的从其规定；没有规定的按照《管理办法》执行。

（4）对因水分变化等因素引起净含量变化较大的定量包装商品，生产者应当采取措施保证在规定条件下商品净含量的准确。

六、计量法律责任

计量法律责任是指违反了计量法律、法规和规章的规定所应当承担的法律后果。根据违法的情节及造成后果的程度不同，《计量法》规定的法律责任有三种。

1. 行政法律责任（包括行政处罚和行政处分）

如未经国务院计量行政部门批准，进口国务院规定废除的非法定计量单位的计量器具和国务院禁止使用的其他计量器具的，责令其停止进口，没收进口计量器具和全部违法所得，可并处相当其违法所得百分之十至百分之五十的罚款。所谓行政法律责任是国家执法机关对有违法行为而不构成犯罪的一种法律制裁。

2. 民事法律责任

当违法行为构成侵害他人权利，造成财产损失的，则要负民事责任。如使用不合格的计量器具或破坏计量器具准确度，给国家和消费者造成损失的，要责令赔偿损失。

3. 刑事责任

已构成犯罪，由司法机关处理的，属刑事法律责任。如制造、修理、销售以欺骗消费者为目的的计量器具造成人身伤亡或重大财产损失的，伪造、盗用、倒卖检定印、证的，要追究刑事责任。

《计量法》规定，对计量违法行为实施行政处罚，由县级以上地方政府计量行政部门决定。处罚的目的在于制止计量违法行为人继续违法，使其不再重犯。

按照《行政处罚法》规定，行政处罚的种类包括：
① 警告；
② 罚款；
③ 没收违法所得、没收非法财物；
④ 责令停产停业；
⑤ 暂扣或者吊销许可证、暂扣或者吊销执照；
⑥ 行政拘留；
⑦ 法律、行政法规规定的其他行政处罚。

思考题

1. 《中华人民共和国计量法》近年有无修订？现正执行的是哪一版？
2. 生产企业获得"计量合格证"的条件是什么？
3. 定量包装商品计量监督管理的对象是什么？
4. 对定量包装商品的计量要求包括哪几个方面？

第十五章 化妆品流通领域的监督管理

学习目标：学生应能够了解化妆品销售的各种渠道；掌握化妆品流通领域管理的要点；《直销管理条例》和《禁止传销条例》的重要条款；掌握直销与传销的区别；从而能够在化妆品流通过程中树立依法经营的观念。

第一节 化妆品流通领域情况介绍

改革开放以来，我国化妆品市场销售额平均以每年23.8%的速度增长，最高的年份达41%，增长速度远远高于国民经济的平均增长速度，化妆品的销售形式呈现多样化的特点。但是由于市场本身存在弊端和化妆品自身的特殊性，化妆品流通领域出现了不少问题。因此我国不断地加强对化妆品流通领域的监管，规范化妆品销售渠道和各种形式，从而确保到达消费者手中的化妆品是安全、质量可靠的。

一、化妆品流通的定义

流通是商品经济条件下社会再生产的一个环节。商品流通是以货币为媒介的商品交换。化妆品流通是指化妆品从生产者转移到消费者的全过程，包括化妆品生产企业到化妆品批发企业、再到化妆品零售企业或者专业市场，最后到达消费者手中的过程。具体过程见图15-1。

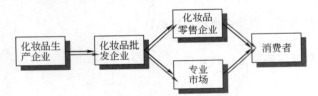

图 15-1 传统的化妆品流通过程举例

二、化妆品营销的典型通路及特征

1. 生产企业→总代理商→代理商→分销商→零售商

这一通路充分利用了社会资源和行业资源，零售网络形成快，但路径长、环节多，供应商对流通过程的可控制性减弱。对各级代理商、分销商的依赖性增强，流通环节的可变因素增多，因利润的因素容易形成窜货及价格混乱，同时，对品牌的知名度也有较高要求，需要较强的商品力。

2. 生产企业→区域代理商→零售商

这一通路的环节较少，但零售网络形成较慢，并且不易完善、不易稳固，品牌形象力在通路终端减弱，对供应商的利润要求较高，价格难以控制。

3. 生产企业→零售商

流通环节最少，通路最短，流通过程的控制力增强，零售网络稳固，但零售网络形成慢，销售成本高，管理要求高。

4. 生产企业→批发市场→批发代理商或零售商

这一通路在行业中被称为"大流通"。20世纪90年代中期，全国已有883个大小不等的日用工业品批发市场，现在涉及化妆品的大规模批发市场主要有兴发、义乌、汉正街、五爱、荷花池、临沂、南三条、朝天门等。

这一个最复杂化的通路，主要是因为经营者大多数是个体经营，大宗交易具有一定的隐蔽性，以前是假冒伪劣和证照不全化妆品的主要通路，经过多次整顿，已有明显好转。

这一通路对生产企业来说比较简单，一般款货两清或约期付款，与批发市场的客商交易后，客商以后的交易一般即与生产企业无关了。生产企业对渠道的可控性很低，对企业的持续发展不利，比较适合阶段性的资金积累和抛存货。

批发市场的客商对知名品牌的经营，一般可以放弃利润，甚至倒贴少量经营费用，使之疏导或维持其通路，但经营不知名的品牌时，一般对利润都有较高的要求。

5. 生产企业→交易会→批发代理商或零售商

这是阶段性的通路，适合新的化妆品企业或新品牌迅速建立大规模销售网络，也适合网络不完善的企业借之迅速完善网络及与原有客商加强沟通。一般在交易会上确立了业务关系后，都将转化为上述的某一种通路来维持交易。

6. 其他一些所占份额较小的通路

生产企业→电视直销→消费者（指定购物地点购买或送货上门交易或邮购方式）。

生产企业→报纸杂志广告→消费者（邮购方式）。

生产企业→配送中心→便利店生产企业→互联网直销商→消费者（邮购方式）。

生产企业→直销分销商→消费者（入户或变相的街头拦截方式）。

资 料 卡

内地主要化妆品批发市场地址

批发市场名称	批发市场地址
广州美博城	广州市白云区广园西路 121 号
兴发广场	广州市白云区机场路 138 号
怡发广场	广州市白云区机场路 96-98 号
中人化妆品城	广州市机场南路兴发广场二期二楼
上海靓妆化妆品批发市场	上海徐家汇商业圈
北京市东城东直门化妆品批发站	北京市东城区东外斜街 61 号
福建美博城	福州市台江区六一中路（桥北站）
重庆朝天门批发市场	重庆渝中区陕西路

三、化妆品流通渠道中的销售方式

随着我国经济的日益发展，我国化妆品行业的流通渠道的形式也日新月异，典型的销售渠道模式如下。

1. 传统的销售渠道

产品依托经销商的销售渠道可以快速的切入到二、三级城市，但原有的渠道末端为小型的产品专卖零售店、夫妻店等，适应的产品多为低价位、低档次、跟风产品。

2. 超市

较为新颖的渠道为以超市为代表终端业态，此类渠道经过近 10 年来的发展在中国已经取得了消费者的普遍认可，各厂商也追宠有嘉。此类渠道的适合产品为大众型产品、兼有功效性产品差别卖点以及流通产品低价格优势，价格相对较低、功能功效一般，集中于一、二级城市。

3. 专柜

集中于传统型百货商场内，消费群体较为固定，消费档次较高，相对销售运营成本较低，但由于受商场的数量限制，在一级城市内此类专柜多为外资品牌所霸占，在二、三级城市多为国内品牌所拥有，此类渠道的商品表现为定位高档、价格昂贵、功能功效较明显。

4. 超市兼专柜

既存在于新颖型超市中又存在传统型百货商场内，超市的形象体现非货架形式，而为背柜，商场中仍以专柜形式存在。此类渠道产品档次居中，譬如玉兰油、雅芳、美宝莲、玉丽等，价位无法比及资生堂等国际知名品牌，又比小护士、丁家宜、姗拉娜等品牌价位高，其终端表现形式最为多样而灵活，可以在超市卖场内做常规促销，又可在商场门口摆台或专柜前贴柜等。

5. 美容院

消费群体固定，消费档次较高，多集中于一、二级重点城市，功夫多用在产品外，例如讲求售后服务、体验式营销等。产品多以店装（大容量、相对低价格、功能功效明显）、客装（小容量、相对高价格、功能功效略差于店装产品）形式出现，功能功效明显，产品集中在面部护理用品、奢侈性护理品上。

6. 药店

这是传统的销售渠道，原非化妆品销售领域但随着前些年的一些药字号、消字号的日化产品切入此渠道后，近年来以显示出此渠道的优越性，不断的有化妆品代理商打入此OTC领域，目前很多妆字号产品也在药店销售。此类渠道与超市相比较销售灵活，厂商自主权利相对较大、费用相对较低、网点分布较为分散，一、二级城市优势明显。此类渠道产品以功能功效性产品较为突出，价格中档，以大众型产品为主体。

7. 电视购物

相对来说这也是一个传统的销售形式，但受时代的进步以及国家相关政策影响（例如电视的卫星播放等原因），造成消费者对此销售渠道缺乏忠诚度，此类渠道商品，功能功效明显、价格偏高，多为功效型产品。例如活肤、天使丽人。

8. 现场展卖

这是一种较新的销售方式方法，通过一定的促销手段聚集消费人群，以价格（实惠）打动消费者，属完全随机性消费。产品档次普遍偏低、价格低廉，消费忠诚度、品牌信誉度几乎没有，是典型的打一枪就跑。此销售方法存在于全国各地，消费目标直指低收入人群。

此外，直销、电话销售、网络销售等销售方式方法是化妆品销售的有利补充。

四、销售渠道与销售方式变化趋势

1. 数据库营销和电子商务方式

网络为化妆品行业带来全新的销售方式，激起女性购物的新兴奋点。在网上，顾客们可以接触的化妆品品种将达到前所未有的广泛；而且网络提供的个人化自由购物环境，消除了女性面对销售员的羞涩、拘束心理；而在浏览到满意产品后能即刻订购等也都是传统销售所不能及的服务。

据 ZDNet 报道，2007年10月，法国化妆品巨子 Sephora 的网上商店正式开业，网站内囊括唇膏、眼线膏、胭脂和香水等 14000 个不同种类的商品，丝毫不逊于它的传统销售系统的规模。早在 Sephora 之前，一大批化妆品网站如 eve.com、Beautyscene.com 和 Beautyjungle.com 等都已大行其道。在台湾和香港不少同类网站如"女人街"、"蒙娜丽莎网路购物"、"快准狠购物现场"等也不含糊，开业后迅速引领女性消费热点。

2. 专业销售市场的发展

在欧洲，护肤品的销售渠道依赖超市、药房、百货商店和药店。其中薇姿在药房销售名列第一。把化妆品卖到药房里，是薇姿的成功首创。薇姿自1998年7月进入中国市场以来，以药店营销模式，在短短的两年里，已入主了北京、上海、广州、深圳、武汉等十几个大中城市，目前已发展到三百多家大型药房，统一以薇姿护肤专柜进行销售。其独特的渠道形式，惊人的发展速度，以及出奇的市场业绩，引起了业内人士的极大关注。薇姿开创全世界只在药房销售的营销模式，建立了自己专业护肤的品牌形象。

与西欧不同，我国化妆品主要集中在百货商店、超市、专业店，药房只是最近才被化妆品企业所看好，真正将产品铺进药房的并不多见。薇姿进入中国市场，也开创了我国药房营销之路。这种新渠道的开创，为众多化妆品营销提供了新思路、新观念。其优点在于回避风险、吸引眼球、树立专业形象等。

通过药房营销，薇姿还可推出以下特色服务：长期现场皮肤测试，使消费者对自己的皮肤类型有正确直观的认识；根据测试结果，针对顾客皮肤问题，提供产品方案；建立消费者档案，定期诊察皮肤，更加完善薇姿的服务形象，增强薇姿品牌忠诚度、美誉度，为薇姿产品改进新产品开发，提供了便捷而可靠的信息。

与薇姿相同药房策略的还有国产的可采眼贴膜。可采眼贴膜来自四川，以传统中医理论为强大支撑，推出绿色营销概念，走药房特色通道，既回避了与竞品短兵相接的风险，错开了百货商场竞争，更走上了专业化营销模式，渗透药房，保存实力，为后续大规模扩张，节省了营销成本，加速了资金的运转。

可采在药房终端形象上，吸取了保健品与化妆品的精华，并注意与包装视觉的风格统一，在功效上要重点突出原料成分，在外观上提升了档次，精美华贵、清爽宜人。在药房终端包装上，将视觉形象与促销活动紧密相连，紧紧把握终端促销，坚决不让潜在顾客流失。在药店门前，设立独有的蓝色调展示台，色彩与包装浑然一体，视觉冲击力特强，非常吸引眼球。促销员身着配套蓝装，热情为顾客介绍讲解，传播中药调理知识。通过一年半的药房营销，可采已经成为化妆品行业非常优秀的品牌之一。

3. 营销模式的创新

原材料供应、生产制造、包装设计、广告表现、销售渠道、终端表现、售后服务各环节构成的价值创造系统一起给品牌赋予价值。这一系统中任一环节的差错都会对品牌造成损害，离开了供应商、广告商、经销商的全力参与，品牌的建立难以想象。

要实现营销突破，必须重构企业与通路的关系，整合市场资源，将经销商纳入一个更为紧密的利益体系。以共赢的策略强化、优化通路，与经销商结成富有成效的伙伴关系，实现战略联合，这不但可以使企业在竞争中立于不败之地，更是未来整个化妆品行业市场发展的必然之路。如今有发展远见的企业都采取战略结盟的方式进行市场合作：通过与经销商联合借来一个全新的市场空间、一个高效的通路，以及部分用于企业持续发展的资金。战略结盟将有效地实现渠道扁平化和获得终端优势的目的。

目前，众多国外品牌如雅芳、赫莲娜等采取特许加盟经营的方式与经销商联合，在贴近消费者方面做得相当突出。扁平化渠道带来的管理上的高效与成本节约，在终端的精耕细作，都为这些品牌带来了相当的业绩，其市场效应远胜于本土众多企业实行的三级代理制。但对于国内刚刚起步企业来说，在既无品牌优势，又无突出的技术优势以及现成通路的情况下，以特许加盟的方式实行战略结盟还有一定难度。

五、黑市对化妆品市场的影响

黑市指的是通过非法的渠道将化妆品销售到消费者手中的一种非法销售方式。

随着中国的化妆品行业成为最成功的行业之一，其黑市和半黑市也兴旺起来。这个领域形成了一个强大的、能在中国的消费市场快速销售产品和牟取暴利的销售网。非法产品带入中国最常用的方法之一是走私。中国官方估计，中国销售的大约20%的进口化妆品来自黑市。有关专家则认为，中国销售的进口产品中来自黑市渠道的占70%～80%。

在监督检查中发现的许多问题引起人们对黑市给该行业所造成的影响的关注。例如：上海卫生部门最近对57个商店进行突击检查，以确定黑市渗透的程度。结果发现了18个假进口许可证，433种抽检的化妆品中有301种没有在中国进行合法销售的许可证。对176种粉类产品进行检测的结果表明，4%的产品含有过量的有害金属。广东某市一家公司生产的一种美容粉含铅量为880微克/克，比国家标准高21倍。最近对57个美容院进行了检查，结果发现这些美容院中销售的化妆品，69%没有卫生许可证。另外，检查的184种进口产品，73%的产品没有进口许可证。

因此，国家为加强对化妆品流通阶段的监督管理，防止不安全的化妆品通过黑市进入消费环节，对消费者的生命安全造成影响，颁布了一系列的法律法规：《中华人民共和国直销法条例》、《化妆品广告管理办法》等，《流通领域商品质量监督管理条例》我们将在下面的章节一一介绍。

【案例】

质量难保证进货渠道不清　折扣化妆品低价藏危机

最近李女士发现家门口开了一家进口化妆品折扣店，迪奥香水五折就卖。这让她很疑惑，不知是不是真品。兰蔻、倩碧、碧欧泉等名牌化妆品因不菲的价格，让很多女性望而却步。记者经调查发现，一些进口化妆品折扣店里的化妆品价格，只有商场的三至七折，生意很火。

最低三折　进货渠道不清

在京城的国贸、东单、学院路、朝阳路，可以很轻松地找到了化妆品折扣店。这些折扣店门脸很小，有的还开在写字楼的高层，虽然门面不起眼，但店里顾客不断，有些顾客更是表示慕名而来，一口气买下上千元的化妆品。

据销售人员说，这里的化妆品价格是商场售价的三至七折，而且保证是真货。"产品价格为什么比大商场便宜这么多，质量有保证吗？"面对记者的疑问，折扣店里的服务小姐显得十分不屑："我们这里卖的都是正品，假一赔十。再说了，如果是假货，会有那么多人来买吗？"

随后，她透露了低价的玄机，"商场卖的化妆品价格比我们高，主要是因为内地的关税比香港高。"她声称，她的进货商是香港的一家化妆品公司，总代理卖给各地区代理商要赚取一部分利润，各品牌进入商场还要交25%～30%的柜台费。另外，专柜导购员的工资也包含在价格中。"商场的价格当然要高许多了。"

但记者询问她是在香港的哪家化妆品公司进货时，她支吾了半天，也没说出来，而她的同事则过来圆场："可能是最近太忙了，一下子给忘了。"

包装存异　质量让人生疑

虽然折扣店的店主都称自己出售的是真货，但这类化妆品仍存在很多让人生疑的地方。几乎在每个折扣店里，记者都看到了商场专柜没有的小包装化妆品，比如，迪奥"冰火奇葩"香水在商场销售的最小包装是30毫升，而很多折扣店都在销售7毫升装的香水，这种小包装只有在商场促销时的赠品中能看到。

业内人士告诉记者，折扣店的进口化妆品有来自中国香港地区的，但有一部分却并非正品。香港进口化妆品的价格比内地的要便宜30%左右，但香港地区的品牌代理商一般不向内地供货。除了滞销的或接近保质期的商品之外，从香港进入内地市场销售的化妆品并不多。

至于为什么折扣店里经常出售一些小包装的化妆品，业内人士说，这些大都是折扣店从代理商那里低价买来的商场试用品或赠品。业内人士透露，一般的化妆品折扣店的确有来自香港的产品，但数量并不多，店主就买些假货或自己操刀作假。比如，可以在正品香水中兑水，一瓶可能勾兑成两三瓶，顾客一般不会发现。

利润很低　不提供试用品

在记者走访的几家折扣店，售货员均表示不提供试用品来进行肌肤实验，"我们的利润已经很低了，所以你们最好先到商场试用后，再来购买。"而记者注意到，商场销售的正品配有不同的精致礼物，而折扣店都没有。

一些世界品牌化妆品在商场销售的正品都有着中文说明，而这里的产品则都是英文说明。在折扣店里，部分产品及赠品的印字模糊，生产日期钢印稍微用力一抹就能擦掉。

记者从相关部门了解到，通过海关正规途径进入中国的进口化妆品包装上，必须有中文标签和国家检验检疫部门的CIQ激光防伪标识。另外，销售商应该可以向消费者出具产品检验检疫证明和卫生证书。

店家推诿产品有问题

"我以后肯定不会再买折扣化妆品了,有一次我花200多元买回了一瓶倩碧面霜,回家打开盖一看,霜只有一半,而且水油分离。"家住通州区的肖女士说,而她拿着面霜去找店主,店主却表示这种面霜多处有售,无法证明是自己销售出去的。

一般来说,在商场销售的进口品牌化妆品中,有境外配方在内地灌装的产品,也有从境外直接进口的原装产品,后者的包装上要有中文标识以及国家检验检疫部门防伪标识。而记者发现,折扣店的化妆品中,多数商品包装上只有中文标识,没有检验检疫部门的防伪标识。

业内人士认为,折扣店里有走私进入内地的进口化妆品,但即使这些化妆品都是正品,由于没有经过内地代理商,品质和售后服务都很难有保障。

"很多过期化妆品如果使用不慎,还很可能导致皮肤受损。"据介绍,正规品牌化妆品实行的是统一管理,平时几乎没有折扣。即使是产品即将过保质期,也不会像服装过季一样进行降价处理,一般都是到时间统一销毁。另外,化妆品经销商应该向消费者出具产品检验证明和卫生证书。

而记者向走访的几家折扣店询问相关证书,他们均表示正在办理中,或是证书在香港供货商总部。

(资料来源:中新网. 2006-10-27)

思考:什么样的化妆品不能销售?

化妆品经营单位和个人不得销售下列化妆品:

(1) 未取得《化妆品生产企业卫生许可证》的企业所生产的化妆品;
(2) 无质量合格标记的化妆品;
(3) 标签、小包装或者说明书不符合规定的化妆品;
(4) 未取得批准文号的特殊用途化妆品;
(5) 超过使用期限的化妆品。

第二节 企业的市场渠道建设方向

一、国内现有销售渠道网络特点

1. 零售渠道集中化

随着大型连锁超市的国内布局愈演愈烈,原有的以百货商场和中小型卖场为主的渠道布局被迅速打破,大部分旧卖场体系不断地被蚕食与兼并,即使仍在运作的,其销售额也在大幅度萎缩。据资料统计,目前在中国的省会及以上城市,大卖场的零售规模平均占到30%以上,部分地区甚至达到50%。而这些新兴的大卖场的经营哲学就是改变过去百货业态所遵循的赚消费者的钱为赚供应商的钱,让消费者得到实惠使得这种连锁超市具有顽强的生命力,可以预计,在未来几年这种零售渠道集中化的趋势会更加明显。

2. 网络渗透跨区域化

过去在操作市场时可以很容易的将全国市场进行区域划分,规定经销区域,禁止跨区域销售与串货行为,但是今天,我们很不情愿地发现,这种划分已经无法有效的监控与管理了。各种跨区域与跨省的连锁超市使得区域之间相互渗透、相互影响。随之而来的就是价格透明化与不断走低,区域经销商之间的矛盾难以调和。

3. 渠道成本上升化

随着大型连锁卖场经营理念不断深入人心，赚供应商的钱已经成为化妆品渠道的通用手段，加之中国商人特有的精明，非理性经营大规模出现，各种名目繁多的费用，如进场费、条码费、促销管理费、陈列费、店庆费、端架费、竞标费、宣传发布费、零售倒扣等层出不穷，各种特价、让利、赠送不断出现，再加上账期越来越长、铺底越来越大，经营成本随之水涨船高，成为化妆品厂家的痛。

4. 渠道风险升高化

随着近年大卖场圈地运动的发展，一些原有卖场倒闭、破产等现象出现的频率越来越高，企业往往面临不进场销售就没有渠道、进场销售就面临极大风险的两难选择。许多市场出现辛辛苦苦做一年，到头来因为商场倒闭出现亏损，甚至血本无归。对整个行业而言，这种经营风险的加大，极大地影响了企业的获利能力。

5. 零售渠道专业化

在中国，过去市场往往是大杂烩的运作，一个商场所售卖的产品五花八门，既有超市产品，也有专柜产品，既有高档产品，也有低档产品，甚至超市产品、美容产品也在专柜销售。近年来，这种零售格局正逐渐被专业化的运作所取代。高档商场成为专柜品牌的寄居地；超市成为大众化妆品的主渠道；专卖店由多品牌、多品类产品向单一品牌发展；美容院也成为品牌的发展之源；药店成为药房化妆品新的增长点。五大类品牌化妆品将根据品牌类别划分建立专业化的销售通道。

二、化妆品营销渠道的建设方向

1. 在多元渠道运作中分清主次

化妆品企业往往是追求市场覆盖率和进场率，各种渠道都想有所覆盖，其理论支撑是以大型卖场树形象，以中小型卖场出销量、产利润，所以渠道越多越好。但是，如前所述，树形象的成本越来越高，出销量的地方销量越来越小，利润没求到，亏损却经常，这种过去行之有效的操作模式越来越受到影响与限制。为此，我们需要改变过去胡子眉毛一把抓的操作办法，要么以大型卖场为主，要么以中小型卖场为主，切忌什么都做，主次不分。

面对渠道集中化的潮流，大型卖场必将成为化妆品的主流渠道，以大卖场为主也必将是未来的趋势，但今天，在这种格局形成之前，我们还可以有两种选择。以大卖场为主的要根据大卖场的需要配置资源，形成物超所值的消费概念或是以差异化产品满足大卖场的产品品类需求，保证走量最大与成本最低。以中小型超市为主的，对大卖场要进行归类选择，选择基本能够持平的、在当地影响较大的少数卖场切入，重视其他卖场的集中促销推广，同时追求零售终端下移，即向农村、县镇市场延伸以躲避大卖场的冲击，但无论如何这种形态只能保持几年的运作，必不能长久。

2. 以产品区隔来应对不同的渠道运营模式

面对大型卖场与中小型卖场的经营理念差异，为防止价格差异所引起的渠道混乱，最好的办法是采取产品区隔。在大型卖场售卖的产品要不同于一般卖场，哪怕是完全一样的东西，只要稍做区别，就能有效地支撑不同的运营模式。否则，大卖场不间断的特价促销必将引起整个市场价格混乱，最终丧失市场。

3. 从划区域经营到渠道类别经营

针对跨区域运作的现象不断增加，单纯依靠经销商的协调很难处理好区域之间的矛盾。企业最为理想的方式是针对大型卖场专门开展运作。可以由企业统一直供经营，也可以由企业引导，采取委托管理的方式交付经销商管理，建立以企业为中心的合作网络。要尽量避免完全依赖经销商的模式，做到价格统一、平等互利。这就要求企业改变过去划区域经销时的办法，对特殊渠道实行新的模式与政策。

4. 品牌是竞争的核心

面对化妆品新的渠道变化特点，我们有必要提倡渠道专业化的概念。在品牌定位的指引下，专卖店、药房、网络等都是可以发展的专业化方向，集中资源在一个符合定位的渠道，建立品牌竞争力，这是国外已经形成而中国正在发展的未来之路。药房里的薇姿、开专卖店的 Redearth、专供大卖场的欧伯尼丝等都取得了不错的成就。一个有优势的品牌在与任何渠道的交往中都能实现主动与成本最低。所以无论渠道如何变化，建立一个有竞争力的品牌才是最根本的出路。

第三节 直销管理

【案例】

我国首张直销牌照发出 雅芳力拔头筹

2006年2月22日，商务部正式批复雅芳成为我国第一家直销企业。在浩浩荡荡的申牌大军中，雅芳如愿拔得头筹。

在商务部直销行业管理信息系统网上，外资直销企业列表项下豁然写着：共有一家企业，雅芳（中国）有限公司，并表明批复日期为2006年2月22日。而内资直销企业列表项下显示的是："暂无内资直销企业"。同时，直销培训员列表公布了雅芳7名直销员的概况，注明的备案日期为2006年2月23日。雅芳一位名为帅畅的女士获得了"企独粤穗总字第000197号培000001"培训证号。

（资料来源：中国直销网．http://www.zhixiaowang.com/chuanxiao/c-four.html）

思考：直销经营许可证的获得要经过哪些程序？颁发直销经营许可证的是哪个行政机关？

化妆品属于快速消费品，消费频率高，消费基数大，市场前景广阔。同时，化妆品更看重营销，因此多元化的营销模式很重要，消费者不仅在买一流的产品，更在买一流的品牌、一流的服务。

直销是市场经济条件下出现的一种新的销售方式，自1990年，雅芳以直销形式敲开中国市场大门之后，不少国际直销公司蜂拥而至，虽然于1998年顺应国情转型经营，但的确给中国市场营销策略带来了新鲜气息，给中国化妆品企业带来了新的启示。

美国安利公司和雅芳公司可以说是采用直销模式的成功典范，因为它们割除了传统营销渠道的弊端。传统的营销渠道中没有利益机制，如果不是产品代理商，产品的销售则永远固定在自己使用的水平上，而安利就很好地解决了这个问题，它将终端顾客消费者同时变为经营者，产品有多少消费者，就有多少经营者。这样，一个美容院向另一个美容院推广产品就有回报。因此，安利用极低的成本，无限地扩大了营销网点和销售队伍，不能不说是一场革命。

为规范直销行为，加强对直销活动的监管，防止欺诈，保护消费者的合法权益和社会公共利益，2005年8月10日《直销管理条例（草案）》、《禁止传销条例（草案）》通过国务院常务委员会审批，直销法允许直销企业经营日用化妆品，化妆品市场上将迎接直销模式的激烈挑战。

一、直销的概念

直销（Direct Selling）是指生产企业不设店铺、不经过中间商，而通过直销员直接把本企业产品销售给消费者的经营方式。又称人员直销或直接推销。

按世界直销联盟制定的《商德约法》，直销是指：直接于消费者家中或他人家中、工作地点或零售商店以外的地方进行消费品的行销（即销售），通常是由直销人员于现场对产品做详细说明或示范。

其他直销模式包括直复营销（Direct Marketing），是指经销商或自有生产能力的企业销售部门通过邮寄、电话、电视、网络、报刊等媒介手段而不通过店铺进行的销售活动；自动售货机

（Automatic Vending）和购货服务（Buying Service）是指一种专为特定客户服务的销售方式，通常争取大单位为购货服务组织会员，会员可凭购货证向约定商店购买打折商品，而商店再付佣金给购货服务组织。购货服务在我国以私人消费会员卡的形式发展，直复营销和自动售货机在我国发达地区的发展较快。

二、直销的特点与发展前景

1. 直销的特点

直销在销售方式上，跟保险有非常相似的特点，就是它是人对人的销售。直销是完全个人操作的一种机会，或者说个人操作的一项销售业务。直销的销售人员组织是非常灵活的，这种灵活就是在全世界有一个规则，直销人员不是公司的雇员，不归公司行政管理。他的业绩或者说他的收入，仅仅来源于他自己的销售业绩，公司不会发工资，不会有福利，不会有其他的保障，公司只会给你一个行销的支持。这种灵活的组织，实际上是销售人员在公司的政策支持下，自己来管理。

2. 化妆品直销的发展前景

在全球范围内，有直销员近5300万人，总营业额近950亿美元，而美容化妆品（国际上称为个人用品）、保健品、家庭用品为主要的直销产品，其中美容化妆品全球的直销额约占200亿美元。直销在全球有着稳定的增长，国外专家估计，在全球化趋势下，中国化妆品市场的直销额将大幅度上升。

三、直销与传销的区别

要正确理解直销的含义，必须将其与传销相区分。传销，就是传销组织通过多层次、独立传销商来销售或提供劳务，每个传销员除了将货物销售以赚取利润外，还可以介绍、训练他人为新的传销人，并建立新的销售网络来销售公司货物，在公司获取更多利润的同时，每个传销员也在自己的销售网络中获取相应的差额。

直销与传销主要有八大区别。

1. 产品是否流通

在直销活动中，直销商和直销企业通常会以销售产品为导向，其整个销售过程始终将把产品销售给消费者放在第一位。而传销活动则不一样，传销商和传销企业在开展传销活动的过程中，通常会以销售投资机会和其他机会为导向，其在整个从业过程中，始终把"创业良机和致富良机的沟通和贩卖"放在第一位，与正当的直销活动完全不同的是，他们并不关注和推崇产品的销售。

2. 有无入门费

在直销活动中，直销商在获取从业资格时没有被要求交纳高额入门费，或购买与高额入门费价格等量的产品。而在传销活动中，传销商在获取从业资格时，一般会被要求交纳高额入门费或者购买与高额入门费等价的产品。

3. 有无依托优质产品

在直销活动中，直销从业人员所销售的产品通常会有比较公正的价格体系，这种价格体系是经过物价部门专门批准的，其体现出销售过程中的公正性；而且其产品有正规的生产厂家和先进的生产设备及其工艺流程，在出厂被销售的过程中，生产厂家均为其配备了各种齐全的生产手续，有优秀的品质保证。而传销活动中，由于其从业人员本身所贩卖的就是一种投资行为，所以对于产品并不关注，他们所关注的是投资回报的比率问题和投资回报的速度问题，产品在传销过程中只是一个可流通的道具。

4. 是否以销售佣金作为收入主要来源

在直销活动中，直销从业人员的主要收入来源有两个方面：一是直销从业人员自己销售产品所得到的销售佣金，这是直销从业人员的长期根本收益，其收入的多少完全由直销从业人员的销售绩效来决定；二是企业根据直销从业人员的市场拓展情况和营销组织的建设情况所给予的管理奖金。而传销活动中，传销从业人员的收入主要来自于其拓展营销组织（发展下线传销从业人员）时所收取的高额入门费，而不是来自于长期的产品销售所得到的正常佣金。

5. 是否有以销售为核心的各种培训

在直销活动中，直销人员在其从业过程中通常会有岗前、岗中、岗后的系统培训，其内容包括产品培训、营销技术培训、客户服务培训、政策法律培训等。在传销活动中，传销从业人员虽然也有可能接受在直销活动中所推出的各种教育培训，但是它在形式上往往虚晃一枪，他们更推崇在从业过程中大规模的激励活动和分享活动，其内容比较单一，多为激励式的观念改变，其目的就是诱导听课者赶快买单从业或者加大从业力量。

6. 销售人员结构有无超越性

在直销企业中无论参与者加入先后在收益上表现为"多劳多得"，坚决强调"按劳分配和勤劳致富"等原则，把直销活动当成一种正常的创造财富和分享财富的活动，其传播的是所有的收入均来自于自己的付出，主张在营销技术上精益求精。而以拉人头来实现获取收益的非法传销公司，在销售人员的结构上往往呈现为"金字塔"式，这样的销售结构导致谁先进来谁在上，同时先参加者从发展下线成员所缴纳的入门费中获取收益，且收益数额由其加入的先后顺序决定，强调"一劳永逸、一夜暴富"等价值观念和原则，其后果是先加入者永远领先于后来者。

7. 是否以诚信作为其指导思想

在直销活动中，直销企业和直销从业人员最终的营销目标就是打造一批越来越多的忠诚客户群体，这些消费群体信任公司和公司的产品，愿意长期消费公司的产品，忠实于公司的品牌。而在传销活动中，从事传销活动的企业和传销从业人员的终极目标往往是"捞一票就走、迅速致富"，因而他们采取的方式往往就是"打一枪换一个地方"的机会贩卖，他们并不强调产品的重复消费和发展、维护忠诚客户，不推广忠诚消费者的理念系统。

8. 消费者的权益是否得到维护

在直销活动中，直销企业和直销的从业人员通常会制定和执行良好的消费者利益的保护制度。这种保护制度一般有三种途径：一是把品质优秀的产品和卓越的服务体系源源不断地提供给消费者；二是在消费者购买企业产品和消费企业产品的过程中，制定适度的冷静期，在冷静期内，执行无因退货制度；三是针对由于企业原因给消费者造成的权益损害，企业制定了良好的赔偿制度，即一旦消费者权益受损，直销企业或直销从业人员必须采取各种形式对消费者进行补偿。而在传销活动中，由于从事传销的人员通常是以产品作为拉取人头、发展下线的一个道具，所以其交易一旦完成，就不允许退货，也往往伴随着各种各样的苛刻条件。在传销活动中企业基本上不按国际惯例设置正规的冷静期制度，即便是有所设置，在实际执行中也会衍生出各种各样的障碍体系出来。因此，在传销活动中，消费者的正当权益基本上是极难得到维护的。

【案例】

即墨市工商局查处南龙湾"拉人头"式传销案

2004年1月，即墨市工商局在公安部门配合下，在该市通济街道办事处南龙湾村捣毁一传销窝点，遣散54名从事传销人员，抓获5名传销头目。经查，该传销团伙为谋取利益，采取"拉人头"方式组织进行传销活动。利用"盯梢"、"洗脑"等多种手段，诱导入会人员实施"连锁"欺骗，形成危害社会的团伙。对此，即墨市工商局按照有关法律法规坚决取缔了该传销窝点。自2004年8月4日至10月14日，毕某以销售青岛美津商贸有限公司的"美津植秀"牌化妆品及"EleMoi"美体内衣为名，将自己的亲朋好友发展为"下线"，进行非法传销活动，销货额达23.5万余元。2004年10月，执法人员依法查处了毕某利用营销商品组织非法传销，对当事人作出了处罚。

（资料来源：中国直销网.http://www.zhixiaowang.com/chuanxiao/c-four.html）

思考：传销的危害有哪些？国家为什么要禁止传销活动？

四、《直销管理条例》出台的原因

国务院制定出台《直销管理条例》（以下简称《条例》）的原因主要有两个。

首先，是正确引导和规范我国直销业发展的需要。直销是众多现代经销模式中的一种，这种经销模式可以有效地降低企业的运营成本，对促进市场经济条件下商品流通的发展有着积极作用。但是，由于这种经销模式在交易过程中存在很大程度的信息不对称性，直销人员也具有分散性的特点，所以，极容易引发一些不规范，甚至是违法行为的发生，进而损害广大消费者和直销从业人员的切身利益。加之直销这种经销方式进入我国的时间不长，公众对直销的认识也还存在着一定程度的偏差，区别合法直销和非法传销的能力相对薄弱。因此，制定一部能够使消费者的权益得到充分保障，既符合我国国情，而又内外一致的直销法规，对直销业正确引导、趋利避害、稳步开放、规范发展，是十分必要的。

其次，是履行入世承诺的需要。根据入世承诺，我国应当在2004年底取消对外资在无固定地点的批发或零售服务领域设立商业存在方面的限制，并制定与WTO规则和中国入世承诺相符合的关于无固定地点销售的法规。这里所称的"无固定地点销售"，其主要形式之一就是直销。作为国际社会间一个负责任的成员，中国政府一向十分注重履行自己的对外承诺。制定条例正是我们履行上述承诺的一个重要举措。

资 料 卡

在我国加入WTO议定书中，承诺在入世三年后取消对无固定地点的批发或零售服务在设立商业存在方面的限制。同时，作为中国入世承诺的一部分，《中国加入工作组报告书》第310段规定：中国将与WTO成员进行磋商并制定符合中国具体承诺减让表以及中国在GATS（服务贸易总协定）项下义务的、关于无固定地点销售的法规。这两个文件中所称的无固定地点销售，其主要形式之一就是直销。根据上述承诺，我国应当在2004年12月11日之后开放直销业，并制定有关直销活动的法规。

五、我国《直销管理条例》实施的意义

1. 首次从法律上明确了直销是一种营销模式

这对引导和规范我国直销业有着积极的作用，有效地补充和满足我国市场经济发展的需要，界定直销或传销的概念，确定了两者的关系，对规范直销市场和打击传销违法活动具有重要意义。

2. 有利于保障消费者的合法权益

直销模式在交易过程中存在很大的信息不对称性，直销人员也具有分散性的特点，所以，极容易引发一些不规范，甚至是违法行为的发生，进而损害广大消费者和直销从业人员的切身利益。《条例》设置直销行业的进入门槛，对直销行为作出规定，赋予了工商行政管理部门对直销企业和直销活动重要监管权限，提出了监管直销企业、规范直销市场的新任务和更高的要求，有利于保障消费者的合法权益。

3. 积极参与国际竞争的需要

直销是众多现代经销模式中的一种，这种经销模式可以有效地降低企业的运营成本，对促进市场经济条件下商品流通的发展有着积极作用。全球范围内有直销员近5300万人，总营业额近950亿美元，而美容化妆品（国际上称为个人用品）、保健品、家庭用品为主要的直销产品，其中美容化妆品全球的直销额约占200亿美元。直销在全球有着稳定的增长，在全球经济一体化的趋势下，制定《条例》，规范直销的行为，对于迎接WTO和国外化妆品直销服务带来的挑战，具有重要意义。

六、目前我国获得营销牌照的公司

至2008年4月，在我国获得直销牌照的公司已有20家。见表15-1。

表 15-1　目前已在我国获得直销牌照的公司（至 2008 年 4 月）

序号	企业名称	服务网点核查备案日期
1	雅芳(中国)有限公司	2006-07-24
2	如新(中国)日用保健品有限公司	2006-12-31
3	宁波三生日用品有限公司	2007-02-06
4	宝健(中国)日用品有限公司	2007-03-15
5	新时代健康产业(集团)有限公司	2007-03-15
6	富迪健康科技有限公司	2007-04-11
7	金士力佳友(天津)有限公司	2007-04-20
8	南京中脉科技发展有限公司	2007-04-23
9	安利(中国)日用品有限公司	2007-05-28
10	欧瑞莲化妆品(中国)有限公司	2007-06-27
11	广东康力医药有限公司	2007-06-29
12	康宝莱(中国)保健品有限公司	2007-07-02
13	完美(中国)日用品有限公司	2007-08-17
14	南方李锦记有限公司	2007-08-24
15	玫琳凯(中国)化妆品有限公司	2007-09-03
16	北京罗麦药业有限公司	2007-10-26
17	广东太阳神集团有限公司	2007-11-05
18	上海美乐家保洁用品有限公司	2007-11-21
19	天津尚赫保健用品有限公司	2007-12-25
20	嘉康利(中国)日用品有限公司	2008-03-12

七、《直销管理条例》的主要内容

1. 直销产品的范围

直销产品的范围由国务院商务主管部门会同工商行政管理机关根据直销业的发展状况和消费者的需求确定、公布。目前确定的是五种，即：保健品、保健器材、化妆品、保洁用品、小型厨具。

2. 直销企业的开办

（1）开办条件　申请成为直销企业，应当具备下列条件：投资者具有良好的商业信誉，在提出申请前连续 5 年没有重大违法经营记录；外国投资者还应当有 3 年以上在中国境外从事直销活动的经验；实缴注册资本不低于人民币 8000 万元；依照本条例规定在指定银行足额缴纳了保证金；依照规定建立了信息报备和披露制度。

（2）申请开办的程序　申请人应当通过所在地省、自治区、直辖市商务主管部门向国务院商务主管部门提出申请。填写申请表，并提交下列申请文件、资料：符合本条例第七条规定条件的证明材料；企业章程，属于中外合资、合作企业的，还应当提供合资或者合作企业合同；市场计划报告书，包括依照本条例第十条规定拟定的经当地县级以上人民政府认可的从事直销活动地区的服务网点方案；符合国家标准的产品说明；拟与直销员签订的推销合同样本；会计师事务所出具的验资报告；企业与指定银行达成的同意依照本条例规定使用保证金的协议。

省、自治区、直辖市商务主管部门应当自收到申请文件、资料之日起 7 日内，将申请文件、资料报送国务院商务主管部门。国务院商务主管部门应当自收到全部申请文件、资料之日起 90 日内，经征求国务院工商行政管理部门的意见，作出批准或者不予批准的决定。予以批准的，由国务院商务主管部门颁发直销经营许可证。申请人持国务院商务主管部门颁发的直销经营许可证，依法向工商行政管理部门申请变更登记。具体的申请与审批程序见图 15-2、图 15-3。

3. 直销员的招募和培训

招募、培训是开展直销监管的重要环节，《条例》对此作了规定。

（1）招募直销人员的要求　签订推销合同并保证直销员只在其中一个分支机构所在的省、自

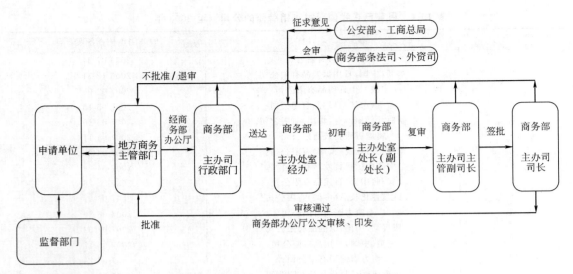

图15-2 内资直销企业设立审批工作流程

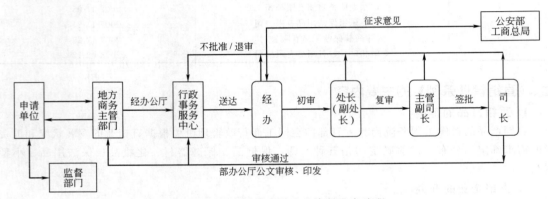

图15-3 外商投资直销企业审批业务流程

治区、直辖市行政区域内已设立服务网点的地区开展直销活动。未与直销企业或者其分支机构签订推销合同的人员,不得以任何方式从事直销活动。

直销员自签订合同之日起60日内可以随时解除推销合同;60日后,直销员解除推销合同应当提前15日通知直销企业。

直销企业颁发直销员证。未取得直销员证,任何人不得从事直销活动。

直销企业应当对直销员业务培训的合法性、培训秩序和培训场所的安全负责。

直销企业及其直销员应当对直销员业务培训授课内容的合法性负责。

另外,直销企业及其分支机构不得招募下列人员为直销员:未满18周岁的人员;无民事行为能力或者限制民事行为能力的人员;全日制在校学生;教师、医务人员、公务员和现役军人;直销企业的正式员工;境外人员;法律、行政法规规定不得从事兼职的人员。

掌握此禁止性规定应从以下几个方面去理解。第一,直销员的基本资质是必须年满18岁,这是国际惯例。要求从业人员年满18岁,具有行为能力,可以承担民事、刑事能力。第二,教师不得担任直销员的规定,禁止的是有教师证的即有资质的教师。第三,《条例》中所指的"境"是指海关的境,因此境外人员中是包括港、澳、台人员的,港、澳、台人员不能成为直销员。

(2) 开展业务培训的要求。

第一,直销企业以外的单位和个人,不得以任何名义组织直销员业务培训。只有直销企业才能进行直销人员的培训,分支机构也可以培训,但必须受直销企业的委托进行培训,直销企业以外的单位和个人不得以任何名义为直销人员培训。如果你不是直销企业,你是一个专门的培训公司,对直销员进行培训也是不允许的。

第二,培训对象,仅限于直销企业招募的直销员。

第三,吸取打击传销的经验,《直销员业务培训管理办法》明确规定培训的场所不得定在政府、军队、学校、医院的场所及居民社区、私人住宅内举办。

第四,授课人员必须是本企业工作一年以上正式员工,具有直销培训员证,被在政府网站上公布;本科以上学历和相关的法律、市场营销专业知识;无因故意犯罪受刑事处罚的记录;无重大违法经营记录的人。

4. 直销活动管理

(1) 直销员应出示直销员证和推销合同。

(2) 未经消费者同意,不得进入消费者住所强行推销产品;消费者要求停止推销活动的,应当立即停止,并离开消费者住所。

(3) 成交前,向消费者详细介绍本企业的退货制度。

(4) 成交后,向消费者提供发票和由直销企业出具的含有退货制度、直销企业当地服务网点地址和电话号码等内容的售货凭证。

5. 换货和退货制度

消费者自购买产品之日起 30 日内,产品未开封的,可以凭直销企业开具的发票或者售货凭证向直销企业及其分支机构、所在地的服务网点或者推销产品的直销员办理换货和退货;直销企业及其分支机构、所在地的服务网点和直销员应当自消费者提出换货或者退货要求之日起 7 日内,按照发票或者售货凭证标明的价款办理换货和退货。

直销员自购买直销产品之日起 30 日内,产品未开封的,可以凭直销企业开具的发票或者售货凭证向直销企业及其分支机构或者所在地的服务网点办理退货和换货;直销企业及其分支机构和所在地的服务网点应当自直销员提出退货或者换货要求之日起 7 日内,按照发票或者售货凭证标明的价款办理换货和退货。

直销企业与直销员、直销企业及其直销员与消费者因换货或者退货发生纠纷的,由前者承担举证责任。

直销企业对直销员的直销行为承担连带责任,能够证明直销员的直销行为与本企业无关的除外。

6. 直销员报酬

报酬应按月支付,直销企业支付给直销员的只能按照直销员本人直接向消费者销售产品的收入计算,报酬总额(包括佣金、奖金、各种形式的奖励以及其他经济利益等)不得超过直销员本人直接向消费者销售产品收入的 30%。

7. 信息报备和披露制度

直销企业信息报备和披露的内容、方式及相关要求,按国务院商务主管部门和国务院工商行政管理部门以 2005 年 24 号令《直销企业信息报备、披露管理办法》操作。

8. 保证金存缴、使用制度

(1) 存缴 保证金必须在指定的银行开设专门账户,不得以保证金对外担保或者用于清偿债务。保证金的数额在直销企业设立时为人民币 2000 万元;直销企业运营后,保证金应当按月进行调整,其数额应当保持在直销企业上一个月直销产品销售收入 15% 的水平,但最高不超过人民币 1 亿元,最低不少于人民币 2000 万元。保证金的利息属于直销企业。

(2) 保证金的使用 在下列情况下,国务院商务主管部门和国务院工商行政管理部门共同决定,可以使用保证金:无正当理由,直销企业不向直销员支付报酬,或者不向直销员、消费者支付退货款;直销企业发生停业、合并、解散、转让、破产等情况,无力向直销员支付报酬或者无力向消费者支付退货款;因直销产品问题给消费者造成损失,依法应当进行赔偿,直销企业无正当理由拒绝赔偿或者无力赔偿的。

9. 监督管理

工商行政管理机关是直销企业的日常监督管理部门,《条例》赋予其工作人员现场检查的权力,包括进入相关企业进行检查;要求相关企业提供有关文件、资料和证明材料;询问当事人、利害关系人和其他有关人员,并要求其提供有关材料;查阅、复制、查封、扣押相关企业与直销活动有关的材料和非法财物;检查有关人员的直销培训员证、直销员证等证件。

另外商务主管部门颁发直销经营许可证,《条例》规定了它可以吊销直销企业的直销资格,也同样有监管责任。

10. 法律责任

(1) 对未经许可从事直销活动或者通过欺骗、贿赂等手段取得直销许可的违法行为,规定:由工商行政管理部门责令改正,没收直销产品和违法销售收入,处5万元以上30万元以下的罚款;情节严重的,处30万元以上50万元以下的罚款,并依法予以取缔;构成犯罪的,依法追究刑事责任。通过非法手段取得直销许可的,还应当由国务院商务主管部门撤销相应的许可。

(2) 对直销企业的其他违法行为,规定:由工商行政管理机关责令改正、没收直销产品和销售收入、处以罚款、吊销其分支机构营业执照直至由国务院商务部门吊销其直销经营许可证。

(3) 对直销员、直销培训员以及其他个人的违法行为,规定了没收直销产品和违法销售收入、罚款以及责令直销企业撤销其直销员或者直销培训员资格等行政处罚。

(4) 与《禁止传销条例》进行衔接,规定:违反本条例的违法行为同时违反《禁止传销条例》的依照《禁止传销条例》有关规定予以处罚。

第四节 禁止传销条例

一、我国的直销和传销实际情况

直销作为一种经营模式最早起源于美国,之后传入欧洲、日本等世界其他国家和地区。直销具有减少流通环节、节省广告投入、实行面对面服务等优点,因而在一些国家迅速传播开来。但因其同时具有交易上的隐蔽性、参与人员的分散性、交易对象的不确定性等特征,在其逐步发展的同时,也很快衍生出一些商业欺诈行为,特别是传销、"金字塔诈骗"和"老鼠会"等,严重扰乱了正常的经济秩序。为此,各国政府都在严格规范的前提下开放直销经营活动;同时,通过立法严厉打击利用直销名义进行的欺诈活动。如美国的"禁止金字塔计划"法案、日本的《无限连锁链防止法》、马来西亚的《直销法》等。

20世纪90年代初,一些国外直销公司开始进入中国。由于我国正处于社会主义市场经济发展的初级阶段,市场发育程度较低,有关管理法规不够完善,直销逐渐发展成为各种形式的传销活动。一些不法的单位和个人打着"快速致富"的旗号,诱骗群众参与传销,利用虚假宣传、组成封闭人际网络、收取高额入门费等手段敛取钱财,还有一些人利用传销从事迷信、帮会、价格欺诈、推销假冒伪劣产品等违法犯罪活动,不仅干扰了正常的经济秩序,严重损害人民群众的利益,还严重影响了我国的社会稳定。针对上述情况,1998年4月,国务院发出了《国务院关于禁止传销经营活动的通知》(国发〔1998〕10号,以下简称通知)。通知明确指出,传销经营不符合我国现阶段的国情,已造成严重危害,对传销经营活动必须坚决予以禁止。2005年8月10日,国务院第101次常务会议通过了条例,以行政法规的形式进一步明确对传销活动予以禁止,加大打击力度。

二、《禁止传销条例》制定的目的

自1998年国务院颁布通知全面禁止传销以来,在国务院的统一部署下,工商、公安等部门认真履行职责,对各种传销活动进行了严厉打击,取得了显著成效,大规模、公开化的传销活动得到了有效遏制。

近年来，传销进一步发展为以"拉人头"欺诈等为主要形式的违法犯罪活动。为了逃避打击，传销活动也由公开转入地下，采取更为隐蔽、更为恶劣的手段进行不法活动，且近年来有愈演愈烈之势，不仅严重扰乱正常的市场经济秩序，也直接危害人民群众的生命财产安全，破坏社会稳定。传销的危害突出表现在以下几点。

（1）传销不仅违反了国务院禁止传销的规定，还违反了国家有关法律、法规的规定。伴随传销发生的偷税漏税、制售假冒伪劣商品、走私贩私、非法买卖外汇、非法集资、虚假宣传、侵害消费者权益等大量违法行为，给金融秩序和市场经济秩序造成破坏。

（2）传销侵害的多是弱势群体。被骗参加传销的人员中，大多是农民、下岗职工、老年人等社会弱势群体，近年来还出现在校学生、少数民族群众等被骗参与传销的情况，绝大多数参加者被骗后血本无归，有的甚至生活无着落。

（3）引发治安违法行为和刑事犯罪行为。一些人被骗后走上了偷盗、抢劫、械斗、卖淫等违法犯罪的道路，给社会治安带来隐患；加上一些黑势力犯罪团伙等参与其中，从事其他违法犯罪活动，给社会稳定造成了严重危害。

（4）对社会伦理道德造成冲击。传销引发的夫妻反目，父子相向，甚至家破人亡的惨剧时有发生，在给传销参与者造成经济损失的同时，给其家庭也造成巨大伤害，严重破坏社会主义精神文明建设。

（5）传销组织者、策划者对参加人员实施精神控制。传销通过对参加人员培训"洗脑"，宣扬所谓的迅速发财致富等传销理论，使人沉溺于"发财梦"中不能自拔，诱使参加者不择手段大肆从事欺诈活动。

鉴于此，为了维护广大人民群众的切身利益和市场经济秩序，国务院要求各级人民政府和执法部门要严格执法，对传销活动一经发现，坚决取缔。为了进一步加大对传销的打击力度，防止欺诈，保护公民、法人和其他组织的合法权益，维护社会主义市场经济秩序，保持社会稳定，构建和谐社会，国务院颁布了《禁止传销条例》，从法律上明确禁止任何单位和个人从事传销，并对传销的定义、表现形式、打击传销的工作机制、措施和程序、法律责任等作出了明确规定。

三、传销的表现形式

参照近年来国务院打击传销的一系列文件，结合近年来的执法实践，《禁止传销条例》对传销作出了界定，规定组织者或者经营者发展人员，通过被发展人员直接或间接发展人员的数量或者销售业绩为依据计算和给付报酬，或者要求被发展人员以交纳一定费用为条件取得加入资格等方式牟取非法利益，扰乱经济秩序，影响社会稳定的任何行为都属于传销。同时，为了便于理解，条例还列举了传销的三种表现形式，即以发展下线的数量为依据计提报酬的传销行为（即"拉人头"），以发展的下线的推销业绩为依据计提报酬的传销行为（即"团队计酬"），以及骗取入门费的传销行为。

四、查处措施和制度

为了有效开展打击传销工作，更好地保护人民群众的利益，《禁止传销条例》赋予执法部门查询、检查、查封、扣押、申请司法部门冻结违法资金等多项查处措施。为了及时揭露传销违法活动，防止群众上当受骗，避免和减少传销给社会造成更大损失，《禁止传销条例》规定了警示、提示制度。对于经查证属于传销的，工商、公安机关可以向社会公开发布警示或提示。通过在传销萌芽状态发出预警、对查处的传销案件进行公布，揭露其欺骗实质，减少和避免群众遭受更大损失。

为了动员社会力量参与打击传销，开展群防群治，及时获取案件线索，快速有效打击传销活动，条例规定了传销举报投诉机制。任何单位和个人都有权向工商、公安机关举报。工商、公安机关应对举报线索进行调查核实，依法查处；并为举报人保密，经调查属实的，依照国家有关规定可以给予举报人一定的奖励。

此外，为了依法行政，防止行政机关滥用职权，条例对执法部门实施行政强制措施的程序也作出了明确规定。如：工商部门在采取本条例规定的措施，必须向县级以上工商部门主要负责人书面或者口头报告并经批准；对涉嫌传销行为进行查处时，执法人员不得少于 2 人；还规定了回避制度等。

五、从事传销的单位和个人应承担的法律责任

《禁止传销条例》针对传销活动中的不同人员设定了相应的法律责任。对传销的组织者和骨干分子，设定了最高 200 万元的罚款；对构成犯罪的，依法追究刑事责任。对于一般参加人员，予以告诫；对多次参加，屡教不改，虽不属于骨干分子，但又确实诱骗他人并给他人造成损失的传销参加者，由工商部门责令停止违法活动，可以处 2000 元以下的罚款。

同时，条例还规定，对于为传销提供经营场所、培训场所、货源、保管、仓储等条件的，工商部门有权责令其停止违法行为，没收违法所得和处以罚款。对于为传销活动提供互联网信息服务的，工商部门有权责令其停止违法行为，并由有关部门依照互联网的有关规定予以处罚。

第五节 零售商促销行为管理办法

2006 年 9 月 12 日商务部第 18 号令公布了《零售商促销行为管理办法》，自 2006 年 10 月 15 日起施行。

该办法规定，零售商开展促销活动应当具备相应的安全设备和管理措施，保证良好的购物秩序。不得使用含糊、易引起误解的语言、文字、图片或影像，不得以保留最终解释权为由，损害消费者的合法权益。促销内容应当包括促销原因、促销方式、促销规则、促销期限、促销商品的范围，以及相关限制性条件等；对不参加促销活动的柜台或商品，不得宣称全场促销；明示例外商品含有限制性条件、附加条件的促销规则时，其文字、图片应当醒目明确。促销期限内不得变更促销内容，因不可抗力而导致的变更除外。促销商品（包括有奖销售的奖品、赠品）应当依法纳税。应当明码标价，不得利用虚构原价打折或者使人误解的标价形式或价格手段欺骗、诱导消费者购买商品。不得将质量不合格的物品作为奖品、赠品。不得以虚构的奖品、赠品价值额或含糊的语言文字误导消费者。应当保证商品在促销时段内充足供应。限量促销的，促销商品售完后应即时明示。零售商开展积分优惠卡促销活动，应当事先明示获得积分的方式、积分有效时间、可以获得的购物优惠等相关内容。不得虚构清仓、拆迁、停业、歇业、转行等事由开展促销活动。不得以促销为由拒绝退换货或者为消费者退换货设置障碍。

思考题

1. 违法生产和销售化妆品的危害是什么？
2. 什么是化妆品流通？化妆品销售有哪些途径？
3. 国家是否应加强对化妆品流通领域的监督管理？
4. 直销和传销的区别是什么？
5. 国家为什么禁止传销？
6. 目前我国获得直销牌照的化妆品企业有哪些？

第十六章　化妆品广告管理

学习目标：通过本章节的学习，学生应能够掌握化妆品广告管理的特性、内容与意义；熟悉化妆品广告的发布程序；掌握化妆品广告法规中的限制性规定。

第一节　广告管理的含义和特性

一、广告管理的含义

广告管理分宏观管理和微观管理。宏观管理，主要是指国家、社会对广告活动进行指导、控制和监督。微观管理，则是指广告业的经营管理。人们在讨论广告管理的含义时，一般指广告的宏观管理。

广告的宏观管理又分为狭义和广义两个方面。

从狭义上说，广告宏观管理是国家行政管理机关依据有关法规，对广告传播和广告经营活动进行的管理。工商行政管理具有强制性、直接性、及时性的特点。

从广义上说，广告的宏观管理，是指对从事广告活动的机构和人员行为产生监督、检查、控制和约束作用的法律、法规、社会组织或个人、社会舆论和道德等管理。

二、广告管理的特性

1. 行政性

国家对广告的管理主要是通过各级工商行政管理部门来履行的。工商行政管理的职能是经济行政管理，是国家为了保证社会经济健康发展而进行的一种管理活动，广告管理是工商行政管理职能的重要组成部分。主要是通过制定和实施广告法规、制度等手段来管理、指导和监督广告活动，使广告活动在国家法律和政策许可的范围内活动。

2. 强制性

广告管理作为国家经济管理和信息传播管理的一部分，是严格依法进行的，具有强制性的特点。第一，广告法规是国家法律制度的一个组成部分，与所有法律一样，是由国家强制力保障执行的，对所有广告活动及其当事人都具有普遍约束力。第二，广告管理属于工商行政管理，这种管理在行政执法上具有较大的强制性，通过强制手段来维护广告活动的正常秩序和健康发展。

3. 广泛性

广告活动涉及面广、范围大，它与社会各个方面都有联系。①广告影响具有广泛性，广告对社会的道德舆论、意识形态、价值观念、生活习惯等都产生重要影响。②广告主具有广泛性，既有生产领域，又有流通服务领域，既有公民个人，又有法人和其他组织。③广告内容具有广泛性，比如有经济广告、社会广告、文化广告等各类广告。④广告媒体具有广泛性，广告不断采用新媒体、新技术。

4. 综合性

由于广告活动运用多种媒体，广告内容日益广泛，因而广告管理不是对广告活动某一环节或某一方面的管理，而是贯穿于广告活动全过程、全方位的管理。

三、广告监督管理机关及管理范围

广告监督管理是指国家的广告监督管理机关依据法律和行政法规，代国家对广告活动进行监督和管理的国家行政行为。

广告监督管理主要包括三方面：一是审查广告主、广告经营者、发布者是否具有从事广告活动的资格；二是监督管理具体广告活动；三是对违法广告行为进行行政处罚等。

对广告活动进行监督和管理是国家行政行为，它具有三个特征：第一，监督管理必须依法进行；第二，广告监督管理是具有强制性的国家行为；第三，广告监督管理具有综合性。

1. 广告监督管理机关及管理范围

我国广告监督管理机关是县级以上人民政府的工商行政管理部门。广告监督管理机关对广告的监督管理，主要集中于对广告市场的管理和对广告经营单位登记管理两个方面，具体职能如下。

（1）根据立法机关的授权，进行法规解释。国家工商行政管理局受国家机关和国务院委托起草广告法律、法规，单独或会同有关部门制定广告行政管理规章，制定各类广告发布标准。

（2）批准广告市场的准入，依法进行广告经营登记，以确认广告经营者、广告发布者是否具有广告从业资格；各类广告活动是否符合国家法律、法规的要求，定期进行经常性监督检查工作。

（3）依法查处各类违法广告活动。

（4）日常监督管理。

（5）负责研究制定全国及地方广告行业的发展方针、政策、规划，并负责组织实施工作。

2. 广告经营单位的注册登记

（1）国家工商行政管理局负责下列广告公司的登记。

① 国务院授权部门批准设立的股份有限公司。

② 国务院授权投资的公司。

③ 国务院授权投资的机构或部门单独投资或共同投资设立的有限责任公司。

④ 外商投资的有限责任公司。

⑤ 依照法律的规定或按照国务院的规定，应当由国家工商行政管理局登记的其他公司。

（2）省级工商行政管理局负责本辖区内下列广告公司的登记。

① 省、自治区、直辖市人民政府批准设立的股份有限公司。

② 省、自治区、直辖市人民政府授权投资的公司。

③ 国务院授权投资的机构或部门与其他出资人共同投资设立的有限责任公司。

④ 省、自治区、直辖市人民政府授权投资的机构或部门单独或共同投资设立的有限责任公司。

⑤ 国家工商行政管理局委托登记的公司。

（3）市、县工商行政管理局负责本辖区内除国家工商行政管理局和省级工商行政管理局负责登记的广告公司之外的广告公司的登记。

广告公司的登记事项包括：名称、住所、法定代表人、注册资本、企业类型、经营范围、营业期限、有限责任公司股东或股份有限公司发起人的姓名或名称。

广告经营单位的注册登记需经以下程序。

① 公司登记机关收到申请人提交的符合规定的全部文件后，发给《公司登记受理通知书》。

② 公司登记机关自发出《公司登记受理通知书》之日起 30 日内，作出核准登记或者不予登记的决定。

③ 公司登记机关核准登记的，应当自核准登记之日起 15 日内通知申请人，发给、换发或者收缴《企业法人营业执照》或者《营业执照》。

④ 公司登记机关不予登记的，应当自作出决定之日起 15 日内通知申请人，发给《公司登记驳回通知书》。

⑤ 工商行政管理机关负责广告公司的登记主要包括：设立登记、变更登记、注销登记、分公司登记和年度检验。

四、广告管理的必要性

1. 规范广告活动的需要

规范广告活动，有些最基本的要求，如不得危害国家和社会公众利益；不得以任何借口在经营中侵害他人利益；任何广告交易行为都应当平等、自愿，遵守公认的商业道德；遵守国家制定的、统一的广告管理制度，包括广告市场准入的登记许可制度、广告审查与收费制度等。

2. 保证广告业健康发展的需要

在广告发展的过程中，出现一些消极现象和不健康因素，如果不通过行政、法律以及其他手段进行管理，就会成为广告业发展的严重障碍。只有通过广告管理和立法，才可能抑制各种消极现象和不利因素，推动广告业健康发展。

3. 保护消费者合法权益的需要

广告对消费者的购买、使用以及对生产、生活有重要影响。广告管理就是要对广告传播行为进行监督，对广告主体的各方严格要求，保障消费者和用户的合法权益。

4. 维护社会经济秩序的需要

广告作为一种竞争手段，其形式与内容是否合法，对经济秩序有着直接的影响。广告管理就是依法管理广告市场，使工商企业和广告企业的合法经营得到保护，如果广告活动处于混乱无序状态，那就必然扰乱市场秩序，危害社会经济生活。我国已经加入世界贸易组织，更要按照国际规则开展经营活动，增强竞争能力。

5. 加强社会主义精神文明建设的需要

广告的信息传播，发挥的作用是多方面的。不仅在经济领域产生影响，更在社会文化领域起到日积月累、潜移默化的效果。这种传播效果，如果不引起注意，产生偏差，其后果是很严重的。因此，保证广告从形式到内容都能健康，也是推动我国社会主义精神文明建设的重要部分，需要重视和加强。

加强广告管理，不是限制广告行业的发展，而是促使广告事业在正常的、健康的轨道上兴旺发达，推动广告行业加快自身建设，不断迈向新的层次，与国民经济和社会发展相适应，为我国社会主义建设事业发挥更大的积极作用。

【案例】

从有关方面了解到，2007年中国第一媒体——中央电视台黄金时段广告卖了67.96亿元。其中占1/6的为化妆品广告。日化行业中标额10.3亿元。从而继续保持在央视前三强的位置。业内人士说，2007年化妆品继续统治主流媒体广告版已成定局。有人把化妆品与广告形象比喻为一对"孪生兄弟"，同生共荣。实事求是地说，从化妆品大举进入寻常百姓家和众多品牌化妆品发展成为知名品牌，多为通过广告媒介拉动的结果。可以毫不夸张地说，化妆品，特别是一些成为消费者追捧的品牌化妆品，除自身品质赢得消费者信赖外，最初进入消费者视野的惟广告功不可没。

但同时，广告市场上存在着许多问题，造成了消费者信任度下降问题。

一是虚假违法广告增多。包括化妆品在内，一些不法生产商和经销商为了达到多销货的目的，以欺骗的手法，移花接木，大肆渲染，任意夸大自己的品牌化妆品的美容保健作用。最突出的例子是被国家工商总局认定一种冠以"美国祛斑液"产品的违法广告。为达到目的，厂商首先在美国注册公司，然后他们雇演员当消费者，弄虚作假，不断切换镜头，用化妆的办法冒充有色斑。结果消费者使用后，不仅没有去掉色斑，相反皮肤出现红肿、发炎、起水疱等严重不良后果。

二是请根本没有用过该品牌化妆品的名人作代言。一位消息灵通人士披露，某品牌化妆品请名人在电视广告上做广告，声称自己使用该品牌美白化妆品18天后去掉了发黄的皮肤，使自己的皮肤变白、变细腻了。结果消费者使用该美白产品，根本没有效果。该女士将化妆品及名人告上法庭才知，这位名人根本没有使用过这个品牌。据网上对关于名人代言应承担责任问题所作的调查显示，有八成网民认为，名人代言虚假广告应承担责任；同时有90%的人对商业广告不信任，主要认为在广告宣传中虚假不实成分过于严重。

[资料来源：陈东．化妆品广告作用有多大．中国化妆品（行业版），2007]

第二节 广告管理的内容和方法

一、广告管理的内容

(一) 维护广告的真实性

广告实际上是为消费者购买提供了一种依据,应保证其真实性,以保护消费者的合法权益。从广告内容上看,广告主要分真实性广告和欺骗性广告两大类。

1. 真实性广告

我国广告法规规定广告应当真实、合法,符合社会主义精神文明建设的要求。广告不得含有虚假的内容,不得欺骗和误导消费者。广告内容必须真实、健康、清晰、明白,不得以任何形式欺骗用户和消费,不得以任何形式欺骗和误导公众。

要保证广告的真实性,应认真遵守以下原则。

(1) 实事求是,不随意夸大商品的优点或特点,商品在某些条件下可能会给消费者生理或心理造成损害的情况必须在广告中注明。

(2) 广告表现不能给人造成错觉或误解,要坚持艺术性和真实性的统一。

(3) 广告主的许诺必须有根据,是能够实现的。

(4) 有关商品知识的宣传是正确的。

(5) 广告不能利用给消费者设圈套的办法来达到销售目的。如用恐吓手段或某些不健康心理、利用消费者缺少商品知识等来愚弄消费者。

什么是真实性广告呢?"凡是在内容上符合事实原貌,而且作为一个整体也不会给人造成误解的广告"就是真实性广告。

2. 欺骗性广告

凡是广告内容与事实不符,广告主的许诺没有兑现的广告均属欺骗性广告。欺骗性广告又分为诈骗性广告和不真实的或失真的广告两大类。

(1) 诈骗性广告 诈骗性广告是指广告有主观上欺骗消费者的意图,同时广告内容也与事实不符的广告。

诈骗性广告在世界各地都有。诈骗性广告一般可以通过民事调解或行政方法来治理,但情节严重的,要运用法律手段予以解决。

诈骗性广告可有以下几种表现形式。

① 承诺虚假:在广告中所作出的承诺,实际上实现不了。如有些化妆品标榜能防治衰老,但缺少足够证据证明具有这种功效。"今年20,明年18。"从广告词的创作来说,是不错的,但却是不可能实现的承诺。

② 令人误解:对产品的性能、质量等描述无法在实际生活中得到证实,"好如钻石"、"美白30%"等。

③ 片面告知:不完整地传递商品性能或成分的信息,片面进行告知。如突出某小轿车行驶多少公里不用汽油,却隐瞒了需要进行长时间充电的事实。

④ 设置陷阱:通过广告把顾客引诱到商店、饭店、美容店等,实际上接受另外的服务或销售。如某美容店的广告说理发可以优惠,但进店后却必须再接受另项服务。

⑤ 利用错觉:在广告中利用视觉效果美化商品,使广告表现的商品优于现实中的商品。如电视广告降价出售小轿车,在屏幕上显示出豪华型,但实际减价出售的只是普通型小轿车。把一般的一块牛排放在一个很小的碟子上,形成反差,给消费者造成巨大牛排的错觉等。

(2) 不真实的广告 虽然主观上并无欺骗意图,但客观上造成与事实不符产生欺骗效果的广告。发布不真实广告,情节严重并造成后果的,也要追究法律责任。

(二) 正确引导消费者

20世纪以来,广告对消费者的影响越来越大。世界上一些广告发达国家的消费者已经对广告产生依赖性。广告不断地向广大消费者提供许多有关生活的信息,为消费者进行消费活动提供便利,丰富了消费者的生活,增长了知识,开阔了视野,也影响消费资金的投向,影响消费者价值观念的变化和对生活的态度。因此,如何正确地引导消费者,是广告管理的重要内容之一。对于我国来说,应放在建设两个文明的高度来认识。

具体的管理应包括以下几点。

(1) 坚决清除和取缔那些带有反动、淫秽、丑恶、迷信等内容的广告。

(2) 广告的传播与倡导,应与经济发展相适应,为整个经济发展战略服务。对超越现阶段的发展水平,鼓励奢侈消费,与国家整体发展目标不相适应的诱导性广告应加以限制。

(3) 广告应维护民族尊严,弘扬民族精神,树立民族自尊心,反对无原则地崇洋媚外。

(4) 广告不能影响人们的正常生活、学习、休息和娱乐,不能造成环境污染和噪声污染。

(5) 广告不能违反保密规定。

(三) 保护广告业的正当竞争

加强广告管理,不是限制广告业的发展,而是通过管理,防止、处罚和取缔无序的、非法的广告活动,保护和促进广告行业的正当竞争,以使广告经营活动更加健康活跃地开展。广告活动既要开展竞争,也要合法有序,有几个关键问题需要把握。我国《广告法》和相关的法规中,对这些问题都有明确的相关规定,对发挥广告的积极作用,保护合法的广告活动,维护正常的经济秩序,有着重要的意义。

(四) 提高广告发布的质量

我国大众传播媒体和其他媒体是广告信息的发布者,提高发布广告信息的质量,也应是广告管理的一个重要内容。

二、广告管理的对象

广告管理的对象主要包括广告活动主体和广告活动自身两大部分。

(一) 广告活动主体

我国《广告法》第二条规定,广告主、广告经营者、广告发布者是广告活动的行为主体,其所从事的广告活动均应承担基本法律义务,当然也就是广告管理的对象。

1. 广告主

从广告学的角度看,凡是自制或出资委托他人发布广告的单位或个人,均称为广告主。根据我国法律规定,目前限定在商业广告范畴内,自行或者委托他人设计、制作、发布广告的法人、其他经济组织或者个人。

2. 广告经营者

主要是指接受广告主、广告发布者的委托,提供广告服务,从事广告设计、制作、代理等业务活动的法人、其他经济组织或者个人。

3. 广告发布者

广告发布者实际上就是大众传播媒体单位和经营其他广告媒体的企业组织。我国大众传播媒体,同时利用自身优势为广告主发布广告,收取一定的费用,这是一种经营行为,应该纳入广告管理的范围,接受相应的监督和管理。广告发布者只能是法人或其他经济组织。

广告媒体优势对照见表 16-1。

(二) 广告活动自身

也称为广告本体。指作用于广告客体,并实现广告主与消费者沟通的一切预期目标的物质实体和他们在预先安排下,受到各种内在和外在因素影响而形成的全部的运动过程。包括广告运动、广告活动和广告作品三个层面。

作为广告管理的对象,对广告运动、广告活动的管理,主要是对广告交易过程的管理,并更侧重于广告作品及其内容的管理。如广告采用了哪些表现形式,内容如何,是否符合法规与道德

表 16-1　广告媒体优势对照表

媒体分类	优　势	劣　势
电视	1. 普及率高 2. 视觉冲击力强 3. 容量大,短时间内可作大量广告 4. 能较好利用画面和音乐来表现商品的立体效果 5. 能够有效利用演员和名人让受众达到对商品的感性认识 6. 不会轻易变动时间 7. 能够无意识的达到宣传效果	1. 费用高 2. 视听者阶层不稳定 3. 传播速度瞬间性强,不易记全 4. 情报传递率较低 5. 传播范围不集中 6. 广告表现形式缺少随意性 7. 视听者的属性比较混淆 8. 观众接触广告的心态带有抵触情绪
报纸	1. 传播范围广 2. 读者阶层稳定 3. 情报传播容量大 4. 能按资料要求清楚表现广告效果 5. 可以自动安排日程,制订传播计划 6. 制作费用相对电视比较低廉 7. 便于记忆,劝导性能比较突出 8. 可凭借报纸的信誉加深广告效果 9. 便于保存	1. 带有区域局限性 2. 注目率不高 3. 传播范围广,但没有针对性,只有一次性 4. 与读者接触时间较短,大多只有一次接触机会 5. 不能立体的传播商品的动感效果 6. 印刷不精致 7. 不能适时适度的刊载大量内容 8. 易受同一版面其他广告的冲击
杂志	1. 普及面广 2. 传播传递容量大 3. 读者阶层稳定 4. 可利用专业刊物在特定读者群中提高声誉 5. 随读者接触次数可递增反复 6. 传阅率高,所以能向购买者以外的人传播 7. 可有效地运用色彩效果 8. 读者接触广告带有主动性 9. 广告效果容易测定	1. 受发行时效的限定,广告难以做到适时 2. 转播范围小 3. 注目率不高 4. 广告的可靠程度易受媒介物的影响
灯箱、路牌广告	1. 可长时间向客户传递同一广告信息 2. 可自由选择画布的形式 3. 可作为宣传媒介的补充广告 4. 可利用霓虹灯的色彩变化来设计广告图案内容 5. 可轻松自然地给人留下印象	1. 情报容量有限 2. 制作成本高 3. 受地域位置限制 4. 注目率不高 5. 不能与销售直接相联系
车身广告	1. 注目率理想 2. 消费者能反复多次接触 3. 可灵活运用色彩突出课题 4. 可传递各种情报 5. 对以城市作为销售重点的商品比较合适	1. 内容篇幅有限 2. 不可自由选择场地 3. 效果难以测定
传单广告	1. 有速效性 2. 能锁定阅读对象 3. 制作成本低 4. 可在印刷质量上下工夫 5. 容易测定广告效果 6. 能在短时间内定成与消费者接触任务	1. 篇幅易受限制 2. 时效性不强 3. 信赖程度不理想 4. 消费者往往对其有抵触情绪

的规范,是否侵害同行业和广大消费者的正当利益,是否对社会经济秩序造成危害等。

三、广告管理的方法

广告活动的管理方法,主要有以法律、行政、经济、消费者监督为主的社会监督、行业自律和道德教育等方法。

1. 法律管理

1995年2月1日正式施行的《中华人民共和国广告法》,是我国目前管理广告的最主要、最权威的专门法律规定,任何从事广告活动的单位和个人都必须认真贯彻执行。同时施行的广告管理法律、法规、规章以及规范性文件还有多种。这些法律、法规和文件,使我国广告管理工作日趋体系化,也是指导、制约和处理广告活动的依据。广告从业人员需要遵纪守法,自觉地在国家允许的范围内开展广告业务活动;各级工商行政管理部门则根据这些法律、法规的内容,运用行政手段对广告活动进行监督、检查、控制和指导。

2. 社会监督

广告的社会监督，是指社会对广告活动的各个方面进行的监督。包括新闻舆论监督、消费者监督和群众监督等，以消费者监督为主。这是加强广告管理的有效方法。消费者监督是指通过消费者组织行使的监督。各种类型的消费者组织是消费者为维护自身合法权益不受侵害而形成的社会团体，也是实施消费者监督和管理的主体单位。从国内外情况看，消费者组织能够对广告实行监督与间接管理，所发挥的作用已越来越大。它是国家行政管理的重要补充。我国1983年8月22日在北京成立了全国用户委员会，1984年9月20日在广州成立了第一家地区性的消费者组织——广州消费者委员会，1985年12月成立全国性的消费者组织"中国消费者协会"。以后，各级地方性消费者组织纷纷建立起来，反映广大消费者的愿望和要求，保护消费者的正当利益，对消费品质量、价格进行监督，特别对维护广告的真实性、抵制不良广告的传播效果明显。现在每年开展的"3·15"维护消费者权益活动，更给打假扫劣增添了声势。消费者监督与新闻舆论机关和群众个体的监督结合起来，使广告的全面管理得以落实，保证社会监督和管理更实在、更有效。

3. 行业自律

从某种程度上说，加强广告行业的自律，比工商行政管理和消费者监督有着更重要的意义。广告主体如从职业道德上对广告活动进行自我约束，自觉地遵守国家制定的各项法规、政策，服从工商行政管理部门的指导、检查、监督，就从根本上解决了不正当、不合法广告的问题，减轻广告管理的难度。广告业比较发达的国家，都比较重视广告行业的自律，通过自律来有效改善广告传播环境。我国近些年来广告行业的自律工作已经有了一定程度的发展。我国广告业恢复以后，在20世纪80年代初成立的"中国广告协会"和"对外贸易广告协会"，在国家工商行政管理局的指导下，对全国广告行业进行指导、协调、咨询、服务活动，功能和作用正在日益显示出来。1983年后，许多广告经营单位、广告媒体单都依照《广告管理暂行条例》、《广告管理条例》和《广告法》的有关规定，制定了自律条文和规定。但是，我国的广告行业组织在行业自律管理方面的功能，有待进一步加强和改进。

化妆品广告花言巧语大揭秘

■ **活肤**

正常的皮肤是根据自身原有的生物规律不断地新陈代谢，从而保持青春，但广告商宣传的"活肤"，则是利用一种医学上称之为"角质剥脱剂"或称"角质松解剂"的物质，促使皮肤角质层提前脱落，露出新的表皮。这种用来治疗皮肤角化过度的药品。一旦成为爱美人士的日常用品，难免出现问题。当年火爆一时的"换肤霜"就是一个代表。

■ **除皱**

化妆品可以除皱也是商家一贯的说辞。排除某些化妆品具有可延缓皱纹出现的功能以外，除皱也是一个谎言。皱纹是皮肤衰老的象征，一般35岁以后皮肤衰老就开始了，皱纹依次出现，它是岁月留在脸上的痕迹。人体的生物衰老是不可抗拒的，但除了皮肤的自然老化（时程老化）无法抗拒外，由于光老化（紫外线的损伤）累及的只是暴露部位的皮肤，所以若对面部保护得当，完全可以延缓面部皱纹的产生。

■ **美白**

作为女性，没有一位不希望自己的皮肤是白皙光丽的。因此，市面上一些宣称可"三重美白"的化妆品应运而生。有人信以为真，买了好多瓶，结果却令人失望。因为皮肤的色泽是由遗传基因决定的，想借助化妆品的作用改变自然规律几乎是不可能的。

■ **精华原料**

一些化妆品广告反复强调本产品用的原料都是"精华"，如活肤精华、植物精华等，甚至也有宣称含有水的精华。水的精华不就是 H_2O，至于活肤精华到底是什么，根本没讲。至于植物精华，当前最火爆是芦荟，也不过是一种普通植物，并非灵丹妙药。更让人忧虑的，如被曝光的"葡萄子抗敏平抚液晶"内含的源自瑞士的植物精华，经检测结果却是"地塞米松"。

第三节 化妆品广告管理

化妆品广告在化妆品的销售中起着至关重要的作用，一句好的广告词能为化妆品生产商和销售商带来巨大的利润。因此，在广告方面，化妆品经销商都纷纷投入巨资，据广州泽华市场资讯有限公司对国内近十分主流报刊杂志监测，仅 2006 年 1~5 月份，就有 404 个化妆品品牌在国内平面媒体投放了 3863 次广告，广告费用总额为 100964170 元。

为保护消费者利益，维护广告的正式性，规范化妆品广告管理，国家颁布了《中华人民共和国广告法》、《广告管理条例》、《广告管理条例施行细则》、《化妆品广告管理办法》等一系列法律法规，加强对化妆品广告的监督管理。

一、化妆品广告的行政监管

1. 化妆品广告行政监管的定义

化妆品广告行政监管是指国家通过一定的行政干预手段，或者按照一定的广告管理的法律、法规和有关政策规定，对化妆品广告活动进行监督、检查、控制和指导，它是一种运用有关行政法规、命令、指示、规定和政策对化妆品广告进行管理的方法和手段。

在我国，化妆品广告的监督管理，是由国家工商行政管理部门按照化妆品广告管理的法律、法规和有关政策规定来行使管理职权的，而且是我国现阶段进行化妆品广告管理的一种主要方法。

2. 工商行政管理部门的广告管理职能

国家工商行政管理局和地方各级工商行政管理局，根据《中华人民共和国广告法》、《广告管理条例》、《广告管理条例施行细则》、《化妆品广告管理办法》和国务院的有关授权，在对广告活动的监督管理中，主要行使以下职能。

(1) 负责广告立法和法规解释　广告管理法规是广告管理机关对广告实施管理的主要依据。国家工商行政管理局作为国务院的直属机构，是全国广告管理的最高机构，其重要职能之一就是代国务院或国家立法机关起草广告管理的法律、法规文件，单独或会同国务院其他部门制定广告管理的单项规章，负责解释《中华人民共和国广告法》、《广告管理条例》、《广告管理条例施行细则》及其他广告管理单项规章。各省、自治区、直辖市及有地方立法权的诚实的广告管理机关可以代当地人民政府起草地方性的广告管理法规。其他广告管理机关有义务为上述有立法权的广告管理机关起草广告管理法律、法规进行专题调查研究和提供有关数据与情况。

(2) 对广告经营单位的审批　广告管理的审批工作是与管理对象——广告经营单位建立联系的开始。对广告经营单位的审批包括两个方面的内容：一是对广告经营资格的审批，即核准广告经营权；二是对广告经营范围的审批，也就是核定广告经营范围。前者关系到是否允许经营广告业务，它是区别合法经营与非法经营的界限；后者则关系到允许经营什么，它是区分守法经营与超范围经营的界限。因此，对广告经营单位的审批是对广告经营活动进行管理的基础，是监督广告活动，保护合法经营，取缔非法经营的前提条件。通过审批，可以掌握、控制一个地区、一个时期广告经营单位的发展情况。

(3) 对广告主和广告经营者的监督与指导　对广告主和广告经营者的广告活动全过程的合法性进行监督，保证广告活动在法律规定的范围内进行，这是各级广告管理机关，尤其是地方广告管理机关的一项日常性工作。

(4) 对广告违法案件的查处和复议　查处广告违法案件，依法制裁广告违法行为，追究广告违法行为人的法律责任，是各级广告管理机关的重要工作职能。根据《广告管理条例》、《广告管理条例施行细则》和《广告法》的规定，对违反广告管理法规的广告主、广告经营者和广告发布者，由工商行政管理机关追究其法律责任，视其情节轻重给予不同的行政处罚，对构成犯罪的，要移送司法机关。广告违法案件的处罚决定作出后，其上一级广告管理机关还担负着行政复议的任务，依据不同情况，维持、变更或撤销原处罚决定。

（5）协调与服务　协调是各级广告管理机关日常工作中经常进行的工作，这项职能充分体现了广告管理所具有的综合性特点。这里的协调，一是指工商行政管理机关内部，广告管理部门与企业登记、经济合同管理等部门的协调；二是指广告管理机关内部由于各地、各级工作的不同而产生的横向的、纵向的协调；三是广告管理机关与政府其他有关职能部门的协调。目前，由于我国尚没有统一的广告行业主管部门，广告管理机关实际上代理着行业管理的某些工作。因此，广告管理机关还有反映广告行业发展状况、代表广告业呼声、为广告业服务的职能。此外，广告管理机关还应做好对同级广告协会的指导工作。

二、《中华人民共和国广告法》

为了规范广告活动，促进广告业的健康发展，保护消费者的合法权益，维护社会经济秩序，发挥广告在社会主义市场经济中的积极作用，1994年10月27日第八届全国人民代表大会常务委员会第十次会议上通过了《中华人民共和国广告法》（以下简称《广告法》），它是广告管理法规中立法层次最高的法规，是我国广告监督管理的基本法律，是综合性的广告管理法律。

1. 适用范围

（1）地域范围　本法的地域范围是在中华人民共和国境内，香港、澳门特别行政区按照其基本法规规定办理。

（2）对象范围　广告主、广告经营者、广告发布者都应遵守本法。这里所指的广告主是指为推销商品或者提供服务，自行或者委托他人设计、制作、发布广告的法人、其他经济组织或者个人；广告经营者是指受委托提供广告设计、制作、代理服务的法人、其他经济组织或者个人；广告发布者是指为广告主或者广告主委托的广告经营者发布广告的法人或者其他经济组织。

（3）化妆品监督管理体制　《广告法》规定县级以上人民政府工商行政管理部门是广告监督管理机关。

> **链　接**
>
> 发布广告的一般程序：
> 广告主委托广告经营者或者广告主自行设计广告文案，然后与媒体联系，媒体对已批准的广告文案进行审核，通过审查后刊登或播出。

2. 广告准则

（1）广告内容应当有利于人民的身心健康，促进商品和服务质量的提高，保护消费者的合法权益，遵守社会公德和职业道德，维护国家的尊严和利益。

（2）广告不得损害未成年人和残疾人的身心健康；不得贬低其他生产经营者的商品或者服务。

（3）广告应当真实、准确；广告中对商品的性能、产地、用途、质量、价格、生产者、有效期限、允诺或者对服务的内容、形式、质量、价格、允诺有表示的，应当清楚、明白；使用数据、统计资料、调查结果、文摘、引用语，应当真实、准确，并表明出处。

（4）禁止性规定　广告不得有下列情形：使用中华人民共和国国旗、国徽、国歌；使用国家机关和国家机关工作人员的名义；使用国家级、最高级、最佳等用语；妨碍社会安定和危害人身、财产安全，损害社会公共利益；妨碍社会公共秩序和违背社会良好风尚；含有淫秽、迷信、恐怖、暴力、丑恶的内容；含有民族、种族、宗教、性别歧视的内容；妨碍环境和自然资源保护；法律、行政法规规定禁止的其他情形。

（5）关于化妆品广告　食品、酒类、化妆品广告的内容必须符合卫生许可的事项，并不得使用医疗用语或者易与药品混淆的用语。

3. 广告活动

（1）广告活动主体的权利和义务　广告活动中应当依法订立书面合同，明确各方的权利和义务。

广告主自行或者委托他人设计、制作、发布广告的，所推销的商品或者所提供的服务应当符合广告主的经营范围，应委托具有合法经营资格的广告经营者、广告发布者，具有或者提供真实、合法、有效的下列证明文件：营业执照以及其他生产、经营资格的证明文件；质量检验机构对广告中有关商品质量内容出具的证明文件；确认广告内容真实性的其他证明文件。

广告经营者、广告发布者应依据法律、行政法规查验有关证明文件，核实广告内容；对内容不实或者证明文件不全的广告，广告经营者不得提供设计、制作、代理服务，广告发布者不得发布；按照国家有关规定，建立、健全广告业务的承接登记、审核、档案管理制度；公布其收费标准和收费办法。

（2）广告经营者的条件　从事广告经营的，应当具有必要的专业技术人员、制作设备，并依法办理公司或者广告经营登记，方可从事广告活动；广播电台、电视台、报刊出版单位的广告业务，应当由其专门从事广告业务的机构办理，并依法办理兼营广告的登记。广告经营登记机关为工商管理部门。

（3）广告收费　广告收费应当合理、公开，收费标准和收费办法应当向物价和工商行政管理部门备案。

（4）禁止广告的情况　法律、行政法规规定禁止生产、销售的商品或者提供的服务，以及禁止发布广告的商品或者服务，不得设计、制作、发布广告。

（5）户外广告的问题　有下列情形之一的，不得设置户外广告：利用交通安全设施、交通标志的；影响市政公共设施、交通安全设施、交通标志使用的；妨碍生产或者人民生活，损害市容市貌的；国家机关、文物保护单位和名胜风景点的建筑控制地带；当地县级以上地方人民政府禁止设置户外广告的区域。

4. 广告活动中的几项重要制度

（1）广告审查制度　广告审查的范围包括广告客户的主体资格，其所提交的证明文件是否真实、合法、有效，广告的内容和表现形式是否符合相关的法律法规规定。审查的方法有依照国家有关广告的法律和行政法规以及依照有关证明文件。

（2）广告证明制度　广告客户委托广告业务时，应当依法向广告经营者、广告发布者提交和交验上述两类证明文件，并保证所提交的广告证明真实、合法、有效；广告经营者承办广告业务，应要求广告客户提交相应证明；广告客户提交和交验的证明必须是国家有关证明机关核发的；广告证明必须做到证明出具机关合法；广告内容合法；广告证明与广告有直接关系；广告证明适用的时间和地域范围有效，才具有法律上的证明力。

（3）广告合同制度　广告合同一般应具备主要条款：标的及其数量、质量；广告费用；广告项目完成的期限、地点和方式；技术资料、图纸或广告作品提供的期限、质量、数量及保密要求；广告项目的验收标准、办法、期限；违约责任及解决合同纠纷的方式。

（4）广告业务档案制度　建立、健全广告业务档案，可以为广告业务中的各种活动提供凭证，同时也为同类的广告业务提供参考，促进广告不断进步。广告经营者保存的业务档案主要包括：承办的广告样张（刊、带）及图片、照片等；收取和查验的广告证明和查验记录；广告审查情况记录材料；广告合同；其他应当保存的资料。

5. 对违法广告的处罚

（1）利用广告对商品或者服务作虚假宣传的，由广告监督管理机关责令广告主停止发布，并以等额广告费用在相应范围内公开更正消除影响，并处广告费用一倍以上五倍以下的罚款；对负有责任的广告经营者、广告发布者没收广告费用，并处广告费用一倍以上五倍以下的罚款；情节严重的，依法停止其广告业务。构成犯罪的，依法追究刑事责任。

(2) 发布虚假广告，欺骗和误导消费者，使购买商品或者接受服务的消费者的合法权益受到损害的，由广告主依法承担民事责任；广告经营者、广告发布者明知或者应知广告虚假仍设计、制作、发布的，应当依法承担连带责任。

(3) 发布广告违反广告准则中的禁止性规定的，由广告监督管理机关责令负有责任的广告主、广告经营者、广告发布者停止发布、公开更正，没收广告费用，并处广告费用一倍以上五倍以下的罚款；情节严重的，依法停止其广告业务。构成犯罪的，依法追究刑事责任。

(4) 违反"化妆品广告的内容必须符合卫生许可的事项，并不得使用医疗用语或者易与药品混淆的用语"规定，发布化妆品广告的，由广告监督管理机关责令负有责任的广告主、广告经营者、广告发布者改正或者停止发布，没收广告费用，可以并处广告费用一倍以上五倍以下的罚款；情节严重的，依法停止其广告业务。

(5) 广告主、广告经营者、广告发布者有下列侵权行为之一的，依法承担民事责任：广告中损害未成年人或者残疾人的身心健康的；假冒他人专利的；贬低其他生产经营者的商品或者服务的；广告中未经同意使用他人名义、形象的；其他侵犯他人合法民事权益的。

三、《化妆品广告管理办法》

为加强对化妆品广告的管理，保障消费者的合法权益，根据《广告管理条例》的有关规定，1993年7月13日国家工商行政管理局局务会议通过，自1993年10月1日起施行。

该办法是在《广告法》实施的基础上颁布的部门规章，是化妆品广告管理的特别性法规。其主要内容如下。

1. 发布化妆品广告基本要求

（1）化妆品标签上应当注明产品名称、厂名，并注明生产企业卫生许可证编号。

（2）小包装或者说明书上应当注明生产日期和有效使用期限。

（3）特殊用途的化妆品，还应当注明批准文号。

（4）对可能引起不良反应的化妆品，说明书上应当注明使用方法、注意事项。

（5）化妆品标签、小包装或者说明书上不得注有适应证，不得宣传疗效，不得使用医疗术语。

2. 化妆品的广告宣传的禁止性规定

（1）化妆品名称、制法、成分、效用或者性能有虚假夸大的。

（2）使用他人名义保证或者以暗示方法使人误解其效用的。

（3）宣传医疗作用或者使用医疗术语的。

（4）有贬低同类产品内容的。

（5）使用最新创造、最新发明、纯天然制品、无副作用等绝对化语言的。

（6）有涉及化妆品性能或者功能、销量等方面的数据的。

（7）违反其他法律、法规规定的。

3. 申请发布化妆品广告应提交的资料

（1）国产化妆品广告应提交的证明材料如下。

① 营业执照。

② 《化妆品生产企业卫生许可证》。

③ 《化妆品生产许可证》。

④ 美容类化妆品，须交验省级以上化妆品检测站（中心）或卫生防疫站出具的检验合格的证明。

⑤ 特殊用途化妆品，须交验国务院卫生行政部门核发的批准文号。

⑥ 化妆品如宣称为科技成果的，须交验省级以上轻工行业主管部门颁发的科技成果鉴定书。

⑦ 广告管理法规、规章所要求的其他证明。

（2）进口化妆品广告应提交的证明材料如下。

① 国务院卫生行政部门批准化妆品进口的有关批件。
② 国家免检部门检验化妆品合格的证明。
③ 出口国（地区）批准生产该化妆品的证明文件（附中文译本）。

4. 发布化妆品广告的有关要求

(1) 广告客户对可能引起不良反应的化妆品，应当在广告中注明使用方法、注意事项。

(2) 广告经营者承办或代理化妆品广告，应当查验证明，审查广告内容。对不符合规定的，不得承办或者代理。

(3) 出现下列情况之一时，工商行政管理机关可以责令广告客户或者广告经营者停止发布广告。

① 化妆品引起严重的皮肤变态反应或者给消费者造成严重人身伤害等事故的。
② 化妆品质量下降而未达到规定标准的。
③ 营业执照、《化妆品生产企业卫生许可证》或者《化妆品生产许可证》被吊销的。

【案例】

明星代言存在的问题

近年，广告明星代言的事件屡屡碰壁。赵本山代言的蚁力神在美国遭封杀；刘嘉玲代言 SK-Ⅱ 被起诉；唐国强、解晓东代言的送子神话被停播；徐帆代言化妆品违规等事件，我们看到明星们在药品健康美容商品广告薄冰上的起舞。

从明星代言广告的纷纷落水，我们不难发现明星代言过程中存在着的一些问题。一些明星难免受到利益的驱使，接受代言的过程中并没有经过慎重的考虑，自身形象是否与宣传的产品理念相符合，是否能从消费者的立场考虑，在广告宣传中做到真实可信。对消费者负责，同时也是对自身形象负责。

我国目前的广告法制法规不够健全，在法规的制定和违法行为的惩处方面会有疏漏，给人以可乘之机。在欧美等广告业非常发达的地区，对明星代言产品的要求非常严格。一旦该产品出现质量问题，不但名誉受损，而且如果涉及虚假宣传还会受到指控，很有可能遭到巨额罚款，甚至刑事处罚，因此，名人对广告商的邀请慎之又慎，对不了解的商品即使出价再高也不会接受代言的邀请。相比之下。中国明星对自身形象的保护则远远不够，应该向他们学习、认真学习。

商家在挑选品牌代言人的过程中，也要根据自身产品的性质特点和所要传达的理念选择最有发言权的代言人，在广告传播中不能夸大其词、无中生有，要用高品质的商品和真实诚恳的诉求方式打动消费者。

思考题

1. 化妆品广告监管对规范市场，保护消费者权益有没有作用？
2. 广告是否为企业制胜的"万金油"？
3. 化妆品广告管理应从哪些方面着手？
4. 判断广告的违法的法律依据是什么？
5. 作为企业和广告管理机构，在广告的规范和管理中各自要起什么作用？承担什么责任？

第十七章 化妆品进出口

学习目标：通过本章节的学习，学生应能够掌握进出口化妆品监督管理机构，进口化妆品程序，不合格产品的处理；熟悉标签审核的定义及其程序，分级管理的划分依据和评定依据，进出口化妆品的检验项目；了解目前我国化妆品进出口的现状，从而能够在化妆品进出口过程中树立遵法守法的观念。

第一节 进口化妆品市场监管的重要性

目前我进口化妆品市场存在的问题，主要有以下几点。

一、销售假冒伪劣"进口"化妆品

据了解有一些假冒进口名牌化妆品系国内黑作坊加工制成的，它们的品质与真品相差甚远，有极大的不安全隐患，用后可能出现重金属中毒、过敏，甚至影响一些生理功能，但其销售的价格极其低廉，容易使贪图便宜的消费者上当。假冒伪劣进口化妆品往往没有正规的包装物，内外包装较为粗糙，必须印刷的内容不全，而且字迹模糊，有的英文有明显错误，印刷图案有明显色差和套色偏差。多数假冒伪劣化妆品内容物气味异常，色泽不均匀，甚至出现霉斑，有些有沉淀物产生和液体混浊分层现象。

二、无证销售

我国法律法规规定进口化妆品必须经检验检疫局检测合格后方可销售。随着有关部门执法力度的不断加强，进口化妆品的检验检疫率不断提高，但仍有不尽如人意的地方。一方面对无证化妆品检查人员不允许销售；另一方面检验检疫人员对无证化妆品进行了抽样，将在实验室进行理化指标、卫生化学指标、微生物等项目的检测，如果检测不合格将责令销毁或做无害化处理。

三、销售过期化妆品

部分批发市场中销售的进口化妆品没有生产日期和保质期。有些是过期产品，却在非法销售。化妆品一旦过期，其颜色出现变化，可能产生酸变气味或生成气体；液体可能混浊不清；口红和膏体出现水滴或油滴，安全质量无保证。消费者千万不要购买既无生产日期又无保质期的进口化妆品。在我国，绝对禁止销售过期化妆品，对于过期化妆品只能销毁或者进行无害化技术处理，一旦使用过期化妆品可能造成过敏、发红、发痒、皮肤损伤甚至中毒。

四、销售无中文标识的进口化妆品

进口化妆品在销售的时候必须加贴中文标识，中文标识应反映进口化妆品的品名、规格型号、主要成分、生产日期和保质期、原产地、进口批文号及注意事项等，消费者可以从中得到大量有用的信息。有的批发市场上销售的进口化妆品没有中文标识，许多消费者面对洋文无所适从。

五、假冒产地

一些国产化妆品和洗涤用品生产商将生产产地改为"法国"、"日本"进行销售，这种冒充知名产地的行为已构成了产地欺诈。

六、销售非法渠道进口的化妆品

市场上仍然有无进口手续、无进口批文、无检验检疫证书的"三无"化妆品，这些化妆品有些属于走私商品，有些属于旅客携带入境拿到市场上销售的，此类化妆品不仅逃漏了关税、未经过标签审核、或没有进口批文，而且又未经过检验检疫，安全和质量难以保证。

七、更换中文标签

某些进口化妆品的中文标签是在国内加贴的。需要警惕的是有的不法商人在化妆品临近有效期前更换标签，使有效期向后延长一年甚至几年，以欺骗消费者。

【案例】

SK-Ⅱ被检出含禁用物质

2006年10月，广东出入境检验检疫机构从来自日本宝洁株式会社蜜丝佛陀公司制造的SK-Ⅱ品牌系列化妆品中检出禁用物质铬和钕。检验检疫部门在对一批SK-Ⅱ重点净白素肌粉饼进行检验后发现，其钕成分含量高达4.5毫克/千克。此外，SK-Ⅱ清透防晒乳液、SK-Ⅱ多元修护精华霜、SK-Ⅱ护肤洁面油、SK-Ⅱ护肤精华露、SK-Ⅱ重点净白肌粉底液OB-2、SK-Ⅱ护肤面膜、SK-Ⅱ重点净白素肌粉底液OD-3、SK-Ⅱ润采活肤粉凝霜OB-2系列进口产品中均被检出禁用物质铬，其含量为0.77～2.0毫克/千克。

据了解，按照我国《化妆品卫生标准》（GB7916）的有关规定，化妆品中不能含有铬、钕等禁用物质。铬为皮肤变态反应原，可引起过敏性皮炎或湿疹，病程长，久而不愈。钕对眼睛和黏膜有很强的刺激性，对皮肤有中度刺激性，吸入还可导致肺栓塞和肝损害。我国和欧盟等有关国家的相关规定中均把这两种元素列为化妆品禁用物质。

目前，国家质检总局已就此事致函日本政府主管部门及驻华使馆，要求日方有关部门加强对输华化妆品的管理，保证输华化妆品符合中国国家标准的要求。同时，国家质检总局还发出通知，要求各地检验检疫机构加强对来自日本进口化妆品的检验检疫工作，确保进口化妆品安全。

（资料来源：新浪网. http://news.sohu.com/20061024/n245963587.shtml. 2006-10-24）

第二节 《进出口化妆品监督检验管理办法》

为规范进出口化妆品监督检验管理工作，保护人民的生命安全，根据《中华人民共和国进出口商品检验法》及其实施条例和《化妆品卫生监督条例》等法律法规的有关规定，国家质量监督检验检疫总局于2000年2月17日发布了《进出口化妆品监督检验管理办法》。下面主要介绍《进出口化妆品监督检验管理办法》的主要内容。

一、适用范围

该办法适用于以下进出口化妆品的监督检验：列入《出入境检验检疫机构实施检验检疫的进出境商品目录》的；其他法律、法规规定须由检验检疫机构实施检验的；国际条约、双边协议要求检验的。

二、进出口化妆品监督管理机构

1. 卫生行政管理部门

卫生行政管理部门承担着首次进口的特殊功能化妆品的行政审批工作，进行技术审评，发给批准文号和证书，以及对产品质量进行经常性卫生监督；承担首次进口的非特殊功能化妆品的备案工作，进行备案管理。

2. 国家质量监督检验检疫总局

2005年，国务院决定国家质量技术监督局与国家出入境检验检疫局合并，组建中华人民共和国国家质量监督检验检疫总局，其主要职能之一为组织实施进出口化妆品的安全、卫生、质量监督检验和监督管理；管理进出口化妆品生产、加工单位的卫生注册登记，管理出口企业对外卫生注册工作。对各类进口化妆品进行资料审核，实施对标签、标志、感官指标、理化指标、卫生化学、微生物等项目的检验和检查。

【案例】

卫生部：中国进口化妆品合格率低于国产

中国卫生部日前公布，2006年进口化妆品合格率为89.5%，低于国产化妆品91.7%的合格率。

28个省、区、市共抽检生产企业和经营单位化妆品产品43125件，合格率为91.5%。其中，进口化妆品合格率89.5%，国产化妆品合格率91.7%。

（资料来源：新华网. http://www.gxnews.com.cn.2007-05-10）

思考：进口化妆品市场存在的主要问题是什么？如何解决？

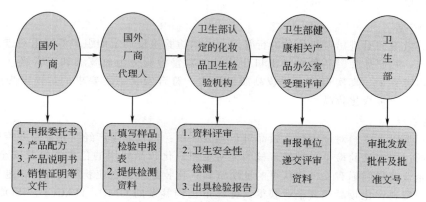

图17-1　进口普通化妆品申报流程

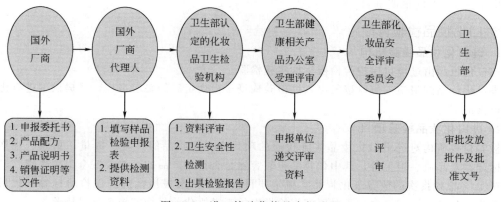

图17-2　进口特殊化妆品申报流程

三、进口化妆品程序

具体内容见第六章第四节。申报流程见图17-1、图17-2。

四、标签审核

化妆品标签审核是指对进出口化妆品标签中标示的反映化妆品卫生质量状况、功效成分等内容的真实性、准确性进行符合性检验，并根据有关规定对标签格式、版面、文字说明、图形、符号等进行审核。

具体内容见第六章第五节。

> ■ 国家简化进出口食品化妆品标签审核程序
>
> 国家质检总局日前发布公告,自2006年4月1日起,进出口食品、化妆品的标签审核将与检验检疫结合进行,不再实行预先审核。
>
> 公告指出,自2006年4月1日起,出入境检验检疫机构不再强制要求凭《进出口食品、化妆品标签审核证书》报检。公告强调,进口食品、化妆品标签必须符合中国法律法规和强制性标准的规定,出口食品、化妆品标签必须符合进口国/地区的要求。已经取得的《进出口食品、化妆品标签审核证书》继续有效,如进出口食品标签与审核证书上标注内容相符,可免于标签审核。
>
> (资料来源:深圳特区报.2006-03-30)
>
> 思考:国家为什么要简化非特殊用途化妆品进口的程序?

五、分级管理

1. 划分依据

为了更有效率的对进出口化妆品进行管理,国家检验检疫局定期组织专家组对进出口化妆品进行等级评审,按照品牌、品种将进出口化妆品的监督检验分为放宽级和正常级。经专家组评审,对资料内容齐全、真实可靠,化妆品质量稳定,符合安全卫生要求的,评定为放宽级化妆品;其余评定为正常级化妆品。

2. 评定依据

专家组根据以下资料对进出口化妆品进行等级评审:化妆品生产经营企业自我声明的自律资料;化妆品通过国家检验检疫局标签审核的证明资料;化妆品使用的色素资料及安全评价资料;化妆品生产企业获得国际有关机构认可的证明资料;化妆品生产企业获得所在国(地区)官方卫生许可的证明资料;化妆品经营企业获得认证评审机构签发的 GMP、HACCP、ISO9000 系列及 ISO14000 证书的有关资料;同一品牌、同一品种的化妆品在最近半年内不少于4批的进出口检验合格率达100%的证明资料。

六、进口化妆品检验管理

1. 进口化妆品检验机构

进口化妆品由进境口岸检验检疫机构实施检验。

进口化妆品的报检人员应按《出入境检验检疫报检规定》的要求报检,并提供《进口化妆品标签审核证书》。

2. 进口化妆品检验项目

检验检疫机构对进出口化妆品实施检验的项目有:化妆品的标签、数量、重量、规格、包装、标记以及品质、卫生等,其中化妆品包装容器是否符合产品的性能及安全卫生要求。

对10%报检批次的放宽级化妆品实施全项目检验,其余报检批次的仅检验标签、数量、重量、规格、包装、标记等项目;对所有报检批次的正常级化妆品均实施全项目检验。

对检验合格的进口化妆品出具合格单证,加贴检验检疫监督标志。

3. 不合格产品的处理

进出口化妆品经检验不合格的,由检验检疫机构出具不合格单证。其中安全卫生指标不合格的,应在检验检疫机构监督下进行销毁或退货;其他项目不合格的,必须在检验检疫机构监督下进行技术处理,经重新检验合格后,方可销售、使用或出口;不能进行技术处理或者经技术处理后,重新检验仍不合格的,进口化妆品责令其销毁或退货,出口化妆品不准出口。

七、进口化妆品的市场监督管理

进口化妆品在通过检验管理以后，产品上市销售，但仍受进口化妆品的监督管理。由于化妆品行业进入门槛较低，造成了化妆品品种杂、经销代理商多的局面。而进口化妆品存在多头管理，加上部分省市化妆品监管职能刚划归药监部门，所以进口化妆品行业长期以来面临的"水货"问题，还需花大量时间进行梳理和改善。

国家对经营化妆品没有实行行政许可，经营者只要办理工商营业执照即可经销，但经营进口化妆品不能由商家随意采购。根据有关法规，进口化妆品须经卫生部批准或备案，并经国家检验检疫部门检验合格方准进口。因此，商家所销售的进口化妆品必须从代理商或经销商等合法渠道购进，并向代理商或经销商等索取"进口化妆品卫生许可批件"、"进出口化妆品标签审核证书"、"检验报告书"，查验商品的真实性、合法性。

消费者购买进口化妆品时，商场专柜应主动出示三证，这可以说是进口化妆品的"出生证"和"身份证"，消费者也应主动索取。如果未出示或无法出示证件，消费者可以向药监部门举报，药监部门会尽快处理。

如经营进出口化妆品有违法行为，根据《化妆品卫生监督条例》，会受到以下处罚：进口或者销售未经批准或者检验的进出口化妆品的，没收产品及违法所得，并且可以处违法所得三到五倍的罚款；生产或销售不符合国家《化妆品卫生标准》的化妆品，没收产品及违法所得，并且可以处违法所得三到五倍的罚款。

■ 进出口检验报告中的英文

（一）检验证书（Certificate of Inspection）

1. 检验报告 Certificate of analysis
2. 厂家
2.1 化工有限公司 CHEMICAL CO. LTD.
2.2 化工厂 CHEMICAL PLANT
2.3 精细化工有限公司 FINE CHEMICAL CO，. LTD
2.4 药业股份公司 PHARMACEUTICAL CO，. LTD
3. 检查项目 test items//analytical items
3.1 品名 PRODUCT
3.2 批号 batch NO.
3.3 生产日期 manufacturing date//manu. Date
3.4 有效期 Exp date//expiry date
3.5 检验依据 quality standard//inspecting basis
3.6 规格 PACK SIZE
3.7 数量 QUANTITY
3.8 报告日期 report date
3.9 包装 package
3.10 分子式 molecular formula 分子量 molecular wt
4. 检查项目 test items//analytical items
4.1 性状 appearance//characteristics//description
4.2 鉴别 identification IR spectrum HPLC-retention
4.3 溶液外观 appearance of solution
4.4 澄清度 clarity
4.5 颜色 color
4.6 酸碱度 acidity and alkalinity

4.7　有关物质 related substances

分为：individual impurity substance NMT…；total impurity substance NMT…。

4.8　干燥失重 loss on drying

4.9　炽灼残渣 residue on ignition

4.10　重金属 heavy metals

4.11　溶剂残留 residue

4.12　有机挥发性物质 organic volatile impurities

4.13　溶解度　solubility

4.14　熔点　melting point

4.15　旋光度　optical rotation

4.16　灰分 sulphated ash

4.17　水分　water content

4.18　粒度　particles size//MESH　SIZE

4.19　酸度　pH value

4.20　农药残留　residue of pesticide

4.21　细菌总数　total plate count

真菌和酵母菌 yeast & mold　大肠杆菌 E. coil　沙门菌 salmonella

4.22　含量　assay

5. 质量标准　specifications

5.1　白色或类白色　结晶粉末　white or almost white crystalline powder

味微苦　a little bitter taste

5.2　应符合规定　complies with the CRS//meet the requirements

5.3　不少于 no less than　不多于 no more than //NMT

5.4　无 negative　有 positive

5.5　欧洲药典 Eur Ph　美国 USP　中国 CHP　日本 JP　英国 BP

5.6　80～100 目　80～100　mesh

5.7　澄清无色　clear and colorless

5.8　紫外灯　Ultraviolet Ray Lamp

5.9　溶于　soluble in　易溶于　freely soluble in　微溶于　sparing soluble in

5.10　与对照品图谱一致　Corresponding to Reference Spectrum

6. 结果　results

符合规定　conform to//complies with//pass//meet the requirement

7. 结论　conclusion

符合英国药典 2000 版　complies with BP 2000

8. Sign

化验员　Analyst 复核员　Checker 质保经理　QA manager//QA director

（二）质量检验报告单——Quality Inspection Report

一般包括：

1. 日期——Date

2. 检验员——Inspector

3. 产品名称——Item Description

4. 产品编号——Part Number/PT. NO.

5. 检验数量——Quantity Inspected

6. 客户订单号——P. O. NO.
7. 发现问题详述——Discrepancies Found（一般与检验标准对照，列出不符合标准的差异）
8. 不合格数量：Reject Number
9. 通过数量：Pass Number
10. 全部合格：Pass All
11. 全部不合格：Reject All
12. 不合格产品处理办法——Disposition of Rejects
另外需要得到质检部经理和质检QA的签字：Sign
1. 质检部经理——QA Manager
2. 质检员——QA/Inspector

思考题

1. 目前进口化妆品市场存在的主要问题是什么？
2. 进口不合格化妆品会造成什么危害？
3. 进出口化妆品的行政管理机构是哪些部门？
4. 国家是否应加强对进出口化妆品的监督管理？
5. 商场专柜出售进口化妆品应出示哪"三证"？

第七篇

美容管理法规

第十八章 美容管理

学习目标：通过本章节的学习，要求学生了解中国美容业的总体状况；了解美容管理的重要性；了解美容医疗管理办法及相关的法律责任；熟悉美容医疗机构的设置与登记办法；掌握医疗美容审批工作程序。

第一节 中国美容行业总体状况

一、中国美容行业总体状况

1. 行业总体状况

我国美容产业实际上已经形成包括美容、美发、化妆品、美容器械、教育培训、专业媒体、专业会展和市场营销八大领域的综合服务流通产业。根据对规模以上单位的调查，2005年美容服务业产值为2600亿元人民币，预计到2010年，全国美容服务性总收入将突破3000亿元。在过去三年中，年均增长率为31.91%，高于同期国民生产总值9.5%的增长率，另外从业人员达到1600多万员，展示了良好的行业发展前景和发展空间。

如果加上美容产品和设施的生产企业，以及美容业的上、下游产业和边缘产业，整个"美容经济"的产值和就业数量将远远高于目前的调查数据。

2. 美容机构经营状况

调查发现目前我国美容业运行状况良好。从业者在正常经营状态下收入较高，与餐饮、娱乐、保健等第三产业相比，处于中等较高水平；较之第一产业、第二产业个人收入要好。从业人员数量、美容机构规模、服务性收入和消费人群数量等各项指标均朝好的方向发展。

（1）从业人员增加 美容服务性机构的从业人员约为1600万人，其中女性占据绝大多数，比例为78.58%，平均从业人员的年龄为25.7岁。

（2）美容机构增加 美容机构的保有量约为172万家，年增长率约为5.84%，其中51%左右的机构是近五年开业的，化妆品企业和美容教育机构呈下降状态，分别为3140家左右和600

余家。

（3）服务性收入增加　美容业分为服务业、生产业、流通和教育培训等几个方面，其中服务性收入达2200亿元人民币；化妆品生产企业销售额约为850亿元人民币，是服务性收入产业的主体。

（4）受教育人数增加　美容教育培训机构的保有量为600余家，较之两年前的670余家，年下降5.83%，累计为行业输送了800余万专业人才，并且成为专业技术培训的主渠道（占受培训者的53.92%）。

（5）美容机构规模增大　美容机构总体仍以中小型为主，注册资金20万元人民币以下者占63.31%，实际投资30万元以下者占72.31%。但相比以前，规模有所扩大。

（6）赢利水平增加　美容机构每店的平均营业收入为11.63万元人民币/年，其中一、二级城市的大型店收入超过60万元人民币者达43.84%，较之2002年一级城市为27.33万元人民币和二级城市为12.64万元人民币有较大提高（图18-1）。

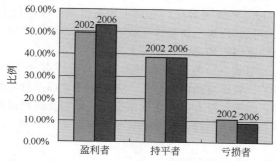

图18-1　2002年与2006年美容机构赢利水平比较

（7）从业人员收入增加　美容从业人员月平均工资约为1050元人民币，年均为1.26万元人民币，但增长幅度不高，相比上年度约增长3%。

（8）消费人群增加　美容消费的人群涉及各行各业，其中公职人员、公务员、技术人员、自由职业者、企业管理层人员是主要的消费者。年龄主要集中在20～50岁，以女性为主，约70%的人对美容业发展及美容持乐观态度。

3. 美容市场消费状况

（1）美容主要群体　研究发现：美容主要群体集中在年轻群体和中年群体，特别是31～40岁这一群体，他们的美容需求最为强烈，所占比例为40%（图18-2）。

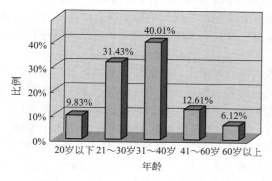

图18-2　美容主要消费群体年龄分布

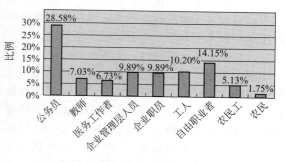

图18-3　美容主要消费群体的职业分布

（2）职业分布　在职业分布上，公务员群体比较突出（图18-3），其次是白领群体，工人和农民群体所占比例不高。

（3）美容主要消费方式　顾客进行美容消费时，大多数还是在商业流动区进行消费，另外

31.32%的消费群体为随机选择进行消费；还有将近40%的群体会采取会员卡方式进行消费。主要城市群体每人每次的平均美容费用为118.31元人民币，其中每人每月消费2～3次者占30.66%，每月消费一次者占40.26%。80%以上的被访者对目前的价格持接受态度。

二、中国美容行业存在的问题

1. 专业线竞争激烈

中国领取化妆品生产许可证的企业2004年有3200多家，2005年3140家，化妆品的品种2.5万余种。此外，还有一大批虽然没有领到生产许可证但采取贴牌加工的企业，实际从事化妆品生产销售的企业有10000多家，品牌不下5万余种。

由于贴牌生产门槛低，在化妆品行业巨大的市场增长潜力以及高回报低风险的驱动下，一些小规模的投资者纷纷踏入，这些小规模企业中绝大多数由于在产品的把握、市场开拓思路及投入上先天不足，为了迅速的打开市场，获取企业正常运转的资金支持，他们更多地把产品定位于专业线上。而全国专业美容院也就170万余家，每家经营1～2个厂家的产品，平摊到10000多家企业，每家企业只能有200～300家美容院，这点市场量自然不能维持企业的生存。众多小规模企业为了生存就不得不在折扣、配送上拼得你死我活。折扣、配送终究是有底线的，目前虽然还没有触底，但行业内普遍感觉到市场难做，压力大。

究其原因，这种压力的形成，一方面是僧多粥少，几十个甚至上百个品牌去争抢一个美容院，美容院的选择余地多了，要求自然就高了；一方面除了产品品牌名称不同外，绝大多数产品在功能、效果上大同小异，在产品没有差异性的前提下，要想在这种激烈的竞争环境下争取到越来越挑剔的美容院的青睐，唯一的出路只能是拼价格、拼配送、拼服务。

2. 产品同质化

虽然对产品功效性进行包装的各种概念层出不穷，但究其实质，同类型的产品并没有太大的不同，除了外观上的差异外，都可以说没有专有技术或绝密武器，一支雅芳的美白护肤霜与一支名不见经传的小公司生产的美白护肤霜在功效上很难说哪个更突出。

3. 营销方式、促销手段趋同化

营销方式以及促销手段除了有日化与专业两条线路的不同外，这两条线在各自的领域内智慧共享，一切新的方式、新的手段刚一出台即被模仿。

4. 美容院现状

美容院是我们专业线化妆品销售市场的最基本的单元，是专业线化妆品与消费者直接联系点。美容院费尽心思争取顾客，化妆品厂商以及他们的各级代理商也费尽心思的争取美容院的青睐。一个有趣的现象是，老美容院不断孵化出新的美容院，旧品牌企业昔日的员工纷纷翼满单飞，造就了一批又一批竞争者，从整体上看，市场由于这些新生代的不断涌现，群起培育而越来越大，但相对份额却越变越小，经营者所面临的压力一天比一天增大。这些压力或共同存在的问题单从厂商或美容院方面看似乎无法解决。

（1）美容师的流动性　　美容院从理论上来说投入小、风险小，即使经营不善，关门大吉时不会出现太大的亏损，低门槛的准入使得中小实力的投资者纷纷涌入，而美容师既是一种实践经验较强的职业，同时也是低学历年轻女性就业的常选职业，受社会经验以及知识水平的局限，一个较为专业的美容师至少要在市场实际操作中锻炼1～2年，美容院创建的速度大大超出了专业美容师的培训速度，使得有较强实操经验的美容师十分抢手，美容师的跳槽自然也就十分频繁了；另一方面，由于美容院准入门槛低，一些较为优秀的美容师在具备了一定的财力基础后也纷纷开办自己的美容院，越发加剧了美容师需求的压力。

美容师的流动对美容师本人来说并不一定是件坏事，但对美容院的经营者来说则绝对不是一件好事，流失的是优秀的人才不说，更严重的是随着该优秀人员的流失客户资源也受到了影响。

（2）美容院的竞争　　成十上百家化妆品厂商去争抢一家美容院这是行内不争的事实，然而在化妆品厂商的美容院争夺战已至白热化的同时，美容院与美容院之间的客户争夺战也是打得不可开交，常常是一个中等社区出现四五家，较大型社区则有十几家美容院共同竞争。由于竞争的压力过于强大，使得他们不得不把一部分压力向上游厂商转化，而厂商门庭若市的情形正好给了他们转嫁压力的砝码。

(3) 美容院的管理　美容师的社会阅历以及学历决定了整个行业美容师的整体素质，由于美容行业是一个服务性行业，服务的专业性、规范性以及相应的服务细节直接影响到消费者对美容院的认可程度，美容师整体素质的低下对美容院管理者提出了更高的要求；然而，大多数美容院的管理者本身就是从美容师中产生的，其优势是通过耳濡目染积累了一些行业管理经验，但这些经验性的东西离服务的专业性、规范性还有相当大的差距。

所以，从美容院的根本需求出发解决美容院所面临的最为实际的问题才能真正吸引并稳固加盟美容院，只有在保障加盟美容院美容师队伍稳定的同时又能为其广纳客源，美容院才能心悦诚服。然而要做到这一点绝非易事，首先加盟店美容师稳固这一块，许多厂商也意识到了这个问题，并加大了对加盟美容院美容师的培训力度，但这种培训往往局限于对自身产品知识以及手法的培训，且受自身美容导师师资力量的限制培训显得蜻蜓点水；客户资源的开发也决不是召开一两次终端消费者会议所能实现的，它必须有一个可持续的客户发现、培养、稳固的体系。因此，即使大多数专业线化妆品厂商意识到了这些问题也无从解决。

> **■ 日化线与专业线**
>
> 中国的美容化妆品在发展的过程中，根据产品特点和销售渠道与服务特色的不同，分为了专业线与日化线两大类，并且泾渭分明的保持了较长一段时间。事实上，日化线的产品与专业线的产品在功能品质上是没有太大的差异性的，所不同的只是市场操作方式，确切地说是卖场的选择、产品告知方式的不同。
>
> 日化线产品主要选择商场、超市等大中型卖场，众多产品厂商集中扎堆，消费者选择的余地大，购买的自由度高，因此离不开广告的宣传；专业线产品的卖场主要在美容院，传统的做法是依靠美容院的服务口碑来吸引消费者，除了以招商目的为主的一些专业性媒体上有些广告宣传外，很少有针对消费者的广告。
>
> 因此，行业内有实力的化妆品厂商倾向于在日化线上发展，没有实力或实力较弱的则挤在专业线里相互倾轧。就普通消费者来说，他们认为日化线的产品经常在电视报纸上露脸，其出品商是大公司、正规化的公司。

第二节　医疗美容服务管理办法

【案例】

北京七成美容院非法开展医疗美容

本市七成以上生活美容场所都曾开展隆胸、吸脂等医疗美容项目。前天，市卫生局宣布，这些行为均属非法行为，一经查处将被严惩。

卫生局新闻发言人、副局长邓小虹介绍，医疗美容机构和生活美容机构在执业领域上有着明确的划分，前者是指运用手术、药物、医疗器械等，对人的容貌和人体各部位进行修复与再塑，如拉双眼皮、隆鼻、隆胸、抽脂等，带有创伤性，执业时必须有卫生部门颁发的《医疗机构执业许可证》。而后者则只能开展皮肤护理、化妆修饰、美体塑身等，属无创美容项目，由工商部门发证并负责监管。

去年，市卫生部门对9区县的66家生活美容场所进行的调查显示，本市70%以上的生活美容场所都开展了医疗美容项目，其中近20%的场所还开展了危害较大的美容整形手术，如开展隆胸、吸脂等。这些均属于非法行为。

邓小虹介绍，目前，卫生部门和工商部门正联手查处上述行为，市民如有线索可致电公共卫生服务热线12320进行举报。邓小虹称，一旦查出生活美容机构开展医疗美容行为，卫生监督部门将处以罚款并没收其非法所得，同时工商部门将吊销其营业执照。

（资料来源：京华时报，2007-06-12）

思考：非法开展医疗美容活动将会受到何种处罚？

为规范医疗美容服务，促进医疗美容事业的健康发展，维护就医者的合法权益，国家卫生部依据《执业医师法》、《医疗机构管理条例》和《护士管理办法》，于2002年5月1日颁布了《医疗美容服务管理办法》。

一、医疗美容与美容医疗机构的概念

医疗美容，是指运用手术、药物、医疗器械以及其他具有创伤性或者侵入性的医学技术方法对人的容貌和人体各部位形态进行的修复与再塑。

美容医疗机构，是指以开展医疗美容诊疗业务为主的医疗机构。

小知识

美容服务分生活美容服务和医疗美容服务两种。医疗美容服务包括美容外科（隆乳术、重睑术、隆鼻术、面部除皱术、吸脂术），美容牙科（牙齿漂白术、瓷贴面技术），皮肤美容（皮肤磨削术、药物加压治疗），中医美容（针灸美容）。

二、美容医疗机构的设置与登记

1. 开办条件

开办美容医疗机构应按照卫生部《医疗美容服务管理办法》以及《医疗机构管理条例》和《医疗机构管理条例实施细则》的有关规定办理设置审批和登记注册手续，并经相关部门审核，同时具备下列条件后方可营业。

（1）具有承担民事责任的能力。

（2）有明确的医疗美容诊疗服务范围。

（3）符合《医疗机构基本标准（试行）》。

（4）省级以上人民政府卫生行政部门规定的其他条件。

2. 审批程序

卫生部（含国家中医药管理局）主管全国医疗美容服务管理工作。县级以上地方人民政府卫生行政部门（含中医药行政管理部门，下同）负责本行政区域内医疗美容服务监督管理工作。申请开办美容医疗机构的单位或个人应向其所在地区县级以上地方人民政府卫生行政部门递交申请材料。卫生行政部门自收到合格申办材料之日起30日内作出批准或不予批准的决定，并书面答复申办者。合格的，核发美容医疗机构《设置医疗机构批准书》和《医疗机构执业许可证》。卫生行政部门应在核发美容医疗机构《设置医疗机构批准书》和《医疗机构执业许可证》的同时，向上一级卫生行政部门备案（图18-4）。

想一想

美容医疗机构没有《设置医疗机构批准书》和《医疗机构执业许可证》是否可以从事医疗美容活动？

3. 美容医疗机构执业人员资格

美容医疗机构实施主诊医师负责制，负责实施医疗美容项目的主诊医师必须同时具备下列

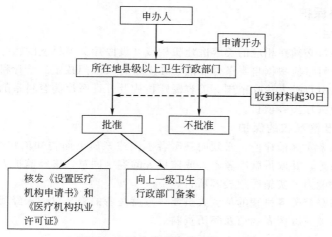

图 18-4 医疗美容机构的审批程序

条件。

（1）具有执业医师资格，经执业医师注册机关注册。

（2）具有从事相关临床学科工作经历。其中，负责实施美容外科项目的医师应具有 6 年以上从事美容外科或整形外科等相关专业临床工作经历；负责实施美容牙科项目的医师应具有 5 年以上从事美容牙科或口腔科专业临床工作经历；负责实施美容中医科和美容皮肤科项目的医师应分别具有 3 年以上从事中医专业和皮肤病专业临床工作经历。

（3）经过医疗美容专业培训或进修并合格，或已从事医疗美容临床工作 1 年以上。

（4）省级人民政府卫生行政部门规定的其他条件。

从事医疗美容护理工作的人员，应同时具备下列条件。

（1）具有护士资格，并经护士注册机关注册。

（2）具有二年以上护理工作经历。

（3）经过医疗美容护理专业培训或进修并合格，或已从事医疗美容临床护理工作 6 个月以上。

【案例】

涡阳县美容整形案

2007 年 2 月，涡阳县消费者徐某到本县一家整容中心做双眼皮整容手术，该中心并未取得任何批准文件，主刀者只是普通外科医生。主刀者自称手术不留瘢痕。消费者信以为真，就交了 300 元钱进行了割双眼皮手术，术后发现眼部留有明显瘢痕。

（资料来源：安徽消费者协会官方网站.www.ah315.cn）

思考：该整容中心违反了医疗美容服务管理办法哪些规定？

消协提示：有些医学美容广告打出"微创无瘢痕"的宣传，从字面上"微创"和"无瘢痕"就存在着矛盾。据医学专家介绍，任何手术都会有创伤、有瘢痕，高明的医生不过是将手术的刀口设计在比较隐秘的部位。

国家 2002 年 5 月 1 日开始实施的《医学美容服务管理办法》规定，美容医疗机构必须经卫生行政部门登记注册，取得《医疗机构执业许可证》后方可开展执业活动。实施美容手术的医生必须是主治医师，应具有 6 年以上美容外科或整形外科等相关专业临床工作经历；负责实施美容中医科和美容皮肤科项目的医生，应分别具有 3 年以上从事中医专业和皮肤病专业临床工作经历。

三、就医者的权益保护

1. 诊疗科目范围

实施医疗美容项目必须在相应的美容医疗机构或开设医疗美容科室的医疗机构中进行。美容医疗机构和医疗美容科室应根据自身条件和能力在卫生行政部门核定的诊疗科目范围内开展医疗服务,未经批准不得擅自扩大诊疗范围。美容医疗机构及开设医疗美容科室的医疗机构不得开展未向登记机关备案的医疗美容项目。

2. 事先告知权及隐私权的保护

执业医师对就医者实施治疗前,必须向就医者本人或亲属书面告知治疗的适应证、禁忌证、医疗风险和注意事项等,并取得就医者本人或监护人的签字同意。未经监护人同意,不得为无行为能力或者限制行为能力人实施医疗美容项目。

美容医疗机构和医疗美容科室的从业人员要尊重就医者的隐私权,未经就医者本人或监护人同意,不得向第三方披露就医者病情及病历资料。

【案例】

女孩整容12次全被曝光　状告侵犯隐私权打赢官司案

案例一:2005年1月,巢湖一消费者黄某到合肥某整形医院,接待的医生说"你的眼睛很漂亮,要是把鼻子垫高会更好",并说做手术的是院长、专家,不要担心。黄女士于是交了款进了手术室,术后却发现鼻梁偏向左边,右眼有点斜。

案例二:因为自己额高突出,眉毛又特别长,至今未嫁的陈小姐竟然轻信自己长了一副"老处女脸"。昨天,这位迷信的姑娘来到温州和平整形医院,要求医生对其面部进行整容,以改变难嫁的命运。

陈小姐是贵州人,在龙湾一公司做文员工作,今年都快30岁了,却还是单身。前几天,她在网络上浏览的时候,无意中看到了这样一个名为"老处女的面相及化解法"的帖子。帖子中总结出"老处女"的四种面相,并逐个分析了她们嫁不出去的原因。帖子中所称的"老处女面相"为:耳小、耳反、无耳垂;额高而突;鼻梁断,横纹破;眉长、鼻太长。而陈小姐的长相恰恰就是额高而突出,眉也长。陈小姐称,之前她就曾听到别人背后议论她是老处女,现在又看到这样的网络说法,感觉就好像是被人言中了一样,有一种恐怖感。她希望可以通过修眉等整形手术,改变自己"倒霉"的外表。

"因为这样的原因而选择整容是很可笑的,也是对自己的不负责任。"整形医院院长薛志辉表示,所谓"面相",也就是指人的长相,70%以上跟DNA有关,20%~30%由后天的生活习惯决定。比如眉毛的长短,就和后天的修剪习惯有关,不同的脸形需要搭配不同的眉形,如果说留着长眉毛的人都是嫁不出去的"老处女",那显然是无稽之谈。医生最后拒绝了陈小姐的整容要求。

(资料来源:安徽消费者协会官方网站. www.ah315.cn;

温州商报. www.66wz.com. 2006-10-18)

思考:对比这两则案例,想一想医疗美容的从医者应履行哪些义务?消费者应如何保护自己的合法权益?

四、法律责任

任何单位和个人,未取得《医疗机构执业许可证》并经登记机关核准开展医疗美容诊疗科目,不得开展医疗美容服务。美容医疗机构和医疗美容科室发生医疗纠纷或医疗事故,按照国家有关规定处理。发布医疗美容广告必须按照国家有关广告管理的法律、法规的规定办理。对违反规定的,依据《执业医师法》、《医疗机构管理条例》和《护士管理办法》有关规定予以处罚。

思考题

1. 叙述美容市场的主要消费群体。
2. 我国美容行业的总体状况如何?
3. 什么是专业线?什么是日化线?
4. 医疗美容和美容机构的概念?美容机构是否可以随意开展医疗美容服务?
5. 医疗美容诊疗机构的资质和审批程序如何?
6. 美容医疗机构和医疗美容科室发生医疗纠纷或医疗事故应如何处理?

第八篇 其他相关法规

第十九章 其他相关法规

学习目标：通过本章节的学习，要求学生熟悉与化妆品管理密切相关的其他法律法规，拓宽学生的知识面，从而使学生能更全面地理解和掌握我国目前对化妆品的立法和管理。

第一节 合同法

【案例】

工商：SK-Ⅱ涉嫌问题化妆品退货协议违法

近日，许多消费者前往SK-Ⅱ品牌化妆品相关销售点要求退货。上海工商部门21日明确表示，SK-Ⅱ涉嫌问题化妆品的供应商在受理消费者退货时所采用的协议书属于违法。

记者发现，消费者如果要对SK-Ⅱ涉嫌问题化妆品进行退货，必须签订一份《简易协议书》。

而这份《协议书》中称，"尽管产品本身为合格产品，不存在质量问题，本着对消费者负责的态度，我们决定为您作退货处理"，以及"此处理方案为本案例一次性终结处理"等。

上海工商部门21日表示，根据《上海市合同格式条款监督条例》的相关规定，经过审核，SK-Ⅱ涉嫌问题化妆品的供应商在受理消费者退货时所采用的协议书属违法。

据分析，这份《协议书》由供应商单方面制定、没有与消费者进行协商，而且含有不平等格式条款。如《协议书》中出现的"此处理方案为本案例一次性终结处理"的条款，明显违规。一旦签订这份协议，经营者就免除了自身的责任，且排除了消费者今后求得赔偿的权利。

此外，《协议书》中"尽管产品本身为合格产品，不存在质量问题"的条款，明显违反了客观事实。产品是否合格，应由权威检验机构检测认定。

上海工商部门表示，SK-Ⅱ涉嫌问题化妆品的供应商应立即对这份《协议书》的内容进行修改，同时妥善处理消费者的退货要求。

（资料来源：新华网．2006-09-22）

思考

1.《合同法》对于合同的条款有哪些规定？

2.SK-Ⅱ涉嫌问题化妆品退货协议有哪些地方违反了相关规定？

3.为了合法生产、销售化妆品，我们还要掌握哪些法律法规？

合同也称契约，是平等主体的自然人、法人、其他组织之间设立、变更、终止民事权利义务关系的协议。在合同关系中，享有权利的一方称债权人，负有义务的一方称债务人。我国现行合同法由第九届全国人民代表大会第二次会议1999年3月15日通过，自1999年10月1日起施行。

一、合同的形式

合同的形式，是指订立合同的当事人各方意思表示一致而成立合同的外在表现方式。当事人订立合同，有书面形式、口头形式和其他形式。

1. 口头形式

口头形式，是指当事人只用口头语言进行意思表示而订立合同的形式。以口头形式订立合同，可以简化手续、方便交易、提高效率，但其缺点是发生合同纠纷时难以举证，不易分清责任。所以，对于不能即时清结的合同和标的额较大的合同，不宜采用口头形式。

2. 书面形式

书面形式是指合同书、信件和数据电文（包括电报、电传、传真、电子数据交换和电子邮件）等可以有形地表现所载内容的合同形式。对于关系复杂的合同、重要的合同以及标的额比较大的合同，最好采取书面形式。

二、合同的订立

当事人订立合同，要经过要约与承诺两个阶段。

1. 要约

要约是希望和他人订立合同的意思表示。发出要约的人称要约人，收到要约的人称受要约人。作为一项有效的要约，应当具备以下条件。①要约人必须特定且具有相应的行为能力。②要约必须以订立合同为目的并有受其约束的意思表示。③要约应当向特定的相对人发出。④要约的内容必须具有足以使合同成立的主要条款，一般而言，至少应包括标的、数量和价格这三项内容。

要约在到达受要约人时生效。要约一经生效，要约人即受到要约的约束，不得随意撤销或改变其内容，一旦受要约人作出承诺，合同即告成立。

要约可以撤回或撤销。要约撤回是指要约人宣告取消其已经发出但还未发生法律效力的要约的意思表示。要约的撤销是指要约人在要约生效以后，宣告取消该项要约，从而使要约的效力归于消灭的意思表示。所有未生效的要约都可以撤回，只要撤回的通知先于或与要约同时到达受要约人，便能产生撤回的效力。

2. 承诺

承诺，是指受要约人同意接受要约的意思表示。有效承诺必须具备以下条件。①承诺必须由受要约人或其代理人向要约人作出。②承诺必须在要约确定的期限内到达要约人。③承诺的内容必须与要约的内容一致。④承诺的方式必须符合要约的要求。

承诺通知一旦到达要约人，承诺即生效，合同即宣告成立。承诺也可撤回。承诺撤回，是指受要约人对其发出的承诺在到达要约人之前采取的消灭其法律效力的意思表示。撤回承诺的通知应当在承诺通知到达要约人之前或者与承诺通知同时到达要约人。如果承诺通知已经到达要约人，合同已经成立，则受要约人不能再撤回承诺。

资料卡

项目	招标方式			拍卖		
	招标	投标	决标	拍卖的表示	应买的表示	拍定
要约邀请	√			√		
要约		√			√	
承诺			√			√

三、合同的内容

合同的内容，是指合同当事人所达成协议的具体条款，分为一般条款和特殊条款。

（1）一般条款　一般条款是指合同一般应具备的条款。主要包括：①当事人的名称或者姓名和住所；②标的；③数量和质量；④价款或者报酬，价款或者报酬是有偿合同的条款；⑤履行期限、地点和方式；⑥违约责任；⑦解决争议的方法。

（2）特殊条款　特殊条款主要包括以下三类：①根据合同性质必须具备的条款；②根据法律规定必须具备的条款；③一方当事人要求必须规定的条款。

四、可撤销合同与无效合同

1. 可撤销合同

可撤销合同，又称可变更、可撤销合同，是指当事人在订立合同时，因意思表示不真实，对已经生效的合同，法律允许撤销权人通过行使撤销权而使其归于无效的合同。

可撤销合同的种类主要包括：在订立合同时显失公平的合同、因重大误解订立的合同以及因欺诈、胁迫或乘人之危而订立的损害当事人利益的合同。

可撤销合同被依法撤销后，则该合同自成立之日起就没有法律约束力。合同被撤销以后，因该合同取得的财产，应当予以返还；不能返还或者没有必要返还的，应当折价补偿。有过错的一方应当赔偿对方因此受到的损失，双方都有过错的，应当各自承担相应的责任。

2. 无效合同

无效合同，是指合同虽然已经成立，但因其违反法律、行政法规的强制性规定或社会公共利益而确定地不能发生法律效力的合同。

无效合同的种类主要包括：

（1）一方以欺诈、胁迫的手段订立的损害国家利益的合同；

（2）恶意串通，损害国家、集体或者第三人利益的合同；

（3）以合法形式掩盖非法目的的合同；

（4）损害社会公共利益的合同；

（5）违反法律、行政法规强制性规定的合同。

【案例】

化妆品销售合同
销 售 合 同

合同号：

供方：广州市＊＊化妆品有限公司

需方：

产品名称、型号、数量、金额：

产品名称	型号	数量	报价(元)	折扣(元)	总成交价(元)
合计人民币金额(大写)：					

技术指标：
以原厂技术参数为标准
包装要求：
原厂包装
保修期：生产厂家标准，12个月内免费维修，负责终身维修
货款结算方式：转账支票或者现金
货款结算日期：
违约所负责任和解决纠纷方式：如有任何一方违约，应承担违约部分50％的违约金。
仲裁：一切因执行本合同或本合同有关的争执，应由双方通过友好方式协商解决。如经协商不能得到解决时，应提交仲裁委员会或合用签订地所在法院解决。

供方	需方
单位名称：广州市＊＊化妆品有限公司 单位地址：广州市白云区商誉大厦×××室 法定代表人：张无忌 电话：020-8812×××× 传真：020-8812×××× 邮编：510450 开户银行：373(广州市商业银行东风支行) 账号：100 120 1090 556 ××	单位名称： 单位地址： 法定代表人： 委托代理人： 电话： 传真： 邮编：

有效期：　　年　月　日至　　年　月　日

签约地：广州

思考：这份化妆品销售合同具备了合同的必须条款吗？有哪些需要改进和补充的地方？

无效合同自合同订立时起就没有法律约束力，因该合同取得的财产，应当予以返还；不能返还或者没有必要返还的，应当折价补偿。有过错的一方应当赔偿对方因此受到的损失，双方都有过错的，应当各自承担相应的责任。当事人恶意串通，损害国家、集体或者第三人利益的，因此取得的财产收归国家所有或者返还集体、第三人。

五、违约责任

违约责任是指合同有效成立后，当事人不履行合同义务或者履行合同义务不符合约定而向对方承担的民事责任。

违约责任是当事人不履行合同义务而产生的财产责任，只能在特定的合同关系当事人之间发生，不履行合同的违约一方应赔偿对方当事人因此所受到的经济损失。承担违约责任，要有违约事实和主观上的过错。承担违约责任的具体方式包括：继续履行合同、采取补救措施、赔偿实际损失、支付违约金以及定金等。

因不可抗力不能履行合同的，根据不可抗力的影响，部分或者全部免除责任，但法律另有规定的除外。当事人迟延履行后发生不可抗力的，不能免除责任。

【案例】

诺尔雅公司诉米莱公司合同案

原告：中国诺尔雅化妆品公司。

被告：美国米莱化妆品公司。

1995年2月，诺尔雅化妆品公司（甲方）与美国米莱化妆品公司（乙方）签订了一份中外合作经营企业合同。合同规定，双方投资组成合作经营企业某化妆品公司，合作期限为10年，合作企业注册资本为100万美元，甲方投资比例为70%，即70万美元，乙方投资比例为30%，即30万美元。甲方的投资方式为场地使用权、货币、设备；乙方的投资方式为货币和专有技术及设备。甲乙双方以投资比例分配收益并承担风险和亏损。合同还规定，合作企业引进的全套设备由乙方负责办理。乙方保证其引进的设备及提供的专有技术是最新的，能使生产的产品有很好的销路及产生良好的经济效益。合作经营的组织机构由甲方负责筹建，生产经营由甲方选定的经理负责。合同经有关主管部门批准生效。

合同生效后，乙方即再未与甲方主动联系。至于由其负责引进的专有技术和先进设备，乙方只寄过来一份其购买设备的发票和货物装船的提单，以及一份专有技术的清单，并要求甲方见货物发票及装船提单后立即汇款35万美元，作为甲方应承担的设备价款的资金。设备总价款50万美元，甲乙双方按投资比例7：3来分担价款。而乙方是以境外名义"汇出"15万美元的。甲方收到货物发票及装运提单后，立即按乙方要求汇出35万美元。但在超过到货期1个月后，仍没见货物到港。甲方遂紧急与乙方联系，但乙方已杳无音讯。

事后经调查，乙方只是花500美元注册的一个小公司，完全无能力履行其在合作经营合同中所承诺的义务，乙方提供的购买设备的发票及装船提单也都是伪造的。

本案中的被告早已携款逃之夭夭，同时该公司又是一个抓不着的皮包公司，原告只能因为自己的不谨慎而吞食苦果。

思考：签订的合同存在哪些缺陷？法院应如何对此案作出判定？

分析：本案是一起中外合作经营企业中方被外方骗取巨款的典型案件。从本案中任何要同外国合作设立中外合作经营企业的中方合作者都应汲取经验教训，尤其应引起重视的是，对防止受骗的事前、事中、事后控制。

事前控制是指在签订合作合同之前所采取的防范措施，主要是对外方合作者的资信调查。资信调查的主要内容如下。(1) 支付能力，主要是了解外方合作者的财力，其中包括注册资本的大小、营业额的大小、潜在资本、资本负债和借贷能力等。(2) 外方合作者的背景，主要指其政治经济背景及其对我们的态度，还有其在中国合作投资的其他项目的情况。凡愿意在平等互利原则的前提下同我们进行友好合作的外方合作者，应积极与他们交往。(3) 经营范围，主要是指外方合作者经营的品种、经营的性质、经营业务的范围。(4) 经营能力，是指外方合作者的活动能力、购销渠道、联系网络、贸易关系和经营作法等。(5) 经营作风，主要指其商业信誉、商业道德、服务态度和公共关系水平等。

事中控制主要是指在谈判和签订合作企业合同过程中的防范措施。中外合作企业合同在中外合作经营企业的活动中始终是处于中心地位的一项法律文件，它调整着合作各方之间的关系。因此，签订一份严谨完整的合作企业合同是至关重要的。首先，在谈判过程当中，要善于运用谈判技巧，不能表现出强烈需要与对方合作、急需对方资金和技术的想法，从而被对方所利用，丧失主动权。关键时刻作出必要的让步是可以的，但不能无原则地盲目听从对方。其次，应针对合同的每一个条款仔细推敲，不能有半分纰漏，让对方钻了空子。尤其要对几个重要内容仔细拟订，如合作企业的组织形式，合作企业的投资总额、注册资本、合作各方出资额、出资种类、出资方式及提供的合作条件、出资缴付期限以及出资额的欠缴和份额转让条件，合作企业董事会或联合管理机构的组成及职责，收益分配、投资回收及债务、亏损的承担，合作期限和终止以及期满时资产的处理和清算程序等事项。总的来说，合作企业合同要把合作各方的权利、义务、责任全面具体的确定下来。此外，还应规定争议的解决办法，如订立仲裁条款等。

事后控制指在签订合作合同之后所采取的防范措施，主要是如何监督外方合作者履行其担负的合同中规定的各项义务。事后控制的主要对象有两个：一是外方合作者的出资；二是合作企业的经营管理。外方合作者的投资和合作条件应按时兑现，同时应经中国的会计师事务所或其他机构验资和检验，并出具报告。这是保证合作真实性的重要措施，在一定程度上可以有效地防止欺诈。在合作企业的经营管理过程中，合作各方应严格按照合作企业协议、合同以及章程的规定，各负其责，互相监督，共同经营和管理合作企业的各项事务。不能出现一方大权独揽，擅自决定合作企业的重大事项的情形。合作企业的重大事项必须经合作企业董事会的决议才能通过。在这里特别要注意的是要防止某些外方合作者利用高价进口、低价出口的方式来为自己谋私利的行为。

本案中中方合作者诺尔雅化妆品公司之所以被骗，就是因为没有做好事前控制和事中控制这两项工作。首先，没有对美国米莱化妆品公司做详细的资信调查。该公司只是一个花500美元注册的小公司，从种种迹象来看行骗也不是头一次。其次，与外方签订的合作企业合同漏洞百出，极容易被利用。比如没有明确规定不如期履行缴足投资或合作义务的一方应负的责任，没有对合作企业的财产在企业终止时的归属作出规定，没有对外方如何缴付出资，并提供其出资的实际价值的证明文件作出规定等。还有，过分听信外方，没有对外方以境外名义"汇出"的15万美元进行认真的核对，没有对货物发票及装船提单进行核对，在没有要求外方提供担保的情况下，盲目汇出设备款，从而被骗取巨额资金。

本案中还值得一提的是双方在合作企业合同中规定合作企业的组织机构由甲方负责筹建，生产经营由甲方选定的经理负责。这种规定显然是不合理的，而且也有悖于我国的法律规定。我国《中外合作经营企业法》第12条规定"中外合作者的一方担任董事会的董事长、联合管理机构的主任，由他方担任副董事长、副主任，董事会或者联合管理机构可以决定任命或者聘请总经理负责合作企业的日常经营管理工作"。由此可见，对合作企业的管理及组织机构的设定，中外合作者双方都是有责任的。同时，如果这样规定的话，中方合作者也要承担很大的风险。合作企业如果出现亏损或者其他的生产经营问题，外方合作者就会把一切责任推到中方合作者身上。因此，这样的规定对于中方合作者是相当不利的。

第二节　商标法

【案例】

商标申请先用权纠纷案

原告：广东某化工有限公司
被告：国家工商行政管理总局商标评审委员会
案由：不服复审决定的商标行政纠纷

2001年12月20日，广东某化工有限公司和广州某涂料厂在同一天就同一种涂料分别向国家工商行政总局提出"神立得"商标注册申请。2002年1月8日，商标局依法书面通知两申请人在30日内提交其申请注册前在先使用该商标的证据。2002年1月21日化工公司向商标局提交了其于1998年8月8日使用"神立得"商标的书面证据资料；1月25日涂料厂向商标局提交了其于 1998 年 5 月 10 日起使用"神立得"商标的书面材料。2002 年 3 月 5 日商标局初步审定并公告使用在先的涂料厂的"神立得"商标。驳回化工公司的申请,不予公告。化工公司对驳回不服,向商标评审委员会申请复审。商标评审委员会经复审认为,涂料厂使用在先的证据明确、具体、充分,商标局的决定是正确的,于是作出复审决定:化工公司申请注册于涂料上的"神立得"商标应予驳回。化工公司对复审决定不服,在收到复审决定的通知之日起 20 日向北京市中级人民法院起诉。化工公司诉称,涂料厂 1998 年 5 月 10 日使用的"神立得"只是图案,外包装装潢而非商标,而真正注明"神立得"为商标是去年的 10 月份以后。故涂料厂的使用在先不成立。要求法院撤销商标复审委员会的复审决定。

(资料来源:教育网.http://www.3edu.net/lw/sbal/lw_57001.html)

思考:法院是否要撤销商标复审委员会的复审决定?

为加强商标管理,保护商标专用权,促使生产者保证商品质量和维护商标信誉。以保障消费者的利益,促进社会主义经济的发展,我国于 1982 年 8 月 23 日颁发了《中华人民共和国商标法》,并于 1983 年 3 月 1 日实施。并分别于 1993 年和 2001 年两次修订。

另外,2002 年 8 月 3 日,国务院颁布了《中华人民共和国商标法实施条例》,从 2002 年 9 月 15 日起执行。1983 年 3 月 10 日国务院发布、1998 年 1 月 3 日国务院批准第一次修订、1993 年 7 月 15 日国务院批准第二次修订的《中华人民共和国商标法实施细则》和 1995 年 4 月 23 日《国务院关于办理商标注册附送证件问题的批复》同时废止。

目前,为进一步缩短商标注册和维权周期,简化程序便利当事人,我国将对商标法进行第三次修订。

《商标法》共 8 章 43 条款,对商标立法的宗旨和适用范围,我国商标的管理体制,各级管理机构的法律地位、职责和权利以及注册商标专用权的保护等作了规定。它的颁发与实施,标志着我国的商标管理进入了法制管理的新阶段。

商标法是指调整因确认、保护商标的注册、使用、管理和利用商标专用权等过程中发生的社会关系的法律规范的总称。《中华人民共和国商标法》(简称《商标法》)、《中华人民共和国商标法实施细则》是我国主要的商标法律法规。

化妆品生产企业申请产品商标注册以及使用或转让商标时,必须严格遵守《商标法》的有关规定。

一、商标的概念与作用

商标是自然人、法人或者其他组织在其生产、制造、加工、拣选、经销的商品或者提供的服务项目上使用的一种特殊标志,包括文字、字母(图 19-1)、图形(图 19-2)、数字(图 19-3)、三维标志和颜色组合,以及上述要素的组合(图 19-4)。

图 19-1　字母商标

图 19-2　图形商标

图 19-3　数字商标

商标具有四大作用:便于企业进行经营管理;商标有助于市场细分和定位,可建立稳定的顾

图 19-4 组合商标

客群；商标有广告和促销作用；注册后的商标受法律保护。

商标是产品形象与质量的标志，是一种无形资产，受法律保护。商标是企业的灵魂，其身价不凡。例如，金芭蕾、美加净、绿丹蓝等都是我国化妆品企业著名商标。金芭蕾身价 232 万元，美加净身价 1200 万元。1995 年深圳市无形资产评估事务所对广州绿丹蓝集团公司的绿丹蓝商标估价为 12 亿元，一举成为当今我国化妆品行业中最昂贵的商标。因此创立和发展产品商标，使之行销国内外，一直是化妆品企业家梦寐以求的一个重要目标。

> **资料卡**
>
> 各国法律对商标构成的规定不尽相同。如独联体国家规定，商标构成要素可以是文字、图形、立体，组合或其他各种形式；美国商标法规定，任何文学，符号或标志，或者这类事物的组合都可以作为商标的构成要素。
>
> 目前，国际上有少数国家把包装和容器的特殊式样也列为商标的构成要素，允许注册。
>
> 由于商标竞争越来越激烈，国外一些厂家在商标设计上千方百计地标新立异，招徕顾客，他们推出了气味商标、音响商标、电子数据商标、传输商标等，有的国家如罗马尼亚的商标法已规定颜色、产品形状或其包装、音响等都可作为法定的商标构成要素。但绝大多数国家尚未对上述形式的商标实行法律保护。

二、商标的注册原则

商标注册是指商标使用人依照商标法规定的注册条件、原则和程序，向商标管理机关提出注册申请，经商标管理机关审查核准注册，授予商标注册人以商标专用权的法律活动。我国对商标的注册实行自愿注册与强制注册相结合以及申请在先与使用在先相结合的原则。

1. 自愿注册与强制注册相结合原则

所谓自愿注册，是指使用商标是否注册，由商标使用人自行决定，国家允许使用未经注册的商标。所谓强制注册，是指根据国家规定，必须使用注册商标的商品，必须申请商标注册，未经核准注册的，不得在市场销售。我国采取自愿注册与强制注册相结合的原则，即在实行自愿注册的同时，对少数商品实行强制注册。例如，对药品和烟草制品，我国就实行强制注册。

2. 申请在先与使用在先相结合的原则

所谓申请在先，是指两个或者两个以上的商标注册申请人，在同一种商品或类似商品上，以相同或者近似的商标申请注册时，商标权授予先申请的申请人。但如果两人在同一天提出申请时，则商标授予先使用的人。

国务院工商行政管理局商标局主管全国商标注册和管理工作，经商标局核准注册的商标为注册商标，商标注册人享有商标专用权，受法律保护。

三、商标注册的条件

1. 商标注册申请人

根据我国商标法及其实施条例的规定，商标注册的申请人包括以下几类：自然人，法人，其他组织，共同申请人，外国人或者外国企业。

> **小 知 识**
>
> 　　法人是指具有民事权利能力和民事行为能力，依法独立享有民事权利和承担民事义务的组织。在我国法人组织有：企业法人、机关法人、事业单位法人、社会团体法人、联营法人等。

2. 申请注册的商标应具备的条件

（1）必须符合法定的构成要素　我国商标的法定构成要素主要是视觉商标，包括平面商标和立体商标以及颜色组合商标。但是我国《商标法》排除了听觉、味觉和电子数据传输等作为商标的构成要素。

（2）具有显著性　显著性是注商标应具有可识别性和独特性，要求商标的构成要素立意新颖，独具风格。如宝洁公司的"P&G"就属于臆造的词语，具有显著性而容易获得注册。

（3）不得和他人的在先权相冲突　这里的"在先权"是指他人在先已合法取得的权利，包括商号权、外观设计权、版权、地理标志权、姓名权和肖像权等。

（4）不得使用法律禁止使用的标志。

《商标法》第十条规定：下列标志不得作为商标使用。

① 同中华人民共和国的国家名称、国旗、国徽、军旗、勋章相同或者近似的，以及同中央国家机关所在地特定地点的名称或者标志性建筑物的名称、图形相同的。

② 同外国的国家名称、国旗、国徽、军旗相同或者近似的，但该国政府同意的除外。

③ 同政府间国际组织的名称、旗帜、徽记相同或者近似的，但经该组织同意或者不易误导公众的除外。

④ 与表明实施控制、予以保证的官方标志、检验印记相同或者近似的，但经授权的除外。

⑤ 同"红十字"、"红新月"的名称、标志相同或者近似的。

⑥ 带有民族歧视性的。

⑦ 夸大宣传并带有欺骗性的。

⑧ 有害于社会主义道德风尚或者有其他不良影响的。

县级以上行政区划的地名或者公众知晓的外国地名，不得作为商标。但是，地名具有其他含义或者作为集体商标、证明商标组成部分的除外；已经注册的使用地名的商标继续有效。

第十一条规定：下列标志不得作为商标注册。

① 仅有本商品的通用名称、图形、型号的。

② 仅仅直接表示商品的质量、主要原料、功能、用途、重量、数量及其他特点的。

③ 缺乏显著特征的。

四、申请商标注册的一般程序

1. 申请

申请人应当向商标局递交商标注册申请书、商标图样，附送有关证明文件，交纳申请费用。申请人应当按规定的商品分类表填报使用商标的商品类别和商品名称。同一申请人在不同类别的商品上使用同一商标的，应当按商品分类表分别提出注册申请。

2. 初步审查和公告

初步审查是对申请注册的商标进行形式和实质审查。初步审查内容包括：申请人是否具备合法资格；申请的文件是否齐全，内容是否合法，手续是否齐备；申请注册的商标是否符合法律规定的条件，是否违反禁用条款；申请注册的商标，是否同他人在同一种类商品或同一商品上已申请在先或已注册的商标相同或相似等。经初步审查，凡是符合商标法有关规定并具有显著性的商标，由商标局初步审定，予以公告；凡不符合法律规定的，由商标局驳回申请，不予公告。

3. 驳回商标注册申请的复审

申请注册的商标在初步审定程序中如被驳回，申请人不服的，可以在收到驳回通知书十五日内对商标局驳回的理由进行申辩或解释，请求商标局商标评审委员会进行复查审议。商标评审委员会经过复审后，作出终局决定并书面通知申请人。申请人理由成立时，对其商标申请初步审定并予以公告，申请人理由不成立时，维持原决定。

4. 异议

异议是指对初步审定并公告的商标提出不应予以登记的意见。对初步审定的商标，自公告之日起三个月内，任何人均可以提出异议。商标局应当听取异议人和被异议人陈述事实和理由，经调查核实后，作出裁定。当事人不服的，可以自收到通知之日起十五日内向商标评审委员会申请复审，由商标评审委员会作出裁定，并书面通知异议人和被异议人。当事人对商标评审委员会的裁定不服的，可以自收到通知之日起三十日内向人民法院起诉。当事人在法定期限内对商标局作出的裁定不申请复审或者对商标评审委员会作出的裁定不向人民法院起诉的，裁定生效。

5. 核准注册

经过初步审定公告的商标，三个月内无人提出异议，或者经裁定异议不成立的，即对于申请注册的商标予以核准注册，将核准的商标及核准注册的有关事项登录在《商标注册簿》上，发给注册人商标注册证，并予公告。至此，申请人即取得注册商标专用权。我国商标注册基本流程见图19-5。

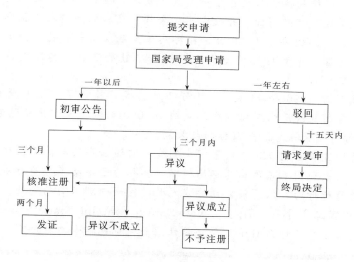

图 19-5　商标注册基本流程

6. 通过代理机构进行商标注册流程

企业商标注册也可通过代理机构帮助完成，具体商标注册申请时效流程见图19-6。

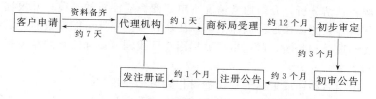

图 19-6　通过代理机构进行商标注册流程

五、注册商标的期限、续展、转让与使用许可

1. 注册商标的期限、续展

注册商标专有权具有时间性，我国注册商标的有效期为10年，自核准注册之日起计算。注册商标的有效期满，需要继续使用的，可以申请续展注册，每次续展的有效期限为10年，续展的次数不受限制。

2. 注册商标的转让

《商标法》规定，转让注册商标的，转让人和受让人应当签订转让协议，并共同向商标局提出申请，提交转让注册商标申请书。转让注册商标申请手续由受让人办理。商标局核准转让注册商标申请后，发给受让人相应证明，并予以公告。受让人自公告之日起享有商标专用权。

3. 注册商标的使用许可

商标注册人可以通过签订商标使用许可合同，许可他人使用其注册商标。经许可使用他人注册商标的，必须在使用该注册商标的商品上标明被许可人的名称和商品产地。商标使用许可合同应当报商标局备案。

【案例】

私自转让注册商标案

2001年12月20日，私营企业湖北省汉川宝山制线厂老板杨柏文向汉川市工商局设在农行的代收罚没款的专柜缴纳了5000元罚款。至此，一起冒充他人注册商标（商标异议 驰名商标认定 中国商标网）长达4年之久的商标违法案件终于尘埃落定。

去年12月22日，该局执法人员在市场巡查中发现，宝山制线厂在其生产的涤纶线上使用了经过涂改的"金猴"注册商标，并改变了"金猴"商标的注册人名称和地址。

经市工商局查实，1982年9月30日，镇办集体企业汉川制线厂经国家工商局商标局核准注册了"金猴"商标，并于1993年3月1日进行了续展注册。其续展注册有效截止日期为2003年2月28日。

汉川宝山制线厂于1996年11月17日与汉川制线厂签订了"注册商标定期转让协议书"，此后10天，宝山制线厂向汉川制线厂交纳了2000元转让费，并以现金1602元购买了汉川制线厂89件标有"金猴"注册商标的包装箱。

该局执法人员经过缜密调查，查实了宝山制线厂的违法事实与情节。该厂与汉川制线厂签订的商标转让协议未经国家工商局商标局核准，其行为已违反了《商标法》第30条规定，属于私下转让注册商标行为，该商标转让协议无效，因而受到工商局查处。

（资料来源：中国工商时报．http://www.chitm.com/InfoStatic/2000316065.html）

思考：此案例给了我们什么启示？合法转让注册商标包括哪些程序呢？

六、化妆品商标注册实例分析

"化妆品"属于商标注册用《类似商品和服务区分表》中所列的第3类商品，指定使用于本类商品的商标与其他类别的商标有共性，也因其指定使用的商品而具特殊性。

下面通过案例和总结分析，介绍通常情况下申请商标应注意的情况，并根据"化妆品"的特殊性，进一步地分析哪些商标在这类商品上可以注册，哪些商标可能被驳回，以利于申请人在申请商标时作出正确的选择和判断，避免申请商标因违反我国《商标法》的相关规定，增加申请人的经济成本和时间成本。

（1）含有与中国国名相同或近似的标识不得作为商标使用。

例如，申请商标"TAYA CHINA"（使用商品："香皂"等）。申请商标中含有"CHINA"，"CHINA"译为"中国"，申请商标与中国国名近似，不得作为商标使用。

（2）同外国的国家名称、国旗、国徽、军旗相同或者近似的，但该国政府同意的除外。

例如，申请商标"Paris Charlemagne France 及图"（使用商品："化妆品"等）。"France"译为"法国"，"Paris"译为"巴黎"，是法国首都，申请商标中含有法国国名，不得作为商标使用。

（3）具有政治上不良影响的标识不得作为商标使用。

例如，申请商标"军科"（使用商品："化妆品"等）。"军科"常用作军事科学的简称，用作

商标易产生不良影响。

又如，申请商标"钓鱼岛"（使用商品："化妆品"等）。"钓鱼岛"自古就是中国领土，但中日两国对其主权存在争议，用作商标易产生不良政治影响。

再如，申请商标"KGB PILL"（使用商品："化妆品"等）。"KGB"是前苏联国家安全委员会"克格勃"的英文缩写，以该文作商标易产生不良影响。

（4）有害于宗教信仰、宗教或者民间信仰的标识不得作为商标使用。例如，申请商标"儒道佛"（使用商品："化妆品"等）。"儒道佛"分别为"儒家"、"道家"、"佛家"，用作商标有伤宗教信徒感情，易产生不良影响。

（5）容易使公众对商品或者服务的来源产生误认的标识不得作为商标使用。

例如，申请商标"HAVIIAN TROPIC"（使用商品："化妆品"等）。该文字译为"夏威夷热带"，其中"HAVIIAN"译为"夏威夷人、夏威夷的"，容易使消费者误认为是公众知晓的美国"夏威夷"州的名称，易误导消费者的购买行为。

（6）有害于社会主义道德风尚的标识不得作为商标使用。

例如，申请商标"色诱水晶"（使用商品："美容面膜"等）。该商标中"色诱"与"水晶"两部分字形、大小区别较大，"色诱"两字突出，用作商标有害于社会主义道德风尚。

（7）其他具有不良影响的标识举例。

例如，申请商标"奥运之友"（使用商品："浴液"等）。该标志用作商标，易产生不良影响。

又如，申请商标"南丁格尔"（使用商品："化妆品"等）。"南丁格尔"为著名护理学和护理教育奠基人姓名，未经许可用作商标易产生不良影响。

再如，申请商标"美金"（使用商品："化妆品"等）。在《现代汉语词典》中，"美圆"的解释为"美国的本位货币"，通常美元也称美金，故该文字作为商标易产生不良影响。

（8）县级以上行政区划的地名或者公众知晓的外国地名，不得作为商标（已经注册的使用地名的商标继续有效）。

例如，申请商标"J. Florence"（使用商品："化妆品"等）。"Florence"为意大利城市佛罗伦萨的名称，属于公众知晓的外国地名。在"Florence"前加一字母，并不能改变其地名含义。

（9）仅有本商品通用名称、图形、型号的，不得作为商标注册。

例如，申请商标"粉"（使用商品："化妆品"等）。"粉"特指化妆用的粉末，为本商品的通用名称。

（10）仅仅直接表示商品的质量、主要原料、功能、用途、重量、数量及其他特点，不得作为商标注册。

① 仅仅直接表示商品的主要原料。

例如，申请商标"参 ginseng"（使用商品："牙膏"等）。该商标仅仅直接表示商品的原料特点。

又如，申请商标"井盐"（使用商品："浴液"等）。该商标仅仅直接表示了商品的主要原料。

但类似下列例子，申请商标"水之密语"（使用商品："香皂"等），并未直接表示商品的主要原料，整体有显著特征，则可以申报。

② 仅仅直接表示商品的功能、用途和使用效果。

例如，申请商标："万发生"（使用商品："洗发液"等）。该文字仅仅直接表示了使用商品的用途和使用效果。

申请商标"素面"（使用商品："化妆品"等）。该标志直接表示商品的用途特点。

申请商标"皙白祛斑"（使用商品："化妆品"等）。该商标直接表示了商品的用途和使用效果特点。

申请商标"肤康灵"（使用商品："化妆品"等）。该商标直接表示了指定使用商品的功能特点。

以上标识不能作为商标注册。

注意：下列商标未直接表示商品的功能、用途等特点。

申请商标"玉洁美"（使用商品："洗发液"等）。未直接表示指定使用商品的功能特点，整体有显著特征，可以申报。

申请商标"水芝肤"（使用商品："香皂"等）。未直接表示指定使用商品的使用效果，整体有显著特征，可以申报。

③ 仅仅直接表示商品的适用对象。

例如，申请商标"Baby Gentl"（使用商品："化妆品"等）。

④ 仅仅直接表示商品的成分特点。

例如，申请商标"Nature's Scent"（使用商品："化妆品"等）。"Nature's Scent"译为"自然香味"，直接表示使用商品的成分特点。

【案例】

申请人于 2001 年在第 3 类浴液等商品上向商标局提出"Baby Gentle"商标的注册申请，被商标局驳回。

商标局驳回通知书认为，申请商标译为"婴孩温和的"，仅仅直接表示了商品的品质和使用对象特点。依据《商标法》第十一条第一款第（二）项、第二十八条的规定，予以驳回。

申请人不服商标局驳回决定，于 2003 年向商标评审委员会申请复审。

申请人复审理由：申请商标"Baby Gentle"中名词"Baby"置于形容词"Gentle"前，这种搭配本身就不符合语法习惯，不能明确地表达具体含义，即使强行将其译为"婴孩温和的"，也仅是一个不符合人们思维习惯的怪异解释，而且指定商品的使用者主要为成年女性，而非婴孩，因此，申请商标又怎会"仅仅直接表明使用对象"呢？商标法并未禁止具有暗示性的文字作为商标注册，申请商标具有新颖性和独创性，请求准予申请商标的注册申请。商标评审委员会认为，申请商标由两个英文单词"Baby"（含义为婴儿）和"Gentle"（含义为文静、温柔的、温和的）组合而成，"Baby Gentle"虽然并非英文中的固定搭配，无确切含义，但"Baby"和"Gentle"均是用来描述浴液、琥珀（香水）、扉子粉等商品的使用对象、品质特点的常见词汇，申请商标若指定使用在上述商品上，普通消费者易将其误认为是对指定商品的描述性词汇，而无法起到区分商品来源的作用。综上，申请商标属于《商标法》第十一条第一款第（二）项、第（三）项所指的缺乏显著性的标志，其注册申请应予驳回。

简评：由两个以上的外文单词组成商标，如其作为固定搭配有明确的含义，且该含义对指定使用商品不具有描述性,则申请商标可以予以初步审定;如果这些外文单词不是固定搭配的词组,且每个单词对指定使用商品都具有描述性,则申请商标会被驳回。

（11）缺乏显著特征的,不得作为商标注册。
① 一个或者两个普通表现形式的字母。
例如,申请商标"O P"（使用商品："化妆品"等）。该商标仅以两个普通印刷体字母组成,缺乏显著特征。

OP

② 直接表示商品质量、主要原料、功能、用途、重量、数量及其他点的短语或者句子。
例如,申请商标"FEEL GOOD"（使用商品："化妆品"等）。
③ 申请注册的商标表示了其指定商品质量、主要原料、功能、用途、重量、数量及其他特点。
如果指定商品不具备该特点,从而可能误导社会公众的,适用《商标法》第十条第一款第（八）项的规定。如果指定商品具备该特点的,适用《商标法》第十一条第一款第（二）项的规定。
申请商标"巴氏"（使用商品："消毒皂、洗面奶"等）。该商标是常用消毒方法名称,用于商品"消毒皂"上,直接表示了商品的功能特点;用于其他商品上时,易使消费者造成误认,产生不良影响。
④ 缺乏显著特征的非独创性广告语。
申请商标"让你靠我更近"（使用商品："香皂"等）。
"让你靠我更近"为非独创性广告用语,缺乏显著特征。

【案例】
申请人于2001年5月14日在第3类香水等商品上向商标局提出"FEEL GOOD"商标的注册申请,被商标局驳回。
商标局驳回通知书说明,申请商标中文译为"感觉好",为普通广告语,缺乏显著特征。依据《中华人民共和国商标法》第十一条第一款第（三）项、第二十八条的规定,驳回申请,不予公告。
申请人不服商标局的驳回决定,于2002年向商标评审委员会申请复审。
申请人复审称,申请商标在中国大陆地区已长时间广泛使用,并在香港地区获得注册,属"通过使用获得显著特征"的商标,应当准予申请商标注册。申请人向商标评审委员会提交了以下主要证据:带有"FEEL GOOD"商标的商品历年来的出口统计数据、销售发票、装船运单、货运记录,以及申请商标在美国等国家或地区获得注册的证明。经合议组评议,商标评审委员会认为,申请商标"FEEL GOOD"的中文含义为"感觉好",指定使用在香水等商品上易与描述本商品品质的常用词汇相混淆,不能使消费者将其认知为区别不同商品来源的标志,缺乏商标应有的显著性,属于《中华人民共和国商标法》第十一条第一款第（三）项规定不得作为商标注册的标志。申请人提供的证据不足以证明申请商标在中国市场上通过广泛使用已经具有商标应有的显著特征。据此,申请人复审理由不成立。
简评:商标通过使用获得显著特征,是指原本对商品或服务有叙述性的标志,或缺乏显著特征的标志,经过商业使用,能够区别不同生产者或经营者生产的产品或提供的服务。这种标志要经过长期和广泛的使用,公众有可能逐渐淡忘该叙述性标志的原来含义,逐渐将该标志视为提供商品或服务的生产者或经营者的商标，并把该标志与生产者或经营者紧密地联系起来。在这种情况下，通常认为该标志获得了"第二含义"。这种区别商品来源的作用，使该标志具有了商标的本质特征，例如："两面针"。

（12）就不相类似商品申请注册的商标是摹仿他人已经在中国注册的名商标，误导公众，致使该驰名商注册人的利益可能受到损害的，不予注册。

例如，已有注册商标"康佳"商标（使用商品："电视机"等），再申请商标"康佳"（使用商品："香皂"等）将不予注册。

又如，注册商标"MICKEY MOUSE"（使用商品："跑鞋"等）。

申请商标："小米奇"（使用商品："香水"等）。

【案例】

申请人于2001年6月25日第3类香水等商品上向商标局提出"小米奇XIAOMIQI"商标的注册申请，被商标局驳回。

商标局ZC1903345BH1号商标驳回通知书认为，申请商标与迪斯尼企业公司在非类似商品上已注册的第383250号"MICKEY MOUSE"商标（以下称引证商标）近似。虽为非类似商品，但"MICKEY MOUSE"（中文译为"米奇老鼠"）为驰名商标，该商标易误导公众。依据《中华人民共和国商标法》第十三条第二款、第二十八条规定，驳回申请，不公告。

申请人不服商标局的驳回决定，于2002年向商标评审委员会申请复审。申请人复审称，申请商标是中文加拼音，引证商标是"MICKEY MOUSE"，字形上不会引起消费者的混淆，小米奇无特殊含义，引证商标音译为"米奇老鼠"，两商标有明显区别，请求核准申请商标注册。

经合议组评议，商标评审委员会认为，申请商标由中文"小米奇"及拼音"XIAOMIQI"构成；引证商标由"MICKEY MOUSE"组成，中文为"米奇老鼠"，为美国迪斯尼公司动画片主角的名字，又称做"米奇"，在世界上已广为熟知，在中国也具有了相当的知名度，并且中国消费者已普遍认可"MICKEY MOUSE"与"米奇"、"米老鼠"的对应关系。申请商标指定使用的化妆品等商品与引证商标核定使用的足球鞋等商品虽不属于类似商品，但鉴于引证商标的知名度，两商标共存于上述商品上时，易使消费者认为两者之间存在某种联系，从而对商品来源产生混淆误认。申请商标已构成《中华人民共和国商标法》第十三条所指之商标。

简评：有些申请人将国外知名品牌的中文音译词作为商标申请注册，如果该中文音译词在我国作为对应的外文的音译词为相关公众所熟知，申请人将该外文的中文音译词作为商标申请注册易使相关公众混淆产源。

（13）《商标法》规定的相同、近似的情况。

① 带有销售、制作、服务等场所的商标在化妆品商标上一般与不加"堂"、"居"、"坊"等的商标互判为近似商标。且"××堂"、"××居"、"××坊"等之间也互判为近似商标。

这是因为，化妆品商标的申请人多习惯用"××堂"、"××居"、"××坊"为字号，如日本的"资生堂"品牌等。消费者如看到"资生"牌化妆品会与"资生堂"商标联系起来，易认为是同一申请人的相关产品。

例如，注册商标"百年"[使用商品："香（卫生香）"等]。

申请商标"百年香坊"(使用商品:"洗发液"等)。

因为"香"对特定商品有描述性,"坊"是销售、制作、服务等场所,故申请商标的显著部分为"百年",与类似商品上已注册的"百年"商标近似,不予注册。

百年　百年香坊

② 中文商标的汉字构成相同,仅字体或设计、注音、排列顺序不同,易使相关公众对商品或者服务的来源产生误认的,判定为近似商标。

例如,注册商标"娇采"(使用商品:"唇膏"等)。

申请商标"采娇"(使用商品:"化妆品"等)。

因为我国汉字也有从右向左读的习惯,申请商标可读为"娇采",与已注册商标近似。

jiaocai 娇采　采　娇

③ 外文商标仅在形式上发生单复数、动名词、缩写、添加冠词、比较级或最高级、词性等变化,但表述的含义基本相同,易使相关公众对商品或者服务的来源产生误认为的,判定为近似商标。

例如,注册商标"FEEL"(使用商品:"洗涤剂"等)。

申请商标"FEELING"(使用商品:"染发剂"等)。

FEEL　FEELING

④ 商标中含有"皇"、"王"等词,一般是对商标显著部分的修饰,如两商标的显著部分相同,判定为近似商标。

例如,注册商标"东方美"(使用商品:"化妆品"等)。

申请商标"东方美皇"(使用商品:"洗发液"等)。

⑤ "金色"、"银色"或"金"、"银"等字词在商标中起修饰作用,如两商标的显著部分文字相同,判定为近似商标。

例如,注册商标"润发"(使用商品:"洗发香波"等)。

申请商标"金润发"(使用商品:"香皂"等)。

两商标的显著部分都为"润发","金"字在商标中起修饰作用,判定为近似商标。

润发　金润发

⑥ "大"、"小"、"倍"等字词在商标中起修饰作用,如两商标的显著部分文字相同,判定为近似商标。

例如,注册商标"安爽"(使用商品:"化妆品"等)。

申请商标"倍安爽"(使用商品:"化妆品"等)。

两商标的显著部分都为"安爽","倍"字在商标中起修饰作用,判定为近似商标。

安爽　倍安爽

⑦ "特"、"儿"、"尔"等字词是商标中显著性较弱的文字,如两商标的显著部分文字相同,商标怕表述的含义基本相同,或商标虽无含义但易使消费者对商品来源产生混淆,判定为近似商标。

例如,注册商标"香雪"(使用商品:"洗发香波"等)。

申请商标"香雪儿"(使用商品:"香水"等)。

两商品的显著部分都为"香雪","儿"字属显著性较弱的文字,判定为近似商标。

香雪　香雪儿

(资料来源:吴承轩. 化妆品商标审查实例解析. 国家工商总局商标局)

第三节 专利法

【案例】

宝洁对卡夫食品提起包装侵权诉讼

宝洁公司于 2007 年 8 月提起了针对卡夫食品公司的专利诉讼。指控其目前正在美国推出的用于麦斯威尔咖啡的新型塑料包装直接侵犯了宝洁在 Folgers Coffee 上的主要专利。宝洁此次诉讼试图阻止卡夫食品继续销售使用侵权包装的麦斯威尔咖啡，并寻求损失赔偿。

宝洁此次诉讼是向位于旧金山的美国联邦地方法院加利福尼亚州北区法院提出的。据悉 2003 年，宝洁推出了消费者喜欢的塑料包装的 Folgers Coffee。过去的四年，这一创新促进了 Folgers 业务的发展。

宝洁首席法务官 Jim Johnson 表示："为了制作出能够承受从工厂到消费者家中之间所产生的压力变化的轻型塑料包装，我们在攻克制作过程中面临的技术挑战方面投资巨大。这种包装中的众多创新都受到宝洁专利的保护，我们认为麦斯威尔已经对此造成了侵权。我们必须保护我们的知识产权。"

宝洁此次诉讼试图阻止卡夫食品继续销售使用侵权包装的麦斯威尔咖啡，并寻求损失赔偿。

（资料来源：新浪财经. 2007-08-29. www.sina.com.cn）

思考：宝洁公司提出此诉讼的法律依据是什么？能得到法院的支持吗？

为保护发明创造专有权，鼓励发明创造，有利于发明创造的推广应用，促进科学技术的发展，适应社会主义现代化建设的需要，1984 年 3 月 12 日全国人大常委会通过了《中华人民共和国专利法》（简称《专利法》），并于 1985 年 4 月 1 日起施行。为了使我国的专利保护水平与国际标准一致，全国人大常委会又于 1992 年、2001 年对其进行了修正。2005 年 4 月，国家知识产权局启动了第三次修改专利法工作，目前国家知识产权局已经将修改方案上报国务院。

一、专利的概念

专利制度是指在一定时期内，为防止他人对某人明确提出的新发明的侵犯，政府机关用法律保护某人的发明独占权的一种制度。这种受法律保护的发明就称专利。

专利一词有三层含义：

专利权——法律。

受专利法保护的发明创造——专利技术。

专利说明书等专利文献——文献。

这三层含义的核心是受专利法保护的发明，而专利权和专利文献是专利的具体体现。

二、专利的类型

我国专利法规定的专利类型主要包括发明、实用新型和外观设计。

1. 发明

发明，是指对产品、方法或者其改进所提出的新的技术方案。发明分为产品发明和方法发明。产品发明包括制造品发明、材料物品的发明、具有特定用途的物品发明等，方法发明包括制造产品方法的发明，使用产品方法的发明，测量方法、通讯方法的发明等。

2. 实用新型

实用新型，是指对产品的形状、构造或者二者的结合所提出的适于实用的新的技术方案。实用新型又被称为小发明。它与发明的不同在于：①发明既包括产品发明也包括方法发明，而实用新型仅指具有一定形状的物品发明；②实用新型同发明相比，对产品的创造性要求较低。

3. 外观设计

外观设计，是指对产品的形状、图案、色彩或者其结合所作出的富有美感并适于工业上应用的新设计。外观设计同发明、实用新型的区别是：它只涉及美化产品的外表和形状，而不涉及产品的制造和设计技术。

链　接

国际专利分类（IPC）

1. IPC 简介

国际专利分类法 IPC——International Patent Classification 是根据 1971 年签订的《国际专利分类的斯特拉斯堡协定》编制的，是目前唯一国际通用的专利文献分类和检索工具。IPC 分类表，每五年修订一次，现在使用的是第八版。

2. IPC 分类对象

◇ IPC 协定规定，国际专利分类法主要是对发明和实用新型专利文献（包括出版的发明专利申请书、发明证书说明书、实用新型说明书和实用证书说明书等）进行分类。

◇ 对于外观设计专利文献来说，使用国际外观设计分类法（也称为洛迦诺分类法）进行分类。

3. IPC 分类表八个部涉及的技术范围

◇ A 部：生活需要。
◇ B 部：作业；运输。
◇ C 部：化学；冶金。
◇ D 部：纺织；造纸。
◇ E 部：固定建筑物。
◇ F 部：机械工程；照明；加热；爆破。
◇ G 部：物理。
◇ H 部：电学。

资　料　卡

据国家知识产权局统计，2006 年我国专利申请与授权量大幅增加，共受理专利申请 57.3 万件，比上年增长 20.3％；共授予专利权 26.8 万件，比上年增长 25.2％。其中，技术含量相对较高的发明专利申请为 21 万余件，比上年增长 21.4％；发明专利授权为 57786 件，比上年增长 8.4％。

（资料来源：新华社，2007-03-12）

三、专利权的内容

专利权是国家专利机关依法授予发明创造的专利申请人对其发明创造在法定期限内享有的专有权利。根据《专利法》规定，专利权人享有的权利主要包括下列几方面内容。

1. 专有权

专利权人有自己制造、使用和销售专利产品，或者使用专利方法的权利。他人未经专利权人同意，不得使用、支配其专利。

2. 转让权

依法已经取得专利权的人，有权通过法定程序有偿转让其专利权。

3. 许可权

一般来说，专利权人除可以自己实施其专利外，还可以通过签订实施许可合同的办法，允许他人有条件地、有偿地使用其专利。

4. 注明标记权

专利权人有权在其专利产品或产品包装上标明专利标记和专利号。

四、授予专利权的条件

1. 发明专利和实用新型专利的授权条件

授予专利权的发明和实用新型，应当具备新颖性、创造性和实用性。

（1）新颖性　新颖性是指在申请日以前没有同样的发明或者实用新型在国内外出版物上公开发表过、在国内公开使用过或者以其他方式为公众所知，也没有同样的发明或者实用新型由他人向专利局提出过申请并且记载在申请日以前公布的专利申请文件中。

（2）创造性　创造性是指同申请日以前已有的技术相比，该发明有突出的实质性特点和显著的进步。

（3）实用性　实用性是指该发明或者实用新型能够制造或者使用，并且能够产生积极效果。所谓制造或者使用是指如果发明是一种产品，则能够在工业上重复地生产；如果发明是一种方法，则能够在工业上使用。所谓产生积极效果是指发明创造实施以后，在经济、技术和社会效果上会产生有效的结果。

2. 外观设计专利的授权条件

（1）与现有的外观设计不相同　这一条件实际上要求的是新颖性，判断新颖性的时间标准是申请日，地域表准则与公开的方式有关。外观设计是附着于产品的，其法律保护的效力也仅及于同类产品，用于不同产品之上的相同设计，不被认为是相同的外观设计。

（2）与现有的外观设计不相近似　"不相近似"的判断是指申请外观设计的产品与申请日前公开过的产品的形状、图案、色彩所引起的美感或视觉是否相近似，仅指其整体外观和美感效果。

（3）不得与他人在先取得的合法权利相冲突　他人在先取得的合法权利是指在外观设计专利申请日前，专利申请人以外的人已经取得的合法权利。比如，专利申请人把一件摄影作品申请为某产品的外观设计专利，那么这里的摄影作品的著作权对该专利申请而言，就是在先取得的合法权利。

3. 不能授予专利权的范围

根据《专利法》规定，对于以下情形不能授予专利权：

（1）违反国家法律、社会公德或者妨害公共利益的发明创造；

（2）科学发现；

（3）智力活动的规则与方法；

（4）疾病的诊断与治疗方法；

（5）动物和植物品种，但对动物与植物品种的生产方法，可以依法授予专利权；

（6）用原子核能变换方法获得的物质。

五、专利的申请与审批

1. 专利申请人

（1）非职务发明创造　非职务发明创造是指在本职工作之外或者单位交付的工作之外，完全依靠自己的物质技术条件做出的发明创造。对非职务发明创造申请专利的权利属于发明人或设计人。

（2）职务发明创造　执行本单位的任务或者主要是利用本单位的物质技术条件所完成的发明创造为职务发明创造。职务发明创造申请专利的权利属于该单位；申请被批准后，该单位为专利权人。

利用本单位的物质技术条件所完成的发明创造，单位与发明人或者设计人订有合同，对申请专利的权利和专利权的归属作出约定的，从其约定。

两个以上单位或者个人合作完成的发明创造、一个单位或者个人接受其他单位或者个人委托所完成的发明创造，除另有协议的以外，申请专利的权利属于完成或者共同完成的单位或者个人；申请被批准后，申请的单位或者个人为专利权人。

资料卡

职务发明与非职务发明的区别

在以下几种情况下完成的发明创造都是职务发明创造。（1）发明人或设计人在本职工作中完成的发明创造。（2）虽然与发明人或设计人的本职工作无关，但是属于在执行本单位分配的专门任务时完成的发明创造。（3）主要依靠单位的物质条件完成的发明创造。这里讲的物质条件，包括资金、设备、人力、技术情报或技术资料等。

【案例】

专利申请权纠纷案

原告：深圳普斯顿五金机械有限公司

被告：许正文

2003年5月至2005年11月期间，在原告深圳普斯顿五金机械有限公司任职，在此期间许正文接受深圳普斯顿五金机械有限公司分配的任务和提供的物质条件，研制开发了可移动小型索具压力机。2006年11月24日，被告擅自以个人的名义向国家知识产权局提出了"可移动小型索具压力机"的专利申请，并取得专利权。原告得知这一情况后，遂向深圳市中级人民法院提起诉讼，请求将以许正文为发明人的"可移动小型索具压力机"实用新型专利所有人变更为原告。

（资料来源：中国事务网.www.cn15.net）

思考：许正文的发明是否属于职务发明？法院将如何裁定？

2．专利申请的审批

我国发明专利采用"早期公开，延迟审查"制度。专利局收到申请文件后经初审合格，在18个月时即行公开其申请文件，然后再根据申请人的请求进行实质审查程序。

我国发明专利的审批流程如下：

受理申请→初步审查→公布申请（自申请日18个月）→实质审查（自申请日3年内）→授权公告→无效请求期及无效审查（自授权后任何时间）→专利权终止（自申请之日起20年）

（1）受理申请　专利局收到发明专利申请的请求书、说明书（有附图的应该包括附图）和权力要求书后，发出受理通知书，确定专利申请日，给予专利申请号。对于缺少上述必要文件或者有其他违反法律要求的，专利局不予受理或要求其在指定期限内补交或补证。

（2）初步审查　专利局收到申请文件后，首先对申请文件的格式、法律要求、费用缴纳等情况作形式审查。初审不合格的，专利局发出通知，由申请人进行补证或陈述意见；如仍然不符合专利法要求的，予以驳回。初审合格后，进入公开程序。

(3) 公布申请　发明专利申请合格后，自申请日起满 18 个月即行在《发明专利公报》上公布。

(4) 实质审查　自申请日起 3 年，专利局可以根据申请人随时提出的请求，对其申请进行实质审查。启动实质审查的主动权完全在于申请人自己。申请人可以根据专利申请的市场价值、经济效益等因素考虑在何时提出实质审查，甚至不提出实质审查。但是如果申请人在 3 年内没有提出实质审查请求，该申请即被视为撤回。

实质审查的内容有对发明主体的新颖性、创造性、实用性进行审查；单一性审查；对说明书和权力要求书的审查。

(5) 授权公告　在经过实质审查后，没有发现驳回理由的，专利局即作出授予发明专利权的决定，颁发发明专利证书，在《发明专利公报》上予以登记和公告。发明专利权于授权公告之日起生效。

3. 实用新型和外观设计专利申请的审批

实用新型和外观设计的内容较发明简单，其授权文件不需经过实质审查，其审批流程是：

受理申请——初步审查——授权公告

申请专利程序和审批授权流程见图 19-7。

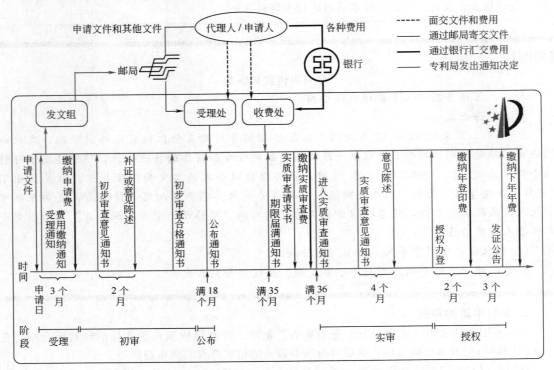

图 19-7　申请专利程序和审批授权流程

六、专利权的期限、终止和无效

1. 专利权的期限

专利权的期限就是指法律保护的有效期。我国《专利法》规定，发明专利权的期限为 20 年，实用新型专利权和外观设计专利权的期限为 10 年，均自申请之日起计算。国外专利：申请日起计算 15～20 年。

2. 专利权的终止

专利权期限届满，专利权终止。有下列两种情形之一的，专利权在期限届满前终止：

(1) 没有按照规定缴纳年费的；
(2) 专利权人以书面形式声明放弃其专利权的。

3. 专利权的无效宣告

自国家专利行政部门公告授予专利权之日起，任何单位或者个人认为该专利权的授予不符《专利法》有关规定的，都可以请求专利复审委员会宣告该专利权无效。凡被宣告无效的专利权自始即不存在。

七、专利文献的查询

据不完全统计，世界上70多个国家每年出版的专利文献就有100多万件，约占世界科技出版物总数的1/4；另据世界知识产权组织（WIPO）统计，世界上90％以上的发明成果曾以专利文献的形式发表过。据研究，如果能应用好专利文献，能节约40％的科研开发经费，少花60％的研究开发时间。因此，如何方便、快捷地获得专利信息已成为科技工作者必需尽快解决的问题。

1. 专利检索的一般过程

（1）分析检索主题。
（2）确定中外文关键词。
（3）选择专利的 IPC 分类号。
（4）选择检索系统，进行初步检索。
（5）记录检索结果。
（6）根据找到的专利文献调整检索策略。

2. 主要网络专利数据库

中国专利全文网上免费查阅（中华人民共和国国家知识产权局）
　　http://www.sipo.gov.cn/sipo/zljs
中国专利信息网　　http://www.patent.com.cn/
中国知识产权网　　http://www.cnipr.com
中国专利科技信息网　　http://www.si-po.com/
中国专利信息中心　　http://www.cnpat.com.cn/
中国专利网　　http://www.cnpatent.com/index.jsp
台湾专利　　http://nbs.apipa.org.tw/
美国专利与商标局　　http://www.uspto.gov/
美国专利全文搜索　　http://www.nsnto.gov/
欧洲与欧洲各国专利　　http://gb.espacenet.com/
日本特许厅　　http://www.jpo.go.jp/indexj.html
日本特许厅的 IPDL　　http://www.ipdl.neipi.go.jp/homepg.ipdl
世界知识产权组织　　http://www.wipo.int/
世界知识产权组织的 IPDL　　http://www.wipo.int/ipdl/en/index.jsp
加拿大知识产权局　　http://www.opic.gc.ca/
其他重要专利资源：

◆ Derwent Innovations Index（DII）　数据量大（40多个专利机构的1200多万个基本发明专利，3000多万个专利），年限长1963~，国际联机检索，收费昂贵。

◆ Chemical Abstracts（CA）：patent index
可以查到医药化学化工方面的专利信息。没有全文。

3. 专利检索举例

（1）国内专利检索
中华人民共和国国家知识产权局专利检索流程见图19-8～图19-11。

图 19-8　专利申请状况查询窗口

图 19-9　专利申请法律状态

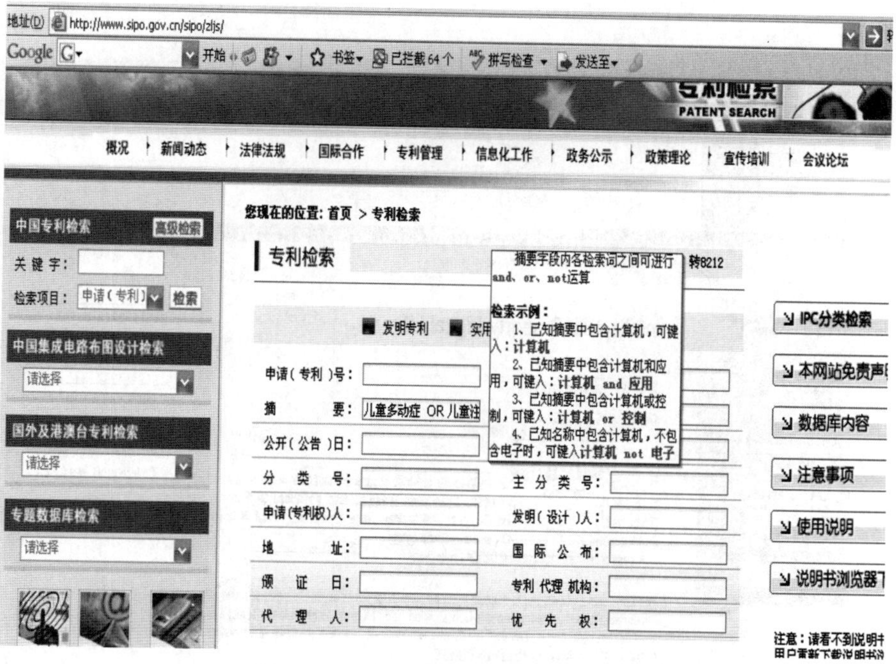

图 19-10　专利文献查询及检索语法

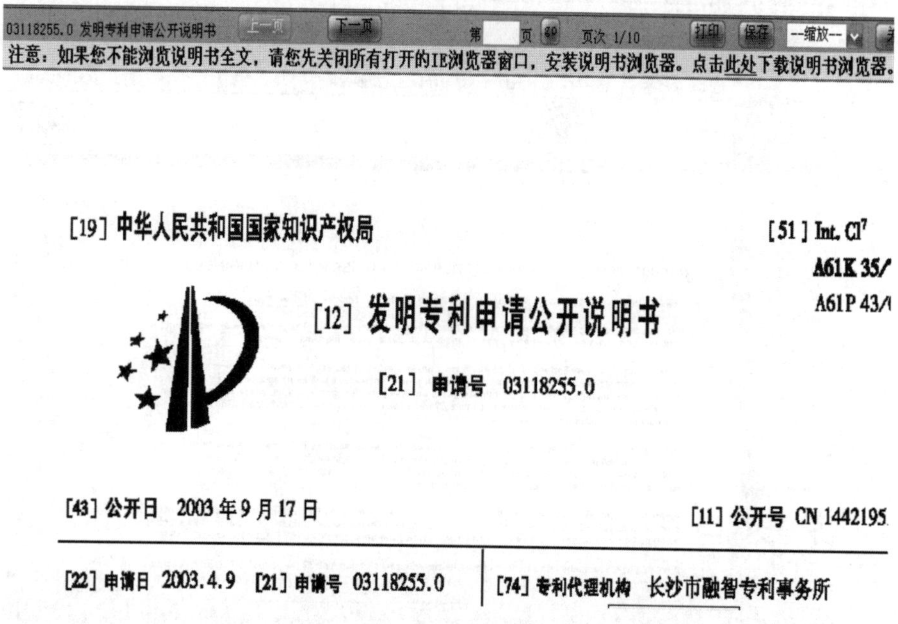

图 19-11　检索到的专利文献

第十九章　其他相关法规

(2) 国外专利检索

国外专利检索见图 19-12～图 19-17。

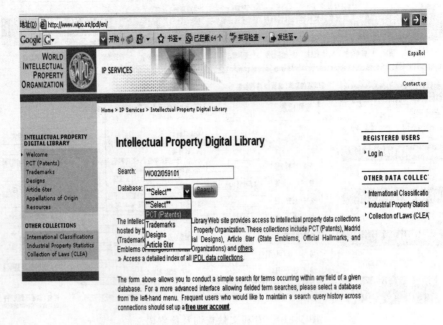

图 19-12 世界产权组织的 IPDL（Intellectual Property Digital Library）专利检索

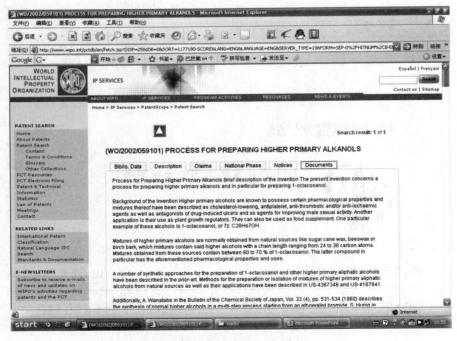

图 19-13 IPDL 检索结果

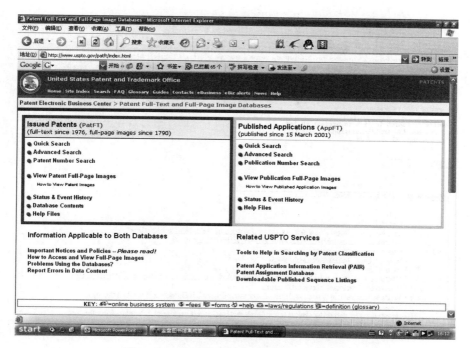

图 19-14　美国专利与商标局专利检索页面

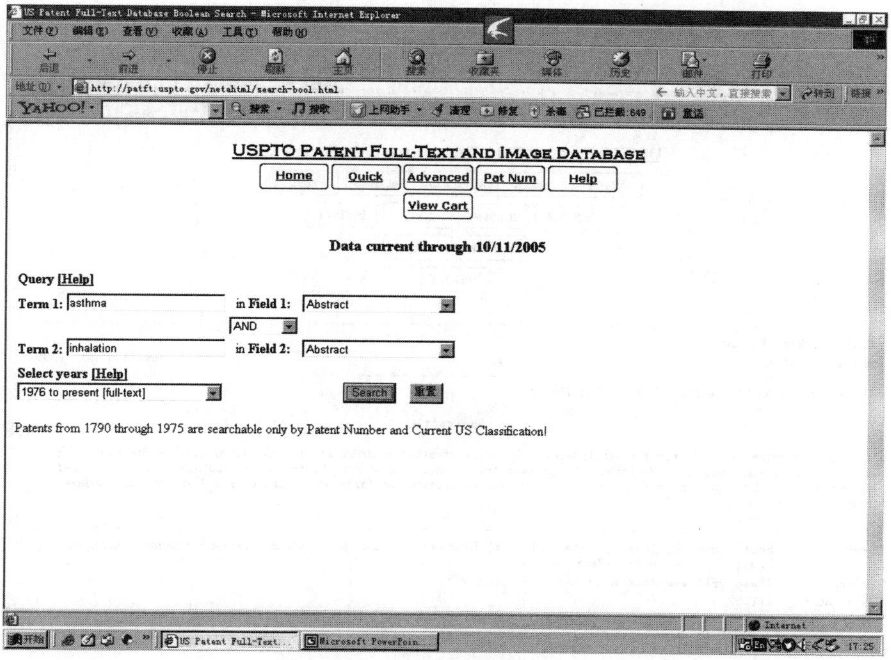

图 19-15　美国专利与商标局专利检索窗口

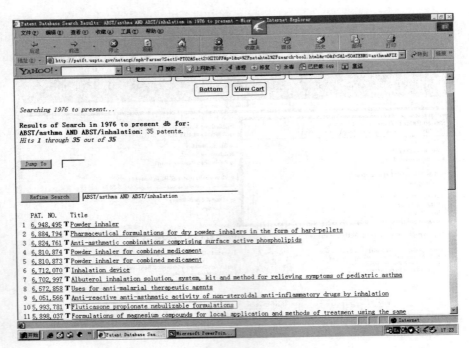

图 19-16 美国专利与商标局专利检索结果目录

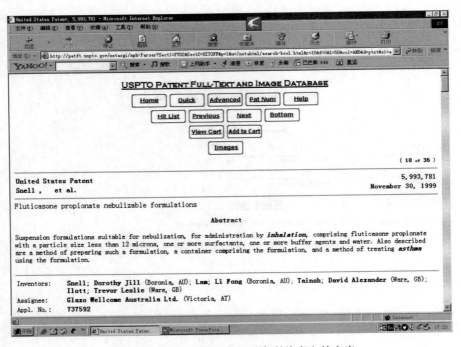

图 19-17 美国专利与商标局专利检索文献内容

第四节 公司法

【案例】

股东会决议案

原告王方原为被告国有企业苏州某化妆品公司职工,双方签订有无固定期限劳动合同。2006年6月,被告苏州某化妆品公司根据公司法和市委、市政府有关企业改制文件规定,改制为有限公司。根据转制相关政策规定,王方作为单位职工在履行出资义务后成为公司原始自然人股东,占股比例0.165%。2006年10月,被告将原告王方从公司除名。同年10月24日,原告得知被告将于次日召开公司临时股东大会,遂委托律师出席大会。律师到达会议后对会议通知程序提出异议,公司未予采纳,律师离开会场。股东会最终以多数表决方式通过了股东会决议,主要内容是:公司股东因调动、离职、退休、除名及去世等原因而离开公司,其所持有的股权,必须转让给公司其他股东,其他股东按出资额由大到小的顺序对该转让的股权实行优先购买,股权转让价格,以上年度末净资产额为基准等内容。嗣后,被告根据股东会决议开除了王方股东资格,并自行将退股金划入王方的银行卡。王方遂向法院起诉。

(资料来源:中国公司法律顾问网.www.lvshi100.com)

思考:该股东大会的决议是否有效?原告股东地位能否恢复?

为了规范公司的组织和行为,保护公司、股东和债权人的合法权益,维护社会经济秩序,促进社会主义市场经济的发展,1993年12月29日第八届全国人民代表大会常务委员会第五次会议通过了《中华人民共和国公司法》(简称《公司法》),1999第一次修正,2004年第二次修正,现行的《公司法》是2005年10月27日第十届全国人民代表大会常务委员会第十八次会议第三次修订的。

公司法是规定各种公司的设立、组织、活动和解散以及股东权利义务的法律规范的总称。公司是指依照本法在中国境内设立的有限责任公司和股份有限公司。

一、有限责任公司

有限责任公司,亦称有限公司,是指依公司法设立,由不超过一定人数的股东出资组成,每个股东以其所认缴的出资额为限对公司承担责任,公司以其全部资产对公司的债务承担责任的企业法人。

1. 设立条件

设立有限责任公司,应当具备下列条件。

(1) 股东符合法定人数:有限责任公司有2个以上50个以下股东共同出资。

(2) 股东出资达到法定资本最低限额:以生产经营为主的公司人民币五十万元;以商品批发为主的公司人民币五十万元;以商业零售为主的公司人民币三十万元;科技开发、咨询、服务性公司人民币十万元。

(3) 股东共同制定公司章程。有限责任公司章程应当载明下列事项:公司名称和住所;公司经营范围;公司注册资本;股东的姓名或者名称;股东的出资方式、出资额和出资时间;公司的机构及其产生办法、职权、议事规则;公司法定代表人;股东会会议认为需要规定的其他事项。股东应当在公司章程上签名、盖章。

(4) 有公司名称,建立符合有限责任公司要求的组织机构。公司的名称通常由四部分组成,它们是地名、字号、经营业务和法律性质。

(5) 有公司住所。

> **资料卡**
>
> **分公司与子公司**
>
> 　　分公司与子公司是现代大公司企业经营组织的重要形式。分公司是总公司下属的直接从事业务经营活动的分支机构或附属机构，不具有企业法人资格，不具有独立的法律地位，不独立承担民事责任；子公司是指一定比例以上的股份被另一公司所拥有或通过协议方式受到另一公司实际控制的公司。子公司具有法人资格，可以独立承担民事责任，这是子公司与分公司的重要区别。

2. 设立程序

（1）发起人发起　有限责任公司只能由发起人发起设立，发起人有数人时，应签订发起人协议或做成发起人会议决议。

（2）草拟章程　章程需经全体股东同意并签名盖章，报登记主管机关批准后，才能正式生效。

（3）必要的行政审批　涉及法律法规的特别要求，必须经相关部门批准。如设立经营证券业务的有限责任公司，应事先经有关金融主管机关批准。

（4）缴纳出资　股东可以以货币出资，也可以以实物、工业产权、非专利技术、土地使用权作价出资。以工业产权、非专利技术作价出资的金额不得超过有限责任公司注册资本的20%。

公司全体股东的首次出资额不得低于注册资本的百分之二十，也不得低于法定的注册资本最低限额——人民币三万元，其余部分由股东自公司成立之日起两年内缴足；其中，投资公司可以在五年内缴足。

（5）验资　发起人全部缴纳出资后，必须经法定的验资机构验资并出具证明。

（6）申请设立登记　验资后，由全体发起人制定的代表或者共同委托的代理人向公司登记机关申请设立登记，提交公司登记申请书、公司章程、验资证明等文件。

（7）登记发照。

3. 组织机构

（1）权力机构　有限责任公司股东会由全体股东组成。股东会是公司的权力机构，行使下列职权：决定公司的经营方针和投资计划；选举和更换非由职工代表担任的董事、监事，决定有关董事、监事的报酬事项；审议批准董事会的报告；审议批准监事会或者监事的报告；审议批准公司的年度财务预算方案、决算方案；审议批准公司的利润分配方案和弥补亏损方案；对公司增加或者减少注册资本作出决议；对发行公司债券作出决议；对公司合并、分立、解散、清算或者变更公司形式作出决议；修改公司章程；公司章程规定的其他职权。

股东会会议分为定期会议和临时会议。定期会议应当依照公司章程的规定按时召开。代表十分之一以上表决权的股东，三分之一以上的董事，监事会或者不设监事会的公司的监事提议召开临时会议的，应当召开临时会议。有限责任公司设立董事会的，股东会会议由董事会召集，董事长主持；董事长不能履行职务或者不履行职务的，由副董事长主持；副董事长不能履行职务或者不履行职务的，由半数以上董事共同推举一名董事主持。有限责任公司不设董事会的，股东会会议由执行董事召集和主持。股东会会议由股东按照出资比例行使表决权；但是，公司章程另有规定的除外。

（2）执行机构　有限责任公司的执行机构是董事会或者执行董事。董事会的成员为三人至十三人，设董事长一人，可以设副董事长。但是股东人数较少或者规模较小的公司仅设一名执行董事。两个以上的国有企业或者两个以上的其他国有投资主体投资设立的有限责任公司，其董事会成员中应当有公司职工代表；其他有限责任公司董事会成员中可以有公司职工代表。董事会中的职工代表由公司职工通过职工代表大会、职工大会或者其他形式民主选举产生。

董事会对股东会负责，行使下列职权：召集股东会会议，并向股东会报告工作；执行股东会的决议；决定公司的经营计划和投资方案；制订公司的年度财务预算方案、决算方案；制订公司的利润分配方案和弥补亏损方案;制订公司增加或者减少注册资本以及发行公司债券的方案;制订公司合并、分立、解散或者变更公司形式的方案;决定公司内部管理机构的设置;决定聘任或者解聘公司经理及其报酬事项,并根据经理的提名决定聘任或者解聘公司副经理、财务负责人及其报酬事项;制定公司的基本管理制度;公司章程规定的其他职权。

有限责任公司可以设经理,由董事会决定聘任或者解聘。经理对董事会负责,行使下列职权:主持公司的生产经营管理工作,组织实施董事会决议;组织实施公司年度经营计划和投资方案;拟订公司内部管理机构设置方案;拟订公司的基本管理制度;制定公司的具体规章;提请聘任或者解聘公司副经理、财务负责人;决定聘任或者解聘除应由董事会决定聘任或者解聘以外的负责管理人员;董事会授予的其他职权。

【案例】

董事会会议内容是否合法?

某化妆品有限责任公司董事会由11名董事组成。2007年5月10日,公司董事长李某召集并主持召开董事会会议,出席会议的共8名董事,另有3名董事因事请假。董事会会议讨论了下列事项,经表决有6名董事同意而通过。

(1) 鉴于公司董事会成员工作任务加重,决定给每位董事涨工资30%。

(2) 鉴于监事会成员中的职工代表张某生病,决定由本公司职工王某参加监事会。

(3) 鉴于公司的财务会计工作日益繁重,拟将财务科升级为财务部,并向社会公开招聘会计人员3名,招聘会计人员事宜及财务科升格为财务部的方案经股东大会通过后实施。

(4) 鉴于公司的净资产额已达2900万元,符合有关公司发行债券的法律规定,决定发行公司债券1000万元。

(资料来源:江平. 新编公司法教程. 2006-01-16)

根据以上材料回答以下问题:(1) 公司董事会的召开和表决程序是否符合法律规定?为什么?(2) 公司董事会通过的事项有无不符合法律规定之处?如有,请分别说明理由。

(3) 监督机构 有限责任公司的监督机构是监事会或监事。有限责任公司设监事会,其成员不得少于三人。股东人数较少或者规模较小的有限责任公司,可以设一至二名监事,不设监事会。监事会应当包括股东代表和适当比例的公司职工代表,其中职工代表的比例不得低于三分之一,具体比例由公司章程规定。监事会中的职工代表由公司职工通过职工代表大会、职工大会或者其他形式民主选举产生。监事会设主席一人,由全体监事过半数选举产生。监事会主席召集和主持监事会会议;监事会主席不能履行职务或者不履行职务的,由半数以上监事共同推举一名监事召集和主持监事会会议。董事、高级管理人员不得兼任监事。

监事会、不设监事会的公司的监事行使下列职权:检查公司财务;对董事、高级管理人员执行公司职务的行为进行监督,对违反法律、行政法规、公司章程或者股东会决议的董事、高级管理人员提出罢免的建议;当董事、高级管理人员的行为损害公司的利益时,要求董事、高级管理人员予以纠正;提议召开临时股东会会议,在董事会不履行本法规定的召集和主持股东会会议职责时召集和主持股东会会议;向股东会会议提出提案;依照本法第一百五十二条的规定,对董事、高级管理人员提起诉讼;公司章程规定的其他职权。

4. 股份转让

有限责任公司的股东之间可以相互转让其全部或者部分股权。股东向股东以外的人转让股权,应当经其他股东过半数同意。股东应就其股权转让事项书面通知其他股东征求同意,其他股东自接到书面通知之日起满三十日未答复的,视为同意转让。其他股东半数以上不同意转让的,不同意的股东应当购买该转让的股权;不购买的,视为同意转让。经股东同意转让的股权,在同等条件下,其他股东有优先购买权。两个以上股东主张行使优先购买权的,协商确定各自的购买比例;协商不成的,按照转让时各自的出资比例行使优先购买权。

有下列情形之一的,对股东会该项决议投反对票的股东可以请求公司按照合理的价格收购其股权。

(1) 公司连续五年不向股东分配利润,而公司该五年连续盈利,并且符合本法规定的分配利润条件的。

(2) 公司合并、分立、转让主要财产的。

(3) 公司章程规定的营业期限届满或者章程规定的其他解散事由出现,股东会会议通过决议修改章程使公司存续的。

自股东会会议决议通过之日起六十日内,股东与公司不能达成股权收购协议的,股东可以自股东会会议决议通过之日起九十日内向人民法院提起诉讼。

二、股份有限公司

股份有限公司指全部资本分成等额股份,股东以其所持股份为限对公司承担责任,公司以其全部资产对公司债务承担责任的法人。

1. 设立条件

股份有限公司的设立,可以采取发起设立或者募集设立的方式。发起设立,是指由发起人认购公司应发行的全部股份而设立公司。募集设立,是指由发起人认购公司应发行股份的一部分,其余股份向社会公开募集或者向特定对象募集而设立公司。

设立股份有限公司,应当具备下列条件。

(1) 发起人符合法定人数:发起人人数应在二人以上二百人以下,过半数的发起人应在中国境内有住所;国有企业以募集设立方式改组为股份公司的,发起人可以少于五人。

(2) 发起人认购和募集的股本达到法定资本最低限额:股份有限公司采取发起设立方式设立的,公司全体发起人的首次出资额不得低于注册资本的百分之二十,其余部分由发起人自公司成立之日起两年内缴足;其中,投资公司可以在五年内缴足。以募集设立方式设立股份有限公司的,发起人认购的股份不得少于公司股份总数的百分之三十五。

(3) 股份发行、筹办事项符合法律规定。

(4) 发起人制定公司章程,采用募集方式设立的经创立大会通过。股份有限公司章程应当载明下列事项:公司名称和住所;公司经营范围;公司设立方式;公司股份总数、每股金额和注册资本;发起人的姓名或者名称、认购的股份数、出资方式和出资时间;董事会的组成、职权和议事规则;公司法定代表人;监事会的组成、职权和议事规则;公司利润分配办法;公司的解散事由与清算办法;公司的通知和公告办法;股东大会会议认为需要规定的其他事项。

(5) 有公司名称,建立符合股份有限公司要求的组织机构。

(6) 有公司住所。

想 一 想

2001年3月4日,甲、乙、丙、丁、戊5人商量在我国筹建一股份有限公司。其中甲、乙为中国人,且其住所在国内,丙为美籍华人,在中国境内有住所,丁、戊是从外国来华做短暂停留,在中国境内无住所。五人决定采取募集设立的方式成立公司,在他们完成拟订公司章程,招股说明书并募集相应股份后,召开创立大会,但是在创立大会上,大会却决议公司不成立,结果导致公司未能成立。后经核算在公司设立过程中共发生各项费用7000元,另还欠某银行借款4000元,同时该公司在设立过程中共向社会募集股款2000万元。问:①该公司发起人的状况是否符合我国公司法的规定?②该公司未能成立后,对于相应的费用和债务以及募集得到的股款应当如何处理?

2. 设立程序

（1）订立发起人协议。

（2）全体发起人共同订立公司章程。

（3）申请发起许可。

（4）股份认购：以发起设立方式设立股份有限公司的，发起人应当书面认足公司章程规定其认购的股份；发起人向社会公开募集股份，必须公告招股说明书，并制作认股书。招股说明书应当附有发起人制定的公司章程，并载明下列事项：发起人认购的股份数；每股的票面金额和发行价格；无记名股票的发行总数；募集资金的用途；认股人的权利、义务；本次募股的起止期限及逾期未募足时认股人可以撤回所认股份的说明。

（5）召集创立大会：发起人应当自股款缴足之日起三十日内主持召开公司创立大会。创立大会由发起人、认股人组成。发起人应当在创立大会召开十五日前将会议日期通知各认股人或者予以公告。创立大会应有代表股份总数过半数的发起人、认股人出席，方可举行。创立大会行使下列职权：审议发起人关于公司筹办情况的报告；通过公司章程；选举董事会成员；选举监事会成员；对公司的设立费用进行审核；对发起人用于抵作股款的财产的作价进行审核；发生不可抗力或者经营条件发生重大变化直接影响公司设立的，可以作出不设立公司的决议。

（6）申请设立登记：董事会应于创立大会结束后三十日内，向公司登记机关报送下列文件，申请设立登记：公司登记申请书；创立大会的会议记录；公司章程；验资证明；法定代表人、董事、监事的任职文件及其身份证明；发起人的法人资格证明或者自然人身份证明；公司住所证明。以募集方式设立股份有限公司公开发行股票的，还应当向公司登记机关报送国务院证券监督管理机构的核准文件。

3. 组织机构

（1）股东大会　股份有限公司股东大会由全体股东组成。股东大会是公司的权力机构，股东大会应当每年召开一次年会。有下列情形之一的，应当在两个月内召开临时股东大会：董事人数不足本法规定人数或者公司章程所定人数的 2/3 时；公司未弥补的亏损达实收股本总额 1/3 时；单独或者合计持有公司 10% 以上股份的股东请求时；董事会认为必要时；监事会提议召开时；公司章程规定的其他情形。召开股东大会会议，应当将会议召开的时间、地点和审议的事项于会议召开二十日前通知各股东；临时股东大会应当于会议召开十五日前通知各股东；发行无记名股票的，应当于会议召开三十日前公告会议召开的时间、地点和审议事项。单独或者合计持有公司 3% 以上股份的股东，可以在股东大会召开十日前提出临时提案并书面提交董事会；董事会应当在收到提案后二日内通知其他股东，并将该临时提案提交股东大会审议。临时提案的内容应当属于股东大会职权范围，并有明确议题和具体决议事项。

股东大会作出决议，必须经出席会议的股东所持表决权过半数通过。但是，股东大会作出修改公司章程、增加或者减少注册资本的决议，以及公司合并、分立、解散或者变更公司形式的决议，必须经出席会议的股东所持表决权的 2/3 以上通过。股东大会选举董事、监事，可以依照公司章程的规定或者股东大会的决议，实行累积投票制。累积投票制是指股东大会选举董事或者监事时，每一股份拥有与应选董事或者监事人数相同的表决权，股东拥有的表决权可以集中使用。

（2）董事会和监事会　股份有限公司设董事会，其成员为五人至十九人。董事会设董事长一人，可以设副董事长。董事长和副董事长由董事会以全体董事的过半数选举产生。董事会每年度至少召开两次会议，每次会议应当于会议召开十日前通知全体董事和监事。代表 1/10 以上表决权的股东、1/3 以上董事或者监事会，可以提议召开董事会临时会议。董事长应当自接到提议后十日内，召集和主持董事会会议。股份有限公司设经理，由董事会决定聘任或者解聘。

股份有限公司设监事会，其成员不得少于三人。监事会每六个月至少召开一次会议。

三、公司的解散与清算

1. 解散的原因

（1）公司章程规定的营业期限届满或者公司章程规定的其他解散事由出现。
（2）股东会或者股东大会决议解散。
（3）因公司合并或者分立需要解散。
（4）依法被吊销营业执照、责令关闭或者被撤销。
（5）人民法院依照本法第一百八十三条的规定予以解散。

2. 清算组

公司应当在解散事由出现之日起十五日内成立清算组，开始清算。有限责任公司的清算组由股东组成，股份有限公司的清算组由董事或者股东大会确定的人员组成。清算组在清算期间行使以下职权：

（1）清理公司财产，分别编制资产负债表和财产清单。
（2）通知、公告债权人。
（3）处理与清算有关的公司未了结的业务。
（4）清缴所欠税款以及清算过程中产生的税款。
（5）清理债权、债务。
（6）处理公司清偿债务后的剩余财产。
（7）代表公司参与民事诉讼活动。

3. 剩余资产分配顺序

公司财产在分别支付清算费用、职工的工资、社会保险费用和法定补偿金、缴纳所欠税款、清偿公司债务后的剩余财产，有限责任公司按照股东的出资比例分配，股份有限公司按照股东持有的股份比例分配。

【案例】

谁来偿还债务？

某有限责任公司由A、B、C三股东共同投资成立，注册资本为50万元人民币。其中法人股东A以经营场地和设备作价出资30万元人民币。B和C两个自然人股东各出资10万元人民币。公司由B和C负责经营。公司成立后不久，因市场疲软以及经营管理不善等诸多原因导致公司欠下60多万元的巨额债务，并在实际上陷入停产的状态。债权人因此纷纷登门讨债。B和C两个自然人股东因躲债去向不明，于是所有的债权人都盯住法人股东A索债，而A声称公司主要由B和C股东经营，自己也是受害者，目前无偿还债务能力。在索债不成的情况下，所有债权人联名将A推上被告席，诉请法院判决A偿还公司所欠债权人的全部债务。

问：根据公司法的一般原理，此案该如何处理？

第五节 公司登记注册程序及相关法规

一、登记管辖单位

国家工商行政管理总局负责下列公司的登记。

（1）国务院国有资产监督管理机构履行出资人职责的公司以及该公司投资设立并持有50%以上股份的公司。
（2）外商投资的公司。

(3) 依照法律、行政法规或者国务院决定的规定，应当由国家工商行政管理总局登记的公司。
(4) 国家工商行政管理总局规定应当由其登记的其他公司。

二、公司的登记事项

公司的登记事项包括：
① 名称；
② 住所；
③ 法定代表人姓名；
④ 注册资本；
⑤ 实收资本；
⑥ 公司类型；
⑦ 经营范围；
⑧ 营业期限；
⑨ 有限责任公司股东或者股份有限公司发起人的姓名或者名称，以及认缴和实缴的出资额、出资时间、出资方式。

三、公司的登记注册程序

在公司登记注册事项中，有许多政府部门参与其中。一般公司的注册都要经过工商局和税务局。

一般来讲，公司登记注册程序包括两种具体程序：一是公司进行的申请登记注册程序；二是公司登记机关对公司进行的核准登记注册程序。法律、行政法规对设立公司规定必须报经审批的，在公司登记前应依法办理审批手续；公司的经营范围中属于法律、行政法规限制的，应当依法经过批准。因此，公司登记注册程序有时包括第3种程序，即设立审批程序或审批程序。

（一）公司申请登记程序

公司申请登记程序是指公司向登记机关申请登记的程序。根据《公司登记管理条例》规定，公司申请登记分为设立登记、变更登记和注销登记3种，登记程序也相应地分为3种。

申请设立登记程序为：设立公司应当申请名称预先核准。

(1) 有限责任公司设立登记　设立有限责任公司，应当由全体股东指定的代表或者共同委托的代理人向公司登记机关申请设立登记。法律、行政法规规定设立有限责任公司必须报经审批的，应当自批准之日起90日内向公司登记机关申请设立登记；逾期申请设立登记的，申请人应当报审批机关确认原批准文件的效力或者另行报批。申请设立有限责任公司，应当向公司登记机关提交有关文件和证件。

(2) 股份有限公司设立登记　设立股份有限公司，董事会应当于创立大会结束后30日内向公司登记机关申请设立登记。申请设立股份有限公司，应当向公司登记机关提交有关文件和证件。

（二）公司登记机关核准登记程序

公司登记机关核准登记程序是指公司登记申请人向公司登记机关提交登记申请，公司登记机关受理申请、审核公司登记文件、直至核准或者驳回申请，核发、换发或者收缴营业执照的工作过程。

1. 公司核准登记法定程序

公司登记机关收到申请人提交的全部法定文件后，发给申请人《公司登记受理通知书》，该通知书是在公司登记机关收到申请人提交的符合《公司登记管理条例》规定文件的情况下发给的。按照《公司登记管理条例》的规定，公司登记因登记情况的不同，提交的文件也不同，即按照公司设立登记、变更登记、注销登记、分公司登记的不同要求提交有关文件。

公司登记机关自发出《公司登记受理通知书》之日起 30 日内作出核准登记或者不予登记的决定，否则，申请人可以依据《行政诉讼法》的有关规定向人民法院起诉。公司登记核准登记的，应自核准登记之日起 15 日内通知申请人，发给、换发或者收缴《企业法人营业执照》或《营业执照》，并办理法定代表人或其授权人签字备案手续。公司登记机关不予登记的，应当自作出决定之日起 15 日内通知申请人，发给《公司登记驳回通知书》。公司登记机关发给、换发或者收缴《营业执照》，或者发给《公司登记驳回通知书》，标志着法定登记程序的结束。

2. 公司核准登记工作程序

公司核准登记工作程序是指由各级公司登记机关根据上级机关的规定和工作实际制定的具体工作规程，一般应包含 3 个步骤。受理、审查：公司登记机关受理公司登记申请后，由审核人员对申请人提交的登记文件进行审核，并提出具体审核意见。核准：公司登记机关的法定代表人或者授权的人员，根据审核意见，决定核准公司登记或驳回登记申请。发照：公司登记机关根据核准结果，核发营业执照或发出不予核准的通知书，并将有关公司登记材料整理归档（图 19-18、图 19-19）。

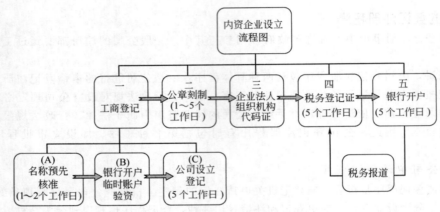

图 19-18　内资企业设立流程

在完成以上的程序之后，公司就《营业执照》签发之日起成立，然后公司负责人凭《营业执照》到税务机关领取税务证、到银行开户、在工商局指定的地点刻公司公章和财务专用章等。到此，你创业的经营主体才告真正成立，也才能真正合法经营和运作了。这个周期通常快的 1 个月，涉及到多部门审批的，可能要 3 个月。但是，像个体工商户和个人独资企业并没有公司注册登记这么复杂，程序相对简单，部门主要是工商局和税务局。

四、公司注册登记注意事项

首先，注册资金一定要是实缴资金，而且要一次到位。但是经常发生有些公司注册代理经纪公司采取过账的方法虚拟出资，就是从他处借取资金到指定账户过账，以此欺骗工商登记部门，这是明显违法的。前一段时间，上海市第一中院审理上海市女富豪孙凤绢虚报注册资本罪被判处有期徒刑 3 年。所以，创业者一定要遵守法律的规定。

其次，公司注册资金到位后，一定不能抽逃资金用作他用，这是违法的。创业路上，甚至从创业的一开始，就有许多法律规定，创业者千万不要轻信他言，小心触犯法律。创业者在选择公司形式的时候以及在公司登记过程中甚至以后的经营过程中，都应该了解相关的法律和政策规定，这样才能从长远上保证创业走的更远。

五、工商注册登记相关的法规政策

工商注册登记相关的法规政策见表 19-1。

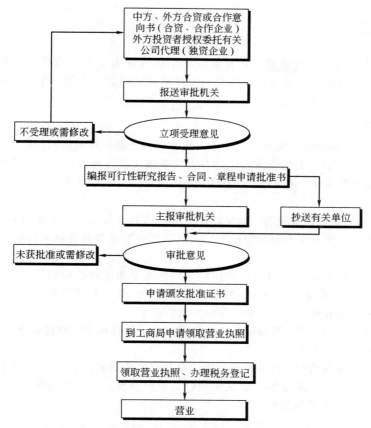

图 19-19　中外合资、合作企业、外商独资企业设立流程

表 19-1　工商注册登记相关的法规政策

序号	发布单位	法律名称	发布日期	实施日期
1	全国人大	中华人民共和国公司法	2005-10-27	2006-01-01
2	国务院	中华人民共和国公司登记管理条例	2005-12-18	2006-01-01
3	国务院	私营企业暂行条例	1988-06-25	1988-07-01
4	国家工商行政管理总局	私营企业条例施行办法	1989-01-16	1989-02-01
5	全国人大	中华人民共和国合伙企业法	2006-08-27	2007-06-01
6	全国人大	中国个人独资企业法	1999-08-30	2000-01-01
7	国家工商行政管理总局	公司注册资本暂行规定	1995-12-18	1996-03-01
8	全国人大	经济合同法	1993-09-02	1993-09-02
9	劳动和社会保障部	集体合同规定	2003-12-30	2004-05-01
10	国家工商行政管理总局	企业年度检验办法	2006-02-24	2006-03-01
11	国务院	无照经营查处取缔办法	2002-12-18	2003-03-01
12	劳动和社会保障部	企业最低工资规定	2003-12-30	2004-03-01
13	主席令	中华人民共和国企业所得税法	2007-03-16	2008-01-01
14	国务院	中华人民共和国企业所得税法实施条例	2007-11-28	2008-01-01
15	国务院	中华人民共和国增值税暂行条例	1993-12-13	1994-01-10
16	财政部	中华人民共和国增值税暂行条例实施细则	1993-12-25	1993-12-25
17	国务院	中华人民共和国消费税暂行条例	1993-12-13	1994-01-10
18	财政部	中华人民共和国消费税暂行条例实施细则	1993-12-25	1993-12-25
19	国务院	中华人民共和国进出口关税条例	2003-11-29	2004-01-01
20	地方相关部门	其他地方规定		

第六节　税法

1994年1月1日以前，化妆品生产企业应缴纳的税种有企业所得税和化妆品产品税。从1994年1月1日起，我国开始实行以增值税为主体的流转税制。化妆品生产企业纳税税种有企业所得税、增值税和消费税。

一、企业所得税

2007年3月16日全国人大发布了《中华人民共和国企业所得税法》，并于2008年1月1日起实施。1991年4月9日第七届全国人民代表大会第四次会议通过的《中华人民共和国外商投资企业和外国企业所得税法》和1993年12月13日国务院发布的《中华人民共和国企业所得税暂行条例》同时废止。

《中华人民共和国企业所得税法》规定，在中华人民共和国境内，企业和其他取得收入的组织（以下统称企业）为企业所得税的纳税人，依照本法的规定缴纳企业所得税。个人独资企业、合伙企业不适用本法。

本法的实施，意味着从2008年起，中国统一内外资企业所得税税制，对企业税收实现"四个统一"：内资企业、外资企业适用统一的企业所得税法；统一并适当降低企业所得税税率；统一和规范税前扣除办法和标准；统一和规范税收优惠政策。

法律及其实施条例的规定，化妆品生产企业缴纳企业所得税额：根据企业一定时期内的纯收益，按全国统一税率25％征收。

对国家重点扶持和鼓励发展的高科技产业、农林牧渔业项目以及环保等企业给予税收优惠。符合条件的小型微利企业，减按20％的税率征收企业所得税。国家需要重点扶持的高新技术企业减按15％的税率征收企业所得税。

二、增值税

1993年11月26日国务院发布了《中国增值税暂行条例》（以下简称《增值税条例》），并于1994年1月1日施行。《增值税条例》规定，在中国境内销售货物或者提供加工、修理修配劳务以及进口货物的单位和个人，为增值税的纳税人。所谓增值税就是按商品生产、流通和加工、修理、修配各个环节的增值额征收的一种流转税。

增值税是我国1994年起实行的全方位重大税制改革的中心，化妆品企业的增值额依17％的税率计算缴纳增值税。

三、消费税

国家对化妆品行业征收消费税是从1994年开始的。1993年11月26日国务院发布了《中国消费税暂行条例》（以下简称《消费税条例》），并于1994年1月1日施行。消费税是就《消费税条例》规定的应税消费品的生产销售收入、委托加工产品的销售收入或计税价格及进口应税消费品的计税价格，按规定税率计征的一种税。征收消费税可使国家增加税收，有利于国民经济的巩固、发展和提高，是为了适应社会主义市场经济发展的需要。

1. 现行税率

取消护肤护发品消费税，高档化妆品税率为30％。

> **资料卡**
>
> **消费税普通护肤护发品税目**
>
> 原税法规定征收消费税护肤护发品的具体品目。护肤护发品是用于人体皮肤、毛发，起滋润、防护、整洁作用的产品。
>
> 本税目征收范围包括：雪花膏、面油、花露水、头油、发乳、烫发水、烫发精、磨砂膏、

焗油膏、面膜、按摩膏、洗发水、护发素、香皂、浴液、发胶、摩丝以及其他各种护肤护发品等。

消费税化妆品税目

税法规定征收消费税化妆品产品的具体品目。化妆品是日常生活中用于修饰美化人体表面的用品。化妆品种类较多，所有原料各异，按其类别划分，可分为美容和芳香两类。美容类有香粉、口红、指甲油、胭脂、眉笔、蓝眼油、眼睫毛及成套化妆品等；芳香类有香水、香水精等。

本税目征收范围包括各类美容、修饰类化妆品、高档护肤类化妆品和成套化妆品。

美容、修饰类化妆品是指香水、香水精、香粉、口红、指甲油、胭脂、眉笔、唇笔、蓝眼油、眼睫毛以及成套化妆品。

舞台、戏剧、影视演员化妆用的上妆油、卸装油、油彩不属于本税目的征收范围。

高档护肤类化妆品征收范围另行制定。

2. 沿革

（1）1994年1月1日至2005年，护肤和发用化妆品消费税税率为17%；化妆品，包括成套化妆品消费税税率为30%。

（2）2005年至2006年4月1日，护肤护发品消费税降至8%；化妆品，包括成套化妆品消费税税率为30%。

（3）2006年4月1日起，调整为现行税率。

链 接

取消护肤护发品消费税，高档化妆品税率调整为30%。

国家财政部、税务总局3月21日联合下发通知，从2006年4月1日起，对现行消费税的税目、税率及相关政策进行调整，这是自1994年税制改革以来对消费税所做的最大规模的一次调整。

据财政部和国家税务总局介绍，1994年税制改革时已确定对护肤护发品征收消费税，主要是考虑当时这类产品价格较高，不属于大众消费品，征税可对消费行为进行调节，也利于增加财政收入。

近年来，护肤护发品已逐渐成为大众消费，为此社会上要求停止对护肤护发品征收消费税的呼声也很高。考虑到浴液、洗发水、花露水等护肤护发品已成为人民群众的生活必需品，这次调整取消了护肤护发品税目，将原属于护肤护发品征税范围的高档护肤类化妆品列入化妆品税目。

由于我国现行的流转税体制是增值税、营业税、消费税三税并立，双层次调节的格局，消费税只选择部分产品征收，以发挥其特别调节作用。国家选择对哪些产品征税，必然会加重这部分产品的纳税负担，影响到这些行业的正常发展，因此消费税征税范围的选择，体现和影响着国家的产业政策。

这次调整，是符合我国经济社会发展实际的，无疑将进一步增强消费税的调节功能，利于引导有关产品的生产和消费。从直接效果看，取消化妆品消费税，一是刺激内需、拉动消费，有利于行业的高速发展；二是会吸引更多的国际品牌进入中国。

四、进口化妆品税率

2007年12月25日，财政部发出通知，从2008年1月1日起，对从进口商品最惠国进口的洗发剂（香波）进口税率从8.6%降至6.5%，化妆品进口关税则从9.7%降至6.5%。这将有助于相关 45 种进口商品的价格趋于下降。

据财政部方面透露,《2008 年关税实施方案》规定,根据我国加入世界贸易组织承诺的关税减让义务,这次对我国进口关税作出调整,降低"进口税则"中洗发剂(香波)、其他美容品或化妆品及护肤品等 45 个税目的最惠国税率,其余税目的最惠国税率维持不变。

第七节 消费者权益保护法

【案例】

美容化妆品案例

2002 年 7 月,王某开办的金华市婺城区某美容院,经营美容(非医疗性)服务、保健食品零售。2004 年 12 月,张某经他人介绍,到该美容院咨询有关美容调理问题,王某予以接待。根据张某自述身体状况,王某认为张某需内在调理,并向张某推荐某品牌"神阙调理油"和"美益多"产品,但未声明使用上述产品可能会产生的不良反应及后果。随后,张某购买了"舒华神阙调理油",说明书中注明"Q501 的调理效应:擦百合,提神醒脑、增强记忆力、思考力;擦脸,消除代谢不良的痘疮、粉刺、湿疹、凹洞"。还载明"本产品使用初期,如个人体质较过敏者,肚脐周围约一星期将有红疹、瘙痒的现象,此时只要用盐水擦拭数次即可消除"等内容。"神阙调理油"的外包装盒中注明的效能为:"调理经络脉气"。张某购该产品后,在家中用"神阙调理油"在肚脐周围使用约一周后,肚脐周围出现红斑点,并有痛感,脸部发肿,眼眶周围肿胀。张某到医院门诊诊断为:中毒过敏性皮炎。经治疗,目前张某仍有双侧脸颊部皮肤略呈干燥、轻微散在色素的沉着、细小皱纹等后果。

(资料来源:中国消费者权益保护网.http://www.impr.cn/zcfg/zhxw/200701/3117.html)

请问:根据《消费者权益保护法》,张某应该获得怎样的赔偿,美容院应该承担什么法律责任?

消费者权益保护法是调整因保障消费者的物质、文化消费权益而产生的社会关系的法律规范的总称。《中华人民共和国消费者权益保护法》第 2 条规定:"消费者为生活消费购买、使用商品或者接受服务,其权益受本法保护"。但农民购买、使用直接用于农业生产的生产资料,如农药、化肥等,虽不属于生活消费的范围,也适用《消费者权益保护法》。

一、消费者权利

我国《消费者权益保护法》规定消费者享有九项权利。

1. 人身财产安全权

人身财产安全权,是指消费者在购买、使用商品和接受服务时,享有人身、财产不受损害的权利。

2. 知悉真情权

知悉真情权又称为知情权,是指消费者享有知悉其购买、使用的商品或接受的服务的真实情况的权利。

3. 自主选择权

自主选择权是指消费者根据自己的意愿独立自主地选择商品或服务的权利。具体包括以下四项基本内容。

(1) 自主选择提供商品或者服务的经营者。
(2) 自主选择商品品种或者服务方式。
(3) 自主决定购买或不购买任何一种商品,接受或不接受任何一项服务。

（4）在自主选择商品或服务时，有权进行比较、鉴别和挑选。

4. 公平交易权

公平交易权是指消费者在购买商品或接受服务时得到公平交易条件的权利。

5. 获得赔偿权

获得赔偿权也称为求偿权，是指消费者因购买、使用商品或者接受服务而受到人身、财产损害时，依法享有获得赔偿的权利。

6. 依法结社权

依法结社权是指消费者享有依法成立维护自身合法权益的社会团体的权利。我国的各级消费者协会即是由消费者依法成立的社会团体。

7. 获得知识权

获得知识权是指消费者享有获得有关消费知识和消费者权益保护方面的知识的权利，包括有关商品和服务的基本知识、消费者权益保护的法律、法规和政策，以及保护机构和争议解决途径等方面的知识。

8. 人格尊严权

人格尊严权是指消费者在购买、使用商品和接受服务时，享有其人格尊严、民族风俗习惯得到尊重的权利。

9. 监督批评权

监督批评权是指消费者享有对商品和服务的质量、价格、计量、侵权行为等问题以及保护消费者权益工作进行监督、批评、检举、控告的权利。

资 料 卡

每年的3月15日是"国际消费者权益日"（International Day for Protecting Consumers' Rights）。这一国际日是由国际消费者联盟组织（现称国际消费者协会）1983年确定，目的是扩大消费者权益保护的宣传，使之在世界范围内得到重视，促进各国和各地区消费者组织之间的合作与交往，在国际范围内更好地保护消费者权益。

二、消费者权益的保护

1. 消费争议的解决途径

《消费者权益保护法》规定，消费者和经营者发生消费者权益争议的，可自行与经营者协商解决或者请求消费者协会调解。协商或调节无效的，消费者可以向有关行政部门申诉，也可直接向人民法院提起诉讼。

2. 赔偿责任主体的确定

为了保证消费者合法权益得到保护，防止和避免生产者和销售者之间互相推诿责任，《消费者权益保护法》对赔偿责任主体作出了明确的规定。具体规定如下。

（1）由生产者、销售者、服务者承担 消费者在购买、使用商品时，其合法权益受到损害的，可以向销售者提出赔偿。销售者赔偿后，属于生产者责任或者供货者的责任的，销售者有权向生产者或者供货者追偿。

消费者或其他受害人因商品缺陷造成人身、财产损害的，可以向销售者要求赔偿，也可以向生产者要求赔偿，消费者可以自由选择，但是，属于生产者责任的，销售者赔偿后，有权向生产者追偿；属于销售者责任的，生产者赔偿后，有权向销售者追偿。

消费者在接受服务时，其合法权益受到损害的，可以直接向服务者提出赔偿。

（2）消费者在购买、使用商品或者接受服务时，其合法权益受到损害，因原企业分立、合并的，可以向变更后承受原企业权利和义务的企业要求赔偿。

(3) 使用他人营业执照的违法经营者提供商品或者服务，损害消费者合法权益的，消费者可以向其要求赔偿，也可以向营业执照的持有人要求赔偿。

(4) 消费者在展销会、租赁柜台购买商品或接受服务时，其合法权益受到损害，可以向经营者或服务者要求赔偿；展销会结束或柜台租赁期满后，可以向展销会的举办者、柜台的出租者要求赔偿。展销会的举办者、柜台的出租者赔偿后，有权向销售者或服务者追偿。

(5) 消费者因经营者利用虚假广告提供商品或者服务，其合法权益受到损害的，可以向经营者要求赔偿。广告的经营者发布虚假广告的，消费者可以请求行政主管部门予以惩处。广告的经营者不能提供经营者的真实名称、地址的，应当承担赔偿责任。

【案例】

美容造成不良后果

2006年3月，程女士在一医疗整形美容院接受纹眉手术，并支付美容服务费2000元。术后不久，眉部皮肤出现凹凸不平、眉毛稠密不均现象。为此，程女士找到美容院要求做修复手术，经营者告知属于正常现象。事后两月，程女士发现眉毛又出现脱落现象，于是再次找到经营者要求理赔，在双方未能达成一致意见的情况下，程女士就此服务纠纷诉至呼和浩特市工商局新城工商分局"12315"投诉举报中心。工商执法人员经详查获知，美容院工作人员在使用纹眉机时电压控制失衡、电量过高破坏毛囊，影响了眉毛再生能力，从而导致眉毛脱落。

（资料来源：内蒙古日报．2007-03-15）

思考：依据《中华人民共和国消费者权益保护法》，此案的赔偿责任主体应该是谁？

三、法律责任

1. 民事责任

根据《消费者权益保护法》的规定，经营者提供商品或者服务有侵害消费者权益的，除本法另有规定外，应当按照《产品质量法》和其他有关法律、法规的规定，承担民事责任。

经营者提供商品或者服务，造成消费者财产损害的，应当按照消费者的要求，以修理、重做、更换、退货、补足商品数量、退还货款和服务费用或者赔偿损失等方式承担民事责任。对国家规定或者经营者与消费者约定包修、包换、包退的商品，经营者应当负责修理、更换或者退货。经营者以邮购方式提供商品的，应当按照约定提供。未按照约定提供的，应当按照消费者的要求履行约定或者退回货款，并应当承担消费者必须支付的合理费用。依法经有关行政部门认定为不合格的商品，消费者要求退货的，经营者应当负责退货。经营者提供商品或者服务有欺诈行为的，应当按照消费者的要求增加赔偿其受到的损失，增加赔偿的金额为消费者购买商品的价款或者接受服务的费用的1倍。

经营者提供商品或者服务，造成消费者或者其他受害人人身伤害的，应当支付医疗费、治疗期间的护理费、因误工减少的收入等费用；造成残疾的，还应当支付残疾者的生活自助具费、生活补助费、残疾赔偿金以及由其抚养的人所必需的生活费等费用。经营者提供商品或者服务，造成消费者或者其他受害人死亡的，应当支付丧葬费、死亡赔偿金以及由死者生前抚养的人所必需的生活费等费用。

2. 行政责任

经营者侵犯消费者权益的，《产品质量法》和其他法律、法规对处罚机关和处罚方式有规定的，依照有关规定执行；法律、法规未作规定的，由工商行政管理部门责令改正，可以根据情节单处或并处警告、没收违法所得，处以违法所得一倍以上五倍以下罚款，没有违法所得的，处以一万元以下的罚款；情节严重的，责令停业整顿、吊销营业执照。

3. 刑事责任

《消费者权益保护法》对刑事责任的规定主要有以下几点。

（1）经营者提供商品或者服务，造成消费者或者其他受害人人身伤害、死亡，构成犯罪的，依法追究刑事责任。

（2）以暴力、威胁等方法阻碍有关行政部门工作人员依法执行职务的，依法追究刑事责任。

（3）国家机关工作人员玩忽职守或者包庇经营者侵害消费者合法权益的行为的，情节严重，构成犯罪的，依法追究刑事责任。

【案例】

化妆品上有警示声明，商家还要承担责任吗？

李女士到美容院进行皮肤护理，做完护理以后，两个美容师向她推荐某品牌的美白霜，声称有美白祛斑的功效。谁知，李女士用过之后脸马上肿了起来。李女士想这种情况应属化妆品过敏，于是立即找回那家美容院。美容院采取措施却无效果，只好陪同李女士去医院治疗，同时，生产该美白霜的某化妆品有限公司负责人也来了。但是当李女士向他提出赔偿要求时，他却认为虽然医院已经诊断李女士的症状属于变态反应，但这种过敏不是化妆品过敏，有可能是食物过敏引起的。李女士不是过敏体质，更不同意这位负责人的说法。但是对方却以李女士并不是该美白霜的直接购买人为由，拒绝支付和赔偿任何费用。

美容院的负责人讲，在她们推销使用美白霜的时候，都会提醒购买人注意产品外包装上以及使用说明书上的警示声明。李女士用该产品过敏，是她没注意产品外包装上面的警示声明而导致的，商家不能为此承担责任。

李女士无奈之下，找消费者协会投诉，经过调解，终于退掉了那瓶美白霜。

从消费者的角度讲，李女士从美容院购买了美白霜，即达成了一个买卖合同。美白霜外包装上的这种警示声明形成的免责格式条款在合同中所发挥的作用必须受《合同法》的约束。《合同法》规定，造成对方人身伤害，以及因故意或者重大过失造成对方财产损失的免责条款无效；如果提供格式条款的一方免除自己责任、加重对方责任、排除对方主要权利的，该条款无效。

同时，《消费者权益保护法》规定，消费者或者其他受害人因商品缺陷造成人身、财产损害的，可以向销售者要求赔偿，也可以向生产者要求赔偿。属于生产者责任的，销售者赔偿后，有权向生产者追偿。属于销售者责任的，生产者赔偿后，有权向销售者追偿。同时该法规定，消费者为生活消费需要购买、使用商品或者接受服务。

本案中，李女士不是该美白产品的直接购买人并不影响她的消费者身份。因此，美容院当然应该赔偿李女士的损失。同样，生产造成李女士皮肤过敏的该美白霜的化妆品有限公司，既不能因为李女士不是直接购买人应免责，也不能因为在产品外包装上印出警告声明就不承担任何责任。因为，美白霜已经导致李女士的人身健康受到伤害。

思考题

1. 如何辨别无效合同和有效合同？不履行合同的违约责任是什么？
2. 申请商标注册的一般程序是什么？注册商标是否受法律保护？
3. 专利有哪些类型？如何申请专利？如何查阅专利文献？
4. 如何登记注册公司？有限责任公司设立的条件是什么？
5. 化妆品企业应缴纳哪些税种？各税种现行税率是多少？
6. 消费者有哪些权利？消费者的权利如何保护？

附　录

附录一　化妆品生产企业卫生规范（2007 年版）

[2007 年 5 月 31 日国家卫生部卫监督发（2007）177 号发布，自 2008 年 1 月 1 日起施行]

第一章　总　　则

第一条　为加强化妆品生产企业的卫生管理，保障化妆品卫生质量和消费者的使用安全，依据《化妆品卫生监督条例》及其实施细则，制定本规范。

第二条　本规范规定了化妆品生产企业的选址、设施和设备、原料和包装材料、生产过程、成品贮存和出入库、卫生管理及人员等的卫生要求。

第三条　凡中华人民共和国境内从事化妆品生产的企业应遵守本规范。

第四条　各级人民政府卫生行政部门监督本规范的实施。

第二章　选址、设施和设备的卫生要求

第五条　化妆品生产企业应建于环境卫生整洁的区域，周围 30 米内不得有可能对产品安全性造成影响的污染源；生产过程中可能产生有毒有害因素的生产车间，应与居民区之间有不少于 30 米的卫生防护距离。

第六条　生产厂房和设施的设计和构造应最大限度保证对产品的保护；便于进行有效清洁和维护；保证产品、原料和包装材料的转移不致产生混淆。

第七条　厂区规划应符合卫生要求，生产区、非生产区设置应能保证生产连续性且不得有交叉污染。

第八条　生产厂房的建筑结构宜选择钢筋混凝土或钢架结构等，以具备适当的灵活性；不宜选择易漏水、积水、长霉的建筑结构。

第九条　生产企业应具备与其生产工艺、生产能力相适应的生产、仓储、检验、辅助设施等使用场地。根据产品及其生产工艺的特点和要求，设置一条或多条生产车间作业线，每条生产车间作业线的制作、灌装、包装间总面积不得小于 100 平方米，仓库总面积应与企业的生产能力和规模相适应。

单纯分装的生产车间灌装、包装间总面积不得小于 80 平方米。

第十条　生产车间布局应满足生产工艺和卫生要求，防止交叉污染。应当根据实际生产需要设置更衣室、缓冲区、原料预进间、称量间、制作间、半成品储存间、灌装间、包装间、容器清洁消毒间、干燥间、储存间、原料仓库、成品仓库、包装材料仓库、检验室、留样室等各功能间（区）不得少于 10 平方米。

生产工艺流程应做到上下衔接，人流、物流分开，避免交叉。原料及包装材料、产品和人员的流动路线应当明确划定。

第十一条　生产过程中产生粉尘或者使用易燃、易爆等危险品的，应使用单独生产车间和专用生产设备，落实相应卫生、安全措施，并符合国家有关法律法规规定。

产生粉尘的生产车间应有除尘和粉尘回收设施。生产含挥发性有机溶剂的化妆品（如香水、指甲油等）的车间，应配备相应防爆设施。

第十二条　动力、供暖、空气净化及空调机房、给排水系统和废水、废气、废渣的处理系统

等辅助建筑物和设施应不影响生产车间卫生。

第十三条 生产车间的地面、墙壁、天花板和门、窗的设计和建造应便于保洁。

（一）地面应平整、耐磨、防滑、不渗水，便于清洁消毒。需要清洗的工作区地面应有坡度，并在最低处设置地漏，洁净车间宜采用洁净地漏，地漏应能防止虫媒及排污管废气的进入或污染。生产车间的排水沟应加盖，排水管应防止废水倒流。

（二）生产车间内墙壁及顶棚的表面，应符合平整、光滑、不起灰、便于除尘等要求。应采用浅色、无毒、耐腐、耐热、防潮、防霉、不易剥落材料涂衬，便于清洁消毒。制作间的防水层应由地面至顶棚全部涂衬，其他生产车间的防水层不得低于1.5米。

第十四条 生产车间的物流通道应宽敞，采用无阻拦设计。

第十五条 设参观走廊的生产车间应用玻璃墙与生产区隔开，防止污染。

第十六条 屋顶房梁、管道应尽量避免暴露在外。暴露在外的管道不得接触墙壁，宜采用托架悬挂或支撑，与四周有足够的间隔以便清洁。

第十七条 仓库内应有货物架或垫仓板，库存的货物码放应离地、离墙10厘米以上，离顶50厘米以上，并留出通道。仓库地面应平整，有通风、防尘、防潮、防鼠、防虫等设施，并定期清洁，保持卫生。

第十八条 生产车间更衣室应配备衣柜、鞋架等设施，换鞋柜宜采用阻拦式设计。衣柜、鞋柜采用坚固、无毒、防霉和便于清洁消毒的材料。更衣室应配备非手接触式流动水洗手及消毒设施。

生产企业应根据需要设置二次更衣室。

第十九条 制作间、半成品储存间、灌装间、清洁容器储存间、更衣室及其缓冲区空气应根据生产工艺的需要经过净化或消毒处理，保持良好的通风和适宜的温度、湿度。

生产眼部用护肤类、婴儿和儿童用护肤类化妆品的半成品储存间、灌装间、清洁容器储存间应达到30万级洁净要求；其他护肤类化妆品的半成品储存间、灌装间、清洁容器储存间宜达到30万级洁净要求。净化车间的洁净度指标应符合国家有关标准、规范的规定。

采用消毒处理的其他车间，应有机械通风或自然通风，并配备必要的消毒设施。其空气和物表消毒应采取安全、有效的方法，如采用紫外线消毒的，使用中紫外线灯的辐照强度不得小于70微瓦/平方厘米，并按照30瓦/10平方米设置。

第二十条 生产车间工作面混合照度不得小于200勒克斯，检验场所工作面混合照度不得小于500勒克斯。

第二十一条 厕所不得设在生产车间内部，应为水冲式厕所；厕所与车间之间应设缓冲区，并有防臭、防蚊蝇昆虫、通风排气等设施。

第二十二条 生产企业应具备与产品特点、工艺、产量相适应、保证产品卫生质量的生产设备。

凡接触化妆品原料和半成品的设备、管道应当用无毒、无害、抗腐蚀材料制作，内壁应光滑无脱落，便于清洁和消毒。设备的底部、内部和周围都应便于维修保养和清洁。

第二十三条 提倡化妆品生产企业采用自动化、管道化、密闭化方式生产。生产设备、电路管道、气管道和水管不应产生可污染原材料、包装材料、产品、容器及设备的滴漏或凝结。管道的设计应避免停滞或受到污染。不同用途的管道应用颜色区分或标明内容物名称。

第二十四条 根据产品生产工艺需要应配备水质处理设备，生产用水水质及水量应当满足生产工艺要求。

第二十五条 生产过程中取用原料的工具和容器应按用途区分，不得混用，应采用塑料或不锈钢等无毒材质制成。

第三章 原料和包装材料卫生要求

第二十六条 原料及包装材料的采购、验收、检验、储存、使用等应有相应的规章制度，并由专人负责。

第二十七条 原料必须符合国家有关标准和要求。企业应建立所使用原料的档案,有相应的检验报告或品质保证证明材料。需要检验检疫的进口原料应向供应商索取检验检疫证明。

生产用水的水质应达到国家生活饮用水卫生标准（GB 5749—2006）的要求（pH值除外）。

第二十八条 各种原料应按待检、合格、不合格分别存放；不合格的原料应按有关规定及时处理，有处理记录。

第二十九条 经验收或检验合格的原料，应按不同品种和批次分开存放，并有品名（INCI名［如有必须标注］或中文化学名称）、供应商名称、规格、批号或生产日期和有效期、入库日期等中文标识或信息；原料名称用代号或编码标识的，必须有相应的 INCI 名（如有必须标注）或中文化学名称。

第三十条 对有温度、相对湿度或其他特殊要求的原料应按规定条件储存，定期监测，做好记录。

第三十一条 库存的原料应按照先进先出的原则，有详细的入、出库记录，并定期检查和盘点。

第三十二条 包装材料中直接接触化妆品的容器和辅料必须无毒、无害、无污染。

第三十三条 原料、包装材料和成品应分库（区）存放。易燃、易爆品和有毒化学品应当单独存放，并严格执行国家有关规定。

第四章 生产过程的卫生要求

第三十四条 化妆品生产过程应当遵循企业卫生管理体系的相关规定，制定相应的标准操作规程，按规程进行生产，并做好记录。

第三十五条 生产操作应在规定的功能区内进行，应合理衔接与传递各功能区之间的物料或物品，并采取有效措施，防止操作或传递过程中的污染和混淆。

第三十六条 生产中应定期监测生产用水中 pH、电导率、微生物等指标。水质处理设备应定期维护并有记录；停用后重新启用的应进行相应处理并监测合格。

第三十七条 产品的原料应当严格按照相应的产品配方进行称量、记录与核实。称量记录应明确记载配料日期、责任人、产品批号、批量和原料名称及配比量。配、投料过程中使用的有关器具应清洁无污染。对已开启的原料包装应重新加盖密封。

第三十八条 生产设备、容器、工具等在使用前后应进行清洗和消毒，生产车间的地面和墙裙应保持清洁。车间的顶面、门窗、纱窗及通风排气网罩等应定期进行清洁。

生产过程中半成品储存间、灌装间、清洁容器储存间和更衣室空气中细菌菌落总数应≤1000cfu/立方米；灌装间工作台表面细菌菌落总数应≤20cfu/平方米，工人手表面细菌菌落总数应≤300cfu/只手，并不得检出致病菌。采样方法、检验方法参照 GB 15979—2002《一次性使用卫生用品卫生标准》。

第三十九条 生产车间各功能区内不得存放与化妆品生产无关的物品，不得擅自改变功能区用途。化妆品生产过程中的不合格产品及废弃物应分别设固定存放区域或专用容器收集并及时处理。

第四十条 进入灌装间的操作人员、半成品储存容器和包装材料不应造成对成品的二次污染。半成品储存容器应经过严格的清洗和消毒，通过传递口至灌装环节。存放容器或辅料的外包装未经处理不得进入灌装车间。

第四十一条 化妆品生产过程中的各项原始记录（包括原料和成品进出库记录、产品配方、称量记录、批生产记录、批号管理、批包装记录、岗位操作记录及工艺规程中各个关键控制点监控记录等）应妥善保存，保存期应比产品的保质期延长六个月，各项记录应当完整并有可追溯性。

第四十二条 生产过程中应对原料、半成品和成品进行卫生质量监控。生产企业应具有微生物项目（包括：菌落总数、粪大肠菌群、金黄色葡萄球菌、铜绿假单胞菌、霉菌和酵母菌等）检验的能力。

第四十三条 半成品经检验合格后方可进行灌装。

第四十四条 成品的卫生要求应符合《化妆品卫生规范》的规定。每批化妆品投放市场前必须进行卫生质量检验，合格后方可出厂。

产品的标识标签必须符合国家有关规定。

第五章 成品贮存与出入库卫生要求

第四十五条 产品贮存应有管理制度，内容包括与产品卫生质量有关的贮存要求，规定产品必需的贮存条件，确保贮存安全。

第四十六条 未经自检的成品入库，应有明显的待检标志；经检验的成品，应根据检验结果，分别注上合格品或不合格品的标志，分开贮存；不合格品应贮存在指定区域，隔离封存，及时处理。

第四十七条 成品贮存的条件应符合产品标准的规定，成品应按品种分批堆放。

第四十八条 成品入库应有记录，内容包括：生产批号、半成品及成品检验结果编号。

第四十九条 产品出库须做到先进先出。出库前，应核对产品的生产批号和检验结果是否相符。出库应有完整记录，包括收货单位和地址、发货日期、品名、规格、数量、批号等，并对运输车辆的卫生状况进行确认。

第五十条 定期将出库记录、销售记录按品名和数量进行汇总，记录至少应保存至超过化妆品有效期半年。

不合格品运出仓库进行处理应有完整记录，包括品名、规格、批号、数量、处理方式、处理人。

第五十一条 仓库应设立退货区用于储存退货产品，退货产品应明显标记并有完整记录，内容包括：退货单位、品名、规格、数量、批号、日期、退货原因，并保存备查。

退货经检验后，方可纳入到合格品或不合格品区，不合格产品应及时处理并做好记录。

第六章 卫 生 管 理

第五十二条 生产企业应建立与企业规模和产品类别相适应的卫生管理组织架构，设有独立的质量管理部门。质量管理部门负责制定和修订企业各项卫生管理制度，组织协调从业人员的培训和定期体检以及产品的质量检验工作。

第五十三条 质量管理部门应由经过培训和考核、且具有化妆品生产经验和质量管理经验的人员负责。质量管理部门和车间等有关部门应配备专职的卫生管理人员，按照管理范围，做好监督、检查、考核等工作。

第五十四条 生产企业应设置专职的化妆品卫生管理员。

化妆品卫生管理员应掌握国家有关卫生法规、标准和规范性文件对化妆品生产的卫生要求，熟悉产品生产过程中的污染因素和控制措施，有从事化妆品卫生管理工作的经验，参加过相关专业培训，身体健康并具有从业人员健康合格证明。

化妆品卫生管理员承担本单位化妆品生产活动卫生管理的职能，主要职责包括：

（一）组织从业人员进行卫生法律和卫生知识培训，组织从业人员进行健康检查。

（二）制定化妆品卫生管理制度及岗位责任制度，并对执行情况进行督促检查。

（三）检查化妆品生产过程的卫生状况并记录，对检查中发现的不符合卫生要求的行为及时制止并提出处理意见。

（四）对化妆品卫生检验工作进行管理。

（五）建立化妆品卫生管理档案。

（六）配合产品召回、不良反应投诉处理等相关工作。

（七）配合卫生监督机构对本单位的化妆品卫生进行监督检查，并如实提供有关情况。

(八)参与保证化妆品安全卫生的其他卫生管理工作。

第五十五条 生产企业的质量管理部门应由企业负责人直接领导,设立与生产能力相适应的卫生质量检验室,负责化妆品生产全过程的质量管理和检验。质量管理部门应配备一定数量的质量管理和检验人员。质量检验室的场所、仪器、设备等硬件设施至少应满足化妆品微生物的检验要求。

质量管理部门必须设立与化妆品生产规模、品种、保存要求相适应的留样室或留样柜。每批产品均应有留样,并保存至产品保质期后六个月。

第五十六条 生产企业应按国家相关规定或企业卫生质量标准和检验方法对生产的化妆品进行检验,并有健全的检验制度。检验原始记录应齐全,并应妥善保存至超过产品保质期后半年。检验用的仪器、设备应按期检定,及时维修,以保证检验数据的准确。

第五十七条 企业应建立化妆品不良反应监测报告制度,并指定专门机构或人员负责管理。

发现任何涉及化妆品卫生质量和化妆品不良反应的投诉应按最初了解的情况进行详细记录,并进行调查,记录内容包括投诉人或引起不良反应者的姓名、化妆品名称、化妆品批号、接触史和皮肤病医生的诊断意见。如果某一批次化妆品被发现或怀疑存在卫生质量问题或缺陷,为了确认其他产品是否同样受到影响,需要检查其他批次产品。

对产品卫生质量问题或不良反应投诉的处理,应详细记录所有的结论和采取的措施,并作为对相应批次产品记录的补充。

化妆品生产出现重大卫生质量问题或售出产品出现重大不良反应时,应及时向当地卫生行政部门报告。

第五十八条 发现化妆品卫生质量问题或缺陷,可能对人体造成健康危害时,化妆品生产企业应该迅速、及时采取召回行动。召回的产品应被注明,内容包括品名、批号、规格、数量、召回单位及地址、召回原因及日期、处理意见,并单独保存在一个安全的场所,等待处理决定。因卫生质量原因召回的化妆品,应及时处理。

化妆品生产企业应制定化妆品退货和召回的书面程序,并有记录,包括品名、批号、规格、数量、退货和召回单位及地址、召回原因、处理意见和日期。

第五十九条 化妆品生产企业应有涉及生产管理和质量管理全过程的各项制度和文件记录,同时建立文件的起草、修订审查、批准、撤销、印制及保管的管理制度。建立完整的质量管理档案,设有档案柜和档案管理人员。分发、使用的文件应为批准的现行有效文本。已撤销和过时的文件除留档备查外,不得在工作中使用。

第七章 人员资质要求

第六十条 管理者及从业人员资质要求:

(一)生产企业的管理者应熟悉化妆品有关卫生法规、标准和规范性文件,能按照卫生部门的有关规定依法生产,认真组织、实施化妆品生产有关的卫生规范和要求。

(二)直接从事化妆品生产的人员应经过化妆品生产卫生知识培训并经考核合格,身体健康并具有从业人员健康证明。

第六十一条 从事卫生质量检验工作的人员应掌握微生物学的有关基础知识,掌握《化妆品卫生规范》及本企业的产品质量标准,熟悉化妆品的生产工艺和质量保证体系知识,了解化妆品卫生有关法律法规知识,上岗前应经卫生检验专业培训并通过省级卫生行政部门考核。

第六十二条 从业人员每年培训应不得少于1次,并有培训考核记录。内容包括相关法律法规知识、卫生知识、质量知识、化妆品基本知识、安全培训等。

第八章 个人卫生

第六十三条 健康检查要求

(一)从业人员应按《化妆品卫生监督条例》的规定,每年至少进行一次健康检查,必要时接受临时检查。新参加或临时参加工作的人员，应经健康检查，取得健康证明后方可参加工作。对患有痢疾、伤寒、病毒性肝炎、活动性肺结核从业人员的管理，按国家《传染病防治法》有关规定执行。凡患有手癣、指甲癣、手部湿疹、发生于手部的银屑病或者鳞屑、渗出性皮肤病者，不得直接从事化妆品生产活动，在治疗后经原体检单位检查证明痊愈，方可恢复原工作。

（二）应按规定开展从事有职业危害因素作业的人员健康监护。

（三）应建立从业人员健康档案。

第六十四条 从业人员个人卫生要求

（一）从业人员应勤洗头、勤洗澡、勤换衣服、勤剪指甲，保持良好个人卫生。生产人员进入车间前必须洗净、消毒双手，穿戴整洁的工作衣裤、帽、鞋，头发不得露于帽外。

生产人员遇到下列情况应洗手：①进入车间生产前；②操作时间过长，操作一些容易污染的产品时；③接触与产品生产无关的物品后；④上卫生间后；⑤感觉手脏时。

正确的洗手程序和方法：①卷起袖管。②用流动水湿润双手，擦肥皂（最好用液体皂、洗手液），双手反复搓洗，清洁每一个手指和手指之间，最好用刷子刷指尖。③用流动水把泡沫冲净，并仔细检查手背、手指和手掌，对可能遗留的污渍重新进行清洗。④必要时，按规定使用皮肤消毒液喷淋或浸泡，完成手消毒。⑤将手彻底干燥。

（二）直接从事化妆品生产的人员不得戴首饰、手表以及染指甲、留长指甲，不得化浓妆、喷洒香水。

（三）禁止在生产场所吸烟、进食及进行其他有碍化妆品卫生的活动。操作人员手部有外伤时不得接触化妆品和原料。不得穿戴制作间、灌装间、半成品储存间、清洁容器储存间的工作衣裤、帽和鞋进入非生产场所，不得将个人生活用品带入生产车间。

（四）临时进入化妆品生产区的非操作人员，应符合现场操作人员卫生要求。

第六十五条 从业人员工作服管理

（一）工作服应有清洗保洁制度，定期进行更换，保持清洁。

（二）每名从业人员应有两套或以上工作服。

第六十六条 从事职业危害因素的作业防护应符合国家相关法规和标准。生产操作过程中接触气溶胶、粉尘、挥发性刺激物的工序应戴口罩。

第九章 附 则

第六十七条 本规范由卫生部负责解释。

第六十八条 本规范自二〇〇八年一月一日起实施，二〇〇〇年下发的《化妆品生产企业卫生规范》同时废止。

附录二 中华人民共和国工业产品生产许可证管理条例（2005）

（2005年7月9日中华人民共和国国务院令第440号发布，自2005年9月1日起施行）

第一章 总 则

第一条 为了保证直接关系公共安全、人体健康、生命财产安全的重要工业产品的质量安全，贯彻国家产业政策，促进社会主义市场经济健康、协调发展，制定本条例。

第二条 国家对生产下列重要工业产品的企业实行生产许可证制度：

（一）乳制品、肉制品、饮料、米、面、食用油、酒类等直接关系人体健康的加工食品；

（二）电热毯、压力锅、燃气热水器等可能危及人身、财产安全的产品；

（三）税控收款机、防伪验钞仪、卫星电视广播地面接收设备、无线广播电视发射设备等关系金融安全和通信质量安全的产品；

（四）安全网、安全帽、建筑扣件等保障劳动安全的产品；

（五）电力铁塔、桥梁支座、铁路工业产品、水工金属结构、危险化学品及其包装物、容器等影响生产安全、公共安全的产品；

（六）法律、行政法规要求依照本条例的规定实行生产许可证管理的其他产品。

第三条 国家实行生产许可证制度的工业产品目录（以下简称目录）由国务院工业产品生产许可证主管部门会同国务院有关部门制定，并征求消费者协会和相关产品行业协会的意见，报国务院批准后向社会公布。

工业产品的质量安全通过消费者自我判断、企业自律和市场竞争能够有效保证的，不实行生产许可证制度。

工业产品的质量安全通过认证认可制度能够有效保证的，不实行生产许可证制度。

国务院工业产品生产许可证主管部门会同国务院有关部门适时对目录进行评价、调整和逐步缩减，报国务院批准后向社会公布。

第四条 在中华人民共和国境内生产、销售或者在经营活动中使用列入目录产品的，应当遵守本条例。

列入目录产品的进出口管理依照法律、行政法规和国家有关规定执行。

第五条 任何企业未取得生产许可证不得生产列入目录的产品。任何单位和个人不得销售或者在经营活动中使用未取得生产许可证的列入目录的产品。

第六条 国务院工业产品生产许可证主管部门依照本条例负责全国工业产品生产许可证统一管理工作，县级以上地方工业产品生产许可证主管部门负责本行政区域内的工业产品生产许可证管理工作。

国家对实行工业产品生产许可证制度的工业产品，统一目录，统一审查要求，统一证书标志，统一监督管理。

第七条 工业产品生产许可证管理，应当遵循科学公正、公开透明、程序合法、便民高效的原则。

第八条 县级以上工业产品生产许可证主管部门及其人员、检验机构和检验人员，对所知悉的国家秘密和商业秘密负有保密义务。

第二章 申请与受理

第九条 企业取得生产许可证，应当符合下列条件：

（一）有营业执照；

（二）有与所生产产品相适应的专业技术人员；

（三）有与所生产产品相适应的生产条件和检验检疫手段；

（四）有与所生产产品相适应的技术文件和工艺文件；

（五）有健全有效的质量管理制度和责任制度；

（六）产品符合有关国家标准、行业标准以及保障人体健康和人身、财产安全的要求；

（七）符合国家产业政策的规定，不存在国家明令淘汰和禁止投资建设的落后工艺、高耗能、污染环境、浪费资源的情况。

法律、行政法规有其他规定的，还应当符合其规定。

第十条 国务院工业产品生产许可证主管部门依照本条例第九条规定的条件，根据工业产品的不同特性，制定并发布取得列入目录产品生产许可证的具体要求；需要对列入目录产品生产许可证的具体要求作特殊规定的，应当会同国务院有关部门制定并发布。

制定列入目录产品生产许可证的具体要求，应当征求消费者协会和相关产品行业协会的意见。

第十一条 企业生产列入目录的产品，应当向企业所在地的省、自治区、直辖市工业产品生产许可证主管部门申请取得生产许可证。

企业正在生产的产品被列入目录的,应当在国务院工业产品生产许可证主管部门规定的时间内申请取得生产许可证。

企业的申请可以通过信函、电报、电传、传真、电子数据交换和电子邮件等方式提出。

第十二条 省、自治区、直辖市工业产品生产许可证主管部门收到企业的申请后,应当依照《中华人民共和国行政许可法》的有关规定办理。

第十三条 省、自治区、直辖市工业产品生产许可证主管部门以及其他任何单位不得另行附加任何条件,限制企业申请取得生产许可证。

第三章 审查与决定

第十四条 省、自治区、直辖市工业产品生产许可证主管部门受理企业申请后,应当组织对企业进行审查。依照列入目录产品生产许可证的具体要求,应当由国务院工业产品生产许可证主管部门组织对企业进行审查的,省、自治区、直辖市工业产品生产许可证主管部门应当自受理企业申请之日起5日内将全部申请材料报送国务院工业产品生产许可证主管部门。

对企业的审查包括对企业的实地核查和对产品的检验。

第十五条 对企业进行实地核查,国务院工业产品生产许可证主管部门或省、自治区、直辖市工业产品生产许可证主管部门应当指派2至4名核查人员,企业应当予以配合。

第十六条 核查人员经国务院工业产品生产许可证主管部门组织考核合格,取得核查人员证书,方可从事相应的核查工作。

第十七条 核查人员依照本条例第九条规定的条件和列入目录产品生产许可证的具体要求对企业进行实地核查。

核查人员对企业进行实地核查,不得刁难企业,不得索取、收受企业的财物,不得谋取其他不当利益。

第十八条 国务院工业产品生产许可证主管部门或者省、自治区、直辖市工业产品生产许可证主管部门应当自受理企业申请之日起30日内将对企业实地核查的结果书面告知企业。核查不合格的,应当说明理由。

第十九条 企业经实地核查合格的,应当及时进行产品检验。需要送样检验的,核查人员应当封存样品,并告知企业在7日内将该样品送达具有相应资质的检验机构。需要现场检验的,由核查人员通知检验机构进行现场检验。

第二十条 检验机构应当依照国家有关标准、要求进行产品检验,在规定时间内完成检验工作。

检验机构和检验人员应当客观、公正、及时地出具检验报告。检验报告经检验人员签字后,由检验机构负责人签署。检验机构和检验人员对检验报告负责。

第二十一条 检验机构和检验人员进行产品检验,应当遵循诚信原则和方便企业的原则,为企业提供可靠、便捷的检验服务,不得拖延,不得刁难企业。

第二十二条 检验机构和检验人员不得从事与其检验的列入目录产品相关的生产、销售活动,不得以其名义推荐或者监制、监销其检验的列入目录产品。

第二十三条 由省、自治区、直辖市工业产品生产许可证主管部门组织对企业进行审查的,省、自治区、直辖市工业产品生产许可证主管部门应当在完成审查后将审查意见和全部申请材料报送国务院工业产品生产许可证主管部门。

第二十四条 自受理企业申请之日起60日内,国务院工业产品生产许可证主管部门应当作出是否准予许可的决定,作出准予许可决定的,国务院工业产品生产许可证主管部门应当自作出决定之日起10日内向企业颁发工业产品生产许可证证书(以下简称许可证证书);作出不准予许可决定的,国务院工业产品生产许可证主管部门应当书面通知企业,并说明理由。

检验机构进行产品检验所需时间不计入前款规定的期限。

国务院工业产品生产许可证主管部门应当将作出的相关产品准予许可的决定及时通报国务院

发展改革部门、国务院卫生主管部门、国务院工商行政管理部门等有关部门。

第二十五条 生产许可证有效期为5年，但是，食品加工企业生产许可证的有效期为3年。生产许可证有效期届满，企业继续生产的，应当在生产许可证有效期届满6个月前向所在地省、自治区、直辖市工业产品生产许可证主管部门提出换证申请。国务院工业产品生产许可证主管部门或者省、自治区、直辖市工业产品生产许可证主管部门应当依照本条例规定的程序对企业进行审查。

第二十六条 在生产许可证有效期内，产品的有关标准、要求发生改变的，国务院工业产品生产许可证主管部门或者省、自治区、直辖市工业产品生产许可证主管部门可以依照本条例的规定重新组织核查和检验。

在生产许可证有效期内，企业生产条件、检验手段、生产技术或者工艺发生变化的，企业应当及时向所在地省、自治区、直辖市工业产品生产许可证主管部门提出申请，国务院工业产品生产许可证主管部门或者省、自治区、直辖市工业产品生产许可证主管部门应当依照本条例的规定重新组织核查和检验。

第二十七条 国务院工业产品生产许可证主管部门认为需要听证的涉及公共利益的重大许可事项，应当向社会公告，并举行听证。

国务院工业产品生产许可证主管部门作出的准予许可的决定应当向社会公布。

国务院工业产品生产许可证主管部门和省、自治区、直辖市工业产品生产许可证主管部门应当将办理生产许可证的有关材料及时归档，公众有权查阅。

第四章 证书和标志

第二十八条 许可证证书分为正本和副本。许可证证书应当载明企业名称和住所、生产地址、产品名称、证书编号、发证日期、有效期等相关内容。

许可证证书格式由国务院工业产品生产许可证主管部门规定。

第二十九条 企业名称发生变化的，企业应当及时向企业所在地的省、自治区、直辖市工业产品生产许可证主管部门提出申请，办理变更手续。

第三十条 企业应当妥善保管许可证证书，许可证证书遗失或者损毁，应当申请补领，企业所在地的省、自治区、直辖市工业产品生产许可证主管部门应当及时受理申请，办理补领手续。

第三十一条 在生产许可证有效期内，企业不再从事列入目录产品的生产活动的，应当办理生产许可证注销手续。企业不办理生产许可证注销手续的，国务院工业产品生产许可证主管部门应当注销其生产许可证并向社会公告。

第三十二条 生产许可证的标志和式样由国务院工业产品生产许可证主管部门规定并公布。

第三十三条 企业必须在其产品或者包装、说明书上标注生产许可证标志和编号。

裸装食品和其他根据产品的特点难以标注标志的裸装产品，可以不标注生产许可证标志和编号。

第三十四条 销售和在经营活动中使用列入目录产品的企业，应当查验产品的生产许可证标志和编号。

第三十五条 任何单位和个人不得伪造、变造许可证证书、生产许可证标志和编号。取得生产许可证的企业不得出租、出借或者以其他形式转让许可证证书和生产许可证标志。

第五章 监督检查

第三十六条 国务院工业产品生产许可证主管部门和县级以上地方工业产品生产许可证主管部门依照本条例规定负责对生产列入目录产品的企业以及核查人员、检验机构及其检验人员的相关活动进行监督检查。

国务院工业产品生产许可证主管部门对县级以上地方工业产品生产许可证主管部门的生产许可证管理工作进行监督。

第三十七条　县级以上工业产品生产许可证主管部门根据已经取得的违法嫌疑证据或者举报，对涉嫌违反本条例的行为进行查处并可以行使下列职权：

（一）向有关生产、销售或者在经营活动中使用列入目录产品的单位和检验机构的法定代表人、主要负责人和其他有关人员调查、了解有关涉嫌从事违反本条例活动的情况；

（二）查阅、复制有关生产、销售或者在经营活动中使用列入目录产品的单位和检验机构的有关合同、发票、账簿以及其他有关资料；

（三）对有证据表明属于违反本条例生产、销售或者在经营活动中使用的列入目录产品予以查封或者扣押。

县级以上工商行政管理部门依法对涉嫌违反本条例规定的行为进行查处时，也可以行使前款规定的职权。

第三十八条　企业应当保证产品质量稳定合格，并定期向省、自治区、直辖市工业产品生产许可证主管部门提交报告。企业对报告的真实性负责。

第三十九条　国务院工业产品生产许可证主管部门和县级以上地方工业产品生产许可证主管部门应当对企业实施定期或者不定期的监督检查。需要对产品进行检验的，应当依照《中华人民共和国产品质量法》的有关规定进行。

实施监督检查或者对产品进行检验应当有 2 名以上工作人员参加并应当出示有效证件。

第四十条　国务院工业产品生产许可证主管部门和县级以上地方工业产品生产许可证主管部门对企业实施监督检查，不得妨碍企业的正常生产经营活动，不得索取或者收受企业的财物或者谋取其他利益。

第四十一条　国务院工业产品生产许可证主管部门和县级以上地方工业产品生产许可证主管部门依法对企业进行监督检查时，应当对监督检查的情况和处理结果予以记录，由监督检查人员签字后归档。公众有权查阅监督检查记录。

第四十二条　国务院工业产品生产许可证主管部门应当通过查阅检验报告、检验结论对比等方式，对检验机构的检验过程和检验报告是否客观、公正、及时进行监督检查。

第四十三条　核查人员、检验机构及其检验人员刁难企业的，企业有权向国务院工业产品生产许可证主管部门和县级以上地方工业产品生产许可证主管部门投诉。国务院工业产品生产许可证主管部门和县级以上地方工业产品生产许可证主管部门接到投诉，应当及时进行调查处理。

第四十四条　任何单位和个人对违反本条例的行为，有权向国务院工业产品生产许可证主管部门和县级以上地方工业产品生产许可证主管部门举报。国务院工业产品生产许可证主管部门和县级以上地方工业产品生产许可证主管部门接到举报，应当及时调查处理，并为举报人保密。

第六章　法　律　责　任

第四十五条　企业未依照本条例规定申请取得生产许可证而擅自生产列入目录产品的，由工业产品生产许可证主管部门责令停止生产，没收违法生产的产品，处违法生产产品货值金额等值以上 3 倍以下的罚款；有违法所得的，没收违法所得；构成犯罪的，依法追究刑事责任。

第四十六条　取得生产许可证的企业生产条件、检验手段、生产技术或者工艺发生变化，未依照本条例规定办理重新审查手续的，责令停止生产、销售，没收违法生产、销售的产品，并限期办理相关手续；逾期仍未办理的，处违法生产、销售产品（包括已售出和未售出的产品，下同）货值金额 3 倍以下的罚款；有违法所得的，没收违法所得；构成犯罪的，依法追究刑事责任。

取得生产许可证的企业名称发生变化，未依照本条例规定办理变更手续的，责令限期办理相关手续；逾期仍未办理的，责令停止生产、销售，没收违法生产、销售的产品，并处违法生产、销售产品货值金额等值以下的罚款；有违法所得的，没收违法所得。

第四十七条　取得生产许可证的企业未依照本条例规定在产品、包装或者说明书上标注生产许可证标志和编号的，责令限期改正；逾期仍未改正的，处违法生产、销售产品货值金额 30％

以下的罚款；有违法所得的，没收违法所得；情节严重的，吊销生产许可证。

第四十八条 销售或者在经营活动中使用未取得生产许可证的列入目录产品的，责令改正，处5万元以上20万元以下的罚款；有违法所得的，没收违法所得；构成犯罪的，依法追究刑事责任。

第四十九条 取得生产许可证的企业出租、出借或者转让许可证证书、生产许可证标志和编号的，责令限期改正，处20万元以下的罚款；情节严重的，吊销生产许可证。违法接受并使用他人提供的许可证证书、生产许可证标志和编号的，责令停止生产、销售，没收违法生产、销售的产品，处违法生产、销售产品货值金额等值以上3倍以下的罚款；有违法所得的，没收违法所得；构成犯罪的，依法追究刑事责任。

第五十条 擅自动用、调换、转移、损毁被查封、扣押财物的，责令改正，处被动用、调换、转移、损毁财物价值5%以上20%以下的罚款；拒不改正的，处被动用、调换、转移、损毁财物价值1倍以上3倍以下的罚款。

第五十一条 伪造、变造许可证证书、生产许可证标志和编号的，责令改正，没收违法生产、销售的产品，并处违法生产、销售产品货值金额等值以上3倍以下的罚款；有违法所得的，没收违法所得；构成犯罪的，依法追究刑事责任。

第五十二条 企业用欺骗、贿赂等不正当手段取得生产许可证的，由工业产品生产许可证主管部门处20万元以下的罚款，并依照《中华人民共和国行政许可法》的有关规定作出处理。

第五十三条 取得生产许可证的企业未依照本条例规定定期向省、自治区、直辖市工业产品生产许可证主管部门提交报告的，由省、自治区、直辖市工业产品生产许可证主管部门责令限期改正；逾期未改正的，处5000元以下的罚款。

第五十四条 取得生产许可证的产品经产品质量国家监督抽查或者省级监督抽查不合格的，由工业产品生产许可证主管部门责令限期改正；到期复查仍不合格的，吊销生产许可证。

第五十五条 企业被吊销生产许可证的，在3年内不得再次申请同一列入目录产品的生产许可证。

第五十六条 承担发证产品检验工作的检验机构伪造检验结论或者出具虚假证明的，由工业产品生产许可证主管部门责令改正，对单位处5万元以上20万元以下的罚款，对直接负责的主管人员和其他直接责任人员处1万元以上5万元以下的罚款；有违法所得的，没收违法所得；情节严重的，撤销其检验资格；构成犯罪的，依法追究刑事责任。

第五十七条 检验机构和检验人员从事与其检验的列入目录产品相关的生产、销售活动，或者以其名义推荐或者监制、监销其检验的列入目录产品的，由工业产品生产许可证主管部门处2万元以上10万元以下的罚款；有违法所得的，没收违法所得；情节严重的，撤销其检验资格。

第五十八条 检验机构和检验人员利用检验工作刁难企业，由工业产品生产许可证主管部门责令改正；拒不改正的，撤销其检验资格。

第五十九条 县级以上地方工业产品生产许可证主管部门违反本条例规定，对列入目录产品以外的工业产品设定生产许可的，由国务院工业产品生产许可证主管部门责令改正，或者依法予以撤销。

第六十条 工业产品生产许可证主管部门及其工作人员违反本条例的规定，有下列情形之一的，由其上级行政机关或者监察机关责令改正；情节严重的，对直接负责的主管人员和其他直接责任人员依法给予行政处分：

（一）对符合本条例规定的条件的申请不予受理的；

（二）不在办公场所公示依法应当公示的材料的；

（三）在受理、审查、决定过程中，未向申请人、利害关系人履行法定告知义务的；

（四）申请人提交的申请材料不齐全、不符合法定形式，不一次告知申请人必须补正的全部内容的；

（五）未依法说明不受理申请或者不予许可的理由的；

（六）依照本条例和《中华人民共和国行政许可法》应当举行听证而不举行听证的。

第六十一条　工业产品生产许可证主管部门的工作人员办理工业产品生产许可证、实施监督检查，索取或者收受他人财物或者谋取其他利益，构成犯罪的，依法追究刑事责任；尚不构成犯罪的，依法给予行政处分。

第六十二条　工业产品生产许可证主管部门有下列情形之一的，由其上级行政机关、监察机关或者有关机关责令改正，依法处理；对直接负责的主管人员和其他直接责任人员依法给予降级或者撤职的行政处分；构成犯罪的，依法追究刑事责任：

（一）对不符合本条例规定条件的申请人准予许可或者超越法定职权作出准予许可决定的；

（二）对符合本条例规定条件的申请人不予许可或者不在法定期限内作出准予许可决定的；

（三）发现未依照本条例规定申请取得生产许可证擅自生产列入目录产品，不及时依法查处的；

（四）发现检验机构的检验报告、检验结论严重失实，不及时依法查处的；

（五）违反法律、行政法规或者本条例的规定，乱收费的。

第六十三条　工业产品生产许可证主管部门违法实施许可，给当事人的合法权益造成损害的，应当依照《中华人民共和国国家赔偿法》的规定给予赔偿。

第六十四条　工业产品生产许可证主管部门不依法履行监督职责或者监督不力，造成严重后果的，由其上级行政机关或者监察机关责令改正，对直接负责的主管人员和其他直接责任人员依法给予行政处分；构成犯罪的，依法追究刑事责任。

第六十五条　本条例规定的吊销生产许可证的行政处罚由工业产品生产许可证主管部门决定。工业产品生产许可证主管部门应当将作出的相关产品吊销生产许可证的行政处罚决定及时通报发展改革部门、卫生主管部门、工商行政管理部门等有关部门。

本条例第四十六条至第五十一条规定的行政处罚由工业产品生产许可证主管部门或者工商行政管理部门依照国务院规定的职权范围决定。法律、行政法规对行使行政处罚权的机关另有规定的，依照有关法律、行政法规的规定执行。

第七章　附　　则

第六十六条　法律、行政法规对工业产品管理另有规定的，从其规定。

第六十七条　国务院工业产品生产许可证主管部门和省、自治区、直辖市工业产品生产许可证主管部门办理工业产品生产许可证的收费项目依照国务院财政部门、价格主管部门的有关规定执行，工业产品生产许可证的收费标准依照国务院价格主管部门、财政部门的有关规定执行，并应当公开透明；所收取的费用必须全部上缴国库，不得截留、挪用、私分或者变相私分。财政部门不得以任何形式向其返还或者变相返还所收取的费用。

第六十八条　根据需要，省、自治区、直辖市工业产品生产许可证主管部门可以负责部分列入目录产品的生产许可证审查发证工作，具体办法由国务院工业产品生产许可证主管部门另行制定。

第六十九条　个体工商户生产或者销售列入目录产品的，依照本条例的规定执行。

第七十条　本条例自2005年9月1日起施行。国务院1984年4月7日发布的《工业产品生产许可证试行条例》同时废止。

附录三　进出口化妆品监督检验管理办法（2000）

（2000年2月17日国家出入境检验检疫局令第21号发布，自2000年4月1日起施行）

第一章　总　　则

第一条　为规范进出口化妆品监督检验管理工作，根据《中华人民共和国进出口商品检验法》及其实施条例和《化妆品卫生监督条例》等法律法规的有关规定，制定本办法。

第二条 本规定所称化妆品是指以涂、擦、散布于人体表面任何部位（皮肤、毛发、指甲、口唇等）或口腔黏膜，以达到清洁、护肤、美容和修饰目的的产品。

第三条 本办法适用于对下列进出口化妆品的监督检验管理：

（一）列入《出入境检验检疫机构实施检验检疫的进出境商品目录》的；

（二）其他法律、法规规定须由检验检疫机构实施检验的；

（三）国际条约、双边协议要求检验的。

第四条 国家出入境检验检疫局（以下简称国家检验检疫局）主管全国进出口化妆品的监督检验管理工作。国家检验检疫局设在各地的出入境检验检疫机构（以下简称检验检疫机构）负责所辖地区进出口化妆品的监督检验管理工作。

第五条 进出口化妆品必须经过标签审核，取得《进出口化妆品标签审核证书》后方可报检。

第六条 国家检验检疫局对进出口化妆品实施分级监督检验管理制度，制定、调整并公布《进出口化妆品分级管理类目表》。

第七条 经检验合格的进口化妆品，必须在检验检疫机构监督下加贴检验检疫标志。

第二章 标签审核

第八条 化妆品标签审核，是指对进出口化妆品标签中标示的反映化妆品卫生质量状况、功效成分等内容的真实性、准确性进行符合性检验，并根据有关规定对标签格式、版面、文字说明、图形、符号等进行审核。

第九条 进出口化妆品的经营者或其代理人应在报检前90个工作日向国家检验检疫局指定的检验机构提出标签审核申请。

第十条 申请进出口化妆品标签（以下简称化妆品标签）审核须提供以下资料（一式三份）：

（一）化妆品标签审核申请书；

（二）化妆品功效及其相关证明材料、检验方法；

（三）产品配方；

（四）生产企业产品质量标准；

（五）产品在生产国（地区）允许生产、销售的证明文件；

（六）化妆品标签样张6套，难以提供样张的，可提供有效照片；

（七）申请出口化妆品标签审核的，应提供进口国（地区）对化妆品标签的有关规定；

（八）其他必要的相关材料。

第十一条 申请化妆品标签审核时，须提供相应的、具有代表性的样品，其数量应满足标签审核要求。

第十二条 属于下列情况之一的，可以合并提出化妆品标签审核申请，但每种标签必须提交6套样张：

（一）成分、工艺相同，规格不同的；

（二）成分、工艺相同，包装形式不同的；

（三）成分、工艺、规格及包装形式相同，外观不同的。

第十三条 化妆品标签审核的内容包括：

（一）标签所标注的化妆品卫生质量状况、功效成分等内容是否真实、准确；

（二）标签的格式、版面、文字说明、图形、符号等是否符合有关规定；

（三）进口化妆品是否使用正确的中文标签；

（四）标签是否符合进口国使用要求。

第十四条 进口化妆品标签按照我国有关法律、法规、标准要求进行审核；出口化妆品标签按照进口国法律、法规、标准要求进行审核。

第十五条 经审核符合要求的化妆品标签，由国家检验检疫局颁发《进出口化妆品标签审核证书》。

第三章 分级管理

第十六条 国家检验检疫局定期组织专家组对进出口化妆品进行等级评审，按照品牌、品种将进出口化妆品的监督检验分为放宽级和正常级，并根据日常监督检验结果，动态公布《进出口化妆品分级管理类目表》。

第十七条 专家组根据以下资料对进出口化妆品进行等级评审：

（一）化妆品生产经营企业自我声明的自律资料；

（二）化妆品通过国家检验检疫局标签审核的证明资料；

（三）化妆品使用的色素资料及安全评价资料；

（四）化妆品生产企业获得国际有关机构认可的证明资料；

（五）化妆品生产企业获得所在国（地区）官方卫生许可的证明资料；

（六）化妆品经营企业获得认证评审机构签发的 GMP、HACCP、ISO 9000 系列及 ISO 14000 证书的有关资料；

（七）同一品牌、同一品种的化妆品在最近半年内不少于 4 批的进出口检验合格率达 100% 的证明资料。

第十八条 经专家组评审，对资料内容齐全、真实可靠，化妆品质量稳定，符合安全卫生要求的，评定为放宽级化妆品；其余评定为正常级化妆品。

第四章 检验管理

第十九条 出口化妆品由产地检验检疫机构实施检验，出境口岸检验检疫机构查验放行；进口化妆品由进境口岸检验检疫机构实施检验。

第二十条 进出口化妆品的报检人应按《出入境检验检疫报检规定》的要求报检，并提供《进出口化妆品标签审核证书》。

第二十一条 检验检疫机构对进出口化妆品实施检验的项目包括：化妆品的标签、数量、重量、规格、包装、标记以及品质、卫生等。

第二十二条 检验检疫机构应检验化妆品包装容器是否符合产品的性能及安全卫生要求。

第二十三条 检验检疫机构对 10% 报检批次的放宽级化妆品实施全项目检验，其余报检批次的仅检验标签、数量、重量、规格、包装、标记等项目；对所有报检批次的正常级化妆品均实施全项目检验。

第二十四条 进出口化妆品经检验合格的，由检验检疫机构出具合格单证，并对进口化妆品监督加贴检验检疫标志。

第二十五条 进出口化妆品经检验不合格的，由检验检疫机构出具不合格单证。其中安全卫生指标不合格的，应在检验检疫机构监督下进行销毁或退货；其他项目不合格的，必须在检验检疫机构监督下进行技术处理，经重新检验合格后，方可销售、使用或出口；不能进行技术处理或者经技术处理后，重新检验仍不合格的，进口化妆品责令其销毁或退货，出口化妆品不准出口。

第二十六条 进口化妆品原料及半成品的，参照上述条款进行监督检验。

第五章 监督管理

第二十七条 检验检疫机构对进出口化妆品及其生产企业实施卫生质量许可制度等监督管理措施。

第二十八条 检验检疫机构对进口化妆品实施后续监督管理。发现未经检验检疫机构检验的、未加贴或者盗用检验检疫标志及无中文标签的进口化妆品，可依法采取封存、补检等措施。

第二十九条　各地检验检疫机构对所辖地区的进口化妆品经营单位应备案建档，加强监督管理。

第三十条　各地检验检疫机构在对进出口化妆品监督检验管理工作中发现问题，应及时上报国家检验检疫局主管部门。

第六章　附　　则

第三十一条　违反本办法的，依照有关法律法规的规定予以处罚。

第三十二条　本办法由国家检验检疫局负责解释。

第三十三条　本办法自2000年4月1日起施行。原国家商检局1992年6月19日发布的《进出口化妆品检验管理规定》（国检检［1992］223号）及1997年4月21日发布的《进出口化妆品检验管理规定的〈补充规定〉》（国检检［1997］159号）同时废止。

附录四　定量包装商品计量监督管理办法（2006）

（2005年5月30日国家质量监督检验检疫总局令第75号发布，自2006年1月1日起施行）

第一条　为了保护消费者和生产者、销售者的合法权益，规范定量包装商品的计量监督管理，根据《中华人民共和国计量法》并参照国际通行规则，制定本办法。

第二条　在中华人民共和国境内，生产、销售定量包装商品，以及对定量包装商品实施计量监督管理，应当遵守本办法。

本办法所称定量包装商品是指以销售为目的，在一定量限范围内具有统一的质量、体积、长度、面积、计数标注等标识内容的预包装商品。

第三条　国家质量监督检验检疫总局对全国定量包装商品的计量工作实施统一监督管理。

县级以上地方质量技术监督部门对本行政区域内定量包装商品的计量工作实施监督管理。

第四条　定量包装商品的生产者、销售者应当加强计量管理，配备与其生产定量包装商品相适应的计量检测设备，保证生产、销售的定量包装商品符合本办法的规定。

第五条　定量包装商品的生产者、销售者应当在其商品包装的显著位置正确、清晰地标注定量包装商品的净含量。

净含量的标注由"净含量"（中文）、数字和法定计量单位（或者用中文表示的计数单位）三个部分组成。法定计量单位的选择应当符合本办法附表1的规定。

以长度、面积、计数单位标注净含量的定量包装商品，可以免于标注"净含量"三个中文字，只标注数字和法定计量单位（或者用中文表示的计数单位）。

第六条　定量包装商品净含量标注字符的最小高度应当符合本办法附表2的规定。

第七条　同一包装内含有多件同种定量包装商品的，应当标注单件定量包装商品的净含量和总件数，或者标注总净含量。

同一包装内含有多件不同种定量包装商品的，应当标注各种不同种定量包装商品的单件净含量和各种不同种定量包装商品的件数，或者分别标注各种不同种定量包装商品的总净含量。

第八条　单件定量包装商品的实际含量应当准确反映其标注净含量，标注净含量与实际含量之差不得大于本办法附表3规定的允许短缺量。

第九条　批量定量包装商品的平均实际含量应当大于或者等于其标注净含量。

用抽样的方法评定一个检验批的定量包装商品，应当按照本办法附表4中的规定进行抽样检验和计算。样本中单件定量包装商品的标注净含量与其实际含量之差大于允许短缺量的件数以及样本的平均实际含量应当符合本办法附表4的规定。

第十条　强制性国家标准、强制性行业标准对定量包装商品的允许短缺量以及法定计量单位的选择已有规定的，从其规定；没有规定的按照本办法执行。

第十一条 对因水分变化等因素引起净含量变化较大的定量包装商品，生产者应当采取措施保证在规定条件下商品净含量的准确。

第十二条 县级以上质量技术监督部门应当对生产、销售的定量包装商品进行计量监督检查。

质量技术监督部门进行计量监督检查时，应当充分考虑环境及水分变化等因素对定量包装商品净含量产生的影响。

第十三条 对定量包装商品实施计量监督检查进行的检验，应当由被授权的计量检定机构按照《定量包装商品净含量计量检验规则》进行。

检验定量包装商品，应当考虑储存和运输等环境条件可能引起的商品净含量的合理变化。

第十四条 定量包装商品的生产者、销售者在使用商品的包装时，应当节约资源、减少污染、正确引导消费，商品包装尺寸应当与商品净含量的体积比例相当。不得采用虚假包装或者故意夸大定量包装商品的包装尺寸，使消费者对包装内的商品量产生误解。

第十五条 国家鼓励定量包装商品生产者自愿参加计量保证能力评价工作，保证计量诚信。

省级质量技术监督部门按照《定量包装商品生产企业计量保证能力评价规范》的要求，对生产者进行核查，对符合要求的予以备案，并颁发全国统一的《定量包装商品生产企业计量保证能力证书》，允许在其生产的定量包装商品上使用全国统一的计量保证能力合格标志。

第十六条 获得《定量包装商品生产企业计量保证能力证书》的生产者，违反《定量包装商品生产企业计量保证能力评价规范》要求的，责令其整改，停止使用计量保证能力合格标志，可处5000元以下的罚款；整改后仍不符合要求的或者拒绝整改的，由发证机关吊销其《定量包装商品生产企业计量保证能力证书》。

定量包装商品生产者未经备案，擅自使用计量保证能力合格标志的，责令其停止使用，可处30000元以下罚款。

第十七条 生产、销售定量包装商品违反本办法第五条、第六条、第七条规定，未正确、清晰地标注净含量的，责令改正；未标注净含量的，限期改正，逾期不改的，可处1000元以下罚款。

第十八条 生产、销售的定量包装商品，经检验违反本办法第九条规定的，责令改正，可处检验批货值金额3倍以下，最高不超过30000元的罚款。

第十九条 本办法规定的行政处罚，由县级以上地方质量技术监督部门决定。

县级以上地方质量技术监督部门按照本办法实施行政处罚，必须遵守国家法律、法规和国家质量监督检验检疫总局关于行政案件办理程序的有关规定。

第二十条 行政相对人对行政处罚决定不服的，可以依法申请行政复议或者提起行政诉讼。

第二十一条 从事定量包装商品计量监督管理的国家工作人员滥用职权、玩忽职守、徇私舞弊，情节轻微的，给予行政处分；构成犯罪的，依法追究刑事责任。

从事定量包装商品计量检验的机构和人员有下列行为之一的，由省级以上质量技术监督部门责令限期整改；情节严重的，应当取消其从事定量包装商品计量检验工作的资格，对有关责任人员依法给予行政处分；构成犯罪的，依法追究刑事责任：

（一）伪造检验数据的。

（二）违反《定量包装商品净含量计量检验规则》进行计量检验的。

（三）使用未经检定、检定不合格或者超过检定周期的计量器具开展计量检验的。

（四）擅自将检验结果及有关材料对外泄露的。

（五）利用检验结果参与有偿活动的。

第二十二条 本办法下列用语的含义是：

（一）预包装商品是指销售前预先用包装材料或者包装容器将商品包装好，并有预先确定的量值（或者数量）的商品。

（二）净含量是指除去包装容器和其他包装材料后内装商品的量。

（三）实际含量是指由质量技术监督部门授权的计量检定机构按照《定量包装商品净含量计量检验规则》通过计量检验确定的定量包装商品实际所包含的量。

（四）标注净含量是指由生产者或者销售者在定量包装商品的包装上明示的商品的净含量。

（五）允许短缺量是指单件定量包装商品的标注净含量与其实际含量之差的最大允许量值（或者数量）。

（六）检验批是指接受计量检验的，由同一生产者在相同生产条件下生产的一定数量的同种定量包装商品或者在销售者抽样地点现场存在的同种定量包装商品。

（七）同种定量包装商品是指由同一生产者生产，品种、标注净含量、包装规格及包装材料均相同的定量包装商品。

（八）计量保证能力合格标志（也称C标志，C为英文"中国"的头一个字母）是指由国家质检总局统一规定式样，证明定量包装商品生产者的计量保证能力达到规定要求的标志。

第二十三条 本办法由国家质量监督检验检疫总局负责解释。

第二十四条 本办法自2006年1月1日起施行。原国家技术监督局发布的《定量包装商品计量监督规定》（国家技术监督局令第43号）同时废止。

附录五　化妆品标识管理规定（2007）

（2007年8月27日国家质量监督检验检疫总局令第100号发布，自2008年9月1日起施行）

第一章　总　则

第一条 为了加强对化妆品标识的监督管理，规范化妆品标识的标注，防止质量欺诈，保护消费者的人身健康和安全，根据《中华人民共和国产品质量法》、《中华人民共和国标准化法》、《中华人民共和国工业产品生产许可证管理条例》、《国务院关于加强食品等产品安全监督管理的特别规定》等法律法规，制定本规定。

第二条 在中华人民共和国境内生产（含分装）、销售的化妆品的标识标注和管理，适用本规定。

第三条 本规定所称化妆品是指以涂抹、喷、洒或者其他类似方法，施于人体（皮肤、毛发、指趾甲、口唇齿等），以达到清洁、保养、美化、修饰和改变外观，或者修正人体气味，保持良好状态为目的的产品。

本规定所称化妆品标识是指用以表示化妆品名称、品质、功效、使用方法、生产和销售者信息等有关文字、符号、数字、图案以及其他说明的总称。

第四条 国家质量监督检验检疫总局（以下简称国家质检总局）在其职权范围内负责组织全国化妆品标识的监督管理工作。

县级以上地方质量技术监督部门在其职权范围内负责本行政区域内化妆品标识的监督管理工作。

第二章　化妆品标识的标注内容

第五条 化妆品标识应当真实、准确、科学、合法。

第六条 化妆品标识应当标注化妆品名称。

化妆品名称一般由商标名、通用名和属性名三部分组成，并符合下列要求：

（一）商标名应当符合国家有关法律、行政法规的规定；

（二）通用名应当准确、科学，不得使用明示或者暗示医疗作用的文字，但可以使用表明主

要原料、主要功效成分或者产品功能的文字;

（三）属性名应当表明产品的客观形态，不得使用抽象名称；约定俗成的产品名称，可省略其属性名。

国家标准、行业标准对产品名称有规定的，应当标注标准规定的名称。

第七条 化妆品标注"奇特名称"的，应当在相邻位置，以相同字号，按照本规定第六条规定标注产品名称；并不得违反国家相关规定和社会公序良俗。

同一名称的化妆品，适用不同人群，不同色系、香型的，应当在名称中或明显位置予以标明。

第八条 化妆品标识应当标注化妆品的实际生产加工地。

化妆品实际生产加工地应当按照行政区划至少标注到省级地域。

第九条 化妆品标识应当标注生产者的名称和地址。生产者名称和地址应当是依法登记注册、能承担产品质量责任的生产者的名称、地址。

有下列情形之一的，生产者的名称、地址按照下列规定予以标注：

（一）依法独立承担法律责任的集团公司或者其子公司，应当标注各自的名称和地址；

（二）依法不能独立承担法律责任的集团公司的分公司或者集团公司的生产基地，可以标注集团公司和分公司（生产基地）的名称、地址，也可以仅标注集团公司的名称、地址；

（三）实施委托生产加工的化妆品，委托企业具有其委托加工的化妆品生产许可证的，应当标注委托企业的名称、地址和被委托企业的名称，或者仅标注委托企业的名称和地址；委托企业不具有其委托加工化妆品生产许可证的，应当标注委托企业的名称、地址和被委托企业的名称；

（四）分装化妆品应当分别标注实际生产加工企业的名称和分装者的名称及地址，并注明分装字样。

第十条 化妆品标识应当清晰地标注化妆品的生产日期和保质期或者生产批号和限期使用日期。

第十一条 化妆品标识应当标注净含量。净含量的标注依照《定量包装商品计量监督管理办法》执行。液态化妆品以体积标明净含量；固态化妆品以质量标明净含量；半固态或者黏性化妆品，用质量或者体积标明净含量。

第十二条 化妆品标识应当标注全成分表。标注方法及要求应当符合相应的标准规定。

第十三条 化妆品标识应当标注企业所执行的国家标准、行业标准号或者经备案的企业标准号。化妆品标识必须含有产品质量检验合格证明。

第十四条 化妆品标识应当标注生产许可证标志和编号。生产许可证标志和编号应当符合《中华人民共和国工业产品生产许可证管理条例实施办法》的有关规定。

第十五条 化妆品根据产品使用需要或者在标识中难以反映产品全部信息时，应当增加使用说明。使用说明应通俗易懂，需要附图时须有图例示。

凡使用或者保存不当容易造成化妆品本身损坏或者可能危及人体健康和人身安全的化妆品、适用于儿童等特殊人群的化妆品，必须标注注意事项、中文警示说明，以及满足保质期和安全性要求的储存条件等。

第十六条 化妆品标识不得标注下列内容：

（一）夸大功能、虚假宣传、贬低同类产品的内容；

（二）明示或者暗示具有医疗作用的内容；

（三）容易给消费者造成误解或者混淆的产品名称；

（四）其他法律、法规和国家标准禁止标注的内容。

第三章 化妆品标识的标注形式

第十七条 化妆品标识不得与化妆品包装物（容器）分离。

第十八条 化妆品标识应当直接标注在化妆品最小销售单元（包装）上。化妆品有说明书的应当随附于产品最小销售单元（包装）内。

第十九条 透明包装的化妆品，透过外包装物能清晰地识别内包装物或者容器上的所有或者部分标识内容的，可以不在外包装物上重复标注相应的内容。

第二十条 化妆品标识内容应清晰、醒目、持久，使消费者易于辨认、识读。

第二十一条 化妆品标识中除注册商标标识之外，其内容必须使用规范中文。使用拼音、少数民族文字或者外文的，应当与汉字有对应关系，并符合本规定第六条规定的要求。

第二十二条 化妆品包装物（容器）最大表面面积大于20平方厘米的，化妆品标识中强制标注内容字体高度不得小于1.8毫米。除注册商标之外，标识所使用的拼音、外文字体不得大于相应的汉字。

化妆品包装物（容器）的最大表面的面积小于10平方厘米且净含量不大于15克或者15毫升的，其标识可以仅标注化妆品名称，生产者名称和地址，净含量，生产日期和保质期或者生产批号和限期使用日期。产品有其他相关说明性资料的，其他应当标注的内容可以标注在说明性资料上。

第二十三条 化妆品标识不得采用以下标注形式：

（一）利用字体大小、色差或者暗示性的语言、图形、符号误导消费者；

（二）擅自涂改化妆品标识中的化妆品名称、生产日期和保质期或者生产批号和限期使用日期；

（三）法律、法规禁止的其他标注形式。

第四章 法律责任

第二十四条 违反本规定第六条、第七条规定，化妆品标识未标注化妆品名称或者标注名称不符合规定要求的，责令限期改正；逾期未改正的，处以1万元以下罚款。

第二十五条 违反本规定第八条、第九条，化妆品标识未依法标注化妆品实际生产加工地或者生产者名称、地址的，责令限期改正；逾期未改正的，处以1万元以下罚款。属于伪造产品产地、伪造或者冒用他人厂名、厂址的，按照《中华人民共和国产品质量法》第五十三条的规定处罚。

第二十六条 违反本规定第十条、第十五条的，按照《中华人民共和国产品质量法》第五十四条的规定处罚。

第二十七条 违反本规定第十一条，未按规定标注净含量的，按照《定量包装商品计量监督管理办法》的规定处罚。

第二十八条 违反本规定第十二条，化妆品标识未标注全成分表，标注方法和要求不符合相应标准规定的，责令限期改正；逾期未改正的，处以1万元以下罚款。

第二十九条 违反本规定第十三条，未标注产品标准号或者未标注质量检验合格证明的，责令限期改正；逾期未改正的，处以1万元以下罚款。

第三十条 违反本规定第十四条，未依法标注生产许可证标志和编号的，按照《中华人民共和国工业产品生产许可证管理条例》第四十七条的规定处罚。

第三十一条 违反本规定第十六条的，责令限期改正；逾期未改正的，处以1万元以下罚款；违反有关法律法规规定的，依照有关法律法规规定处理。

第三十二条 违反本规定第十七条、第十八条的，责令限期改正；逾期未改正的，处以1万元以下罚款。

第三十三条 违反本规定第二十一条、第二十二条，责令限期改正；逾期未改正的，处以1万元以下罚款。

第三十四条 违反本规定第二十三条规定的，责令限期改正，并处以5000元以下罚款；逾期未改正的，处以1万元以下罚款。

第三十五条 本章规定的行政处罚，由县级以上地方质量技术监督部门在职权范围内依法实施。法律、行政法规对行政处罚另有规定的，从其规定。

第五章 附 则

第三十六条 进出口化妆品标识的管理，由出入境检验检疫机构按照国家质检总局有关规定执行。

第三十七条 本规定由国家质检总局负责解释。

第三十八条 本规定自2008年9月1日起施行。

附录六 美容美发管理暂行办法（2005）

（2004年11月8日商务部令2004年第19号发布，自2005年1月1日起施行）

第一条 为了促进美容美发业的健康发展，规范美容美发服务行为，维护美容美发经营者和消费者的合法权益，根据国家有关法律、行政法规，制定本办法。

第二条 在中华人民共和国境内从事美容美发经营活动，适用本办法。

本办法所称美容，是指运用手法技术、器械设备并借助化妆、美容护肤等产品，为消费者提供人体表面无创伤性、非侵入性的皮肤清洁、皮肤保养、化妆修饰等服务的经营性行为。

本办法所称美发，是指运用手法技艺、器械设备并借助洗发、护发、染发、烫发等产品，为消费者提供发型设计、修剪造型、发质养护等服务的经营性行为。

第三条 商务部主管全国美容美发业工作，各级商务主管部门在本行政区域内对美容美发业进行指导、协调、监督和管理。

第四条 从事美容美发经营活动的经营者，应当符合下列基本条件：

（一）具有承担民事责任的能力；

（二）具有固定的经营场所；

（三）具有与所经营的服务项目相适应的设施设备；

（四）具有取得相应资格证书的专业技术人员。

第五条 美容美发经营者应当具有明确的服务项目范围，并按照其服务项目范围提供服务，同时从事医疗美容服务的，应当符合卫生管理部门的有关规定。

第六条 国家鼓励美容美发经营者采用国际上先进的服务理念、管理方式和经营方式，为消费者提供优质服务。

第七条 国家在美容美发业推行分等定级标准，实行等级评定制度，促进美容美发行业的规范化和专业化。

第八条 美容美发经营者及从业人员应当遵守国家法律、法规和相关的职业道德规范，不得从事色情服务等违法活动。

第九条 美容美发经营者应当执行本行业的专业技术条件、服务规范、质量标准和操作规程。

第十条 从事美容美发服务的美容师、美发师及其他专业技术人员，应当取得国家有关部门颁发的资格证书，其他从业人员应当经过有关专业组织或机构进行的培训并取得合格证书。

第十一条 美容美发经营者应当在经营场所醒目位置上明示营业执照、卫生许可证、服务项目和收费标准等。

第十二条 美容美发经营者在提供服务时应当向消费者说明服务价格。对在服务过程中销售的美容美发用品应当明码标价。对所使用的美容美发用品和器械应当向消费者展示，供消费者选择使用。

美容美发经营者在提供服务后，应当向消费者出具相应的消费凭证或者服务单据。

第十三条　美容美发经营者在提供服务时，应当询问消费者的要求，向消费者提供与服务有关的真实信息，对消费者提出的有关产品、服务等方面的问题，应当做出真实明确的答复，不得欺骗和误导消费者。

第十四条　美容美发服务所使用和销售的各种洗发、护发、染发、烫发和洁肤、护肤、彩妆等用品以及相应器械，应当符合国家有关产品质量和安全卫生的规定和标准，不得使用和销售假冒伪劣产品。

第十五条　美容美发经营场所应当符合有关卫生规定和标准，具有相应的卫生消毒设备和措施；从业人员必须经过卫生部门的健康检查，持健康证明上岗。

第十六条　各级商务主管部门应当加强对本行政区域内的美容美发业的管理与协调，指导当地行业协会（商会），在信息、标准、培训、信用、技术等方面开展服务工作。

第十七条　美容美发行业协会（商会）应当积极为经营者提供服务，维护经营者的合法权益，加强对美容美发行业发展的引导和监督，做好行业自律工作。

美容美发经营者应当向当地美容美发协会（商会）进行企业信息备案登记。

第十八条　各级商务主管部门对于违反本办法的美容美发经营者可以予以警告，令其限期改正；必要时，可以向社会公告。对依据有关法律、法规应予以处罚的，各级商务主管部门可以提请有关部门依法处罚。

第十九条　各省、自治区、直辖市商务主管部门可以依据本办法，结合本行政区域内的美容美发业实际情况，制定有关实施办法。

第二十条　本办法由商务部负责解释。

第二十一条　本办法自2005年1月1日起实施。

附录七　化妆品监管部门、协会及相关资源网站

化妆品行业相关监管部门网站
卫生部：http://www.moh.gov.cn/
国家质量监督检验检疫总局：http://www.aqsiq.gov.cn/
工商行政管理总局：http://www.saic.gov.cn/
国家食品药品监督管理局：http://www.sda.gov.cn/
国家安全生产监督管理总局：http://www.chinasafety.gov.cn/
国家环境保护部：http://www.zhb.gov.cn/
中国海关总署：http://www.customs.gov.cn/
国家商务部：http://www.mofcom.gov.cn/
国家食品安全网：http://www.cfs.gov.cn/
国家标准化管理委员会：http://www.sac.gov.cn/
化妆品行业相关组织、协会网站
中国香料香精化妆品工业协会：http://www.caffci.org/
中国日用化工协会：http://www.chinacandle.org/
中国洗涤用品工业协会：http://www.cassdi.org/
中国口腔清洁护理用品工业协会（原中国牙膏工业协会）：http://www.cocia.org/
中国国家认证认可监督管理委员会：http://www.cnca.gov.cn/cnca/
中国标准化协会：http://www.china-cas.org/
中国科学技术协会：http://www.cast.org.cn/
中国工商协会：http://www.ica.gov.cn/
中国轻工业联合会：http://www.clii.com.cn（中轻网）
中国轻工工艺品进出口商会：http://www.cccla.org.cn/

国外化妆品行业相关组织、协会网站
国际标准化组织:http://www.iso.cn/
美国食品药品管理局(FDA):http://www.fda.gov/
美国化妆品女士主管组织(CEW):http://www.cew.com/
国际精油和香料贸易联合会(IFEAT):http://www.ifeat.org/
美国水果香料和糖浆有限公司协会(NAFFS):http://www.naffs.org/
美国食品香料化学师学会(SFC):http://www.flavorchemist.org/
美国化妆品洗涤用品与日用香精香料协会(CTFA):http://www.ctfa.org/
国际日用香精香料协会 The International Fragrance Association(IFRA):http://www.ifraorg.org/
美国香薰一体化协会(NAHA):http://www.naha.org/
美国肥皂和清洁剂协会 Soap and Detergent Association(SDA):http://www.sdahq.org/
美国妇女香精香料商业有限公司协会(WFFC):http://www.wffc.org/
美国香料基金会 The Fragrance Foundation:http://www.fragrance.org/
化妆品行业国内相关网站
香料网:http://www.ffchem.com/
化妆品网:http://www.zsmei.com/
化妆品网:http://www.cnhzp.com/
中国化妆品原料网:http://www.cosraw.com/
中国化妆品网:http://www.hzp.org.cn/
中国化妆品网:http://www.zghzp.com/
中国化妆品网(原中国日化网):http://www.c2cc.cn/
中国化妆品网:http://www.cncosmetics.cn/
中国化妆品网:http://www.hzp.cc/
中国化妆网:http://www.caizhuang.com/
中国特殊用途化妆品网:http://www.thoo9.com.cn/index.html/
中国日用化工网:http://www.cnrhjs.com/
中国化妆品贸易中心:http://www.cc-a.cn/
中国化妆品牌网:http://www.chinacosmetics.net/
天然化妆品网(荷晨网):http://www.nhc.cn/www/main/main.php?id=
美容化妆品网:http://www.mrhzp.cn/
中国商标网:http://sbj.saic.gov.cn/
中国美容网:http://www.china-mr.net/
中国美容网:http://www.chinabeautynet.com/
中国美容化妆品网:http://www.cn-cosmetic.com/
广东美容化妆品网:http://www.gd3.com.cn/
中国第一美容网:http://www.1mr.cn/
中国美容时尚网:http://www.china-beautyfashion.com/
中国美容美发网:http://www.chinamrong.com/
美容美发传播网:http://www.mrmf.cn/
亚洲美容网:http://www.asiabeauty.net/
中国精细化工技术网:http://www.cnjxhgjs.com/
中国轻工业网:http://www.clii.com.cn/
化妆品百科知识网:http://www.cosmowiki.com/
标准网(发改委工业司主管):http://www.standardcn.com/
中国行业研究网:http://www.chinairn.com/

附录八　常见标准代号一览表

中国标准：

GB-中国国家强制性标准	GB/T-中国推荐性国家标准	HG-中国化工行业标准
HJ-中国环境保护行业标准	NY-中国农业行业标准	NJ-中国农业机械行业标准
QB-中国轻工行业标准	SB-中国商业行业标准	SH-中国石油化工行业标准
SN-中国进出口商品检验行业标准	WB-中国卫生标准	WS-中国卫生行业标准
YY-中国医药行业标准	ZB-中国专业标准	ZBY-中国仪器行业专用标准
ZY-中国中医行业标准	CNS-中国台湾工业标准	

国际标准：

ISO-国际标准化组织标准 International Standardization Organization, ISO	IEC-国际电工委员会标准 International Electrotechnical Commission, IEC	EN-欧洲标准化委员会标准

美国标准：

ANSI-美国国家标准学会标准 American National Standards Institute, ANSI	ASTM STD-美国材料与试验协会标准 American Siciety for Testing and Materials, ASTM	SAE-美国自动化工程师协会标准 Society of Automotive Engineer, SAE
API STD-美国石油协会标准	FAA STD-美国联邦标准	ASA-美国标准协会
MSS STD-美国制造商标准化协会标准	DOE-美国能源部标准	NBS-美国国家标准局标准

加拿大标准：

CSA STD-加拿大国家标准	CAN CGSB-加拿大工业通用标准	IRS-加拿大标准化协会标准

英国标准：

BSI-英国标准学会标准 British Standards Institute, BSI	BS-英国国家标准 British Standard, BS	

法国标准：

NF-法国国家标准	AFNOR-法国标准化协会标准	AIR-法国国防部标准

其他标准：

UNI-意大利国家标准	AS-澳大利亚国家标准	STAS-罗马尼亚国家标准
ГОСТ-前苏联国家标准	EFNDT-欧洲无损检测联盟	DIN-德国工业标准
JIS-日本工业标准 Japanese Industrial Standard, JIS		

参 考 文 献

[1] 秦钰慧. 化妆品管理及安全性功效评价. 北京：化学工业出版社，2007.
[2] 张殿义. 2006 年中国化妆品生产和市场形势分析. 日用化学品科学，2007，30（7）：8-12.
[3] 最新化妆品卫生检验技术规范及质量监督管理实务全书编委会. 最新化妆品卫生检验技术规范及质量监督管理实务全书. 长春：吉林电子出版社，2005.
[4] 张殿义. 生产快速发展，市场竞争激烈——盘点 2005 年，展望 2006 年中国化妆品的发展. 日用化学品科学，2006，29（9）：4-8.
[5] 张殿义. 中国化妆品管理同国际接轨的探讨. 日用化学品科学，2005.
[6] 张殿义. 中国化妆品管理同国际接轨的探讨（续）. 日用化学品科学，2005.
[7] 吴建军. 我国现行化妆品管理法规的分析与探讨. 中国卫生监督杂志，2004，11（2）：99-101.
[8] 席静，焦红. 我国化妆品标签法规与国际一体化. 检验检疫科学，2004，14（5）：59-61.
[9] 马丽，江理平，李凤霞等. 化妆品卫生监督条例及化妆品卫生监督条例实施细则个别条款存在的问题及建议. 预防医学文献信息，2003，9（3）：344-345.
[10] 潘福斌. 我国化妆品行业现状和发展战略. 厦门大学 MBA 学位论文，2002.
[11] 张静，何加芬. 化妆品卫生监督工作中存在的问题及对策. 湖北预防医学杂志，2002，13（4）：41.
[12] 吴美燕. 78 起化妆品卫生行政处罚案例分析. 中国卫生监督杂志，2003，10（1）：47.
[13] 徐强. 一起化妆品违法案件引发的思考. 江苏卫生保健，2003，5（2）：34-36.
[14] 温尚杰，戈华清. 绿色化妆品产业亟待法律规范. 2006 年全国环境资源法学研讨会年会论文集，2006：1337-1342.
[15] 林恩仕，苏玉燕. 化妆品法规. 中国台湾：高立图书出版社，2003.
[16] 肖子英. 中外化妆品法规比较研究. 中国化妆品（专业版）：2002，12：46-49.
[17] 肖子英. 中外化妆品法规比较研究. 中国化妆品（续）（专业版）：2002，18：40-42.
[18] 肖子英. 中国化妆品的定义与分类研究. 日用化学品科学，2001，24（6）：39-41.
[19] 聂晖. 现行的化妆品标准急需修订. 监督与选择，2001.
[20] 李全国等. 化妆品卫生检验实务大全. 长春：吉林电子出版社，2005.
[21] 裘炳毅. 化妆品化学与技术大全. 北京：中国轻工业出版社，1997.
[22] 国家进出口商品检验局政策法规司. 进出口商品检验汇编. 北京：中国对外贸易经济出版社，1997.
[23] 中国食品药品化妆品法规网 http：//www.fdc-law.com.cn/
[24] 化妆品法律法规数据库 http：//www.zghzp.com/news/law
[25] 保健品化妆品监管网 http：//bhc.gdfda.gov.cn/
[26] 广东省食品药品监督管理局. 保健食品化妆品监督管理文件汇编. 2006.
[27] 广东省食品药品监督管理局. 保健食品化妆品标准规范工作手册. 2006.